근대계몽기 지식의 발견과 사유 지평의 확대

The Shaping of Korean Modernity II

The introduction of Modern Concepts during the Korean Enlightenment Period(1895~1910)

고미숙   연구공간 수유+너머
고유경   부산교대 초등교육연구소 연구교수
권보드래 서울대 국문과 강사
길진숙   이화여대 국문과 박사
김동택   성균관대 동아시아학술원 교수
박주원   서강대 사회과학연구소 학술연구교수
박태호   서울산업대 교양학부 교수
전동현   이화여대 사학과 박사
정선태   국민대 국문학과 교수
함동주   이화여대 사학과 교수

근대계몽기 지식의 발견과 사유 지평의 확대

1판 1쇄 인쇄 2006년 5월 10일
1판 1쇄 발행 2006년 5월 20일

지은이 / 이화여대 한국문화연구원
펴낸이 / 박성모
펴낸곳 / 소명출판
출판고문 / 김호영
등록 / 제13-522호
주소 / 137-878 서울시 서초구 서초동 1621-18 (란빌딩 1층)
대표전화 / (02) 585-7840
팩시밀리 / (02) 585-7848
somyong@korea.com / www.somyong.com

ⓒ 2006, 이화여대 한국문화연구원
값 17,000원

ISBN 89-5626-212-8 93810

* 이 책은 2002년도 한국학술진흥재단의 지원에 의해서 연구되었음(KRF-2002-073-AM1044).

근대계몽기 지식의 발견과 사유 지평의 확대

The Shaping of Korean Modernity II

The introduction of Modern Concepts during the Korean Enlightenment Period(1895~1910)

이화여대 한국문화연구원 편

소명출판

　1894년 '갑오개혁'에서 1910년 '한일합방'에 이르는, 통상 개화기 또는 근대계몽기라 불리는 시기 한국사회는 거대한 변화의 소용돌이에 휩싸여 있었다. 1876년 일본의 강압에 의한 개항 이후 국내외적 상황은 일촉즉발의 위기로 치닫고 있었다. 변화를 갈망하는 다양한 세력들이 등장하여 위기를 돌파하기 위한 일련의 개혁 프로그램을 제시하였으며, 지적인 영역에서는 일본과 중국을 거쳐 이입된 '근대적 개념'들을 검토하였고 또 실천에 옮기고자 하였다. 그리고 이 시기에는 이러한 사회적 움직임과 더불어 근대적 지식이나 관념들이 폭발적으로 수용·확산되어 갔다. 일반적으로 식민지시기에 들어와서야 근대적인 제도들과 관념들이 자리잡은 것으로 알려져 있으나 사실은 이 시기에 이미 대부분의 제도와 관념들이 제자리를 잡아가고 있었던 것이다. 물론 혼란스럽긴 했고, 충분히 정제된 것도 아니었다. 하지만 다양한 제도와 관념들이 이니셔티브를 쥐기 위한 경쟁을 벌이면서 그 존립 가능성을 타진하고 있었다는 점에서 이 시기는 한국의 근대가 출발하는 '기원의 시공간'이었다고 할 수 있을 것이다.

신문·학회지·교과서·문집·신소설 등 이 시기에 이르러 쏟아져 나오기 시작한 근대적 인쇄매체들은 다양한 제도와 관념들이 경쟁하는 담론 생산의 장을 제공했다. 일반적으로 근대 형성기에 있어서 인간과 세계에 대한 관념의 결정적인 변화는 그에 합당한 매체를 필요로 한다. 근대는 소수의 지식인들이 아니라 상대적으로 다수의 '인민'들이 주체로 등장하는 시기이다. 서양에서 근대 민족주의의 등장과 확산이 인쇄자본주의(print capitalism)의 발전 없이는 불가능했다는 지적은 한국의 근대에도 그대로 적용된다. 근대적 인쇄매체들은 새로운 주체들을 발견하고 훈육하는 데 지대한 기여를 했다는 점은 잘 알려진 바와 같다. 근대계몽기에는 온갖 종류의 정치적·사회적 이념과 제도들 그리고 이에 상응하는 인민들의 자각과 이를 실현할 교육의 중요성이 널리 강조된 시기였으며, 그 과제를 수행한 주요 매체들이 바로 인쇄매체들 즉, 신문과 각종 단체의 회보 및 잡지 그리고 국가가 주도했던 교과서들과 개인들이 편찬해낸 단행본들이었다.

이러한 관점들에 주목하여 우리는 근대계몽기에 등장한 인쇄매체들에서 소개되고 있는 중요한 개념과 용어들을 중심으로 이 시기의 특성을 구명하고자 했다. 당시의 인쇄매체들을 다룬 기존의 연구들이 주로 이 시기의 인쇄매체가 어떻게 출현하였는지 그리고 그것의 주된 논조가 역사적으로 어떤 의미를 갖는지에 대해서만 관심을 가졌을 뿐, 그 매체들이 쏟아내는 구체적인 내용에 대한 세밀한 분석은 거의 수행하지 않고 있다. 이와 달리 이 연구는 당시 인쇄매체들이 담고 있는 내용에 대한 세밀한 분석을 통해 현재 우리가 알고 있는 근대적 관념들과 지식들이 다른 어떤 시기가 아니라 바로 이 시기에 거의 대부분 모습을 드러내고 있음을 밝히고자 했다. 다시 말해 각종 인쇄매체에 나타나는 근대적 지식 담론과 개념의 유형 및 성격에 주목함으로써 한국의 근대 형성 과정에서 이 시기가 차지하는 독특한 위상을 재조명하고자 했던 것이다. 이러한 측면에서 우리의 공동연구는 한국 근대사에서 볼 수 있는 근대성의 문제를 정치체제론이나 경제발전론 그리고 이데올로기론을 넘어서 하나의 대중적 지식과 개념의 형성 과정이라는 문화사적 전체로 바라볼 수 있는 하나의 계기가 될 수 있을 것이다.

이 연구를 수행하기 위해 우리는 크게 두 측면에서 근대적 지식과 담론의 형성 과정을 살피고자 했다. 하나는 한국사회에서 근대적 지식과 개념 및 담론이 형성되고 변용되는 과정과 특성을 내재적으로 살피는 방향이며, 다른 하나는 이에 대한 자기의식적이고 대상적인 관점에서 일본·중국·독일의 개념 및 담론의 특수한 양상을 고찰하고자 하는 방향이다. 이러한 작업을 통해 직접적으로는 한국의 근대적 형상에 대한 외부의 인식을 자기의식적으로 객관화해볼 수 있는 근거뿐만 아니라, 나아가 한국과 중국 그리고 독일에서 근대적 지식과 개념이 수용되는 과정이 어떻게 다른 경로와 내용을 지니는지를 비교사적으로 추론할 수 있는 근거를 마련할 수 있을 것이다.

이 두 경로 가운데 근대적 지식 및 개념의 형성·변모 양상을 내재적으로 접근하는 연구는 당시의 역사적 상황과 인쇄매체의 종류를 조합한 다음 세 단계로 나누어 진행되어 왔고 또 진행될 터인데, 이 책에 실린 글들은 그 두 번째 단계에 해당하는 1900년에서 1904년 사이에 간행된 인쇄매체를 중심으로 하여 지식 개념의 수용 및 그 변용을 다루고 있다. 역사적인 측면에서 '계몽의 공백'으로 불리는 이 시기에는 만민공동회에서 표출된 민중적 요구가 내외적 압력에 의해 좌절되었지만 근대를 향한 '욕망들'은 수면 아래에서 다양한 루트를 통해 전개되었다. 1899년 『독립신문』과 『매일신문』이 폐간된 이후에도 『제국신문』 『황성신문』이 주축이 되어 여론을 주도했으며, 각종 서적들이 번역되면서 새로운 세계상을 수용하려는 노력도 이어진다. 그 가운데 가장 커다란 비중을 차지한 매체는 『황성신문』이었다.

이번 공동연구에서는 『황성신문』을 중심으로 하여 이전에 발간된 『독립신문』과 『매일신문』, 같은 시기에 간행된 단행본들을 참조하면서 주요 지식 개념 및 담론의 수용과 변용 그리고 그 특징을 고찰하고자 하였다. 길진숙의 「문명의 재구성 그리고 동양 전통 담론의 재해석」은 『황성신문』에 포진한 지식인들이 서양문명을 수용하는 과정에서 동양의 전통적 담론을 어떻게 재해석했는지를 보여주고 있으며, 권보드래의 「동포와 역사적 감각」은 1900년에서 1904년에 이르는 시기 '동포'라는 개념의 확산 과정과 그 의미를 논구하고 있다. 그리고 「근대적 정치운동 또는 국민 발견의 시공간」에서 정선태는 '만민공동회'를 하나의 텍스트로 놓고 정치적 장으로서의 만민공동회가 국민 및 민족을 어떻게 호명하는지를 밝히고 있으며, 「1900년대 초반 단행본과 교과서 텍스트에 나타난 사회 담론의 특성」에서 박주원은 '사회'라는 개념이 어떻게 사용되는지를 각종 단행본과 교과서들을 토대로 하여 구명하고 있다. 한편 박태호는 「근대계몽기 신문에서 영토적 공간 개념의 형성」에서 『독립신문』·『황성신문』·『대한매일신보』를 자료로 하여 근대적 영토 개념이 형성되는 양상을 고구하고 있으며, 김동택은 「『독립신문』의 근대국가 건설론」에서 『독립신문』의 근대 정치체제 구상과 보수적 개혁의 역사를 살피고 있고, 고미숙은 「『황성신문』에 나타난 '위생' 개념의 담론적 배치」를 통해 양생과 위생의 개념적 변화 추이 및 전염병과 생체권력의 관련 양상 등을 전개한다.

다음으로 근대로 전환되는 시기 근대 지식 및 개념의 형성에 대한 비교사적 고찰은 한국의 근대적 지식 형성의 문제를 독일·일본·중국의 특수한 양상과 비교하는 것을 목적으로 하여 연구가 진행되어왔다. 잘 알려져 있다시피 한국의 전통적 세계관과 지식체계를 바탕으로 구축되어야 한다는 당위성에도 불구하고, 역사적으로 볼 때 그 출발점에 있어서 서구의 영향이 절대적인 역할을 하였다. 근대 지식의 기본적 속성이 서구적 지식 체계의 세계적 확산이라고 하는 측면을 고려하지 않고는 한국사회의 근대 지식에 관한 올바른 이해에 도달할 수 없을 것이다. 더욱이 한국의 경우 서구적 근대성이 직접적으로 수용된 것이 아니라 일본과 중국 등 매개자를 통하여 한 차례의 변형을 거쳐 들어왔다는 특수성을 지닌다. 따라서 한국의 근대 지식 형성이 지닌 보편성과 특수성을 함께 이해하기 위해서는 서구적 근대성의 형성 및 전달 경로에 있었던 독일·일본·중국과 같은 주요 국가들과의 비교사적 시점이 필요하다는 점에 이의를 제기할 사람은 많지 않을 것이다.

함동주는 「러일전쟁 직후 한국식민론과 문명」에서 러일전쟁 이후 일본에서 전개된 한국식민론에 미친 문명론의 영향을 실증적인 방법으로 보여주고 있으며, 전동현은 「청말 양계초의 대한제국기 한국

인식」에서 이 시기 한국 지식인들에게 적지 않은 영향을 끼친 중국의 지식인 양계초가 어떤 시선으로 한국의 현상을 파악하고 있었는지를 밝히고 있다. 마지막으로 고유경은 「한독 관계 초기 독일인의 한국 인식에 나타난 근대의 시선」에서 당시 한국에 관심을 갖고 있던 독일인들에 의해 문명과 야만의 표상이 어떻게 그려지고 있었는지, 그리고 그 시선이 갖는 의미는 무엇인지를 묻는다. 이들 연구는 근대계몽기 한국의 근대적 지식 담론 형성과 관련이 깊은 핵심 개념에 대한 독일 · 일본 · 중국에서의 경험을 확인하고, 그것을 바탕으로 한국에 수용된 개념들과의 비교사적 시각을 마련하는 데 하나의 유효한 참조가 될 수 있을 것이다.

우리의 이번 공동연구는 『근대계몽기 지식 개념의 수용과 그 변용』과 마찬가지로 한국학술진흥재단의 지원을 받아 수행되었다. 이 과제를 수행하기 위해 우리는 강독과 세미나 그리고 학술대회를 거쳤으며, 그 과정에서 제기된 문제들을 보완하고 가다듬었다. 이 연구서는 이 과제 수행의 중간보고서 성격을 지니며, 다음 단계의 연구를 위한 또 하나의 디딤돌이 될 것이다. 마지막으로 정성을 들여 이 책을 만들어준 소명출판에 감사드린다.

2006년 4월 10일
필자들을 대신하여 정선태 적음

근대계몽기 지식의 발견과 사유 지평의 확대

차례

문명의 재구성 그리고 동양 전통 담론의 재해석

『황성신문』을 중심으로

길진숙

1. 1899~1904, 문명 담론의 주도 세력

1894년 청일전쟁에서 일본의 승리는 곧 청나라의 양무운동 노선인 중체서용론보다 일본이 채택한 전면적인 서구화 노선이 현실적으로 우세함으로 보여준 사선이있다. 근본적인 제도개혁 없이 단지 서기(西器)만을 선별 수용하는 개화정책에는 한계가 있음을 절감케 하였던 것이다. 개화파정권이 추진한 갑오개혁의 충격과 독립협회의 반정부운동 등이 일어나면서 전면적인 서구화 노선은 위력을 더해갔다.

이런 현실적 정세에 맞물려 『독립신문』과 『미일신문』은 대중계몽을 기치로 문명 담론을 주도하며 문명화를 촉구하였다. 『독립

신문』과 『미일신문』의 문명 구상은 일상의 구석구석까지도 다 서
구화되도록 기획된 것이었다. 『독립신문』과 『미일신문』을 주도한
급진개화파들이 고민했던 것은 조선인으로서의 정체성이 아니라
서구화였다. 그러나 『독립신문』과 『미일신문』은 독립협회의 해산
과 함께 1899년에 폐간되고, 동양적 전통을 전면 부정한 위에 이
식된 '서구문명화'의 문제는 또 다른 국면을 맞이하게 된다.

　1899~1904년은 급진개혁파가 제압당하고, 전제적 통치 구조 아
래서 '구본신참(舊本新參)'을 내세우며 제도개혁의 향방을 조절해갔
던 시기이다. 열강간의 세력 균형에 입각한 자주독립, 상업을 통한
부국과 이를 바탕으로 한 식산흥업 등의 정책이 갑오개혁기 이래
계속 견지되면서 대한제국의 근대화는 지속적으로 추진되었다.[1]
이 시기에는 황제가 최고결정권을 가진 상태에서 친미파·친일파
·친러파·황제측근파 등이 권력쟁탈전을 벌이고 있었다. 이런 각
축 속에서 황제의 측근 친위 세력들이 권력의 전면에 진출하여,
대한의 정치적 개혁과 제도적 혁신을 주도하였다.[2]

　서구 근대화 일변도의 급진적 개혁에 제동이 걸리기는 했지만,
유교적 봉건 통치체제로 복귀하기는 어려운 국면이었다. 서구 근
대에 대한 시각도 1880년대의 위정척사나 동도서기의 입장에 머물
러 있을 수는 없었다. 위정척사나 동도서기의 입장을 넘어서서 서
구 근대를 어떻게 수용할지, 어떤 논리로 근대를 재구성할지가 이
시기의 과제였던 것이다. 제도개혁의 근본 이념으로 작용한 '구본

---

1) 도면회, 「총론-정치사적 측면에서 본 대한제국의 역사적 성격」, 『역사와 현
　실』 19, 1996, 37면.
2) 서영희, 「광무정권의 형성과 개혁정책 추진」, 『역사와 현실』 26, 1997.

신참'의 논리는 이런 고민에 대한 대응이었다.

그렇지만 정치 구조의 개선과 제도의 개혁만으로 1899~1904년 우리의 근대적 모색이 다 가늠되지는 않는다. 1905년 을사조약을 맺기 이전, 흔히 광무개혁기라고 불리는 이 시기에 대한 접근은 매우 소략하다. 고종과 그 측근들의 개혁정책에 대한 논의가 주로 이루어지고 있으나, 이 시기에 이루어진 근대의 모색이 전방위적으로 연구되지는 못한 상태다.[3] 갑오개혁 이후 급진적 개화파에 대해서는 관심을 가지지만, 이 시기는 전제왕권의 제도개혁이 전부라는 인식 때문에 연구상의 취약 지대로 남게 된 것이다. 또한 1905년 을사조약 이후 터져 나온 애국계몽운동의 파장 때문에 애국계몽운동기의 부분으로 묻혀 상대적으로 소략하게 다뤄졌기 때문이다.

그 결과 1899~1904년은 연구상의 공백 지대이다. 그러나 이 시기는 우리나라 근대의 향방을 가늠하는 중요 지점의 하나이다. 일본에게 국권을 빼앗기기 이전, 근대화에 대한 고민과 내재화가 자발적으로 정리되는 시기이기 때문이다. 그런 측면에서 볼 때, 『황성신문』은 국권회복운동이 일어나기 이전의 근대문명에 대한 대응논리를 살피는 데 아주 중요한 자료로 판단된다. 이 시기에 발행된 대표적 언론기관으로, 여론에 가장 많은 영향을 끼쳤던 신문이라는 점에서 근대화에 관한 인식의 저변까지 확인할 수 있는 아주 유용한 자료이다.

1898년 창간된 『황성신문』은 남궁억 · 장지연 · 박은식과 같은 개

---

3) 광무개혁 연구반, 「광무개혁 연구의 현황과 과제」, 『역사와 현실』 8, 1992.

신유학자들에 의해 발간되었다. 개신유학자들은 비록 현실 정치에서 집단적 영향을 발휘하지는 못했지만, 여론을 주도하는 세력으로 큰 영향력을 행사하였다. 『황성신문』은 서민과 부녀를 대상으로 하는 폭넓은 대중보다 봉건적 유학자 계층을 주 독자층으로 상정하였다. 유생들을 대상으로 했기에 한문현토에 가까운 국한문체를 채택하였다.

이 시기의 여론을 주도할 수 있는 중심 계층은 전통문화를 주도한 유생들이다. 개화지식인은 극히 미미하고, 서민 부녀의 지식 확충은 교육의 보급이 더 확대될 때 가능하다. 시사와 문명의 향방에 관심을 가장 많이 기울일 이는 전국에서 공부하는 많은 유생들이다. 『황성신문』이 유생층을 주요 타겟 삼아 근대 인식과 근대화 논리를 전파한 것은 어찌 보면 이 시기의 가장 대중적이고 유효한 전략이 아니었을까?

서구 근대의 문제에 직면했을 때, '문명'의 이해와 정리는 핵심적 사항이다. 『황성신문』도 서구의 근대에 대응하기 위해 혹은 대면하기 위해 발행된 신문이라는 점에서, 문명에 대한 입장을 정리하고 문명을 정의하는 일에 심혈을 기울인다. 『황성신문』은 문명이란 말과 함께 개화·개명·진보·변통·변법이라는 변주어들을 통해 이전과는 다른 근대 인식을 펼쳐 보인다. 개신유학자의 의식을 대변하면서, 유생층을 계몽하기 위해 새로운 차원의 문명 담론을 전개해 나간다.

2. 개화와 변통(變通)의 논리

『황성신문』이 문명을 정의하고 수용하는 방식은 『독립신문』과 매우 다르다. 『황성신문』은 'civilization'을 의미하는 '문명'보다는 개화와 변통이란 말을 더 빈번하게 사용한다. 개화·변통이란 개념을 통해 대한의 문명화 문제에 접근했던 것이다. 개화 혹은 변통의 강조는 문명 개념의 새로운 변주이다.

『황성신문』은 개화를 다음과 같이 정의한다.

> 客이 余다려 問ㅎ여 日 開化라 ㅎ는 者는 何物을 指홈이며 何事를 謂홈이뇨
>
> 余│應ㅎ여 日 開物成務ㅎ며 化民成俗을 開化라 謂ㅎㄴ니라.
>
> 日 近世에 開化ㅎ는 者│다 西洋을 依慕ㅎ니 當初東洋에는 開化혼 者│無ㅎ냐.
>
> 日 엇지 無ㅎ리오 上古에 造書契代結繩ㅎ여 象太極分陰陽은 伏羲의 개화오 作未耟敎耕種ㅎ며 嘗百草博施衆은 神農의 開化오 作舟車濟不通은 軒皇의 開化오 協萬邦黎民於變時雍은 帝堯의 開化오 詩之二南은 周召의 開化오 春秋之正筆은 孔夫子의 大而化ㅎ신 開化어니와 今世에도 五倫의 行實을 純篤히 行ㅎ야 人의 道理를 知호 則 行實의 開化오 學術을 窮究ㅎ야 理致를 格호 則 學術의 開化오 國家의 政治를 正大히 ㅎ야 百姓이 泰平혼 樂이 有호 則 政治의 開化오 法律을 公平히 ㅎ야 百姓이 冤抑혼 事가 無혼 즉 法律의 開化오 器械의 制度를 便易케 ㅎ야 人의 用을 利케 호 則 器械의 開化오 物品의 制造를 精堅히 ㅎ야 人의 生業을 富厚케 호 則 物品의 開化니 此數條가 合ㅎ면 可히 具備혼 開化라고 謂홀지라. 然ㅎ나 行實開化는 天下萬國의 通同혼 規模라. 千萬年 閱歷ㅎ여도 長久不變ㅎ고 政治以下諸開化는 時代를 隨ㅎ야 變改도 ㅎ며 地方을 從ㅎ야 殊

異도 ᄒᆞᄂᆞᆫ 故로 古에 合ᄒᆞᆫ 者ㅣ 今에 不合ᄒᆞᆫ 者도 有ᄒᆞ며 彼에 善ᄒᆞᆫ 者ㅣ 此에 不善ᄒᆞᆫ 者도 有ᄒᆞᆫ 則 古今의 形勢를 斟酌ᄒᆞ며 彼此의 事情을 比較ᄒᆞ야 其長을 取ᄒᆞ고 其短을 棄ᄒᆞᄂᆞᆫ 거시 開化의 大道니라.

日 子言과 果如ᄒᆞᆯ진디 開化의 義가 極大極美ᄒᆞ거ᄂᆞᆯ 我國의 開化ᄒᆞᆫ다ᄂᆞᆫ 者ᄂᆞᆫ 雨傘이나 持ᄒᆞ고 卷烟이나 吸ᄒᆞ고 長安大道上으로 無事宛[婉]轉ᄒᆞ면서 外國事物이면 如何ᄒᆞ던지 稱道ᄒᆞ고 本國事物이면 如何ᄒᆞ던지 不美타 ᄒᆞ며 或 外國文字나 略通ᄒᆞ면 本國人을 慢視ᄒᆞᄂᆞᆫ 獘가 有ᄒᆞ야 實地의 行함은 一毫도 無ᄒᆞ고 虛風만 依倣ᄒᆞ니 此를 엇지 開化의 目的이라 ᄒᆞ리오

日 子言이 然則然ᄒᆞ나 其一은 知ᄒᆞ고 其二ᄂᆞᆫ 知치 못함이로다 大抵 開化라 ᄒᆞᄂᆞᆫ 者ᄂᆞᆫ 實狀과 虛名의 分別이 有ᄒᆞ니 實狀開化ᄂᆞᆫ 事物의 理實와 根因을 窮究ᄒᆞ며 其國의 處地와 時勢를 合當케 함이오 虛名開化라 ᄒᆞᄂᆞᆫ 者ᄂᆞᆫ 事物上에 知識이 不足함으로 他人의 景況만 欽慕ᄒᆞ야 前後를 推量치 못ᄒᆞ고 每事를 施行함이라. 然ᄒᆞ나 此도 ᄯᅩᄒᆞ 自抛不爲ᄒᆞᄂᆞᆫ 者보다ᄂᆞᆫ 猶勝ᄒᆞᆫ 거시 一次 虛名開化를 經歷ᄒᆞ면 自然 歲月의 久함으로 實狀開化에 抵到ᄒᆞᄂᆞ니 故로 無論何人ᄒᆞ고 千萬事物에 勉行不息ᄒᆞ면 完然히 開化의 主人이 될 거시어ᄂᆞᆯ 今에 開化를 斥言ᄒᆞᄂᆞᆫ 者ㅣ 區而別之ᄒᆞ야 別樣事件으로 歸ᄒᆞ니 此ᄂᆞᆫ 開化의 罪人일뿐 아니라 伏羲神農黃帝唐堯周公孔子의 罪人이니라.

客이 沈吟良久에 書案을 擊ᄒᆞ고 起ᄒᆞ더라4)

문답형식으로 개화의 의미가 무엇이며, 개화하기 위해서 무엇을 해야 하는지 보여주는 논설이다. 개화는 "개물성무(開物成務)하며 화민성속(化民成俗)"하는 것이다. 곧 개화는 문명의 발전을 일컫는 것이다. 그런데 근세의 개화는 모두 서양만을 의방하니 개화가 동양에는 없냐고 질문한다. 개화는 동양에도 있었다고 답한다. 동양에도 음양을 분별한 복희의 개화, 농사짓는 법을 깨우친 신농의

---

4) 「논설」, 『皇城新聞』, 1898.9.23.

개화, 춘추를 저술한 공부자의 개화 등이 있었다. 현재는 행실의
개화, 학술의 개화, 정치의 개화, 기계의 개화, 물품의 개화 등이
있다. 이 말은 과거 동양의 문명과 현재 서양의 문명은 개화의 결
과로 그 실상이 같다는 말이다. 어느 사회고 개화하지 않는 곳은
없다는 말이다. 인류가 시작된 이후로 끊임없이 개화는 이루어져
왔다.

이 중 온 세계가 공통으로 추구해온 행실의 개화만 시대가 지나
도 변하지 않는다. 그러나 그 나머지 개화는 시대에 따라 변하며,
지방에 따라 달라진다. 개화는 "사물의 이치와 근인을 궁구하며 그
나라의 처지와 시세에 합당하게 하는 것"이다. 이렇게 되면 문명상
의 위계란 없게 된다. 서양의 문명이 절대적으로 우월한 문명은 아
니다. 그러므로 여기에 좋은 것이 반드시 저기에 좋으리란 법은 없
다. 시세와 사정에 맞게 장단점을 찾아서 적용해 가는 것이 실상의
개화이다. 나에게 있는 좋은 것은 지켜나가고, 오래되어 폐단이 생
긴 것은 새롭게 고쳐나가는 것이 문명화 즉 개화이다.

『황성신문』은 '개화'와 비슷한 의미로 '변통(變通)'이란 개념을
사용한다.

大抵天地間一大機關은 變者而已라. 春夏秋冬과 晝夜晦朔과 山川草木
과 昆虫禽獸가 다 時를 隨ᄒ야 變ᄒ느디 오작 人은 觀變ᄒ기를 妙히ᄒ야
變으로써 變을 用ᄒ니 變이 因ᄒ야 人의 用이 된지라. 然함으로 人의 心智
가 變에서 據出ᄒ야 木에 處ᄒ던 者ㅣ 五穀을 種ᄒ고 繩을 結ᄒ던 者ㅣ 書
契를 造ᄒ고 皮를 衣ᄒ던 者ㅣ 布帛을 織ᄒ고 車를 作ᄒ야 陸에 用ᄒ고 丹
를 作ᄒ야 水에 用ᄒ얏스니 其他 千變萬變ᄒ 者ᄂ 勝計키 難ᄒ고
近에 泰西 各國에서 特異히 變ᄒ 者ㅣ 多ᄒ니 電線을 架ᄒ야 萬里 信息

을 通ᄒ며 輪船을 製ᄒ야 千頃 險濤를 凌ᄒ며 鐘과 針을 作ᄒ야 時刻과 風雨와 寒暖을 知ᄒ니 其他 千變萬變ᄒ 者ᄂ 亦 勝計키 難ᄒ지라.

此로 推觀ᄒ건디 古今天下에 日用萬物이 變에셔 從出치 아닌 者ㅣ 無ᄒ 으로 文字에 現載ᄒ기를 曰 變通이라 曰 變作이라 ᄒ니 變通이라 謂ᄒ믄 事爲에 不宜ᄒ 者를 變ᄒ야 通케 ᄒ다ᄂ 言이오 變作이라 謂ᄒ믄 用物의 不稱ᄒ 者를 變ᄒ야 作ᄒ다ᄂ 言이라.

然ᄒ즉 變의 義가 甚히 大ᄒ거ᄂᆯ 我國의 人은 事爲와 用物의 變ᄒᆷ을 見ᄒ거ᄂᆯ 眞箇 怪變으로 知ᄒ고 但自己만 不行ᄒ 뿐 아니라 人의 行ᄒᆷ도 沮戱ᄒ야 曰 我國의 遺來ᄒ던 法이 好치 아닌 者ㅣ 無ᄒ거ᄂᆯ 何必 他法을 變ᄒ는고 近來 開化라고 ᄒ다더니 國家에 무슴 利益ᄒ 事이 有ᄒ던가 政府에셔 그 조흔 舊日官制를 空然히 變ᄒ얏ᄂ니 所謂 開化라고 變ᄒ 後에 大臣은 何其多也며 主事ᄂ 何其多也오 電線은 何에 用ᄒ 것인고 雇軍 一名만 買立ᄒ얏스면 公私間 書札을 能傳ᄒ지 識路ᄂ 何에 用ᄒ 것인고 我도 一節만 携ᄒ얏스면 八十里ᄂ 行ᄒ지니 一日에 得達ᄒ 路를 十日에 去ᄒ지ᄒ며 行用ᄒᄂ 言이 我國古老人은 無非忠臣이오 孝子오 力士오 異人이오 智士오 學者오 兩班이오 上通天文ᄒ고 不達地理ᄒ고 俯察人事ᄒᄂ 千萬 古絶等人이라.

舊式의 變ᄒᆷ을 如此히 甚惡ᄒᄂ 者들이 엇지 檀君時冠을 着치 아니ᄒ며 箕子時衣를 着지 아니ᄒ얏ᄂ지 可知치 못ᄒ깃도다 古語에 曰 聖人도 從俗이라 ᄒ 變通ᄒᆷ을 謂ᄒᆷ이라 古今에 異同ᄒ 物情을 隨ᄒ야 國民에 利益ᄒ 事爲를 變ᄒᆷ이 何에 不可ᄒ리오 終是에 變子의 論을 作ᄒ노라.[5]

천지만물은 모두 변화한다. 이 세상에 변하지 않는 것은 하나도 없다. 동양도 변화를 통해 문화 발전을 이루어왔고, 오늘날의 서양도 변화를 시도하여 많은 신기한 발명품들을 만들어냈다. 현 시속에 맞지 않는 것을 통하게 하는 것이 변통이기에, 인류는 끊임없이 변통을 추구해왔다. 변통은 마치 자연의 순리와 같은 것이다.

---

5) 「논설」, 『皇城新聞』, 1899.7.1.

그러니 변통을 꺼릴 이유가 없는 것이다. 다만 변통을 하되 옛날과 지금 물정의 차이를 고려해서 국민에게 이익이 되는 쪽으로 가야 한다고 말한다. 변통의 방향은 시대와 사회에 따라 다를 수 있다는 것이다.

고종 황제도 광무개혁의 기간 동안 이런 조칙을 내렸다. 무릇 새로운 것에 매여 옛것을 잊어버리고 오로지 바꾸기만 하면 오히려 어지러운 데 이르고, 또 시세에 따라 변함을 알지 못하고 옛것만을 옳다고 하여 행하기 어려운 것을 강요하면 그것은 나라를 위한 것이 아니라고 경고하면서 절충과 참작을 강조하였다.[6] 개화와 변통론은 이 시기를 움직이는 아주 중요한 담론이었다고 할 수 있다.

개명과 변통론을 통해 펼쳐진 문명화의 문제는 장지연이 쓴 「문약지폐(文弱之弊)」[7]에서 정리된다. 이 논설은 동양에서의 문 개념과 현재 일컬어지는 문명 개념의 같고 다름을 비교해서 보여준다. 동양에서의 문(文)은 '정치제도지구(政治制度之具)'이다. 즉 문은 문학이 아니라 예악형정(禮樂刑政), 전장문물(典章文物)이다. 문은 정치질융(政治邦隆)의 자취를 일컫는 '문명(文明)'과 풍화휴미(風化休美)의 효과를 밝히는 '문화(文化)'로 드러난다. 동양 전래의 문명은 지금의 문명 개념과 조금 다르다. 지금 동서양 제국이 문명이라 부르는 것은 문(文)을 숭상하는 것뿐만 아니라 힘써 실질지문(實質之文)을 구하고, 무력(武力)의 겸비를 강구하는 것을 말한다. 오히려 문이 지금의 문명 개념에 가까우며, 이 문은 『황성신문』에서 즐겨 쓰는 개화의 개념과 일치한다.

---

6) 서영희, 「광무정권의 형성과 개혁정책 추진」, 『역사와 현실』 26, 1997, 42면.
7) 「문약지폐」, 『皇城新聞』, 1904.12.2.

장지연은 문과 문명의 개념에 다소 차이가 있지만, 한 나라가 문명화되거나 쇠락하는 원인은 하나라고 생각한다. 예나 지금이나 문명화의 문제에는 달라진 것이 없다고 본다. 문(文)은 개인·가족·국가 어디에도 없어서는 안 된다. 따라서 국가의 융성도 문치(文治)에서 나오고, 국가의 쇠망도 문폐(文弊)에 있는 것이다. 문명의 쇠미와 폐단은 문(文)이 너무 승(勝)하거나 성(盛)해지는 데서 온다. 문치는 실질의 문이 통용될 때이다. 그러나 문이 너무 승한 결과 부문(浮文)·허절(虛節)·가례(假禮)·위번(偉繁)해져 정치교화(政治敎化)의 실사(實事)가 없어져 '문약지폐(文弱之弊)'에 이르는 것이다. 실질의 문이 번화와 허식에 떨어지면 문명사회를 이루기 어렵다. 이 점은 동양이든 서양이든 마찬가지이다. 즉 문(文)은 시대에 따라 번화해지기도 하고, 실질을 회복하기도 한다. 어느 나라든 늘 문명의 상태를 유지한 것은 아니다. 동양도 주공의 시대에는 고금 정치 제일의 문명국이었다. 지금은 서양이 실질지문과 무력을 겸비하여 문명국으로 부상한 것이다. 동양의 전통 자체를 허문(虛文)으로 치부했던 이전의 문명 논리와는 근본적으로 다른 관점에 선다고 할 수 있다. 실질의 문을 회복했던 나라는 누구나 문명국이었던 것이다. 지금의 우리는 문명국이 아니다. 지금 너무 지나치게 허문(虛文)을 숭상하기 때문이다. 그 허문으로 지적된 것은 구체적으로 "近日 官僚之疏箚章奏와 表箋詞策이 罔非矯情之虛文也오, 紳士之獻議上書와 通文輪衙이 罔非要譽之僞文也오, 其行政立法과 內令外交도 罔非浮文也오, 祭祀宴饗과 讀書講學도 罔非假文也오, 以至衣服飮食과 言語動作이 無一而非繁文外飾也"이다. 이 허문을 고치면 문명국으로 나아갈 수 있다. 이렇게 되면 사실 문명, 야만의 등급이란 없다. 동양에도 문이 있고, 서양에도 문이 있다. 문의 번다, 허식이 문제가 될 뿐이다.

모든 나라의 문명 상태는 시기에 따라 상대적일 수밖에 없다. 분명 문명의 위계는 없다. "三代盛時던지 文明各國이던지 君臣上下가 同心合力하야 仁術德政과 良法美規를 誠心行之하면 今日野蠻國이 明日文明이 되고 今日貧弱國이 明日富强國이 되는지라 無論何國이던지 行政善惡에 在하지 本來 野蠻文明과 貧弱富强이 別로히 分等을 定하야 變化치 못홀 天理가 有ᄒ오릿가"[8]라고 했듯이 문명과 야만, 빈약과 부강의 등급이 나눠진 게 아니다. 누구나 문명국, 부강국으로 변화할 수 있다. 서양문명만이 절대적으로 우월한 문명은 아니다. 개화와 변통의 논리에서는 '시(時)'가 매우 중요하다. 처하고 있는 그 때에 '신(新)'은 무엇인가? 그 '신(新)'은 옛날과 지금이 서로 다른 것이다. 예전의 '신'은 다른 문명국이었다. 과거의 문명국은 동양이기도 하고 우리나라이기도 하다. 지금의 '신'은 서양문명이다.

급진적인 개화파들은 서구문명을 수용하면서 유학(儒學)을 비롯한 과거의 제도문물을 모두 쓸모 없는 것으로 취급했다. 이전 것을 모두 부정하여 무(無)의 상태에다 서양문명을 이식하려 했다. 동양의 문명사를 완전히 부정했다. 개신유학자이든, 수구적인 유학자에게 이런 부정은 존재 자체의 부정이나 마찬가지이다. 존재를 부정하기 힘들다. 그렇다고 서양을 부정하고 거부할 수도 없다. 현실에서 맞닥뜨린 서양은 힘이 세고 그들의 문명은 매우 편리하고 굉장

---

8) 「논설」, 『皇城新聞』, 1898.9.27.

하다. 그래서 개신유학자들은 개화와 변통의 논리 속에서 우리의 문명과 서양문명의 자리를 찾아주는 방법을 찾아내었던 것이다.

『황성신문』은 은나라, 주나라의 예악문물이 삼대지치(三代之治)에 이르는 길이라고 믿는 완고자의 말에도 동의하지 않으며, 구미의 신법에서 나온 정치 교술을 부강기업(富强基業)이라 여기는 개화자에게도 동의하지 않는다. 시이세변(時移世變)에 고금이 판이한데 삼대 문물이 지금에는 맞지 않고 풍기속습(風氣俗習)이 고금이 서로 달라 태서의 좋은 법도 우리에게 어긋나는 것이 있으니 동서고금하고 다만 편리하고 좋은 것을 취하여 참작(參酌)하고 절충(折衷)하여 시의(時宜)에 맞추고 어울리게 해야 한다. 한국은 한인의 문물을 갖추며 한인의 법도를 행하여 원융통활(圓融通活)하게 해야한다. 그리고 이것을 문으로만 나타내지 말고 실행해야 한다.[9]

『황성신문』은 개화를 혹은 문명을 재정의함으로써 문명화를 어떻게 이룰 것인가라는 과제를 던져놓는다. 서구문명을 받아들이되 그 내용과 실천 방향을 어떻게 잡아야 할지 고민했던 것이다.

3. 서양문명의 수용과 설치(雪恥)의 길

『독립신문』과 마찬가지로 『황성신문』에서도 문명 부강이란 말

---

9) 「廣文社新刊牧民心書」, 『皇城新聞』, 1902.5.19.

은 늘 서양의 수식어로 쓰인다. 거의 예외 없이 문명·부강·개화·개명은 모두 서양이 도달한 상태를 가리킨다. 『황성신문』은 논설의 곳곳에서 서구문명을 지향한다.

余四十平生에 所夢이 無有ᄒ야 當初夢字의 義가 何意를 據ᄒᆫ지 知치 못ᄒᄂᆫ 故로 邯鄲墟槐安國을 ᄒ又 好事者의 筆端弄談으로 歸ᄒ고 或知舊人이 夜來夢事를 說ᄒ면 以風魔癡漢으로 責ᄒ엿더니 昨夜의 書案을 對ᄒ야 太古史를 閱覽ᄒ다가 困眠을 不勝ᄒ야 短枕을 暫倚ᄒ엿더니

昏迷ᄒᆫ 中에 飄然 一身이 定處가 無ᄒ야 江南千里를 片時에 行盡ᄒ야 吳山楚水로 上下周覽ᄒ더니 一處에 到ᄒᆫ즉 層樓高閣이 左右에 櫛比ᄒ고 來馬去轂이 前後에 聯絡ᄒᆫ데 엇던 곳은 多隊精兵이 武藝를 練習ᄒ고 엇던 곳은 無數學徒가 各種 學問을 講究ᄒ고 엇던 곳은 十百工匠이 器械를 製造ᄒ고 엇던 곳은 千萬商店에 物品을 列陳ᄒ야 通國景況이 一大開明世界를 鬪ᄒ엿ᄂᆫ지라.

다시 學校를 防去ᄒ야 敎師를 見ᄒ고 拜禮畢에 問曰 我ᄂᆫ 大韓人으로 遊覽ᄒ다가 偶然이 此處에 至ᄒ엿거니와 貴國 國號가 무어시오 其敎師ㅣ 答禮曰 鄙土ᄂᆫ 卽古形語國이니라 余驚訝曰 曾昔에 太古史를 見ᄒᆷ이 其中에 形語國이란 國이 有ᄒ야 其風俗이 大樸을 未散ᄒ야 無爲之治를 行ᄒ다 ᄒ엿더니 今日로 觀ᄒ건디 其文明ᄒᆷ이 泰西各國에 讓頭홀비 無ᄒ리오

敎師曰 我國이 果然君言과 如히 淳古之風으로 來世ᄒ다가 中古以來에 延竝의 擅權홈으로 生靈이 塗炭에 在ᄒ야 一國의 形勢가 累卵에 危ᄒ더니 我國名相何有之氏가 西洋을 通ᄒᆫ 後로 一變의 政을 行ᄒ야 大化의 域을 成ᄒᆫ 故로 今에 我皇上이 世界에 同等勸을 執ᄒ샤 萬民으로 ᄒ야곰 太平의 福을 享ᄒ노라.

余曰 尊姓華卿을 敢問ᄒ노라.

敎師噓噫歎曰 鄙姓은 槐오 名은 蔭이니 本燧人氏의 後裔로 先世功業을 籍ᄒ야 世世卿相으로 此國의 有名巨族이러니 更張以後로 門閥을 不抱ᄒ고 人才만 是用홈이 一門이 다 落仕되고 나호을노 外國에 遊學ᄒᆫ 功力으로 此職을 得ᄒ엿스나 前事를 生覺ᄒ면 感淚가 自然ᄒ노라.

余曰物盛必衰는 古今의 常理라 一時의 榮枯를 論홈이 千秋觀翁에 笑料
를 供홈이라 ᄒ고 張欠而覺이 旭日이 射窓이러라.
秋夜片夢이 雖甚無據나 其意想이 到於不到之處故로 略述其槩ᄒ오니
具眼君子는 平生無夢ᄒ던 者의 一夢을 笑覽而役焉ᄒ소셔10)

몽유록 형식으로 쓰여진 이 논설은 꿈을 빌어 대한의 미래를
제시한다. 내가 태고사를 읽다가 잠이 들었는데, 꿈속에서 어떤 나
라에 가게 된다. 그 나라는 몇 층으로 된 높은 집들이 즐비하고,
말과 마차가 거리에 줄지어 있고, 수많은 정예 부대가 무예를 연
마하고 있으며, 많은 학도들이 각종의 학문을 연구하고, 수백의 공
장들이 기계를 제조하고, 수천만 상점에 물품이 진열되어 있다. 태
서에 버금가는 개명세계인 것이다. 한 교사에게 이 나라에 대해
물어보니 형어국이라 한다. 그 형어국은 예전에 '무위지치(無爲之
治)'를 행한 태평국이었다. 그런데 세월이 바뀌면서 어느 순간 생
령이 도탄에 빠지고 나라가 위태로워졌는데 어떤 사람이 서양을
통하면서 오늘날의 개명세계를 이루었다고 한다. 그 교사는 자신
도 명문거족의 집안이었으나 경장이후 문벌이 아니라 인재로 관
리를 뽑는 바람에 집안이 모두 벼슬자리에서 떨어지게 되었다고
한다. 자신은 외국 유학을 다녀온 공력으로 교사직을 얻게 되었다
고 한다.

꿈속에서 본 개명 세계의 모습은 바로 현재의 서양의 모습이다.
형어국은 대한이다. 서술자는 형어국의 비유를 통해 서양과 같은
문명사회로 대한이 바뀌기를 바란다. 문벌이 아니라 서양교육을

---

10) 「논설」, 『皇城新聞』, 1898.10.14.

받은 실력 있는 인재가 관리로 등용되는 사회로 변화되길 꿈꾼 것이다. 『황성신문』도 대한이 서구문명화되기를 원한다. 『독립신문』이 건설하고자 했던 대한의 미래가 곧 서구문명사회였던 것처럼, 『황성신문』도 대한국의 모델은 서구문명의 현재였다. 문명이 시대에 따라 바뀌며 사회에 따라 다른 것이라면, 왜 서양의 문명을 굳이 수용해야 하는가? 『황성신문』은 문명간의 장단점을 잘 비교해서 적용해야 한다고 말하면서 종국엔 서양을 통해 서양문명화를 이루자고 한다. 논리상의 착종을 일으킨 것인가? 이것은 서양문명을 받아들이는 자의 자기 설득을 위해서도, 서양문명을 거부하는 봉건 유생층의 설득을 위해서도 반드시 짚어봐야 할 질문이다. 『황성신문』은 '수구자(守舊者)'에게 이렇게 대답한다.

大凡守舊란 것은 國家에 舊規를 膠守ᄒ야 搖改치 勿ᄒ쟈ᄂ 主論이라. 此 主論을 執한 者-必 曰 我國에도 美法良規가 自在ᄒ야 幾百年 文明之治를 開ᄒ얏스니 何必 外國의 新法을 採用ᄒ야 政綱을 紛雜케 ᄒ리오 ᄒ ᄂ니

善哉라 此言이어 誰가 謂ᄒ더 我國에 美法良規가 無ᄒ다던가. 美法良規가 古에ᄂ 有ᄒ다가 今에ᄂ 無ᄒ니 此 或 守舊者의 過失이 아니런가. 其法規를 一遵守來ᄒ얏스면 今에도 如舊ᄒ 文明國일 것이어늘 何故로 守來치 못ᄒ얏던고 可知로다 政官이 되야 公選을 不行흠은 私黨을 扶立흠이오 言官이 되야 直諫을 不行흠은 寵幸을 阿從흠이오 法官이 되야 正平을 不行흠은 請賂를 緊受흠이오 守宰가 되야 淸白을 不行흠은 利慾을 充滿흠이라. 如此ᄒ 諸般惡習을 行ᄒ면서 口로만 動稱 曰 守舊라ᄒ니 此守舊ᄂ 何法典 何章程을 據흠인고

我도 쏘ᄒ 守舊를 甚好ᄒᄂ 者이니 守舊를 ᄒ랴거던 英國과 ᄌ치 훌지어다. 夫 英國은 世界에 有名한 守舊라. 此 守舊ᄂ 何如ᄒ고 하니 自國의 舊來ᄒᄂ 規法을 一遵守去ᄒᄂ디 或 外國에 新法이 有ᄒ면 守來ᄒ던 法과

比較ㅎ야 透徹ㅎ 效力을 量度ㅎ 然後에 舊法을 廢ㅎ고 新法을 行ㅎ느니 今에 世界 强國을 數할진디 英國이 一指를 先屈할지니라.

今日 天下는 古日 天下와 異ㅎ야 文明國의 政治와 法令이 或 些少 節目에는 異同이 有ㅎ나 其 公平正大흔 綱領에 至ㅎ야는 謀치안코 相同한 國도 有ㅎ며 或 棄短從長ㅎ는 國도 有ㅎ니 만일 未明흔 國이 世界平行規法을 從行치 아니ㅎ고 前日 獘政만 行ㅎ면 彼가 我에 對ㅎ야 友誼를 變ㅎ고 壓制力을 施ㅎ리니 此에 至ㅎ야도 能히 守舊ㅎ다 稱흘는지.

日本도 韓國과 淸國又치 政權이 紊亂ㅎ고 人民이 壞離ㅎ더니 明治 三十年來로 舊獘를 除袪ㅎ고 新法을 採行흠이 今에 至ㅎ야는 다만 東洋에 一等國일 뿐더러 泰西列强으로 同駕幷驅ㅎ야 世界에 平行權을 確執ㅎ얏스니 伐柯伐柯여 其則이 不遠이라 엇지 國家를 爲ㅎ야 捨舊從新ㅎ는 計策을 深圖치 아니리오.[11]

수구자는 우리에게도 미법양규(美法良規)가 있는데 왜 서양의 신법(新法)을 받아들여야 하는가하고 따진다. 그러자 옛날엔 우리나라에 미법 양규가 있었지만 지금은 미법 양규가 없어졌기 때문이라고 답한다. 예전의 미법 양규를 잘 지켜나갔다면 지금도 문명국일 테지만, 그렇지 못해서 지금은 미법 양규도 없다. 현재 대한은 문명국이 아니라는 말이다. 미개명국으로 문명한 나라를 좇아가야 하는데, 현재 세계상의 문명국은 서양이다. 그러므로 서양을 좇는 것이다. 더구나 현 시대는 세계의 공통 규법(規法)을 따르지 않고 예전의 폐정만 행하면 문명부강국이 우의(友誼)를 바꾸고 압제력을 펼치는 약육강식의 사회다. 그러니 옛것만 지키고 있겠냐고 되묻는다. 과거는 문명국이었지만 현재는 미개명국이므로 우리 옛것을 버리고 서양의 새로운 것을 받아들이는 '사구종신(捨舊從新)'이 필

---

11)「論說」,『皇城新聞』, 1899.6.28.

요하다고 설득한 것이다. 현재 상태에선 서양문명이 발전된 '신(新) 문명'이기 때문에 그들을 따르는 것일 뿐이다.

서양의 문명을 받아들이는 문제는 어쩔 수 없는 선택이기도 하고, 대세를 따르는 자연스런 흐름이기도 했다. 19세기 말 이전, 조선은 구미의 여러 나라와 한 번도 교류해본 적이 없었다. 개항 이후 밀려온 서양인과 서양의 문명은 우리에게 매우 기괴하고 낯선 체험이었다. 기괴하고 낯설게만 보이던 서양문명이 우리에게 던진 파장은 엄청난 것이었다. 서양의 문명은 가히 위력이 대단하여, 만만한 상대가 아니었다. 개항 이후 10여 년 만에 사람들은 서양문명의 편리함과 신기함에 넋을 잃게 되었다. 서양문명은 거부할 수 없는 것이었다.

我國이 本來 外國과 交涉이 無ᄒ야 歐美 各國은 當初에 何方의 國이며 何種의 人이며 何文의 敎인줄을 知치 못ᄒ얏고 但 相通ᄒ 國은 中國이라. (…중략…) 近自 十餘年 來에 東西洋 各國을 皆通ᄒ 後로 平生에 所不見 ᄒ던 人과 所不知ᄒ던 器械物品이 日로 至ᄒ야 新眼目을 忽驚ᄒᆷ이 初에는 其人들과 相交ᄒ는 者들을 目으로 忤ᄒ고 口으로 辱ᄒ며 其器械 使用의 至神至速ᄒ다는 說을 不信ᄒ며 其物品의 買用ᄒ는 者를 賤鄙히 넉이어 斥言ᄒ기를 七合洋人이라ᄒ더니 其後에 次次 眼目이 慣習ᄒ야 至今에는 國民의 向方이 稍開ᄒ야 外人과 交際ᄒ는 道를 略知함으로 相敬ᄒ는 禮를 極盡이 ᄒ는 者도 有ᄒ며 其糟粕을 略解ᄒ는 者도 有ᄒ나 大抵 一通이 生疎히 接待ᄒᆷ은 無ᄒ고 器械에 至ᄒ야는 其神奇ᄒ 法을 現用에 展驗ᄒᆯ지라도 信치 아니랴ᄒ야도 自然 確信ᄒ야 其法을 欽慕치 안는 者ㅣ無ᄒ고 物品에 至ᄒ야는 人人 各各이 緊用치 안는 者ㅣ無ᄒ니 以今 所見으로는 중춧 天下一家春의 氣像을 見ᄒ깃스나 但 人民들이 其開明의 外飾만 知ᄒ고 其 實情을 講求치 아니ᄒ니 是로 少次일너라[2]

서양을 만난 지 10여 년 만에 사람들의 태도가 현저하게 달라진다. 처음 서양 사람들을 보았을 때는 비천하게 보고 배척하더니, 지금은 그들과 교제하는 법을 익혀 예까지 지킨다. 또한 서양 기계의 신속함을 믿지 않더니, 서양 물품이 요긴하게 쓰인다는 사실을 알게 되자 흠모하지 않는 사람이 없게 된다. 사람들은 서양문명에 아주 자연스럽게 경사되고 있었던 것이다. 이렇게 『황성신문』은 서양문명을 수용하는 길이 우리의 현실임을 인정한다. 왜냐하면 서양문명이 이 시대 문명 중에 가장 앞선 문명이기 때문이다. 서양문명을 아는 것이 바로 개명이다. 그래서 서양 물품의 편리에 눈뜨는 개명(開明)의 외식(外飾)만 알지 말고, 우리나라 사람들이 개명의 실정(實情)까지 깨닫기를 바란 것이다.

『황성신문』은 서양이 동양보다 앞서 있다는 것을 인정한다. 이미 서양의 위세를 체험하고 눈으로 보고 귀로 들은 터이다. 그런 까닭에 서양이 현재의 문명국이라는 사실엔 어떤 이의도 제기할 수 없다. 『황성신문』은 관물자(觀物子)란 인물을 통해 서양과 동양의 현재 상태를 비유적으로 보여준다. "今日 歐亞世界를 論하건대 西洋은 雨順하여 膏澤所及에 民物이 繁衍ᄒ야 樂歲를 已占하고 東洋은 旱劇하여 虐炎所及에 民物이 焦殘하여 歉年을 將判함에 川漑와 道路에 汚穢가 行人의 眼鼻를 能開치 못하는"[13] 아주 다른 상태에 놓여 있다. 서양은 아주 순후한 때를 구가하고 있다. 때에 맞춰 내리는 비에 만물은 번성하다. 반면 동양은 가뭄 등의 아주 극심한 기후 속에 만물은 피폐하고 개천과 도로엔 더러운 것

---

12) 「論說」, 『皇城新聞』, 1899.7.27.
13) 「論說」, 『皇城新聞』, 1899.6.30.

들이 넘쳐난다. 이렇듯 서양과 동양의 상황은 현저하게 다르다.

왜 이렇게 다른가. 서양문명과 동양의 문명이 차이가 나는 이유는 무엇인가?『황성신문』은 서양에는 있지만, 우리에겐 없는 것을 제시해준다.

方今 世界의 開明이라 稱ᄒᆞᆫ 國은 何種人이든지 學問을 務ᄒᆞ야 萬物의 源과 萬物의 極을 推究ᄒᆞ야 農兵工商에 所業이 各勤홈으로 天도 能히 其人을 窮치 못ᄒᆞᄂᆞ니 君은 韓人으로 耳目이 分明ᄒᆞ되 幼無學問ᄒᆞ고 長無職業ᄒᆞ야 目前에 歡娛만 耽ᄒᆞ고 來頭利害ᄂᆞᆫ 不顧ᄒᆞ야 萬國의 形便과 自己의 國事를 不辨ᄒᆞ니 然則 此盲者에 愈홀 者 奚有ᄒᆞ며 且職業이 無ᄒᆞ면 비록 有目혼 者라도 畢竟에 丐乞홈은 古今의 常理라 君이 엇지 無目혼 者의 丐乞홈을 禽獸에 比ᄒᆞᄂᆞᆫ고 ᄒᆞ니 主人은 耳外에 聽ᄒᆞ고 諸賓은 悚然이 聽ᄒᆞ더라 古語에 曰狂夫의 言도 聖人이 擇ᄒᆞ시다 ᄒᆞ니 此言이 尋常치 아니ᄒᆞ도다[14]

개명국은 학문에 힘써서 만물의 근원을 연구하며, 각기 자기의 직업에 부지런히 임한다. 그러나 한국은 어려서 배움이 없고, 커서는 직업이 없다. 단지 오락에 빠져 이해득실을 돌아보지 않아, 전 세계의 상황과 자기 나라의 일도 헤아릴 줄 모른다. 이 글의 화자인 맹인은 자신은 앞을 보지 못해 구걸하지만, 놀고먹는 이들은 눈이 있어도 종국엔 구걸하게 될 것이라고 말한다.

서양은 문명과 부강한 힘으로 다른 나라의 땅을 침범하여 자신의 영토를 넓히느라 혈안이 되어 있다. 현재 아세아주 아프리카주 남아메리카주 대양주 등 사주(四州) 내에 구미(歐美)가 점령한 땅이 전세계 삼분의 이나 된다. 구주(歐州)는 오주(五州) 중 가장 작은 강

---

14) 「논설」,『皇城新聞』, 1899.4.15.

토로되 과부자강(跨富藉强)에 각 주를 침범하여 전 세계 삼분의 이를 점령하니 그 까닭은 무엇인가? 그 문화가 날로 새로워지고 각자 자유 독립의 권리를 지키는 데 불과하다. 다른 사람의 압제와 보호 받는 걸 수치스러워하여 각자의 자립을 분발한 때문이다.[15]

문명과 부강과 자립의 힘을 지닌 서양은 다른 나라를 점령해 간다. 그래서 지금은 "동방 민족이 백인민족에게 점점 침범 당해 형세가 위급하니, 황인종의 앞날은 애닯기만 한"[16] 상황이다. 서양은 거대하고 힘이 세고 위협적이다. 이에 비할 때 상대적으로 대한은 초라하고 야만적이다. 그런 까닭에 대한은 서양을 흠모하지만 서양은 야만적이고 무지한 대한인을 멸시하고 학대한다. 그 멸시는 대한인 스스로가 불러온 일이다.

社會上에 一民人의 微細호 行爲로 外國人의 虐待를 自取호는 事 種種 有홈이 가장 哀惜호도다. 鄕谷人이 初入京호 者던지 京城에 生長호 者던지 甚히 愚駭沒覺호야 外國人의 市店邊에 過호면 暫時玩賞호고 去호던지 可買홀 物品이 有호면 買去호던지 호얏스면 外國人이 無端叱辱홀 理由가 豈有호리오마는 頂荷笠子호고 目瞪口開호야 琉璃廠外에 粘立호야 移時不動호야 若將忘返焉호니 由是로 外國人이 不去홈을 怪異히 知호야 叱도 호며 甚至 撥水도홈이 衣冠이 盡濕호 後에야 緩步로 頻顧而去 호니 此는 犬豕와 如호 虐待를 當홈도 渠의 自取오

或物品을 買取코겨호야 價文을 呼定호고 不買호면 外國人이 批煩도호며 揮棒도 호야 竟至買取호 後에야 乃免호니 此는 盜賊과 如호 虐待를 當홈도 渠의 自取오

外國人이 自行車를 馳行홀 際에 兒童이나 或鄕民이 着近追跟호던지 警

15)「世界各國領地及植民地」,『皇城新聞』, 1903.8.31~9.3.
16)「西勢東漸의 起因」,『皇城新聞』, 1900.1.12.

鐘을 鳴ㅎ야도 趍不避迴ㅎ면 外國人이 長鞭으로 猛打ㅎ 後에야 走去ㅎ니 此는 牛驟와 如ㅎ 虐待를 當홈도 渠의 自取오

輪船發行日字가 各新聞에 揭載ㅎ얏슴이 詳閱치아니ㅎ고 街路에 揭示ㅎ 것도 不信ㅎ는지 外國人의 漕店에 往ㅎ야 長皇複問ㅎ다가 無數ㅎ 叱辱을 往往遭逢ㅎ니 此는 奴隷와 如ㅎ 虐待를 當홈도 渠의 自取라.

如此ㅎ 虐待를 自取홈을 不可枚擧로디 羞辱으로 知치도 아니ㅎ니 豈不哀惜이리오 微細ㅎ 事를 擧論홈이 已甚ㅎ듯ㅎ되 外國人의 虐待ㅎ는 所見에는 韓國人의 痴은 無論某人ㅎ고 擧皆如是ㅎ쥴로 指目도 ㅎ며 嘲笑도 ㅎ니 一個人의 羞辱이 卽全國인의 羞辱이라 全國人이 羞辱을 不免ㅎ면 外國에 壓制慢侮를 受홈이 如何ㅎ리오 此等이 雖是微細나 關係는 甚涉不少ㅎ지라 開明이라ㅎ는 것이 非但 大件事라 此等社會上에도 아모죠록 開悟ㅎ고 明察ㅎ야 國民의 義務를 自守홈이 開明이라ㅎ노라[17)]

우리나라 사람들이 종종 오래도록 상점을 구경하다가 외국인에게 욕먹고 물세례를 받는 등 개돼지처럼 학대를 받거나, 상점에서 값을 묻고 사지 않아 외국인에게 곤봉 세례를 받는 등 도적처럼 학대를 받거나, 자전거의 경종을 울렸는데도 피하지 않고 느리게 가다가 외국인에게 채찍으로 심하게 맞는 등 소나 당나귀처럼 학대를 받거나, 배 타는 날짜를 신문에 게재했는데 믿지 않고 외국인 선전에 들러 여러 번 묻다가 욕을 실컷 먹는 등 노예처럼 학대를 받는다. 모두 외국인은 개명되었고, 우리는 개명되지 않았기 때문이다. 학대를 받는 것은 그들 스스로가 불러온 일이다.

이 논설은 우리나라 사람들의 행동을 낯선 문화에 대한 호기심이나 낯설음에서 나온 행동으로 보지 않는다. 무식한 야만의 습성으로 본다. 그렇기 때문에 문명화된 서양인이 무식한 한인에게 던

---

17) 「羞辱胡爲自取」, 『皇城新聞』, 1900.5.17.

지는 학대와 멸시는 당연한 것으로 간주한다. 서양인의 행동은 문제시되지 않는다. 문제삼는 일은 우리나라 사람들이 이런 걸 치욕으로 여기지 않는다는 사실이다.

泯泯擧國之民은 蚩蚩蠢蠢ᄒ고 無知覺ᄒ야 頑冥如豚魚ᄒ며 凝固木石ᄒ야 向公而無愛國心ᄒ며 循私而無愛身心ᄒ고 只有野心變心ᄒ야 甘作 奴隸而不知恥焉ᄒ며 毫無開明心進步心ᄒ야 甘居太豕不知惡焉ᄒ며 外侮日至ᄒ고 危機日迫이로디 甘爲燕省而不知憂焉ᄒ니 哀我民斯 | 胡至此極고 上下乖宜ᄒ야 萬事日非ᄒ니 固不知幾病哭幾流涕幾太息也로다[18]

우리나라 백성은 어리석고 지각이 없고 복어처럼 어둡고 목석처럼 단단할 뿐이다. 애국심·애신심(愛身心)은 없고 야심과 변심만 있어서 노예로 취급해도 수치심을 모르고, 개명심과 진보심이 없어 돼지우리에 살아도 나쁜 줄 모른다. 밖으로 멸시는 날로 커지고 위기는 닥치는데도 근심할 줄 모른다. 그래서 논설자는 통곡(痛哭)·유체(流涕)·장태식(長太息)할 뿐이다. 치욕이나 근심조차 모르는 백성들 때문에 상심해서이다. 치욕은 압제를 벗는 원동력이기 때문이다.

1899년 1월 13일의 논설은 치욕을 느껴야 모멸을 벗어버릴 수 있다고 말한다. 서양인들은 서양인, 일본인, 한국인을 각각 다르게 대우한다. 서양인이 서양인을 대할 때는 평등하여 사이가 없고, 일인을 대함엔 비록 동등하게 보지는 않더라도 인류(人類)로 대한다. 우리 한인을 대함에는 인류로 취급하지 않고 축생(畜生)과 같이 천하게 본다. 진실로 사람의 마음을 가진 자는 분한한 마음을 이기

---

18) 「讀賈生疏有感」, 『皇城新聞』, 1900.8.13.

지 못한다. 그러나 천하게 대우받음은 우리 국민 상하가 스스로 불러온 바다. 저 사람들이 우리나라 사람 보기를 지극히 우둔하고 열등한 품수로 대하거늘 높은 벼슬자리에 부유한 이들은 백인의 노예 되기를 마다하지 않고 시정의 사람들은 목전의 이득에 연연하여 외국인에게 흡수되어버린다. 그렇지만 능히 분한 통탄할 줄 안다면 반드시 수치를 씻을 날이 있다. 분한 통탄하는 마음이면 장차 열강의 자리에 어깨를 나란히 할 수 있다. 어찌 대우의 같고 다름을 걱정하리오[19] 치욕을 느끼는 자는 개명할 수 있다. 외국인의 압제와 만모에 수치심을 느껴, 설욕하려는 마음만 있다면 어려운 일이 아니다.

現今東亞의 貧弱野昧者를 西歐의 富强文明者에 較할진디 句萌出土와
恭天蟠地의 勢가 非不逈然懸殊ᄒ야 不可同日而語로디 究其恭天蟠地컨디
亦自句萌出土而成이니 今之富强文明者ㅣ亦安得不由貧弱野昧而成乎리
오 此亦漸進不退四字에 確守不移홈이라 時局이 大變ᄒ야 有國於環球者
ㅣ以百數로디 初自勤勤之心이 不在安逸ᄒ며 勞勞之力이 不憚困瘁ᄒ야
ᄒ며 拓不毛之曠野도 ᄒ야 由貧而富ᄒ며 有弱而强ᄒ며 有野而文ᄒ며 有
昧而明ᄒ야 漸至交聘四國ᄒ며 通商萬方ᄒ야 成乎虎踞五洲ᄒ며 視萬方ᄒ
니 此皆漸進不退而己라 豈有他哉아 噫라 東亞地方이 大可萬乘이며 少不
下千乘이오 土地가 非不衍沃이며 人才가 非不聰萬이며 風氣가 非不强悍
이며 才藝가 非不贍足이며 物産이 非不殷阜오 及其政治法律과 交聘攻守
之道가 非不井井其焉이로디 物久斃生은 理之常也니 雨露長養도 亦一時
也며 雪霜零落도 亦一時也라 固安得而不變이리오 苟若當此時也ᄒ야 不
革舊汚ᄒ며 不蹈新規하야 儵墮恬嬉하며 因循暴棄하야 一線陽脉을 不能
鼓動於重泉坤剝之中이면 當春發榮之會를 不得致於今日ᄒ리니 如是則從

19)「知慚而後刻厲雪滌」,『皇城新聞』, 1899.1.13.

不免乎靑黃之災也라 豈能臻乎成也리오[20]

현금(現今)의 동아는 빈약야매(貧弱野昧)하다. 서구는 부강문명(富
强文明)하다. 그러나 변통의 논리대로 모든 것은 변화한다. 서양이
원래부터 부강문명했던 것은 아니다. "유빈이부(由貧而富)ᄒ며 유약
이강(弱而强)ᄒ며 유야이문(有野而文)ᄒ며 유매이명(有昧而明)"한 것이
다. 개명은 순리이고 누구나 가능하다. 따라서 우리 동양도 현재는
빈약한 상태이지만, 서구의 문명국처럼 부지런히 전진하여 후퇴하
지 않으면 부강문명을 이룰 수 있다. 동양이 늘 비문명국이었던
것이 아니기 때문이다. 따져보면 동아지방은 크게는 만승국(萬乘國)
이요 작게는 천승국(千乘國)이며, 토지가 비옥하고, 인재가 총준하
며, 풍기가 강인하며, 재예가 풍부하며, 물산이 풍성하고, 정치 법
률과 교섭의 도가 바르게 갖추어져 있는 국가이다. 문물(文物)이 오
래되면 폐단이 일어나는 것은 상리(常理)이다. 번영했다 쇠락하고,
쇠락했다 번영한다. 그러니 구오(舊汚)를 혁거하고 신규(新規)를 받
아들이면 동양도 문명국이 될 수 있다.

4. 과거 문명사의 재인식과 동양 전통 담론의 재해석

『황성신문』은 서구의 문명을 수용하되, 우리의 실정에 맞게 참

---

20) 「논설」, 『皇城新聞』, 1899.11.13.

작, 절충해야 한다고 했다. 옛것을 무조건 버리고 부정하는 것이 아니라, 실정에 맞게 장처(長處)는 지키고 단처(短處)는 버리라는 의미이다. 따라서 과거 동양문명의 정체성을 찾는 일은 매우 중요했다. 우리 안에 간직된 '문명'은 무엇인가?

개화는 행실 개화, 정치 개화, 학술 개화, 물품 개화, 기계 개화가 모두 구비되어야 진정한 개화다. 행실의 개화는 만고에 변하지 않지만, 다른 것은 변한다. 이 논리에 따르면 행실의 개화에 속하는 종교, 도덕은 만고에 변하지 않는 것이다. 동양에도 행실 개화가 있고, 서양에도 행실 개화가 있다. 한국은 유교이고 서양은 기독교이다. 따라서 유학의 경전은 버려서는 안 되는 것이다. 성균관이 경학만 전문으로 하지 말고 내외고금역사·지지·산술·정치·시무·궁리·격물의 학도 함께 교육해야 하듯이 마찬가지로 사범·중학·소학·외국어학교에서도 경학을 학과목의 하나로 공부해야 한다.[21]

금일 태서의 신법과 신학이 진선진미(眞善眞美)하여 다시 더할 것이 없더라도, 물환성이(物換星移)하고 시이대변(時移代變)하여 몇 백 년이 지나면 금일의 신법 신학이 오래되어 부패할지도 모른다. 그러니 유교를 단순히 잘못되었다고 배척하는 일이 옳은가? 공맹학으로 인의예지·효제충신·애국지성·도덕지심을 기른다. 외국인은 각각 그 나라에서 숭상하는 종교를 좇아 먼저 그 근본을 배양하는데, 공맹학이 잘못되었다고 버릴 수 있겠는가?[22] 오히려 학문의 근본을 배양하기 위해 유학을 배워야 한다. 『황성신문』은 신

---

21) 「論敎育發達之策」, 『皇城新聞』, 1902.12.11.
22) 「警世之拘儒及新進」, 『皇城新聞』, 1904.4.29.

·구학의 공존에 힘을 기울였다. 경학을 배워야 비로소 체용(體用)을 겸비한다. 경학은 체요, 신학은 용이다.

서양이 문명의 기준이 될 때 분명한 것은 현재의 동양은 문명한 나라가 아니다. 문명의 상대성을 인정한다고 해도 동양의 현재를 서양의 문명과 공존하는 또 하나의 문명으로 인정하지는 못한다. 시대를 초월하는 문명의 절대적 위계성을 부정할 뿐이지, 동시대적인 문명의 위계는 분명 인정한다. 개명과 변통은 진보와 진화의 논리이다. 인류 생활에 더 나은 쪽으로 변하는 것이 자연의 법칙이다. 진보와 진화의 논리 안에 문화의 차이는 개입할 여지가 없다. 문명국과 비문명국이 있을 뿐이다. 그래서『황성신문』은 현재의 동양이 문명하지 않은 까닭은 무엇인가를 찾는다. 그리고 과거의 문명사를 찾아 문명의 정체성을 확인한다. 서양문명에 필적할 만한 과거의 문명을 재현함으로써 심리적 보상을 받는다. 과거 문명에 대한 자긍심과 그런 문명을 회복하리라는 다짐은 문명화와 근대화의 원동력이다. 그 결과 역사가 매우 중요해진다. 이때부터 세계사뿐만 아니라 본국 역사에 대한 강조가 본격적으로 시작된다.

대체적으로 상고시대부터 조선 중기까지는 아주 긍정적인 문명사로 언급되나, 조선 후기로부터 근세에 이르면 부정적이고 쇠퇴한 면모가 지적된다.

我韓이 東亞에 四千餘年古邦이라 其宗敎가 箕疇에 肇基ᄒ야 堯舜禹湯의 傳授ᄒ던 心法으로 從來ᄒ야 人文이 以闢ᄒ며 言語를 以通ᄒ더니 三韓에 降ᄒ야는 戰爭을 頗事ᄒ고 新羅에 及ᄒ야는 工巧를 專尙ᄒ야 或危寄한

寺利과 宏傑한 築臺가 至今것 班班可據ᄒ깃고 百濟와 高句麗에 至ᄒ야ᄂ
文獻이 足徵할 者ㅣ 無ᄒ고 高麗에 曁ᄒ야ᄂ 文物이 稍開ᄒ더니 本朝에 迨
ᄒ야ᄂ 天運을 膺ᄒ야 人文이 大開홈으로 我 世宗大王의ᅌᅥ셔 乃聖力神ᄒ
샤 國文을 創造ᄒ시고 欽敬閣과 簡儀臺를 作ᄒ시고 瑢璣玉衡을 設ᄒ샤 七
政을 以齊ᄒ시고 其他鐘漏刻針渾天儀等機器를 創製ᄒ심과 山林經濟의
農家者流와 醫方大成銅人經의 發明ᄒ심이다 聖學이 高明ᄒ신디 出홈이오
其後忠武公李舜臣은 龜船의 駛輪을 發明ᄒ얏스니 此ᄂ 實로 汽船의 權與
가 됨이어눌 奈之何로 太極圖說이 病源을 厚培ᄒ고 詩賦帖括에 津液이
沽渴ᄒ고 老小南北에 全身이 病瘡ᄒ고 鎖攘主義가 耳目을 聾瞽ᄒ고 崇禎
起元이 人의 奴隸를 自處ᄒ더니 今日에 至ᄒ야ᄂ 海禁이 大開함이 萬國이
環顧ᄒ니 其後塵의 瞠乎홈을 罔覺ᄒ깃도다.[23]

기자조선의 문명으로부터 신라의 사찰과 축대, 고려의 문물, 조선
시대 세종의 국문 창조, 흠경각(欽敬閣)과 간의대(簡儀臺)의 제작, 용
기옥형(瑢璣玉衡)의 설치, 칠정(七政)의 정비, 종루각침(鐘漏刻針)과 혼
천의(渾天儀)의 창제(創製), 산림경제(山林經濟)의 농가유(農家流)와 의
방대성동인경(醫方大成銅人經)의 발명(發明), 이순신의 거북선 등은 이
들이 자랑하고 들추고 싶은 문명의 자취들이다. 그런데 이런 문명의
자취들이 이어지지 않고 "太極圖說이 病源을 厚培하고, 詩賦帖括
에 津液이 沽渴하고 老小南北에 全身이 病瘡하고, 鎖攘主義가 耳
目을 聾瞽하고 崇禎起元이 人의 奴隸를 自處한" 폐단 때문에 문명
국으로의 위상이 쇠퇴했다고 보는 것이다. 거론하는 있는 과거의 문
명은 실질에 도움이 되는 학문과 기계의 발명이다. 대신 시문에 힘
쓰거나 태극도설과 같은 철학적 논쟁에 빠지는 데 대해서는 부정적
시각을 갖는다.

---

23) 「논설」, 『皇城新聞』, 1899.4.24.

다음의 논설에서는 더욱 분명하게 신라·고려·조선의 지교(智巧)를 강조하고, 근세에 지교(智巧)를 포양하지 못함을 비난한다. 신라 때는 수각(繡刻), 고려의 자기(磁器), 조선의 청자는 뛰어난 문명이다. 문제는 이런 문명의 지교(智巧)가 계속 전해지지 못한 것이다.

我韓에도 有國以來로 智巧가 無홈은 아닌 것이 新羅時에 繡刻을 奇絶히 ㅎ야 中國에 送ㅎ더 中國人이이 日라 新羅의 巧는 天下의 無雙이라ㅎ얏스되 今에는 其遺法을 摸製홈이 無ㅎ고 麗時에 磁器를 善造ㅎ야 其器品이 泰西 ㅼ지 有名ㅎ되 今에는 無文器도 善造치 못ㅎ고 中古에 靑瓦商이 有ㅎ야 其瓦가 今에도 略存ㅎ더 其商이 此業을 自得ㅎ야 人에게 傳授ㅎ기룰 大忌ㅎ고 渠의 專業을 計ㅎ야 其子에도 傳授치 아님으로 此業을 摸得ㅎ 者 │ 更無ㅎ지라 故로 我國이 至今ㅼ지 諺談으로 傳ㅎ는 말에 人이 物品을 神造ㅎ야 人에게 指敎치 아니ㅎ고 其利를 獨專ㅎ면 曰 靑瓦商이라 ㅎᄂ니라 年前에 淸國人을 雇用ㅎ야 掌樂院後에셔 靑瓦를 陶ㅎᄂ디 其色態와 品質이 我國의 本有靑瓦를 較比치 못홀너라 我國이 今日에 至ㅎ야 人의 智巧가 古보다 勝ㅎ기는 姑舍ㅎ고 古보다 昧ㅎ기는 何故오 政府에셔 一智巧ㅎ 人이 有ㅎ야 生民에게 利益홀 境遇면 其名譽를 世界에 襃揚ㅎ야 後生의 智巧를 益充홀 것이어눌 此를 不爲ㅎ고 만일 一奇工이 有ㅎ야 器品이 精潔ㅎ면 官人들이 一分을 不給ㅎ고 秦求가 無已ㅎ야 其酬應ㅎ기도 曰 不暇給ㅎ거던 奚暇에 生業을 計ㅎ리오 獨히 此에 止할 쑨아니라 其有巧한 者가 自己의 才能을 恃ㅎ고 他人의 學得함을 忌ㅎ야 衆人에게 傳授ㅎ기를 不肯ㅎ니 如此ㅎ고야 비록 天이 其國의 智巧를 擴張코겨한달 엇지 可得ㅎ리오 所以로 今日에 國貧國弱함을 致함이라.[24]

정부(政府)에서 지교한 사람을 세계에 그 명예를 알려서 뒷사람들에게 지교를 확충하게 해야 한다. 그런데 뛰어난 물품을 만들어

---

24) 「大韓人의 智巧가 擴張치 못홈 原因」, 『皇城新聞』, 1899.6.3.

내도 관인들이 한 푼의 대가도 주지 않고, 세계에 널리 포양하지
도 않는다. 또한 지교가 있는 자는 재능만 믿고 다른 사람에게 전
수하기를 싫어하는 등 지교를 확장하지 않는다. 그러니 오늘날 빈
약하고 야만국으로 떨어지게 되는 것을 막을 수 없다고 하였다.

마찬가지로 동양의 공예 발달은 세계에 굉장한 데도 문만을 숭
앙하는 폐단 때문에 공예의 기술을 대략 기록하는 데 그쳤을 뿐이
라고 한탄한다. 중국의 문명을 보자면 화식(火食), 뇌거(未耟), 궁실(宮
室), 의상(衣裳), 주거(舟車), 간과(干戈), 선기옥형지기(璿璣玉衡之器), 금
슬소관지악(琴瑟簫管之樂), 서부옥백지례(瑞符玉帛之禮), 율도량형지제
(律度量衡之制), 조화보불지회(藻火黼黻之繪), 명당영대(明堂靈臺), 태공
(太公)의 구부환(九府圜), 황도(黃圖)의 삼품화(三品貨), 구정(九鼎), 대려
(大呂), 종이(宗彝), 종용(鐘鏞), 와당(瓦鐺), 아방(阿房), 장성(長城), 한시
(漢詩)에 선인장(仙人掌), 공명(孔明)의 목우류마(木牛流馬), 이위공(李衛
公)의 상거(箱車), 금즙포(金汁砲) 등 공예의 발달이 굉장하고 위대한
데도 문화(文華)만 존중하는 탓에 전해지지 못했다는 것이다. 결국
그 신기하고 하늘이 낸 재주와 기술을 전하지 못하여 동양을 쇠망
케 하는 지경에 이르게 된 것이다.[25]

『황성신문』에서 과거의 문명으로 선양하고 있는 바는 건축·공
예의 발전이다. 철학의 발전이나 문학의 발전은 문명의 대열에 넣
지 않는다. 서양의 학문과 문물이 기준이 되기 때문에 우리의 과
거사에서 재발견한 것도 정치제도와 건축과 공예와 같은 실용적
인 문명이었다.

---

25)「工藝可勉發達」,『皇城新聞』, 1900.4.25.

이들은 이용후생과 격물치지가 바로 근대의 학문이며 근대문명을 이끄는 근인이라고 본다. 그래서 과거의 문명사에서 이용후생과 격물치지에 입각한 문물의 발전을 찾아낸다. 그 결과 서양의 학문에 필적하는 학문을 재발견한다. 바로 조선 후기의 이용후생과 격물치지를 주장했던 학자들의 학문이다.

경제학과 정치학으로 이름을 날린 곡당(谷瑞) 김잠(金潜), 반계(磻溪) 유형원(柳馨遠), 성호(星湖) 이익(李翼), 다산(茶山) 정약용(丁若鏞), 연암(燕岩) 박지원(朴趾源) 등의 저서를 현 시대에 통용할 수 있는 학문으로 본다. 실용에 힘썼던 학자들이다. 이 중에서도 다산의 『목민심서』[26]와 성호의 『곽우록』[27]과 같은 저서는 치국의 도에도 보탬이 되며 개명의 일보에도 도움이 된다고 소개하고 있다. 『목민심서』는 무릇 고금의 치규(治規)와 제도연혁과 풍속 이병(利病)과 전호(田戶)·호세(戶稅)·군정(軍政)·형률(刑律)·농상(農桑)·우형(虞衡)·예악·문물 등 갖추지 않은 것이 없으며 연구되지 않은 것이 없다. 그래서 치국의 도에도 이것이 보탬이 되고, 오늘날 온 나라에 통행한다 해도 어긋나는 폐단이 없다. 『곽우록』도 '경세우시(經世憂時)'을 담고 있어 실질에 힘쓰는 일에 보탬이 된다.

서구문명 담론에 입각해 전통 학문을 재발견, 재해석하는 작업은 문명 담론이 내재한다는 발상에 다름 아니다. 1980년대 학계에 불었던 근대의 내재적 발전론의 연원이 여기서 시작되었던 것이다. 문명 담론이 서구에서만 있었던 것이 아니라 우리의 안에서도 지속적으로 존재했다는 것, 그리고 그것을 찾아내어 재정립하려는

---

26) 「廣文社新刊牧民心書」, 『皇城新聞』, 1902.5.19.
27) 「星湖先生藿憂錄」, 『皇城新聞』, 1903.6.25~6.26.

노력은『황성신문』이 가장 심혈을 기울였던 부분이다.

문명 담론에 필적하는 전통 담론을 찾고, 전통적인 담론을 서구 문명 담론에 맞추어 재해석하는 노력이 문답체 논설에서, 혹은 다른 표현 형식을 통해서 지속적으로 이루어진다.

或이 曰호더 國之爲國이 有治亂二途호니 民이 學에 興호면 治호고 民이 學에 怠호면 亂호느니 故로 民이 邦의 大本이 되다 호깃고 學이 民의 大道가 되다 할지라 天이 烝民을 生홈이 君師ㅣ 必有할지니 君師也者는 斯民을 導호야 斯道로 循호게 호는 者ㅣ라 子思子ㅣ 曰호더 天命之謂性이오 率性之謂道오 修道之謂敎라 호시니 敎也者는 天地日星도 無非敎也오 雨露霜雪도 無非敎也오 起居飮啄도 無非敎也오 三綱五常도 無非敎也ㅣ라 生生호 萬物과 元元호 兆民이 學의 一道는 可히 須臾라도 離호지 못할지라 此道를 舍호고 不由호면 天地日月도 或幾乎息矣리라 易에 曰호더 日新之謂盛德이라 홈은 學을 修홈을 이름이오 富有之謂大業이라 홈은 學이 成홈을 이름이라[28]

일반 서민들도 배워야 국가의 부강문명을 이룰 수 있다. 상하귀천, 남녀를 막론하고 교육시켜야 한다는 것이 문명 담론의 주된 내용이다. 그런데 이런 학(學)의 문제를 서양의 교육과 학문(學問)의 장점으로 이끄는 것이 아니라 동양의 경서에 나타난 '교(敎)'에 관한 담론을 통해 설득하는 것이『황성신문』특유의 방식인 듯하다. 옛날에도 백성을 가르치지 않으면 나라가 어지러워진다고 했다. 백성이 나라의 근본이며 학(學)이 백성을 이끄는 대도(大道)이다. 또한 옛날에도 천지일월부터 기거동작, 삼강오륜에 이르기까지 교육하지 않는 것이 없었다. 백성들에게도 모든 것을 가르쳐야 한다.

---

28)「논설」,『皇城新聞』, 1899.2.28.

일반 서민을 교육하는 일은 서양에서만 시작된 것이 아니다. 예전의 성인, 학자들이 누차 강조했던 바이다. 서구의 교육제도를 수용하면서, 이를 실현하기 위해 전통 담론을 이용한다. 그리하여 '민(民)'은 일반 서민뿐만 아니라 여자들을 포괄하는 의미로 확장된다.

서구의 학문은 사물의 원리를 관찰하여 자연현상을 해명하거나, 새로운 물건과 기계를 만들어낸다. 이것이 서구의 문명을 발전시킨 힘이다. 『황성신문』은 서양 학문의 특징을 성리학의 담론 속에서 찾아낸다. 바로 '격물치지(格物致知)'이다. 서구의 물리학이 동양에 건너와 격물학으로 불린 사정도 이와 다르지 않다. 사물의 이치를 궁구하여 온전한 지(知)에 도달하는 것이 '격물치지'이다. 그 앎은 자연현상이나 새로운 기계나 물건의 발명일 수도 있지만, 천지만물의 도를 깨우치거나 인간 본연의 성을 깨닫는 것이다. 『황성신문』은 전통 담론으로서의 격물치지를 서양의 학문의 원리에 접속시킨다.

昔人이 有言ᄒᆞ더 一物이라도 知치 못함은 儒者의 恥라 ᄒᆞ니 然ᄒᆞ나 其極한더 至ᄒᆞ기는 비록 聖人이라도 쏘한 不知ᄒᆞᄂᆞ비 有함은 何오 物을 格ᄒᆞᄂᆞ 功이 有形ᄒᆞᆫ 物質만 格할뿐아니라 無形ᄒᆞᆫ 物理를 必格ᄒᆞᄂᆞ 故라 古를 稽함이 堯舜이 民時를 授ᄒᆞ며 七政을 察함이 歷數가 始明ᄒᆞ며 天文이 初著ᄒᆞ얏고 禹가 水土를 平함이 地理가 且審ᄒᆞ얏고 商人은 質을 尙ᄒᆞ기로 樸素ᄒᆞ다가 周에 至ᄒᆞ야 文質이 稍具ᄒᆞ더니 斯時에 越裳氏가 重譯而至홈이 周公이 指南車로써 贈ᄒᆞ시니 즈못 機器의 權輿가 될진져 厥後에 公輸가 木을 削ᄒᆞ야 鳶을 作ᄒᆞ니 其規矩의 神明홈이 周公의 遺制를 擧ᄒᆞ야 變通홈인즉 卽今에 氣毬를 作ᄒᆞ게되ᄂᆞᆫ 濫觴이라 쏘ᄒᆞᆫ 人心의 靈이 愈用홀ᄉᆞ록 愈智ᄒᆞ야 漢의 諸葛武侯ᄂᆞᆫ 木牛流馬를 造ᄒᆞ야써 糧을 運홈이 登山渡水ᄒᆞ기에 轉動이 敏捷ᄒᆞ얏스나 其制度規矩에 遺傳을 得ᄒᆞᆫ 者ㅣ 遂寡ᄒᆞ고

嗣是以後로는 講求ᄒ는 學問이 空踈ᄒ되 日至ᄒ야 晉은 字學을 講ᄒ며 淸
談을 宗ᄒ얏고 唐은 詩學을 尙ᄒ얏고 宋은 性學을 尊ᄒ얏고 元은 畵學을
崇ᄒ얏고 明은 經學을 重히 넉이되 오쥭 制器尙象ᄒ는 學에는 殫心竭力ᄒ
야 專門名家라 稱ᄒ 者ㅣ 會有치 못ᄒ더니 海禁이 旣開ᄒᆷ이 泰西新法이 東
洋에 日漸ᄒ야 於是에 輪船火車의 製와 煤燈電線의 傳ᄒᆷ이 及其他軍裝礮
彈과 製鋼墾荒織布等器와 乃至德律風塞門德土等이 全人의 未發ᄒ 바를
發ᄒ야 風雷를 驅使ᄒ며 水火를 撻ᄒ야 未見ᄒ던 바를 見케ᄒ며 未聞ᄒ던
바를 聞케되니 過此以往은 或知키 難質ᄒ거니와 在昔에 先聖이 有作ᄒ샤
大學을 發明ᄒ실시 오쥭 格物致知로써 入門의 初基를 作ᄒ시니 物에 就ᄒ
야 理를 窮究ᄒᆷ이 可히 儒者의 要務가 될지라 然則能히 用力ᄒ기를 旣久
히 ᄒ다가 一朝에 其極ᄒ되 致ᄒ야는 誠意正心으로 修齊治平에 至히 此에
셔 端本치 아닌 者ㅣ 一無ᄒᄂ니 所謂全體大用이 無不明이라ᄒᆷ이 此라29)

유자(儒者)라면 하나의 사물도 몰라서는 안 된다. 사물의 이치를
끝까지 연구해서 알아내야 한다. 격물은 유형의 사물을 연구하는
것이기도 하고, 무형의 물리(物理)를 연구하는 것이기도 하다. 그래
서 성인도 하기 힘들다고 하였다. 동양에서는 격물치지가 잘 이어
져 아주 편리한 물품이 제조되었다. 옛날의 제도를 궁구함으로써
그것을 변통하여 새로운 사물이 탄생하기도 했다. 그러나 진나라
의 자학(字學), 당나라의 시학(詩學), 송나라의 성학(性學), 원나라의
화학(畵學), 명나라의 경학이 극성에 달하면서 격물치지 본연의 성
과가 사라지게 되었다고 한다. 성리학에서 말하는 격물치지와는
다른 각도에서 해석하는 것이다. 서양의 실용적 학문을 권장하기
위해 격물치지라는 전통 담론을 끌어들이면서, 이(理)와 지(知)의 의
미망을 축소 변형하고 있다. 성리 철학적인 이(理)와 지(知)의 의미

---

29) 「論說」, 『皇城新聞』, 1899.4.27.

가 사물의 원리를 탐구하는 실용학문의 의미에 구속되어 버린 것이다.

이렇듯 『황성신문』은 동양문명과 중화문명을 인정하는 바탕에서 서양문명 담론과의 조우를 시도한다. 서구의 문명 담론을 전면적으로 수용하되 동양의 전통 담론 안에서 재구성, 재해석하거나 아니면 서구문명 담론으로 동양의 전통 담론을 변형적으로 해석하는 상호 작용을 통해 문명 수용의 새로운 국면을 보여준다고 할 수 있다.

5. 잣대로서의 서구문명

1898~1904년, 『황성신문』의 문명 담론만으로 보자면, 『독립신문』에서 추진했던 서구적 근대화로의 전면적 기획은 유보되었다고 할 수 있다. 서구문명을 어떻게 받아들이고, 어디까지 받아들일 것인가에 대한 해법을 제시하였다. 문명화의 타당성을 논리적으로 찾아내는 것, 그 논리를 우리의 전통 안에서 끄집어내어 접목하는 작업들을 고심했다고 할 수 있다. 문명의 논리와 전통적 논법을 묘하게 교차하면서 문명화의 당위와 전망을 내재화하는 방식에 입각해 있었다. 『독립신문』의 앞뒤 논리 없이 몰아가는 전위적 계몽의 성격과는 다르게 찬찬히 재고 따지는 문답형의 논설이 많아진 것도 이런 이유에서일 것이다.

『황성신문』은 서양의 문명을 받아들이되 우리 과거의 전통을 인정한다. 현재의 서구문명과 과거 우리 문명이 지닌 장·단점을 참작하여 절충하려는 노력을 보였다. 그렇지만 이런 점에 입각해 있다고 해서 『황성신문』의 움직임을 "주체적 문명 수용"으로 평가하는 것이 과연 타당한가하는 의문이 든다. 물론 주체의 특징은 외부와의 비교를 통해 드러난다. 타자를 통하지 않고 우리를 들여다보는 일은 불가능하다. 『황성신문』도 서양이란 타자를 통해 과거 문명사를 재발견하고 재해석할 수 있었다. 문명적 측면에서 광무개혁 당대에도 전통 담론이 여전히 유효하다는 사실을 이끌어내기도 하였다.

그러나 과거의 문명을 재현하는 기준, 전통적 문명 담론을 끌어내는 기준은 서양의 근대적 사유와 가치이다. 『황성신문』에 선택된 과거의 문명과 전통 담론은 근대가 지향하는 틀에 맞추어져 있다. 그래서 간혹 과거의 문명사와 전통 담론의 의미들은 근대라는 자장 안에 갇히게 된다. 우리에게도 근대의 문명은 존재한다는 걸 발견하는 일, 그것이 옛것의 장점을 찾는 일이 되어버린다. 동질성 찾기에 휘둘려 더 풍성한 의미망들을 놓치는 결과를 낳는다. 1980년대 근내의 내재적 발진론이 '실학'을 발견했지만. 오히려 실학의 의미망을 축소시키고 실학의 시대적 활력을 축소시켰다. 근대에 갇혔기 때문이다. 내재적 근대의 발견은 이미 『황성신문』에서 시작된다. 『황성신문』은 우리 역사의 장단점을 찾아내는 데는 서양 문명이 자와 척이 되어야 한다고 너무나 분명하게 선언한다.

夫 士人이 史를 讀홈은 其 治亂과 得失의 迹을 熟習ᄒᆞ얏다가 만일 事故

가 前을 當호면 或 法호기도 호며 或 戒호기도 호야 其 操縱홈에 主張이 自由홈을 爲홈이라 然호나 海禁이 旣開호 以後로 東洋 五千大局이 一變에 至하야 史의 昔所謂是타 호던 者ㅣ今日에 或 非홈을 覺호깃고 昔所謂非타호던 者ㅣ今日에 或 是홈을 知하깃슴은 其 證을 可論홀지라 王安石이 天變을 不畏호다홈이 當時에 群으로 起호야 攻호얏스나 今日 泰西人이 日食과 月食의 透考홈을 觀호건디 當時에 攻호던 人이 非홀는지 安石이 非홀는지 末에 曠을 開호다가 禍가 延호야 國을 忘호지라 於是에 天下의事를 談호는 者ㅣ다 謂호되 礦을 開호는 것이 足히 써 亂을 致호즉 國家가決斷코 可行치 못호다호얏스나 今日 泰西人에 富强의 本을 觀홀진디 礦이其 一에 居호얏스니 然則 礦을 開홈이 可홀는지 不開홈이 可홀는지 一言에 可破홀지라 由此觀之호건디 但 昔世의 書冊으로써 今世의 天下를 治코져 홈은 譬호건디 國初 時己亥의 曆書로써 光武 三年 己亥의 好日子를 擇(此 句가 恕爲篡命者籍口)홈과 如홈이라 或 曰 然則 古史를 不讀홈이 可호랴 曰 非也라 天下의 愚人은 多호고 通材는 少호느니 만일 通材일진딘반다시 時務를 識홀지라 無論 何 書冊을 讀호던지 다 致用홈이 有호야 能히 時를 隨호고 事를 隨호야써 變通홀 터인즉 斷定코 先入으로 爲主홀 處가 無호거니와 오즉 世故를 不通호는 愚者는 大同已를 是타호고 人을 非타호며 今을 薄타호고 古를 愛타호야 一成호 見이 牢호야 可破치 못홀지니라 然호나 今에 一法이 幸有호야 足히써 醫홀지니 其 法이 維何오 西士李提太가 漢文으로 繙譯호 泰西 新史 攬要 一書라 其 爲書也ㅣ文이 簡호고 意가 緊호즉 凡 我 韓人이 此 書를 先讀호야 其 拘墟의 見과 膠滯의胸을 化호면 쪼호 可히 先入의 主가 有홀지니 夫 然後에 遺文古事를 取호야 口으로 誦호며 心으로 維호야 其 優와 拙을 較量하며 尺으로써 帛을 量홈과 如호야 長短이 胥見하며 衡으로써 物을 權홈과 如호야 輕重을 難欺호야 生而愚魯혼 者ㅣ學호야 通材를 成홀지라 然則 泰西 新史란 者는 尺의 量이 有호며 衡의 量이 有혼者오 遺文古事란 자는 帛의 長短이 有호며物의 輕重이 有혼 者니 手에 此 尺과 此 衡이 無홀진딘 반다시 忽長忽短호는 帛을 量호며 忽經忽重호는 物을 權치 못홀지니라.[30]

---

30) 「論說」, 『皇城新聞』, 1899.7.29.

태서신사는 우리 과거 역사의 옳고 그름을 판단하는 잣대이다. 왕안석이 천문학을 천착하자 그 당시 사람들은 천변(千變)을 두려워하지 않는다고 공격했다. 명나라 말에는 광(礦)을 개척하자는 사람을 두고 나라를 망하게 하는 인물이라고 지탄했다. 오늘날 밝혀진 일식과 월식의 원리, 광의 이로움을 잣대로 옛 일을 따져보면 누가 옳고 누가 그른가? 그렇게 옛것의 장점을 찾아내어 오늘의 거울로 삼는 일이 매우 중요하다는 것이다. 언뜻 객관적 가치 판단의 논리로 들린다. 그렇지만 서양문명을 객관적 기준으로 삼을 때, 그것이 과연 주체적인 자세가 되는 것인지? 이것은 서구문명을 수용할 수밖에 없는 입장에서 봉건적 유생층을 설득하기에 매우 유효한 논리로 판단된다.

『황성신문』의 문명 담론 안에서 전통과 근대의 만남은 근대의 틀 안에서 움직일 뿐이다. 서구문명의 동양적 버전을 보여줄 뿐이다. 이미 서구 근대에 포획되어 있다. 어떤 논리도 서구근대의 그물망에서 자유로울 수 없다. 이 안에서 진정 주체적일 수 있는 방법은 무엇일까? 이 단계의 『황성신문』 안에서 그것을 발견할 수 없기에 "주체적인 문명수용"이란 평가를 보류해 둔다.

동포와 역사적 감각

1900~1904년 '동포' 개념의 추이

권보드래

1. 도입—'동포'라는 말

근대 한국에서 (민족)국가의 구성원을 지칭하기 위해 동원되었던 표현은 사뭇 다양하다. 국민·민족·인종·인민·신민·백성과 민(民)·민인(民人)·방인(邦人)이리든가 동포·형제 등. 오늘날을 기준으로, 이 중 어떤 단어는 한반도 일부에서만 쓰이고 있고, 어떤 단어는 사라졌으며, 반면 어떤 단어는 점차 강력한 지배력을 획득해 왔다. '동포'란 이들 단어군에 속해 있으면서 특이한 역사를 기록한 단어이다. 국민·민족·인종 같은 신조어가 출현이 늦었거나 불안정성을 오래도록 지니고 있었다면, '동포'라는 단어는 일찍 출현했으며 비교적 일관된 빈도와 용법을 보여주었다. '동포'는 유학생 잡지인『대조선천목회회보』등에서 먼저 쓰였으나『독립신문』을 통해 본격 유포되었고, 특히 1898년 만민공동회 시기에 급속하게 유행어가 된다.『독립신문』출현빈도만 갖고 따지자면 '동포'는 1896년에 26회, 1897년에 45회, 1899년에 32회 등장한 반면 1898년에는 총 247회에 걸쳐 출현했으며, 특히 만민공동회가 벌어졌던 11~12월에는 71차례의 출현을 보이고 있다.[1] 이 같은 숫자만을 토대로 해도 '동포'가 근본적으로 '호명(呼名)의 이름'이었고 '거리의 단어'였으며 '정치의 용어'였다는 사실을 짐작해 볼 수 있다. 구체적으로 용법을 검토해 보면 이런 짐작은 일층 신빙성을 얻는다.[2]

이처럼 내부 굴곡이 있었음에도 '동포'는 1894년 이후 1910년까지, 그리고 더 길게 잡으면 1920년대 초까지 비교적 일관되게 애용되었다. '민족'이 현재 의미로는 1904년 이후 쓰이기 시작했고[3] 한반도 거주민으로서의 '국민'이 1910~1945년 사이 이후 자취를 감추었으며 '인민'이 1920년대 이후 계급적 의미를 획득해 간 반면, '동포'는 1894년 이후 지금까지 계속 사용되었고 별다른 의미

---

1) 이 숫자는 앞서 권용기, 「『독립신문』에 나타난 '동포'의 검토」,『한국사상사학』12집, 1999에서 조사한 숫자와 다소 차이가 있다. 1898년 11~12월은 59회, 연도별로는 1896·97·98·99년이 각각 18·38·176·24회를 기록하고 있다는 것이 권용기의 통계이다. 검토가 필요할 것으로 생각한다. 본 연구팀에서는『독립신문』의 전 지면을 입력하여 그것을 자료로 사용한바, 예컨대 '각국명담'란에 "인민의 소리는 상제의 소리라"는 격언이 며칠 계속될 경우 그 각각을 1회 출현으로 치는 등의 문제가 있을 수 있다. '동포'의 경우 같은 문제는 비교적 적으리라 생각하지만 숙고가 필요하겠다.
2)『독립신문』발간 시기 매해 10~12월에 쓰인 '동포'의 구체적 용법에 대한 보고로는 권보드래, 「'동포'의 역사적 경험과 정치성─『독립신문』의 기사 분석을 중심으로」,『근대계몽기 지식 개념의 수용과 그 변용』, 소명출판, 2003 참조
3) 이에 대한 앞선 연구로는 백동현, 「러일전쟁 전후 '민족' 용어의 등장과 민족의식」,『한국사학보』10호, 2001.3 참조

변화 또한 겪지 않은 듯 보인다. '동포'라는 단어를 거점으로 삼아 근대 민족국가의 형성 및 변화를 검토해 보고자 한 것은 이 때문이다. 더욱이 '동포'는 출발부터 수사적인 용어였기에 특정 시기마다의 함축성을 풍부하게 보여주고 있다. '천지부모(天地父母)'인 국왕과 수직적 질서 속에 놓이는 '동포', 동류(類) 사이의 수평적 연대로 조직되는 '동포', 그 확산으로서의 '사해동포'라는 거대지평 등 언어와 개념에 투영된 현실, 언어와 개념이 만들어 낸 현실을 보려 할 때 '동포'는 흥미로운 출발점이 된다.

2. 1900~1904년과 『황성신문』의 성격

독립협회가 해산되고 난 후 러일전쟁에서 일본이 승리하기까지, 1899~1905년[4]에 대해서는 논란이 끊이지 않는다. 이 시기는 「대

---

4) 독립협회 해산이 1898년 11월이었고 러일전쟁 종료가 1905년 9월이었다는 사실을 생각하면 이 사이, 1899~1905년을 한 시기로 다루는 것이 보다 적절할 것이다. 이 글에서 '1900~04년'이라 지칭한 시기의 함의는 사실 '1899~1905년'과 대동소이하다. 다만 본 연구는 담론·개념을 중심으로 근대 초기에 접근하고 있는바 『독립신문』·『대한매일신보』라는 대표매체가 각각 1896~99년과 1905~10년을 아우르고 있고, 이 글에서 주 텍스트로 한 『황성신문』에서는 그 '사이'만을 보려 했다는 점에서 '1900~04년'이라는 명칭을 내세운 데 지나지 않는다. 덧붙여, 독립협회 해산 이후 신질서의 정비가 끝난 것이 1900년에 이르러서요, 러일전쟁은 1904년 2월의 발발 자체로 큰 영향을 미쳤다는 '현실'의 문제 역시 참조항으로 특기해 둘 수 있겠다. 요컨대 '현실의 변화'와 '담론의 변화'를 함께 고려할 때 '1900~04년'이 적절한 명칭일 수 있겠다고 생각한 것이다.

한국 국제」 반포가 상징하듯 황제의 절대권이 천명되었던 시기이고, 거리에 3인 이상 모이는 것을 금지한다고 할 정도로 집회·결사의 자유가 심각하게 제약되었던 시기이다. 황제와 친위각료를 중심으로 전기·철도 등이 채택되고 양무(量務)사업이 진행되었지만, 이들 사업은 철저히 황실을 중심으로 이루어졌다. 통신사·전화과·철도과가 궁내부 산하에 설치될 정도로 황실재정이 비대해져5) 심지어 그 규모가 국가재정을 초과할 정도였다. 열강 사이 세력 균형이 유지되었기 때문에 자주적 개혁을 펼칠 가능성이 있었던 예외적 시기라는 데는 대체로 의견이 일치해 있지만, 그마저 해석의 다른 가능성이 없는 것은 아니다.6) 이 글에서는, 논란에 싸여 있는 1900~04년의 '현실'을 직접 문제삼는 대신 담론·개념의 장(場)을 상대하려 한다. 때로 '현실'의 익숙한 힘에 끌려가기는 하겠지만, 어디까지나 텍스트, 그것도 관(官)의 텍스트가 아니라 민간의 텍스트에 표현된 한에 있어서 '현실'을 문제삼겠다는 것이 본뜻이다.

텍스트에 대해서라면, 1900~04년에 서적 발행이 드물었다는 사실을 먼저 지적해야 한다. 1895~99년 사이 활발하게 교과서 편찬에 나섰던 학부에서는 1907년까지 사실상 교과서 발행을 중지한다.7) 민간에서는 서포(書鋪) 설립 자체가 드물었던 가운데8) 『목민

---

5) 『고종시대사』 4, 국사편찬위원회, 1970, 912면. 이하 당대 사료를 간략하게 인용할 때는 각주를 다는 대신 본문에서 출처를 밝히도록 한다.
6) 이 시기의 성격을 둘러싼 여러 논란에 대해서는 '광무개혁' 연구반, 「'광무개혁' 연구의 현황과 과제」, 『역사와 현실』 8호, 342~364면 참조.
7) 김봉희, 『한국 개화기 서적문화연구』, 이화여대 출판부, 1999, 111면. "학부의 교과서 편찬이 한동안 중단되었던 것인지 혹은 전하는 것이 없는 것인지 (…중

신서』·『흠흠신서』와『미국독립사』·『파란말년전사』·『법국혁신
전사』·『청국무술정변기』 등 몇 종만이 광고되는 데 그친다. 정기
간행물로는 짧은 시기 동안 발행한『시사총보』를 제외한다면『황
성신문』과『제국신문』이 있었을 뿐이다. 독립신문사는 사옥 반환
압력 등에 시달리다(『고종시대사』 4, 935면) 1899년 12월로 신문 발행
을 중단한다. 그렇다면 1900~04년을 읽어내고자 할 때『황성신문』
과『제국신문』은 무엇보다 중요한 텍스트가 될 것이며, 특히 '부
녀자의 신문'이라는 제한성을 표방한『제국신문』보다 '보편기획'
으로 제안되었고 널리 구독된『황성신문』(『황성신문』, 1904.2.24; 3.25)
은 일층 더 주목받아 마땅할 것이다.

　『황성신문』은『독립신문』과 달리 처음부터 (민족)국가라는 새로
운 현실과 중화문명권이라는 연면한 전통을 조화시키려 노력했으
며, 이 점에서 '구본신참(舊本新參)'을 내세운 광무정권과 공존할 수
있는 최소한의 기반을 갖고 있었다. 물론『황성신문』이 맛본 제약
은 혹독한 것이었지만, 황성신문사가 재정 위기에 놓였을 당시 황
제가 신문값 독봉(督捧)을 내부에 지시했을 정도로(『제국신문』, 1903.2.
17;『황성신문』, 1903.2.23; 7.27) 정부와의 관계에 크나큰 갈등은 없었던
듯 보인다.『황성신문』은 국한문 표기를 선택했으며 개화의 필요
와 폐해를 함께 지적하는 등 상황에 대한 이중적 시각을 견지하였
고, 교육·위생·여성문제 등 부분 문제를 다루는 데 있어서도 신
(新)과 구(舊)의 타당성을 함께 인정하는 수사학을 발휘했다.『황성

　　략…) 전자의 가능성이 높은 것으로 여겨진다."
　8) 1880년대부터 1910년까지 설립된 서점에 대한 기본 정보로는 김봉희, 위의 책,
　82~88면 참조

신문』의 일반적 특징이라 할 이런 면모가 가장 두드러진 시기가
바로 1900~04년이다.『황성신문』은 이 시기에 직필(直筆)을 휘두르
지 못한다는 불만을 자주 받았고(『황성신문』, 1900.11.12; 1902.4.7, 9.9 등
다수), 섣불리 과격한 언론을 펴다가는 공연히 폐간이나 초래할지
모른다는 변명을 앞세우고 있다. 이 같은 제약, 그리고 이에 따라
올 수밖에 없었던 우회가 이 글에서의 관심이다.『황성신문』은 어
떤 면에서 1894~98년을 볼 때 주(主)자료였던『독립신문』에서 크
게 후퇴한 모습을 보여주지만, 이것은 비단『황성신문』만의 특색
이 아니라 1900~04년 전반의 특색이리라는 것이다. 인간적 주체
대신 '시대'와 '인식지형'을 주인공으로 내세운다면 이렇게 물을
수 있겠다. 1900~04년, 계몽은 어떤 우회로를 걸어야 했던가?

3.『독립신문』과 동포의 전략

　1896~99년 발행된『독립신문』의 일관된 강조점은 주지하다시피
'신(信)'이었다. 약소국일수록 신의를 지키고 의지해야 하며(『독립신
문』, 1898.1.22; 8.16) 신의 없이는 사람될 자격도 없다는『독립신문』(독
립협회)[9]의 주장이 어찌나 감염력이 높았던지, 만민공동회 당시 대

---

　9) 독립협회의 기관지였던『대조선독립협회회보』와『독립신문』을 비교해 보면
　　국한문 위주 대 순국문 고집이라는 문체상의 차별성을 비롯해 적잖은 차이를
　　목격할 수 있다. 그렇지만 크게 보면『독립신문』역시 독립협회의 기관지 구실

표들과 만난 황제조차 '신(信)'을 강조하면서 "신(信)은 오덕(德)의 추뉴(樞紐)"라고 할 정도였다(『고종시대사』 4, 723면, 745면). 『독립신문』의 신(信)과 황제의 신(信)은 당연히 같은 것일 수 없었다. 『독립신문』이 신(信)의 국제적 표현으로 만국공법을 들었고 마찬가지로 국내에서도 '법'의 필요성을 역설했던 반면(『독립신문』, 1897.3.18), 황제가 말한 신(信)은 제왕의 덕에 바탕해 있었다고 할 수 있을 터이다. 마치 법률의 공정함을 요구하는 독립협회 대표에 대해 법부 대신 신기선이 "법률을 좀더 밝히기로 나라 일이 더 잘 될 것 무엇 있소 (…중략…) 덕을 닦아야 하지요"(『고종시대사』 4, 667면)라고 응답했듯이, 독립협회 주도 세력과 황제 및 황제 주변 관료들의 견해 사이에는 일종의 '인식론적 단절'이 엿보인다. 독립협회의 성장 및 해산에 이르는 추이는, 신(信)이라는 글자를 둘러싼 해석투쟁의 과정으로 평가될 수도 있을 것이다. 여기서 보다 논란적이었던 쪽은 물론 독립협회 식의 신(信)과 법(法) 주장이었다. 『독립신문』에서는 나라를 지탱하는 것은 법률이며(『독립신문』, 1897.12.11) 기왕에 있는 법률을 제대로 시행하기만 해도 문명과 부강을 기약할 수 있다고 강조하고 있다(『독립신문』, 1896.10.30; 1897.3.18; 1898.4.28 등 다수).

『독립신문』−독립협회가 법을 중시한 데는 일종의 전략적 차원이 있었던 것으로 생각된다. 만국공법이 국가간의 근본적 동등성을 보장한다면, 법은 (민족)국가 내부의 동등성을 보장할 수 있었다. 남녀·노소·빈부·귀천에 상관없이 법률을 공평히 시행해야 하고(『독립신문』, 1896.7.14; 1897.12.11 등) 담뱃대를 훔친 좀도둑이건 아

을 했다는 주장을 따르기로 한다. 신용하, 『독립협회와 만민공동회−사회사상 편』, 한국일보사, 1975 참조

내를 훔친 관장(官長)이건 똑같이 재판소에 고발할 수 있어야(『The Independent』, 1896.6.23) 나라가 안정된다는 것이 『독립신문』의 판단이었다. 『독립신문』은 신분의식의 타파를 주장하였고, 누구나 분간 없이 한 법률로 다스릴 신세계의 출현을 갈망하였다(『독립신문』, 1896. 12.12). 오로지 법률만을 의식하면 되는 질서를 꿈꾸어, 일개 평민이 대신들을 상대로 재판을 벌이는 일을 두고 "오백년 사기에 제일 가는 경사"라고 했을 정도이다(『독립신문』, 1896.7.14). 공공연히 설파했던 기독교적 원리 또한 이 같은 '법 앞의 평등'과 유비적으로 연결된다.

신 앞에 누구나 평등(『독립신문』, 1896.9.3; 1898.1.4 등)하다는 주장은 때로 군주라는 문제적 존재에까지 미친다. 실상 (민족)국가 내부의 동질성이나 그 근거로서의 법적 평등을 논할 때 가장 곤란한 존재는 군주라고 해야 할 터이다. 전근대 왕조 국가의 감각으로 군주는 결코 제도 내부에 위치할 수 없는 존재였기 때문이다. 세계적으로, 이 문제를 둘러싸고 다양한 해결책이 제시된 바 있다. 『독립신문』에서는 법적 평등을 논할 경우 관민(官民)간 차별을 문제삼을 지언정 황제를 논란하지는 않는다. "분외의 권리를 바라지도 말고 대황제폐하께서 허락하신 양법미규(良法美規)나 잘 시행"해야 한다 하여, 황제가 일종의 '전제'로서 자리하는 것이 일반적이다(『독립신문』, 1898.7.9). 공화제에 대한 은밀한 지향이 드러날 때가 있지만, 대개 황제는 '부모'와 동일시되어 불가침의 권위로 인정받는다. 황제에 대한 문제제기라고 해도 "자식이 부모를 위하여 어찌 말을 아니하겠소"(『매일신문』, 1898.11.8)라는 수사학으로 수렴될 때가 많다. 다만 기독교적 유일신이라는 새로운 권위가 등장함으로써 다른 가능성이 생긴다는 점은 함께 살펴두어야 할 것이다. 예컨대 군주조차 신을 경배하는 영국의 사례(『독립신문』, 1897.6.29) 등을 참조할 때라면 "세상에서는 비록 군민(君民) 등분이 있으나 / 하나님 앞에서는 모두 같은 자식"(『매일신문』, 1898.6.28)이라는 급진적인 결론이 내려지기도 한다.

『독립신문』에서 자주 사용한 '동포'라는 단어는 이 같은 상황에서, 법적 평등의 이념 위에 구축된 개념이었다. (민족)국가 내부의 수평적 연대를 환기시키는 이 용어는 처음에는 주로 대외적 충분(忠憤), 대내적 애휼(愛恤)의 근거로 다루어진다. 외국의 수모에 분노·발분할 줄 아는 '동포', 같은 처지에 보호하고 도울 줄 아는 '동포'가 되어야 한다는 것이다. 변화가 뚜렷해지는 것은 1898년 만민공동회 시기이다. 이 시기에 '동포'는 권력에 맞서는 일종의 대항언어로서의 자질을 획득한다. 황제가 보낸 군대를 설득하면서 '동포'라고 하고, 보부상들과의 적대 자체가 문제가 아니라는 사실을 환기하기 위해서도 '동포'라는 말을 사용할 때 그렇다. 이것은 곧 황제가 그어놓은 대립선을 해체시키려는 전략이 된다. 실질적으로, 황제 중심의 수직적 질서에 맞서는 수평적 연대감이 곧 '동포'의 파토스가 된 것이다. 이때 이르번 입헌(立憲)과 공화(共和) 문제를 둘러싼 독립협회 내부의 노선 차이[10]에도 불구하고 협회 일반이 황제권을 위협하는 세력이 되고, 황제를 '천지부모(天地父母)'라 호칭한 상징적 완화책도 그 효과를 점차 잃게 된다. 황제가 독립협회를 문제삼으면서 국회(國會)와 협회의 차이점을 논한다든가

---

10) 주진오, 「19세기 후반 개화 혁명론의 구조와 전재─독립협회를 중심으로」, 연세대 박사논문, 1995 참조.

(『고종시대사』 4, 682면) 민(民)과 관(官)은 체모가 다르다는 사실을 새삼 강조하고, "대저 인민이란 한둘만 있을 때는 분수를 지키고 뜻을 정하나 천백의 무리를 이룰 때는 자연히 부기(浮氣)가 생겨 처음에는 감히 발언치도 못할 것을 나중에는 감히 행치 못할 일까지 하는 것"이라고 지적한 것(같은 책, 744~745면)은 '동포'의 이렇듯 위협적인 성장을 십분 의식한 까닭이겠다.

4. 황제권의 강화와 동포의 재조정

독립협회 해산 후 황제는 국제(國制)를 반포하고(1899.8) 황제권 강화 의지를 천명한다. '제(制)'라는 말부터 '법(法)'과 달리 황제의 명령이라는 뜻을 함축하고 있다. 명치(明治) 초기에 제정된 일본 '헌법'과 비교해 볼 때 대한국 국제의 특징은 더욱 두드러진다. 일본 헌법이 '신민의 권리 의무'를 규정하고 그밖에 의회·사법권 등에 대한 규정도 갖춘 반면, 대한국 국제는 오직 황제의 "무한하온 군권(君權)"만을 논한다.[11] 만국공법이 언급되기는 하나 군권(君權)의 대외적 보장을 위한 최소기반으로 그러할 뿐이고, 실질적으로 국제(國制)는 근대법 지향을 최소화하고 있다. 황제는 '법 위의 존재'가 되고 그 밖의 국가 구성원은 '신민'으로 규정된다. 더욱이 황제

---

11) 전봉덕, 『한국 근대 법사상사』, 박영사, 1980, 105~107면.

권 강화의 파장은 국제(國制) 반포라는 사건을 훨씬 뛰어넘는 듯 보인다. 고영근 등의 폭약 투척과 박영효·유길준 등의 황제 폐위, 암살 기도가 이 상황을 잘 보여준다. 독립협회 계열의 개화 세력은 이전 시기보다 훨씬 급진화된 모습을 보였고, 이에 맞서듯 황제 또한 민간 정치 세력에 대해 탄압을 서슴지 않았다. 전 독립협회 간부인 안경수·권영진은 적절한 절차 없이 처교(處絞)되었고(『고종시대사』 5, 89면), 황실범·국사범을 다스리기 위한 방법으로 참형(斬刑)이 부활되었다(같은 책, 197면). 1900년의 일이다. 국제 반포 즈음만 해도 잠복해 있는 듯 보였던 갈등은 점점 격화되고 표면화된다.

민간의 정치 세력은 당연히 위축된다. 1899년 들어 지방민의 수령 고발이 갑자기 증가했다 이듬해 수그러졌다거나 독립협회 전 간부들의 사상·행동이 극단화되는 등 '급진성의 잠복'이라고 볼 수 있는 현상이 없지 않았으나, 급진성의 현실적 기반은 부재하였다. 『황성신문』이나 『제국신문』이나, 조금 다른 형태로 이런 상황을 공유한 듯 보인다. 이 시기 『황성신문』과 『제국신문』 사이에서 벌어졌던 논전을 참고해 보자. 1903년 7월, 『황성신문』에서 지방 관직을 매매해 재정을 마련해서 백성을 구휼하자는 주장을 편다. 관직 하나당 곡식 1~2백 석을 빌으면 많은 백성을 구할 수 있을 것이며, 전거(典據) 없는 제안도 아니라는 주장이었다. 『제국신문』에서는 그렇지 않아도 지방관은 진휼전 명목으로 수탈을 일삼고 있으며, 그래서 고작 나눠주는 진휼이란 백동전 1~2푼에 지나지 않는다고 반박한다. 『황성신문』은 그런 문제야 지방관 택임(擇任)을 공정케 함으로써 해결해 나가야 할 것이라고 답변한다. 그러자 『제국신문』은 기다렸다는 듯 신문에서 아무리 대성질호(大聲疾呼)해도 관리 택임(擇任)의 관습이 바뀌겠느냐고 묻는다. 이것은 이미 설득의 문제가 아니라 힘의 문제라는 것이 『제국신문』의 지적이다. 『황성신문』은 한탄으로 『제국신문』의 지적을 수긍하면서, 그렇다고 신문으로서 직언해야 할 책무를 저버릴 수야 있겠느냐고 되뇌이는 것으로 논전을 마무리한다(『황성신문』, 1903.7.3~6; 『제국신문』, 1903.7.1~4).

이 논전에서 엿보이는 『제국신문』의 절망은 사뭇 난폭하다. 불과 1년 전만 해도 『제국신문』이 외국과 같은 신법(新法)의 필요를 말하고 『황성신문』이 보다 현실적일 것을 타이르는 처지였으나(『황성신문』, 1902.7.18~19), 이제 『제국신문』은 실질적으로 현실의 변화 가능성 자체를 포기한 듯 보인다. 그 사이, 논설 제목을 통해 '충심이 변하면 역심이 나다'라고 단도직입적으로 말한 일마저 있었다(『제국신문』, 1902.10.24). '자포자기는 말 일'이라는 제목(『제국신문』, 1903.7.2) 또한 스스로에게 타이르는 말이었을는지 모른다. 물론 늘 절망만을 토로하는 것은 아니라서, 비슷한 시기에도 법률을 밝혀 민심을 순히 하라고 충고하고(『제국신문』, 1903.6.22) 관원 선발의 원칙과 직무 수행의 자세를 논하지만 말이다(『제국신문』, 1903.6.24; 6.26). 독립협회가 공론장을 열었다면 이제 그 가능성은 폐색되었고, 권력으로부터의 소외는 더욱 명백해진다. '동포'라는 정치적 단어는 거의 쓰이지 않고, 쓰이더라도 이전과는 다소 다른 의미를 띤다.

이 문제를 논하기 전에 먼저, 『독립신문』과 『황성신문』이 다른 주체에 의해 발간되었다는 사실을 지적해 두어야겠다. 『독립신문』이 구미유학을 경험한 혁신정치 세력에 의해 주도되었다면 『황성신문』은 남궁억과 유근·장지연·박은식·신채호 등 이른바 개신(改新) 유학자들에 의해 발행된다. 남궁억은 동문학(同文學) 출신이었고 독립협회 및 『독립신문』에서 활동했지만[12] 나머지 대부분은 1900년 전후에 이르러서야 '개화(開化)'의 필요를 절감하고 언론활동에 나섰던 인물이다.[13] 당연히, 같은 시기라고 해도 『독립신문』과 『황성신문』이 내보이는 인식은 같지 않다. 예컨대 만민공동회가 한창이던 1898년 11~12월을 확인해 보자. 서두에서 지적했듯 『독립신문』에서는 이때쯤 '동포'의 사용이 폭발적으로 증가하여 71회의 출현을 기록한다. 가장 널리 쓰인 '인민'은 175회에 걸쳐 보인다. 그러나 같은 2개월 간 『황성신문』에서 '동포'의 출현은 15회에 불과하다. 반면 '인민'은 『독립신문』과 거의 비슷하게, 146회나 등장할 정도로 애용된다.[14] '동포'라는 단어는 당시 일종의 '기록'의 언어로서 쓰였는데도, 즉 '거리의 단어'를 그대로 따오는 맥락에서 쓰였지 논설 등의 용어로 쓰인 것이 아닌데도 그렇다. "병정과 위관들도 다 우리 대한 동포라"(『독립신문』, 1898.11.8)고 절규하거나 "충분(忠憤) 동포는 즉각 종로 가상(街上)으로 내임(來臨)"(『황성신문』, 1898.11.22)하라고 촉구하거나, 이들 '동포'는 대개 시위현장에서의 언어를 재생한 것에 불과했다. 그럼에도 『독립신문』과 『황성신문』은 '사실'의 선택 자체가 달랐고 따라서 언어가 달랐던 것이다.[15]

---

12) 이광린, 『개화기의 인물』, 연세대 출판부, 1993, 9~40면 참조
13) 박은식 · 장지연 등을 중심으로 한 개신유학자들의 사상 추이에 대해서는 김도형, 『대한제국기의 정치사상연구』, 지식산업사, 1994, 44~60면 참조
14) 본 연구 제1차년도 『독립신문』 입력시에는 전체 지면을 모두 대상으로 한 반면 제2차년도 『황성신문』 입력에서는 관보 · 외보와 광고를 제외했다. 이에 따라 다소의 자의적 변수가 있을 수 있음을 밝혀둔다.
15) 그러나 『독립신문』 영문판 및 『대조선독립협회회보』 편집을 담당했던 남궁억이 황성신문사 사장을 지낸 데서 보이듯, 『독립신문』과 『황성신문』 사이에는 연

과연 이처럼 다른 텍스트를 통해 1894~98년과 1900~04년의 차이를 읽을 수 있을까? 읽게 되는 것은 '시대의 차이'가 아니라 '매체의 차이'가 아닐까? 그러나 반복하지만, 1900~04년은 『독립신문』과 『황성신문』의 차이가 공존할 것을 허용치 않는 시간대였다. 존재의 권리를 얻은 것은 『황성신문』의 언어뿐이며, 이런 점에서 『황성신문』을 중심으로 1900~04년의 특색을 살피고 앞 시기와의 비교를 행하는 것이 가능할 것이라 생각한다. 『황성신문』이라고 1894~98년에 있었던 가능성의 극점에 무지했던 것도 아니었으니 말이다. 빈도는 적었지만 『황성신문』 역시 『독립신문』과 마찬가지로 '거리의 언어'이자 '저항의 언어'인 '동포'를 기록했던 터이다. 그렇다면, 적극적으로 동의하지는 않았을지라도 그 같은 '동포'의 용법을 목격했던 『황성신문』에 있어 그 후 '동포'는 어떻게 바뀌었는가?

1900~04년, '동포'는 주로 애휼(愛恤)과 연결된 단어가 된다(『황성신문』, 1899.12.6; 1903.6.16 등). 황제를 정점으로 하는 수직적 질서를 교란시킬 수 있었던 전략적 자질이 희박해지고, 충분(忠憤)과 애국의 열정조차 '동포'에서 멀어진다. '동포'가 과연 무슨 뜻인지를 논하는 자리에서 『황성신문』이 상기시키는 것도 '동포'의 옛 의미이다. 천지(天地)와 성인(聖人)이 공통의 부모인 셈, 사람이라면 모두 기(氣)를 함께 하는 '동포'라는 사실이 논리의 출발점이 된다(『황성신문』, 1899.1.25).[16] 한편에 이렇듯 낡은 보편주의가 자리한다면 다

속의 면모도 있다. 초기 『황성신문』은 『독립신문』과 마찬가지로 독립협회의 기관지 역할에 충실하려 했다는 시각도 있는 터이다(이광린, 앞의 책, 28면 참조).
16) 근대 이전 '동포'의 의미에 대해서는 권용기, 앞의 논문 참조.

른 한편에서는 '내정제공(內廷諸公)'과 '재야동포(在野同胞)'를 구분하는 어법이 등장하기도 한다(『황성신문』, 1900.8.8). 정부에 참여하는 관원들이 한쪽에 있다면 '동포'는 다른 쪽에 위치한다. '동포'가 수평적이고 포괄적인 연대를 환기하는 의미를 잃고 내부의 여러 지층 중 하나가 되어 가는 형국이다. 단어의 출현 자체가 줄어들었다는 사실을 굳이 지적할 필요가 있을까? 『황성신문』에서 '동포'는 평균 1개월 1회 미만의 출현을 보인다.

민(民)에 대한 논란이 새삼 일기도 한다. 『독립신문』 - 독립협회의 차별적 우민관(愚民觀)에 대해서는 논란이 있지만, 그 시절, 민(民)을 국가의 중심으로 세우려는 기획 자체는 뚜렷했다. 그러나 1900~04년 『황성신문』에 오면 민(民)보다 오히려 사(士)를 강조하는 모습을 자주 볼 수 있다. 윤치호가 애민태과(愛民太過)라는 죄목으로 파직될 무렵이다(『황성신문』, 1900.5.4). 관·민 사이 차별을 강조한 황제의 목소리가 구본신참(舊本新參)으로 법률에까지 반영될 무렵이기도 하다.[17] 『황성신문』에서는 국(國)이 서기 위해서는 먼저 사(士)가 바로 서야 한다면서 사기(士氣)의 진작을 호소하고, 사기(士氣)를 발휘했던 모범적인 예로 조선시대의 사화(士禍)를 든다 (『황성신문』, 1899.10.31; 1903.6.24). 민(民)에 대해서는, 논설과 기서의 교

---

17) 아관파천 이후 천명된 舊本新參의 원칙이 법률 정리 작업에서 강력 추진되기 시작한 것은 1899년 초 당시 법부 대신이었던 신기선에 의해서이다. 그러나 같은 해 법규교정소에서 新制를 많이 채택해 법률을 정비할 것을 결정하는 등, 법률에서 신·구 교차 문제는 간단하지 않았던 듯 보인다(도면회, 「1894~1905년간 형사재판제도 연구」, 서울대 박사논문, 198~203면 참조). 그러나 죄인을 다스릴 때 「대전회통」에 의거하고 「대명률」을 출간하는 등, 이 시기의 법률 집행은 주로 구법에 의지해 있었다고 볼 수 있을 듯하다(『고종시대사』 5, 817면, 830면).

차를 통해서이긴 하지만, 민(民)이란 압제치 않을 수 없는 존재라는 시각이 문젯거리가 되기도 한다. 『황성신문』이 논설에서 아이가 때리면 더 세차게 울듯, 물을 막으면 더 거세게 흐르듯 민(民) 또한 그러하니 압제는 불가하다고 했을 때의 논란거리이다. 일창생(一蒼生)이란 이가 반박 기서를 보내, 민(民)을 압제해선 안 된다는 것은 악(惡)정부의 상투구이며, 오늘날처럼 혁신이 필요한데 민(民)이 배우려 하지 않고 게으름만 피울 때는 압제를 가해야 한다고 주장한다. 압제야말로 선(善)정부에서 쓰지 않을 수 없는 요령이라는 주장이다(『황성신문』, 1900.7.23~24). 민(民)은 무작정 신뢰하고 동시에 계몽해야 할 대상이 아니라, 좀더 복잡한 시선이 교차하는 대상이 된다. 특히 정부와 관련해서, '민간의 자율성'이나 '민간의 자생적 정치성'은 현저히 위축되는 듯 보인다. 정부를 비판할 때조차 정부 외부의 가능성은 좀처럼 탐색되지 못한다.

권력을 재편하려는 저항의 언어로 기능했던 '동포'가 위축된 것은 당연한 일이겠다. 권력으로부터의 철저한 소외 속에서 '동포'는 다른 길을 찾게 된다. 1900~04년, '동포'는 그 '다른 길'로서 시간축을 발견해 갔고, 결국 '민족'이라는 새로운 정체성을 주조해 내는 통로로서 기능한다. 주지하다시피 '동포'라는 말에는 동포애(brotherhood)의 상상력이 깃들어 있다. 다 같은 형제이며 다함께 동기(同氣)라는 것이다. 평등성을 기반으로 한 이 단어에는, 그러나 부모라는 축이 개입해 들어올 수 있다. 황제를 '천지부모'나 '원수부모'라 할 때의 상상력이 그것이겠고, 기독교의 신을 '부모'라 호명할 때의 상상력도 마찬가지이겠다. 근대 초기, 이 같은 상징적 부모의 가능성에는 우선 군주와 신(神)의 두 가지가 있었다고 생각된다. 황제가 '천지부모'로서의 역할을 저버렸을 때 독립협회 간부들이 기독교 개종의 길로 달려간 것[18]은 이 맥락에서 이해해 볼 수 있다. 또 하나, 1905년 이후 본격화된 가능성이 있다. '오래된 부모'로서의 단군의 발견이 그것이다. 이 '오래된 부모'를 발견할 때 '동포'는 비로소 시간축의 가능성을 발견하게 된다. 현채의 『동국사략』(1906)에서 확인할 수 있는 단군기원설 및 삼한정통설은 이 사실을 분명히 보여주고 있거니와, 그 이전, 1900~04년에서 어떤 변화를 읽어낼 수 있는지 먼저 살펴보도록 하자.

5. 역사의 발견과 지평의 확대

1898년 11월 학부에서는 평안도 공립소학교에 교과서용 책자를 보낸다. 『공법회통』·『서유견문』·『심상소학』과 역사서 3종, 지도 2종이었다(『황성신문』, 1898.11.4~5). 지도는 대한도(圖), 지구도(圖)가 각각 하나씩이었고, 역사서는 유럽·러시아와 중국·일본의 근세사였다. 특히 강조점을 둔 것은 『태서신사』인 듯, 훈령 마지막에 세계사 문제 예제(例題)를 여럿 달고는 "이상 문제는 다 『태서신사』를 선독(先讀)하고" 풀라고 충고한다. 한국 근대 초기에 『태서신사』라는 책, 그것으로 상징된 근세 유럽의 역사가 큰 영향을 미쳤다는

---

18) 이광린, 『한국개화사의 제문제』, 일조각, 1986, 217~238면 참조.

사실은 잘 알려져 있다. 독립협회 및 하원흥사건·혁명일심회 사건 등으로 정치범들이 종로감옥에 대거 투옥되어 있을 무렵, 성서류를 제외하고 가장 많이 읽혔던 책도 『태서신사』와 『만국통사』였다고 한다.[19] 외국, 특히 유럽과 일본 근세사에 대한 관심은 『한성순보』·『한성주보』 발간 시기부터 익숙하게 목격해 오던 것이다. 『태서신사』의 본 제목은 '서국백년래대사기(西國百年來大事記)'로서, 『한성순보』·『한성주보』의 지면 대부분을 차지한 기사가 그러했듯, 역사라기보다 세계 시사(時事)에 가까운 내용을 담고 있다. 1905년 이후에는 『월남망국사』가 3종이나 간행되고 『을지문덕』·『강감찬전』 등이 발행되는 등 유럽 이외 지역 및 자국(自國)에 대한 관심이 본격화되고 역사 또한 관심 범위에 들어오지만, 1894~98년은 물론이고 1900~04년까지만 해도 상황은 달랐던 것으로 짐작된다.

먼저 『독립신문』을 확인해 보자. 오늘날의 시각으로 보면 『독립신문』의 단군 인식은 독특하다. "단군 때부터 독립국이 되지 못"했다고 하여 기나긴 예속의 역사 제일 첫머리에 단군을 놓고 있기 때문이다(『독립신문』, 1899.10.23). 하나라 우(禹)임금이 천하 제후를 불러모을 때 단군도 아들 부루를 보냈으니 하나라의 속국이었던 것이 분명하며, 기자 또한 주 무왕에게 조회했다고 한다. "단군 기자로부터 삼한에 이르러 3천년이 되도록 마침내 한 모퉁이의 궁벽한 것을 면치 못"(『독립신문』, 1899.1.17)했다는 것이 역사 인식의 대강이다. 대비적으로 강조되는 것은 오직 대한제국의 탄생이다. 거리 연설에서도 "우리 나라이 단군 기자 때부터 자주 독립이란 이름도

---

19) 이광린, 위의 책, 229~233면 참조

아지 못하"(『독립신문』, 1897.9.2)였다는 말이 나온 것으로 보아 이 같은 단군 인식 및 역사 인식은 일반적이었던 모양이다. 부인협회도 여학교도 단군·기자이래 처음이라고 한다(『독립신문』, 1898.10.28). "자기의 나라로 말하면 단군 기자와 신라 고려가 어찌어찌하였는지 도무지 모른"(『독립신문』, 1898.1.27)다는 개탄이 전무하지는 않지만, 이것은 당무(當務)와 산업(産業)에 밝아야 한다는 포괄적 맥락에서 스쳐가듯 등장한 말에 불과하다. "단군 기자 / 자주시고 / 신라 연호 / 건원이라 (…하략…)"고 하면서 전대의 역사와 현재의 역사를 직접 연결시키려는 시각은 꼭 한번, 투고된 독립가에서 발견될 뿐이다(『독립신문』, 1896.10.31).

여기서 1905년 이전에는 실질적으로 '민족'이 없었다는 지적을 떠올릴 수 있다. 1900년 『황성신문』 기서에 '민족'이라는 말이 등장하기는 하나 그 용법은 '동방민족'·'동양민족'·'백인민족' 같은 것이었다.[20] 조금 앞서 『친목회회보』에도 '민족'이라는 말 자체가 보이지만, "邦境을 限하여 민족이 集"했다거나 "隆署洌寒의 地와 汗下剪劣의 位를 離하야 優高安樂의 地에 入함은 민족의 고유한 본심"이라고 할 때[21] 그 의미는 오늘날의 '족속'이라고 하는 데 더 가깝다. 혈연·지연·문화 공동체라는 '민족'의 일반적 정의를 염두에 둘 때 여기서는 지연(地緣)만이 일방적으로 강조되고 있다. 혈연의 계기까지는 있다고 해도, 문화적 동질감이라는 계기는 찾기 어렵다. 그리고 보면 일찍이 1894~98년에는 (민족)국가의 정체성에서 비현재적 영역은 소홀히 다루어졌음을 알아챌 수 있다.

---

20) 백동현, 앞의 논문 참조
21) 장호익, 「사회경쟁적」, 『친목회회보』 6호, 1897.12, 56면.

(민족)국가 고유의 언어·문자는 많은 주목을 받았고 국가라는 '공간적 구획'을 만들어 내는 데 크게 기여했으나[22] 역사는 별 관심을 끌지 않았다. 새로운 가능성이 적극적으로 탐구되지 않았던 것이다.

1900~04년에는 상황이 다소 변화한다. 『연암집』·『목민심서』·『흠흠신서』와 『대한강역고』·『아언각비』가 출판되고[23] 고래(古來) 강역(疆域)에 대한 관심이 일어난다. 출판 대상이 된 서적은 대개 19세기 전반의 것으로 수십 년의 시간 차이밖에 없으며, 따라서 '역사'라 부르기는 부적절하지만, 강역에 대한 관심은 보다 오래된 과거에 대한 관심의 계기를 만든다. 1903년 『황성신문』에 근 1개월 간 연재된 정약용의 「아한강역고」(『황성신문』, 1903.4.14~5.8)는 요동지방에 대한 관심을 전제하고 있었고, 『제국신문』에서 내건 '역사와 지리를 힘쓸 일'이라는 주장 배후에는 간도 관할 문제를 둘러싼 청국과의 분쟁이 자리하고 있었다(『제국신문』, 1903.6.25). 이범윤은 『북여요찬(北輿要撰)』(1903)이라는 책을 발간하기도 한다. 고구려와 발해가 이 맥락에서 재인식되기 시작한다. 대외적 영토의식이 전대(前代) 지식유산과 결부되면서 점차 역사에의 관심을 만들어 가기 시작하는 것이다. 후일 김택영은 『동사집략』(1902)을 『역사집략』(1905)으로 재편찬할 무렵 외교권 상실 소식을 듣고 통분해하며 고구려·발해의 역사를 보충해 넣었다고 하는데,[24] 이처럼

---

22) '국가'는 공간을 중심으로 한 개념, '민족'은 시간을 중심으로 한 개념이라는 착상에 대해서는 이 책에 실린 박태호, 「근대계몽기 신문에서 영토적 공간 개념의 형성」 참조.
23) 광무 년간의 역사 서술에 대해서는 김용섭, 「우리나라 근대 역사학의 성립」, 『한국의 역사인식』 下, 창작과비평사, 1985, 423~428면 참조.

역사는 영토 분쟁의 상황 속에서, 공간적 내외(內外)의 경계라는 지점에서 먼저 소용되었다.

『황성신문』 일반으로 따지면 고사(古史)가 특별한 주목을 받지는 못했다. 『독립신문』과는 달리 『황성신문』은 역사와의 '단절'을 강조하지 않고, "삼국사와 고려사는 오동(吾東)의 역사"라는 연속성의 의식을 비치지만, 실질적으로 전 시대에는 관심을 두지 않고 '본조(本朝)', 즉 조선시대만을 문제삼는다(『황성신문』, 1899.11.21). 한동안 제3면에 고정란으로 두었던 '고사(故事)'에서도 조선시대 왕과 명승(名丞)의 일화를 주로 다루었다. 유형원이며 정약용 같은 학자를 참조할 때도 그 맥락은 철저히 현재적인 관심이었다. 정약용의 「수령고(考)」를 관리 택임 원칙으로 제안한다든가 하는 식으로 말이다(『황성신문』, 1899.8.3~4). 전고(典故)는 '익숙한 과거' 속에서 탐색된다. 각종 외사(外史) 등 참조할 사서(史書)를 조금씩 늘려가고, 처음에는 영·정조대에 집중되어 있던 대상 시기를 앞으로 조금씩 밀고 올라갈 뿐이다. 오래된 역사를 끌어들일 때 그 참조 대상은 주로 중국이다. 본국사가 없다고 한탄하기도 하고 그 원인을 따지기도 하지만(『황성신문』, 1899.11.21; 1902.2.27), 『조선고사(朝鮮古史)』·『삼국유사』를 허탄(虛誕)과 황음비리(荒淫鄙俚)로 배격하는 등(『황성신문』, 1902.2. 27; 11.24) 실질적인 확대 작업은 활발하지 못하다. 당연히 역사는 아직 단군에까지 이르지 않는다. 「아한강역고」 연재는 "조선은 (…중략…) 箕子之所都"라는 말로 시작되었으며(『황성신문』, 1903.4.14) 김택영은 『동사집략』은 물론 『역사집략』(1905)에 이르기까지 단군 조

---

24) 김택영, 「발문」, 『韓國歷代小史』, 1922.

선의 실체를 인정하지 않았다. 단군이 환인(桓因)·신시(神市)와 더불어 삼신(三神)의 하나라 하여 그 실재성을 인정한 것은『한국역대소사(韓國歷代小史)』(1922)에 이르러서이다. 신채호가 그러했듯 기자 조선을 완전히 배격하고 내외(內外) 구분의 논리를 엄격히 하는 것은 훨씬 후일의 일이다. 이와 더불어, 1900년대 후반 최고의 발간부수를 자랑했던『대한매일신보』는 조선시대의 역사에 대해 공공연한 적대감을 토로하기에 이른다(『대한매일신보』 1908.8.8; 1910.5.27). 현재의 국가 권력에 직선으로 연결될 수 있는 시대가 부정되고, 대신 신생(新生)의 원천으로서 상고시대가 각광받는다. 역사는 이때 비로소 급진성을 띤다. 반면『황성신문』에서 역사란 권력의 보충물로서 자리하는 역사이며, 근대적 의미에서 '역사'라 하기엔 너무 가까운 역사이다. 현재에서 조금 물러나 역사를 발견했으되, 그것이 아직 저항의 가능성으로 체계화되지 못한 지점에『황성신문』은 위치해 있다.

6. 동포와 민족, 그 중간지대

문제는 다시 '동포'이겠다. '동포'라는 단어에서 수직적 질서는 사실 중요하지 않다. 그것은 일종의 잉여, 혹은 외부로서 작동한다. '동포'가 수평적 언어이며 민간의 언어라는 사실이 여기 관계되어 있을 것이다. 국가 권력은 '민(民)'·'백성'·'인민'이라고 하고 '국민'이라는 말도 피하지 않지만『고종시대사』 4, 806면;『고종시대사』 5, 601면) '동포'라는 호명을 사용하지는 않는다. 그럼에도 '동포'라는 단어에서 '부모'를 상상하는 것은 이용하기 쉬운 전략적 거점이었으나, 1899년 이후 황제는 '부모'로서의 역할을 거부한다. '동포'의 공통 근거로서의 '부모'란, 따라서 한동안 뚜렷한 지시 대상을 갖지 못한 채 부유한다. 수사학이 단번에 시들어 버리지는 않아서, 독립협회 해산 후 얼마간, 동포가 유리지경(流離之境)에 처한 까닭은 아첨하는 무리가 부모의 총명을 가리고 있기 때문이라는 구절(『황성신문』, 1899.1.25) 정도가 눈에 띄기는 한다. 비슷한 시기 군(君)이 가장이라면 민(民)은 자식과 마찬가지라는 수사도 등장한다.

그러나 이런 수사는 점차 줄어들어 가거니와, 권력에 의해서도 그 자체 불온성을 내포한 것으로 평가된 듯 보인다. 예컨대 1900년 3월, 정부 인허를 받고 남초(南草)를 전매(專賣)하게 되었다는 여각(旅閣)이 나타나 한동안 물의를 빚은 사건이 벌어진다. 서울 부근의 남초상(南草商)은 모두 철시하라고 하니 당연히 반발이 일고, 상인 중 하나가 농부(農部)에 청원서를 올린다. "同是 대황제폐하의 赤子라 어찌 厚薄이 有"하겠느냐고 질문하는 것이 청원서의 수사학이다. 이에 대한 농부(農部)의 답변은, 언사가 무엄하니 체포하여 엄하게 다스리라는 것이다(『황성신문』, 1900.3.29). 그러나 '무엄'하다고 평결받은 이 수사학은 1898년 만민공동회 당시 황제 자신이 여러 차례 쓴 바 있었다. 독립협회에 친히 칙유를 내리면서 "嬰兒를 품은 것 같"다고 했고, "會商 양민이 고루 이 집의 赤子"라고 했던 것이다(『고종시대사』 4, 723면). 그러나 이제는 지형이 달라졌으므로, 똑같은 수사라고 해도 불온한 것이 된다. '동포'는 황제를 부모로 호명하려 하지 않고, 황제 또한 '동포'의 불온성을 경계한다. 그렇잖아도 아슬아슬하던 '동포'인 국민과 '부모'인 군주 사이의 연결은 더욱 희박해진다.

이후 목격할 수 있는 길은 여러 갈래이다. 위에서 썼듯 독립협회 간부들은 대거 기독교의 '대(大)군주', '대(大)부모'에게로 달려간다. 군주라는 인격적 존재 대신 영토라는 비인격적 토대가 '부모'로서 호명되기도 한다. "당당한 대한제국 부모지방(父母之邦)에 행생(幸生)한 동포"(『황성신문』, 1899.12.6)라고 할 때의 용법 등이 여기 속한다. '부모국(父母國)'은 유학생들이 본국을 지칭하기 위해 쓰던 말로서, '내지(內地)'보다 출현빈도가 떨어질 정도로 드물게 쓰이던 말인데, 이 시기에 와서 일반 용법으로도 종종 출현한다. 대체로는 "夫 동포의 所謂는 동일 부모의 포태중으로 산출함"이라고 쓰면서도 '부모'가 어떤 존재인지는 특기하지 않는다(『황성신문』, 1905.9.4). 그렇다면, 시간축으로의 이동이라는 가능성은 어떤가? '동포'의 역사상 근거가 확실해지는 것은 단군이 단일 선조로서 등장할 때이지만, 1900~04년 『황성신문』 이래 조금씩 확장되어 온 시간축이 그 같은 변화를 예비했다면, 1900~04년의 '동포'는 본질상 역사적 상상력인 '민족'을 준비한 개념으로으로 평가될 수 있다.

『대한매일신보』를 참조하면 '민족'이 널리 쓰이게 된 것은 1909년부터이다. 논설란을 기준으로 1908년 고작 7회 출현했던 '민족'은 1909년에 190회, 1910년에는 130회를 기록한다. 1910년에는 8월까지밖에 신문 발행이 되지 않았다는 사실을 생각하면 이 숫자는 일층 인상적이다. 같은 시기 '동포'는 매해 5백 회에서 8백 회 안팎까지 널리 쓰이고, '국민'은 3백~6백 회 정도의 출현을 기록한다. ‘민족’은 이 숫자에 미치지 못하지만, 성장세를 두고 따지자면 단연 눈에 띈다. 1910년 일제강점 후에 ‘민족’이 더더욱 의미심장한 단어가 되는 것은 말할 나위도 없다. ‘동포’에 비해 ‘민족’이 일층 문제적인 단어가 될 수 있었던 것은 그것이 ‘문화’와 ‘역사’라는 자질을 확보했기 때문일 터이다. 1908년 『대한매일신보』의 논설을 빌자면 ‘민족’이란 지역·조상·역사·종교·언어를 공유하는 사람들의 집합체라고 한다(『대한매일신보』, 1908.8.17). ‘민족’에서 이 모든 자질은 궁극적으로 역사를 통해 증명되어야 한다. ‘동포’가 ‘국민’과 마찬가지로 본질적으로 수평적(공간적) 확대의 언어라면 ‘민족’은 수직적(시간적) 확대의 언어이다.

‘동포’나 ‘민족’이나 (민족)국가 외부의 힘에 맞서지만, 동시에 이 둘은 현실 권력과의 갈등 또한 함축할 수 있다. ‘동포’가 황제 중심의 질서와 충돌하는 양상은 만민공동회 시기에 잘 드러난다. 충돌 이후 수평적(공간적) 확대의 길을 차단당한 ‘동포’는, 그러나 권력과의 갈등, 권력에서의 소외를 내면화하지 않을 수 없다. (민족)국가의 경계를 생산하는 방법으로 출현했던 ‘역사’는, 이처럼 권력과의 관계에서 ‘동포’가 내면화되는 길과 연결된다. 말하자면 ‘민족’은 외부에 대한 저항이었을 뿐 아니라 내부적 권력투쟁의 언어로서 비롯되었다는 것이다. 오늘날까지 ‘민족’이 저항의 색채를 간직하고 있다는 사실 또한 이 맥락에서 유념해 둘 수 있겠다.

이 문제는 ‘국민’과 ‘민족’의 구별이라는 문제와 연결될 수 있다. ‘국민’이 정치적 언어라면 ‘민족’이 문화적 언어일 가능성이라든가, ‘국민’이 공간적 상상력이라면 ‘민족’은 시간적 상상력일 가능성 등. ‘동포’는 이 문제와 깊이 관련되어 있지만, 양상은 특이

하다. 무엇보다 '국민'이라는 말이 수사학적 우회로를 갖지 못했고 '민족'에서도 그 정도가 약한 반면, '동포'는 그렇지 않다. '동포'는 발상 자체가 비유적인 언어라서 높은 탄력성을 갖고 있으며, 상황에 따라 '국민'과도 '민족'과도 친연성을 가질 수 있다. 이 특성 때문에 '동포'는 — '인민'과 더불어 — 1910년 일제강점 직후에도 별 무리 없이 쓰일 수 있었다. '인민'이 일상적 사건의 기술에서 정치적 결사에 이르기까지 다양한 층위를 갖고 있었기 때문에 1910년 8월 이후의 급변에도 적응할 수 있었다면, '동포'는 근본적으로 수사적인 자질 때문에 그럴 수 있었다. '동포'는 특유의 탄력성으로 (민족)국가 내·외부를 둘러싼 긴장을 풍부하게 반영해 내고 있다. '민족'이 등장하지 않았고 '국민' 또한 드물게 쓰였던 1890년대, '국민'과 '민족'이 점차 폭넓게 쓰이면서 의미가 분별되었던 1900년대, 국가가 소멸(대체)됨으로써 '국민'과 '민족'의 의미가 바뀔 수밖에 없었던 1910년대까지, (민족)국가의 의미나 그 구성원에 대한 시각은 계속 굴절을 겪으면서 형성되어 간다. '동포'란 특유의 수사학적 탄력성 때문에 그 변화를 생생하게 목격한, 개념의 수준에서 시대 지형의 변화를 풍부하게 함축해 낸 단어라 할 수 있다. 1900~04년, 그 함축성은 무엇보다 '역사'의 점차적인 발견과 '민족' 개념의 예비에 있었다.

근대적 정치운동 또는 국민 발견의 시공간

정선태

1. 흔들리는 대한제국, 소실점을 상실한 풍경화

수백 년 동안 동아시아 질서를 견고하게 지탱하고 있던 중국을 중심으로 한 중화체제는 아편전쟁 이후 걷잡을 수 없이 해체의 길로 들어선다. 중화체제 또는 조공시스템을 대신하여 등장한 이른바 '만국공법질서'는 '세력 균형'이라는 개념에 입각하여 만국이 균등한 자격을 지닌 주체라는 점을 표나게 강조한다. 조선이 1880년대에 들어 구미 각국과 외교 관계를 수립하는 것도 만국공법질서의 구체적 실천이라는 측면에서 이해할 수 있다. 모든 국제법이 그러하듯 만국공법 역시 열강의 이해를 반영할 수밖에 없다는 점을 부언할 필요는 없을 것이다. 그러나 만국공법의 허상을 꿰뚫어

볼 수 있는 혜안을 지닌 지식인이나 정치인은 많지 않았던 듯하다. 특히 근대화를 추진한 소위 개명 관료들은 문명의 빛에 눈이 어두워 열강의 논리를 조리 있게 비판할 능력조차 갖추지 못하고 있었다.

1894년 동학농민전쟁을 계기로 청일 양국은 조선 땅에서 대리전을 치른다. 청일전쟁에서 승리한 일본은 단박에 아시아의 맹주로 부상하면서 그 야심을 노골화한다. 그리고 1894~1895년, 조선은 갑오개혁을 단행하고 정치의 기본강령으로 '홍범14조'를 발표한다. 이 강령의 제1조는 '자주독립'을 명시하고 있거니와, 여기에서 말하는 자주독립이란 물론 청나라로부터의 독립을 의미했다. 이와 함께 수많은 개혁안(김홍집·박영효 연립내각에 의해 의결된 것만 해도 214건에 이른다)이 통과되는데, 중앙정부의 개혁, 지방제도의 개혁, 군사·사법·교육관계제도의 정비 등등 휘황찬란한 개혁안들이 속속 발표되기에 이른다. 그러나 대부분의 개혁안은 종이 위를 벗어나지 못한다. 계획으로 끝난 개혁이라 할 수 있을 터이다. 물론 여기에는 시모노세키조약과 삼국간섭, 박영효의 실각 등 다양한 국내외적 요소들이 자리잡고 있었다. 그런데 무엇보다 주의해야 할 것은 이러한 거창한 개혁을 추진할 수 있는 세력이 형성되지 못했다는 점이다. 개혁 추진 세력의 부재와 더불어 고갈 상태에 이른 재정도 개혁 실패의 원인으로 보아야 할 것이다.

삼국간섭과 아관파천(1896), 그 과정에서 친러 세력과 친일 세력의 암투가 계속된다. 1897년 2월, 1년 만에 경운궁으로 환궁한 고종은 10월 들어 몇몇 전직 관료와 유생들의 의견을 수용하여 '황제'의 자리에 오른다. '광무(光武)'라는 독자적인 연호의 제정과 황제 즉위, 국호 제정의 과정을 거쳐 대한제국이 탄생하는데, 칭제건원(稱帝建元)의 핵심은 국왕의 칭호를 황제로 높여 자주독립국가의 면모를 갖춘다는 데 있었다. 그러나 이에 반대하는 세력도 만만치 않았다. 최익현·유인석 등 이른바 위정척사계열의 유생들은 중화사상과 주자학적 명분론에 입각하여 칭제를 반대하였고, 독립협회 측도 칭제 논의에 냉담했던 걸로 알려져 있다. 특히 윤치호는 비판적인 입장을 견지했다. 그에 따르면 열강의 국권 침탈 상황에서 이름만의 칭제는 무의미하고 중요한 것은 국가의 실질적인 힘이지 군주의 존호가 아니었다.

고종은 1897년 10월 12일 원구단에 나아가 하늘에 고하는 제사를 지내고 백관의 제례가 끝난 후 황제의 자리에 오른다. 이어서 10월 13일 조칙을 내려 국호를 삼한을 아우른다는 의미의 '대한'으로 선포하고 이 사실을 주한 각국 외교관에게 통고하여 자주독립국가임을 내외에 천명하였다. 이는 중화질서에 포박되어 있던 조선이 황제의 나라, 그 이름도 당당한 대한제국으로 거듭나려는 의지를 보여준 사건이라 할 수 있을 것이다. 그러나 열강들의 잠정적인 세력 균형이라는 국제적 조건을 포착, 만국공법을 내세워 청과의 전통적인 사대 관계를 부정하고 자주권의 확립을 선언한 대한제국은 국제정세의 변동에 따라 언제라도 깨져버릴 수 있는 허약하기 짝이 없는 '허명(虛名)'에 가까웠다. 명실상부한 '제국'에 도달하기에는 열강들의 집요한 책략에 따른 시련이 너무도 컸으며, 관료들의 부패와 타락 그리고 비전의 부재로 인한 국가 시스템의 마비는 그 시련을 넘어설 수 있는 가능성을 원천봉쇄하고 말았다.

결국 황제라는 칭호는 만국공법이 전파한 유행을 좇아 내건 한

갓 액세서리에 지나지 않았다고 해도 좋을 듯하다. 황제 고종은 이 무거운 치장에 힘겨워하며 자신을 둘러싼 이른바 '간세배'들의 말에 따라 고개를 주억거릴 따름이었다. 그에게서는 대한제국이라는 경계 안에 살고 있는 백성들을 국민으로 규합할 황제로서의 카리스마를 찾아볼 수가 없다. 물론 고종 개인만을 탓할 수는 없을 것이다. 꼭두각시일망정 그를 내세워 구성원들의 시선을 끌어 모을 수 있는 하나의 '소실점'을 만들지 못한 정치 관료들의 무능이 더욱 심각했다고 해야 할 터이다. 비유컨대 '1890년대 조선'이라는 제하의 풍경화에는 창의적인 구상과 치밀한 구도를 결여한 채 덧칠만이 난무했다. 이를 두고 소실점을 상실한 풍경화라 할 수 있지 않을까.

1898년 12월 26일 그러니까 몇 달을 이어온 대대적인 민중들의 시위가 수면 아래로 잠긴 시점, 소실점을 상실한 대한제국을 격렬한 '지진'이 휩쓸고 갔다. 1898년 12월 28일자 『독립신문』은 「연일 지진」이라는 제목하의 잡보 기사를 싣는다.

재작일 밤 여덟 시에 지동(地動)이 되어, 집이 움직이고 문짝이 흔들려 방 안에 있던 사람들이 놀래 밖으로 나오기도 하고 혹 누가 밖에 와서 문을 흔들고 부르는 줄로 알고 헛 대답한 사람도 있다 하고 혹 어디서 대포를 놓는가 의심하여 매우 놀란 사람들도 많았었다 하더니, 어제 오후 두시 반에 재작일과 같이 또 지동이 되었다더라.

만민공동회 해산을 전후한 시각, 인구 17만의 서울에 구세군 냄비가 걸리고, 몇몇 교회에서는 예수 탄생을 축하하는 성탄예배가 조촐하게 열리고 있었다. 성탄절 다음 날, 어디선가 대포를 쏘는

듯 땅이 흔들리며 집이 요동을 치는 지진에 놀란 서울의 민중들은 놀라 밖으로 뛰쳐나왔다. 지진은 같은 해 6월 4일에도 있었다. 그 지진이 1898년 조선을 뒤흔들었던 격동의 시간을 예고한 지질학적 징후였다면, 12월 26일과 27일의 연이은 지진은 민중의 함성이 땅 속으로 잦아드는 한숨 섞인 울림이었다고 할 수 있을 것이다. 수많은 사람들이 집결, 무력한 정부를 대신하여 만민공동회라는 이름의 대규모 시위를 통해 위기에 처한 대한제국을 구해야 한다면 목청을 높였던 자리에도 한바탕 지진이 휩쓸고 갔을 것이다. 중심을 잃고 흔들리는 정부의 책략에 밀려 민중들의 함성이 지하로 스며들고 난 뒤였다. 비슷한 시기에 지진뿐만 아니라 '월식(月蝕)' 현상까지 나타난 마당이어서 이 불길한 징조를 바라보는 민중들의 심사는 더욱 착잡했을 터이다. 이렇듯 정치적 지각변동 혹은 대한제국의 정치적 파탄을 알리는 불길한 지진과 함께 광무 2년 한 해가 저물어가고 있었다.

2. 독립협회, 근대적 정치운동의 방아쇠

"민족과 왕조 제국의 의도적인 결합물인 '관 주도 민족주의'를 찾는 실마리는 그것이 1820년대부터 유럽에서 급격히 확산된 대중민족운동 후에 대중민족운동에 대한 반동으로 발달했다는 것을 기억하는 일이다." 베네딕트 앤더슨은 『상상의 공동체-민족주의의 기원과 전파』에서 이렇게 말한 바 있다. 일본의 경우에서 명확하게 볼 수 있듯 민족이라는 이름으로 상상된 공동체의 세계적 전개에 위협을 느낀 지배계층이나 지도 인물들은 관 주도 민족주의를 전파하는 데 온 힘을 기울인다. 그들은 가능한 모든 미디어를 동원하여 '민족' 또는 '국민'이라는 조형물을 만들고자 했으며, 그 정점(소실점)으로 천황을 배치했다. 천황을 국가의 표상으로 내세운 메이지정부는 1853년 페리 내항 이후 폭발한 민중들의 저항을 흡수·재조직할 수 있었다. 그 과정에서 상반된 정치적 견해를 가진 사람들 사이에 암살과 테러 등 폭력이 난무했을 뿐만 아니라 짧지 않은 기간 동안 세이난전쟁(西南戰爭) 비롯한 내전과 폭동을 겪었다는 것은 잘 알려진 바와 같다.

그런데 조선의 경우 동학농민항쟁이라는 거대한 민족운동의 요구를 수용할 시스템이 부재했다. 갑오경장에서 그들의 요구를 일부 수용했다 하더라도 그것을 적극적으로 밀고 나갈 수 있는 개혁 세력이 지극히 미미했다. 대원군과 명성황후의 대립, 고종독살미수사건을 비롯한 기득권 세력들의 끊일 줄 모르던 암투와 음모를 떠올리는 것만으로도 충분하다. 이러한 시점에서 비교적 명료한 입장을 표명하고서 등장한 정치 세력이 독립협회였다. 1898년 7월 21일자 논설은 독립협회가 걸어온 길을 회고하고 또 걸어가야 할 험난한 길을 예고하면서, 법률과 규칙을 지켜 "황실을 위하고 동포를 사랑하는 마음과 정성"을 펼쳐야 한다고 말한다.

독립협회를 설시한 후 몇 달에 다만 여러 회원들이 일요일이면 모여서 담배나 먹고 한담이나 하는 곳이 되어 별로 회원들에게나 민국상에 이로운 말이 없는 고로, 몇몇이 의론하고 작년 여름부터 토론회를 시작하여 각색 학문 상에 관계되는 문제를 내어 좌우 시비를 숙론하여 여러 사람의 문견을 넓게 하고, 일변으로는 각국 회의 통용 규칙을 공부하여 일요일마다 모이는 사람 들에게 다소간 유익한 일이 있게 하였더니, 그 후에 국가 내외의 정치상에 인 민이 모르는 체 할 수 없는 일이 있으면 독립토론회에서 다른 사람에게 비하 면 먼저 깨달은 직무가 있는 고로, 혹 상소로 구중궁궐에 민정(民情)을 입문 케도 하며 혹 정부대신에게 의견서와 질문서를 보내어 인민의 소회를 편 일 도 있으나, 회원들이 각자 충군애국 넉 자로 주의를 삼아서 지금까지 일언반 사라도 황당한 말을 하거나 혹 사욕으로 의론한 일이 없는 것은 그 협회의 상소와 편지를 보아도 알지라.

근일에 들은즉 이 협회를 훼방하여 심지어 없앨 계책까지 한다 하니 이런 말을 준신은 아니하거니와 시비가 많은 것은 우리도 아는 바라. 그 협회에서 과연 잘못한 일이 있으면 마땅히 그 잘못한 것을 광명정대히 책선(責善)할 것이요, 뒤로 다니면서 훼방을 하거나 음해할 생각을 두는 것은 우리 생각에 대단히 불가히 여기며, 협회를 위하여 말하면 시비 듣는 것이 도리어 큰 리[익]이라. 옳은 일만 하면 세상 사람이 다 그르다 하여도 관계할 일이 없고, 만일 그른 일을 행하면 세상이 시비할수록 더 경계가 될 터이니 협회 제군자 들은 설립한 본 목적을 잊어버리지 말고 매사를 난만공의(爛漫公議)하여 바 른 일이라도 회중 규칙과 국가의 법률을 준수하여 옹용처치(雍容處置)하여 조금이라도 경솔하거나 황잡하거나 무례한 일이 없게 하여 세상 사람이 모르 고는 훼방을 할지언정 알고는 독립협회를 조금이라도 흠단 잡을 모퉁이가 없 게들 하여, 위로는 황상폐하의 칙령으로 설립한 협회를 욕되게 말고 아래로 는 회원들의 명예를 손상치 말며, 어느 때까지든지 황실을 위하고 동포를 사 랑하는 마음과 정성이 여일하기를 깊이 바라노라.

독립협회는 위 논설에서 보는 것처럼 매주 일요일에 '통상회(通 常會)'라 불리던 정기모임에서 토론회를 개최한다. 매주 일요일에 열리던 통상회가 토요일로 바뀐 것은 1898년 11월 말부터인데, 11 월 29일자 『독립신문』 「잡보」는 그 이유를 "일요일은 7일만에 한번씩 돌아오는 공일인데 공일은 세계 각국에서 사람마다 쓰지 않고 으레히 쉬는 날이어늘 독립협회 통상회를 항상 공일에 하는 것이 대단히 불가하니 이 다음부터는 공일 전날 토요 반공일에 통상회를 하기로 영위 작정이 되었다더라"고 설명한다.

어찌됐든 독립협회 회원뿐만 아니라 일반 방청객들이 참석하기도 한 이 토론회에서는 매주 한 가지 주제를 정하여 토론을 펼쳤다. 장소는 독립협회 사무소 또는 독립관이었다. 그 현장이 어떠했는지 하나만 예를 들어보기로 하자. 1898년 11월 29일자 잡보란에 실린 「토론문제」라는 기사는 다음과 같이 전하고 있다.

> 돌아오는 토요일 통상회에 토론할 문제를 내서 회중에 반포하는데, 문제는 '신(信)과 의(義)를 튼튼히 지키는 것은 본국을 다스리는 데와 외국들을 사귀는 데 제일 요긴함'으로 결정하고, 우의 (右義)는 이승만·장태환, 좌의(左義)는 이상재·방한덕 사(四)씨로 선정하였다는지라. 돌아오는 반공일 통상회 토론에 긴요하고 자미스러운 말이 많이 있을 터이니 독립 협회 회원들은 연고 있다 칭탁을 말고 관민간에 모두 가서 참여들 하기며, 방청하실 첨군자들도 많이 가서 들으시오

먼저 설정된 문제(여기서는 '신과 의를 지키는 것은 본국을 다스리는 데와 외국들을 사귀는 데 제일 요긴함')를 두고 좌우 양편으로 나뉘어 논쟁을 벌인다. 예컨대 이승만과 장태환이 찬성하는 입장에서 의견을 개진하고, 이상재와 방한덕이 반대하는 입장에서 의견을 펼친 다음, 그 다음 참석한 사람들이 표결을 통해 가부(可否)를 결정한다. 이런 방식으로 위생 문제, 통상 문제, 의회 설립 문제, 교육 문제 등등 다양한 관심사들을 토론에 부침으로써 당시 조선이 안고 있었던 많은 문제들을 해결해나갈 수 있는 하나의 좌표를 마련하

고자 했던 것이다. 그리고 토론 과정을 거쳐서 결정된 의견은 『독립신문』을 비롯한 매체에 게재되어 각 지역의 독자들에게 전달된다. 바야흐로 모든 일을 '난만공의(爛漫公議)'하는 '토론의 시대'가 열리고 있었던 셈이다.

독립협회에서 개최한 토론회는 근대적 공론의 장을 형성하는 데 결정적인 계기가 되었다. 독립협회의 토론회를 본따 전국 각지의 단체와 학교에서 토론회를 열었으며, 시국에 관심을 가진 사람이라면 때와 장소를 가리지 않고 설전을 벌이곤 했다. 토론과 그 연장선상에 있는 연설은 인민을 계몽하는 강력한 '미디어'로서의 역할을 수행하고 있었던 것이다. 그리고 이는, 1898년 8월 4일자 논설 「협회에서 할 일」이라는 제목의 논설에서 볼 수 있듯이, "협회 제회원들이 그 회표(會表)에 쓴 충군애국 네 글자를 잊어버리지 않는 일이 매우 감사하며 아무쪼록 몇 번 득승한 것을 믿고 교만한 마음이 나지 말며, 경적하는 생각이 없이 사사 혐의와 쓸데없는 의심을 버리고 마음을 같이 하며, 힘을 합하여 악한 정사는 뿌리를 빼고, 좋은 법으로 근원을 밝혀 민국이 태평하게 하기를 바라"는 독립협회 지도부와 『독립신문』 필진들의 '마음'을 전달하는 장이기도 했다.

그렇다면 독립협회와 만민공동회는 어떤 관계에 있었을까. 신용하 교수의 『독립협회연구』(1973)는 독립협회와 만민공동회에 관한 한 선구적이자 독보적이라 할 수 있는데, 이 연구에 따르면, 『독립신문』이 창간된 지 3개월 후인 1896년 7월 2일에 창립을 선언한 독립협회의 넓은 의미의 자주민권자강운동은 대체로 다섯 단계로

나누어 볼 수 있다. 제1단계는 독립문건립운동기. 1896년 창립 초
부터 1897년 8월 28일까지가 이 시기에 해당한다. 이 시기에는 독
립문·독립공원·독립관의 건립 사업과 독립문건립모금운동이 독
립협회활동의 핵심을 이루었다. 이 기간에는 독립협회의 조직도
창립 초의 고급 관료의 주도하에 있었다. 제2단계는 토론회계몽운
동기. 1897년 8월 29일부터 1898년 2월 20일까지가 이 시기에 해당
한다. 이 기간에는 토론회를 개최하여 민중을 계몽하는 운동을 주
로 하였으며, 이에 따라 독립협회의 조직에도 일반회원과 민중이
대거 진출하기 시작했다. 제3단계는 좁은 의미의 자주민권자강운
동기. 1898년 2월 21일부터 1898년 10월 27일까지가 이 시기에 해
당한다. 이 기간에 독립협회는 나라의 자주독립과 자유민권과 자
강개혁을 실현하기 위한 수많은 활동을 전개하였으며, 과제가 대
두할 때마다 즉각 이에 대응하여 민중 주도하에 강력한 자주민권
자강운동을 전개하였다. 제4단계는 관민공동회운동기. 1898년 10
월 28일부터 11월 2일까지의 6일 간이 여기에 해당한다. 독립협회
는 이 기간에 대규모의 민중대회를 개최하고 여기에 관원들을 합
석시켜 민중이 결의한 개혁정강에 동의하도록 하였으며, 이로써
국정 전반의 개혁을 실시할 기초를 닦고자 했다. 제5단계는 만민
공동회투쟁기. 1898년 11월 3일부터 1898년 12월 25일까지가 여기
에 해당한다. 이 시기에 독립협회는 정부와 수구파의 본격적인 탄
압을 받게 되자 이에 대항하였으며, 민중의 자발적인 만민공동회
가 상설기구로 조직되어 독립협회와 함께 수구파와 외세에 대항
하여 자주민권자강투쟁을 전개하였다.
　　신용하 교수는 독립협회를 '주어'로 놓고 이 시기의 운동을 서

술하고 있지만 독립협회의 영향력은 제3단계를 고비로 현격하게 감소하고, 자발적인 민중들의 시위가 전면에 부상한다. 물론 독립협회 인적 구성상의 다양한 스펙트럼을 고려해야겠지만, 고문(顧問)으로서 실질적인 영향력을 행사한 서재필을 비롯하여 윤치호·이상재·이완용 등은 민중들로부터 일정한 거리를 유지하고 있었다는 점을 기억할 필요가 있다. 그리고 자주자강운동이라 했지만 독립협회 지도부가 외세 침탈에 대해 보인 태도를 들여다보면 그들의 이중성 또는 양면성을 분명히 알 수 있다. 예컨대 러시아가 목포에 영사관을 짓기 위한 부지를 필요 이상으로 넓게 요구한 데 대해 그들은 명확한 반대 의견을 개진했다. 그리고 러시아와 동맹 관계에 있던 프랑스가 경의선철도 부설권을 차지할 당시 이미 약속한 바 있는 철도 연변의 탄광을 확정짓자는 요구를 한 데 대해서도 반대하였다. 반면 영국이 정부의 방침을 무시하고 금광채굴권을 침탈한 데 대해서는 침묵하였을 뿐만 아니라, 독일이 외부대신에게 행패를 부리면서까지 강요하였던 당현(堂峴) 금광채굴권에 대해서도 수용하는 자세를 보였다.

　이러한 모습은 일본에 대한 태도에서 절정에 이른다. 러시아의 철수 이후에 윤치호는 고종으로부터 일본 군대의 철수를 독립협회에서 요구해 달라는 요청을 받은 바 있었으나, 일본 군대의 주둔은 일본의 거류민을 보호하기 위해서이며 국내 정세의 안정을 위해서도 필요하다는 이유에서 거절하였다. 무엇보다 중요한 것은 1898년 9월 일본이 경부철도 부설권을 침탈했을 때 독립협회가 보인 태도이다. 이때 독립협회는 전혀 이에 대한 반대가 없었을 뿐만 아니라, 이와 관련하여 방한한 이토 히로부미를 '조선 독립에 큰 공이 있는 인물'이라 하여 영접 대표단을 파견하였고, 나아가 환영 연회에서 그를 찬양하는 시를 짓기도 하고 선물(독립문이 새겨진 은제 찻잔)까지 증정하는 등 극진히 환대하였다. 이러한 상황에서 이권 침탈 문제를 독립협회의 주요 활동 방향으로 삼을 것인가에 대해서 내부에서 치열한 논쟁이 전개된 바 있다.『대한계년사』를 쓴 정교(鄭喬)는 열강에게 침탈당한 이권을 조사하여 대책을 강구하자고 주장한 반면, 윤치호와 남궁억 등은 그러한 움직임은 외국인들의 비위를 거스를 우려가 있으니 그만두자는 입장을 견지했다. 그러다 독립협회의 운동 노선은 반외세투쟁에서 반정부투쟁으로 선회한다.

독립협회의 활동과 지도부의 역할을 폄하할 생각은 조금도 없다. 다만 독립협회의 영향력을 지나치게 확대 해석할 경우 만민공동회의 의미가 축소 왜곡될 우려가 없지 않다는 점만 지적해 두기로 한다. 독립협회가 1898년 3월부터 그 해 말까지 전개된 대규모 시위의 방아쇠 역할을 했다는 점만은 분명하다. 하지만 일단 총구를 떠난 탄환은 독립협회 지도부가 겨냥하지 않은 표적을 향해 날아가고 있었다. 사실 만민공동회는 하나가 아니었다. 독립협회가 주최하고 조직하는 독립협회의 민중동원집회와 더불어 독립협회와 관계없이 민중들이 수시로 자발적으로 조직한 만민공동회가 공존했던 것이다. 종로와 인화문 밖, 숭례문, 경무청 앞, 진고개 왜장터뿐만 아니라, 고등재판소, 부상패들과 일전을 벌인 공덕동, 김덕구의 장례식이 성대하게 거행된 용산 등도 만민공동회의 '장소'로서 기억해야만 한다.

3. 황제 고종, 민중들 앞에 서다

"1898년 열강의 이권침탈에 대항하여 자주독립의 수호와 자유 민권의 신장을 위하여 조직·개최되었던 민중대회"라고 일컬어지 는 만민공동회는 민중들의 근대적 개혁을 향한 열망을 표출한 거 대한 시위의 원형이자 미완의 정치운동이었다. 1898년 3월 10일, 만민공동회라는 이름으로 외세의 배격과 의회 설립 등을 주장하 며 일련의 시위를 전개했던 민중들은 10월 28일부터 11월 2일까지 6일에 걸친 관민공동회에서 자신들의 요구를 관철시킨다. 시위 현 장은 충군애국의 함성이 울려퍼지는 가운데 남녀노소와 빈부귀천 을 물론하고 하나의 '대한제국의 인민'임을 확인하는 '축제'의 도 가니였다. 인민의 힘과 그 가능성을 깨닫는 장이기도 했다.

그러나 기쁨도 잠시, 정부 측에서 시위를 주도한 인물 17명을 체포함으로써 상황은 다시 급변한다. 잠깐의 기쁨과 휴식을 누릴 여유도 없이 시위 군중들은 다시 거리로 모여든다. 그리하여 1898 년 11월 5일부터 12월 23일까지 황제 친유(親諭) 이후의 6일 간을 제외한 40여 일 동안의 철야농성에 돌입한다. 경무청과 고등재판 소 그리고 궁궐 앞 육조거리를 점거한 시위대는 여러 차례에 걸쳐 상소를 올리고 드디어는 고종 황제를 불러내어 '항복선언'을 받아 내기도 한다.

40여 일 간의 철야농성투쟁, 이야말로 만민공동회 시위의 절정 이었다. 실패 또는 패배 여부는 다음 문제이다. 이 40여 일에 걸친 만민공동회의 대대적인 시위는 어느 매체보다 강력한 계몽의 통로였다. 콩나물 파는 할머니에서부터 기생과 백정 그리고 철모르는 아이들에 이르기까지 계층과 신분을 떠나 모든 사람들이 '충군애국하는 조선의 인민' 자격으로 만민공동회의 시위에 직접 참가하거나 전폭적인 지지를 보냈다. 시위대를 위해 자발적으로 마련한 장터에서는 장국밥을 제공했으며, 이른바 '규찰대'를 조직하기도 했다. 바야흐로 혁명 전야의 전운이 감돌고 있었던 것이다.

할머니와 순검들이 앞을 다투어 푼돈을 털어 시위 군중을 응원하고 나섰고, 어느 '의로운 죽음'을 계기로 남대문 밖 이문골에 사는 김광태를 비롯한 아이들은 이른바 '자동의사회(子童義事會)'를 만들어 충군애국을 목청껏 외치기 시작했다. 이런 아이들뿐만 아니라 찬양회 부인들 및 학생들이 온갖 모임을 만들어 시내 곳곳에서 연설회를 개최했다. 새로운 '계몽의 미디어'인 연설이 강력한 호소력으로 시민들 속으로 파고들었으며, 『독립신문』·『매일신문』·『제국신문』·『황성신문』 등이 그 현장을 대대적으로 '중계'했다. 시위를 통한 계몽이 절정에 이른 순간이라 아니할 수 없다. 이제 '백성'들은 시위를 통해 타자와 자기를 동시에 발견함으로써 자신들이 하나의 '국민'임을 자각하기 시작했던 것이다.

그렇다면 이렇듯 대대적인 시위가 일어났던 원인을 무엇이었을까? 같은 나라에 사는 동포이자 한 백성인 인민들이 둘로 나뉘어 생사를 걸고 싸운 이유는 과연 무엇이었을까? 이 물음에 대해 『독립신문』 1898년 12월 5일자 논설에서 '몰라요씨'는 이렇게 대답한다.

독립협회에서 자초지종으로 한 것을 보면 무비 황실을 높이고 국권을 보호하고 백성의 생명 재산을 안전히 하고자 함이요, 한 사람이나 혹 한 회의 사사 이익을 도모하지 아니한 것은 내외국 인민이 다 아는 바라. 불행히 간세배들이 자기의 사욕을 마음대로 못할까 하여 백반 모해하여 협회의 무한한 고생을 시키었으니 우리같이 무식한 사람도 분함을 이기지 못하노라. 일개 협회의 흥망은 고사하고 이때를 당하여 강한 이웃들이 틈을 기다리는 고로 협회에서는 항상 조심하여 요란한 일이 없도록 규모를 준수하더니 간세배가 성군작당(成群作黨)하여 임금을 속이고 백성을 압제하여 인민간에 싸움을 만들어내어 다만 내정만 소요할 뿐 아니라 외우를 일으키게 하였으니, 간세배가 나라를 위태히 한 죄는 대한 인민은 용서 못 하겠도다.

혹은 말하되 부상패를 혁파하고 독립협회를 복설하였은즉 쾌하다 하나 내 소견에는 그렇지 아니하니, 부상패도 역시 대한 인민이요 독립 협회도 대한 인민이라. 형제가 서로 싸워서 집안이 위태하게 되면 누가 이기고 누가 진 것이 쾌할 것도 없고 더욱 한심할 뿐이라. 부상패 여러 형제들도 만민이 옳은 목적을 살려 간세배의 음흉한 의견을 따르지 말아서 독립협회와 같이 전국에 이로울 일을 주장하여 황실을 안녕히 하고 인민을 편하게 하기를 바라노라.

어느 외국 신문을 본즉 독립협회를 칭찬하여 가로되, 문명한 목적을 주장하여 충애하는 사업을 힘쓰니 아름다우나, 정부가 부패하여 민원을 좇지 못하고 도리어 백성끼리 난이 있게 하니 대한은 동양에 염병 뿌리라 하였으니, 오흉과 그외 간세배들이 총명을 옹폐하고 인민을 압제 아니 하였으면 어찌 이러한 부끄러운 시비를 들으리오 충애하는 인민들은 더욱 일심합력하여, 위로는 황상께 의탁하고 아래로는 동포의 충심을 힘입어서 법률 장정이 실시하기를 힘써서, 힘써서 간세배들이 더럽힌 국체를 광채 있게 하여 우리 같은 촌맹(村氓)도 성세 인민으로 마음 편히 지내게 하기를 축수하노라.

'몰라요씨'는 사리사욕으로 가득 찬 '간세배'들의 음모가 만민 공동회 시위를 낳은 핵심적인 원인이었다고 진단한다. 그의 판단에 따르면, 외세에 빌붙어 자신의 기득권을 유지하기에 급급한 간세배들이 국가의 정치를 엉망으로 만들었을 뿐만 아니라, 황제의 성총(聖寵)을 가리어 판단력을 흐리게 했으며, 그 결과 인민들은 도

탄의 지경을 벗어나지 못하고 있었다. 그 결과 정부는 부패하여 인민들의 원망(願望)을 따르지 못하고, 오히려 압제만이 더욱 가중되는 상황이 수많은 사람들을 시위 현장으로 내몰았던 것이다. 따라서 부상패에 합류하여 만민공동회 시위대와 싸운 상인들도 피해자라 아니할 수 없다.

이렇듯 총체적인 부패와 압제를 견디지 못해 거리로 나선 민중들은 정부 고관들과 황제를 압박해 들어간다. 어린 학생과 여염집 아녀자뿐만 아니라 걸인과 군밤장수까지 나서는 시위 현장을 보고서, 황제=국가의 명령을 따라야 할 병정들까지 동요하기에 이른다. 『독립신문』 11월 23일자 논설란에는 「병정 의리」라는 제목의 글이 실려 있다. 병정들이 어딘가 앉아서 대화를 나누는 장면을 통해서 정부에 대한 불신의 뿌리가 얼마나 깊이 박혀 있는지를 여실하게 이해할 수 있을 것이다. 그러면 병정들의 대화를 재구성해 보기로 한다.

병정 A : 여보게. 우리가 이 병정 아니 다니면 굶어죽나. 오정육부 바로 박힌 자식은 차마 눈으로는 못 보겠데.

병정 B : 그 이유가 뭔데?

병정 A : 인화문 밖에 밤낮 모여 있던 백성들이 무슨 죄가 있었나. 심지어 군밤 장사 어린 아이가 다 보조를 하고, 걸인과 판수들이 다 보조를 하였다데. 경향 간에 마음 바로 가진 사람들은 모두 열심하여 그 백성 모여 있는 데로 모여들어 그 백성들의 소원하는 일을 일심으로 선력들 하데. 그 백성들 하는 일과 목적이 만일 그를진대 어찌 그리들 하겠나.

병정 C : 그 백성들의 소원하는 일이 잘 되어야 우리 병정들도 차차 잘 되어가지, 만일 그렇지 못하면 우리 병정들도 장차 무슨 모양이 되겠나.

들은즉 탁지[부]에 재정이 군색하여 월급 타먹기도 이제는 힘들다 는군.

병정 D : (갑자기 기를 내어 주먹으로 땅을 치며) 여보게. 세상에 그런 법도 있 나. 이왕 혁파하였다던 부상패가 홀지(忽地)에 다 어디서 생겼나. 우 리가 팔자 좋아 정부 대신이 되었을진대 그 부상패들을 당장에 없애 겠네. 그게 무엇이란 명색인가. 저희들이 무슨 이국편민(利國便民)할 일을 이왕부터 하였나. 오늘날 그 부상들의 모양을 보니 나라나 백 성에게 매우 유조하겠든고 기가 막혀 말이 아니 나오네. 대저 말이 거니와, 외부에서 부산 절영도를 외국에 팔아먹는 것을 백성들이 도 로 찾았지, 언제 정부에서 찾았나? 탁지부 재정을 외국 재무관이 제 수중에 넣고 환롱질하려는 것을 저 백성들이 떠들고 나서 그 외국 사람을 도로 보냈지, 정부에서 누가 의사나 냈던가? 군부에 군정을 외국 사람들이 제 장악 중에 넣고 일부일 병정들이 그 외국 사람에 게 매도 많이 맞았지. 이때까지 그 외국 사람들이 있었으면 우리 병 정들은 종자도 못 찾았으리. 다행히 저 백성들이 떠들고 나서 그 외 국 사관들을 도로 보냈지, 정부에서 꿈이나 꾸었나? 우리가 겨우 월 급 먹고 병정 노릇 하니 우리 황실을 우리가 당연히 호위해야지, 저 번에 어떤 외국 보호군 30명을 고빙(雇聘)하여 온 것이 그게 무엇이 던가? 만일 저 백성들이 떠들고 나서 그 보호군 30명을 당장에 도로 보내지 아니 하였던들, 우리가 또 그 보호군 30명 밑에서 죽어났으 리. 저 백성들이 털끝만큼이나 잘못한 것이 무엇 있나? 저 백성들이 무엇이 미워서 정부에서는 기어이 해하려 하는지 참 알 수 없네. 부 상들은 본래 무식하고 부랑한 무리라, 설령 뉘 지휘를 듣고 저 백성 들을 치러 달려들더라도 정부에서 병정과 순검들을 많이 풀어 부상 들의 앞길을 견고히 막았더라면, 부상들이 제 어찌 감히 백성 모인 인화문 밖에 접족(接足)하였으리오 부상들을 은연중 불러들여 저 백 성들을 의리 없이 치게 하였으니 뉘 아니 억울하겠나. 설령 그 부상 패가 인화문 밖에 모였는데 저 백성 시켜 그 부상들을 치게 하였더 라도 그 부상패가 억울하다 하였으리. 부상패에게 저 백성들이 곤란 받은 것을 다른 백성들이 또한 격분히 여겨 동심합력하여 인화문 밖에 둔취한 부상패를 치려 하니까, 상관들은 정부 지휘를 따라 병정 순검을 많이 풀어 격분한 백성들의 앞길을 끊고 부상패만 보호시켜 새문 고개로 말미암아 새문 밖을 고이 내보내고, 격분하여 쫓아오는 백성들의 앞길은 또 막을 뿐 아니라, 어떤 장관은 병정을 시켜 백성에게 [총을] 놓으라 하니 그게 또한 무슨 발겨갈 의리던고 저 백성들이 마음이 더욱 울불(鬱怫)하여 걷잡을 수 없이 다시 종로로 모여 남의 집들을 부순다, 통곡들을 한다, 저것이 무슨 모양인고 각 전(廛) 시민들은 각기 격분한 의리로 전문(廛門)을 견고히 닫고, 각 동리 백성들은 각기 분격한 의리로 내달아 종로로 모여드니, 무죄한 병정 순검들은 각 병문 파수 서기에 견딜 수 없네. 당초에 정부에서 저 백성을 속이지 않고 무슨 령을 한번 내리고 다신 변개(變改)를 말고, 시종이 여일하게 규칙이나 장정을 한번 작정한 대로만 시행들 하였을 것 같으면, 저 백성들이 무슨 까닭에 각부 문전이나 종로나 인화문 밖으로 모일까. 전후로 저 백성들이 이리저리 모인 것도 모두 정부 각 대신의 허물이요, 부상패가 문 안에 모여 저 백성들 친 것도 모두 정부 각 대신의 허물이며, 그 부상 시켜 저 백성 치고 저 백성들과 그 부상패가 문 안, 문 밖에 상지하여 모여 있는 까닭에 병정 순검이 각 병문에 별파수(別把守) 선 것도 모두 정부 각 대신의 허물이라. 말을 다 하자면 차마 코가 시어 못 하겠노라.

이처럼 민심을 잃은 대한제국정부를 향하여 민중들은 관리들과 민중들이 한 자리에 모여 국사를 의논하자고 제안했다. 성난 민중들의 요구를 회피하기 어려울 정도로 상황은 이미 악화되어 있었다. 1898년 10월 이전에도 관민공동회는 있었다. 하지만 10월 이후 '출석요구'를 받은 정부 관리들이 참석을 거부하는 일이 벌어지면서 사태는 점차 심각한 지경으로 치닫는다.

10월 28일 독립협회에서 발기하고 종로 네거리로 대소 관민공동회를 열었는데, 정부 제공은 종래 오지 아니 하는 고로, 필경은 본회 회원 중과 각 처에서 오신 대소 관민 중 총대위원 합 16인을 선정하여 정부로 보냈더니, 참정 박정양, 찬정 리종건 양씨뿐 와서 이차(離次) 개회한 말만 하고 도로 갔다는지라.

대소 판민이 공의하고 그날 밤을 샌 후에 또 공의하여 가로대, 우리가 황실 보호하고 인민 안도(安堵)하자는 방책을 관민간에 합동하여 상의 규정하자고 이 회를 열었더니 정부 제공이 종래 오지 아니 하니, 우리는 아무 때까지라도 정부 제공이 다 와서 백성과 함께 합동하여 일심 상론하기 전에는 회를 폐하지 말자 하고 있었더니, 이십구일 오후 네 시쯤 되어 정부 제공이 차례로 회중에 왔는데, 의정부 참정 박정양, 찬정 이종건, 참찬 권재형, 법부 대신 서정순, 탁지부 대신 서리 고영희, 중추원 의장 한규설, 한성부 판윤 리채연, 의정부 찬무 이선득 제씨와 전임 대신 김가진, 민영환, 심상훈, 민영기, 정낙용 제씨가 다 모였는지라.

1898년 11월 1일자 「관민공동회 사실」이라는 제목의 논설 전반이다. 이 논설에서 볼 수 있듯이 민중들은 "황실을 보호하고 인민을 안도하게 한다"는 목적을 실현하기 위해 정부 관리들과 한 자리에 모여 한 마음으로 논의할 것을 요구했다. 그러나 정부 대신들이 약속 장소에 나타나지 않는다. 공동회 민중들은 대신들의 출석을 요구하며 철야농성에 돌입한다. 어렵사리 공동회 자리에 나타난 정부 대신들과 민중들은 서로 연설도 하고 공동토론도 벌이면서 '헌의 6조'로 알려진 건의서를 채택한다. 이처럼 공동회에 모인 민중들을 정부 대신들을 연결고리로 하여 자신들의 요구를 황제에게 전달하고자 했던 것이다. 이 과정에서 민중들은 그들의 대표인 총대위원을 내세워 수 차례에 걸쳐 상소를 올리며, 황제는 비지(批旨)를 통하여 상소에 답하거나 조서를 내리기도 한다. 「관민공동회 사실」을 계속 보도록 하자.

① 의정부 참정 신 박정양 등이 삼가 아뢰되 본월 29일에 인민 등이 크게 종로로 모여 관인과 백성의 공동회라 일컬어 나라의 폐단과 백성의 폐막을 가히 의논하여 없앨 것이 있다 이르고 정부 제신을 일동 청하삽더니, 신등이 그윽이 엎드려 생각하온즉 관원과 백성이 합동하여 상론하는 것은 비록 처음 있는 일이오나, 인민들이 이미 나라의 폐단과 백성의 폐막을 가히 의논하여 없앨 것이 있다 이르고 정부 제신을 일동 청하였삽더니, 신등이 그윽히 엎드려 생각하온즉 관원과 백성이 합동하여 상론하는 것은 비록 처음 있는 일이오나 인민들이 임의 나라의 폐단과 백성의 폐막을 의론하여 없애자고 말씀을 하였사온즉, 정부 관원 되고는 사리에 배각(排却)하기 어렵삽기로 서로 거느리고 회에 갔삽더니 회중 인민이 여섯 가지 조목 강령을 들어 의론을 들이는 자가 있는데, 일만 사람의 입이 소리를 한 가지 하여 한 말씀으로 옳다고 하옵고, 또 신 등에게 요청하여 그 강령을 잡아 아뢰어 달라 하옵는데, 신 등이 또 엎드려 생각건대 그 여섯 가지 조목은 이에 나라 체통을 높이고 재물 정사를 정리하고 법률을 공평히 하고 장정을 준행하자는 일이온지라. 다 합당히 행할 만한 일인 고로, 삼가 그 조목을 잡아 좌개(左開)하여 아뢰어 들으시옵게 하옵고 엎드려 성상께옵서 재가하옵시기를 기다리나이다.

② 조서하여 가라사대 요사이 장정을 정하매 율령이 차서(次序)라, 비록 예[昔]와 이제가 한 가지지 못함이 있으나 또한 족히 한 왕의 제도가 될지라. 진실로 정부 모든 신하로 하여금 실심으로 밟아 행하였으면 어찌 백성의 의론이 끓어오르랴. 짐이 심히 개연한지라. 이에 백성과 나라에 마땅한 일이 오늘날에 급히 힘쓸 것을 좌에 개열(開列)하여 서울과 각 시골에 포고하노니, 오직 너희 신하들은 늑준하여 소홀히 말고 짐이 다스림을 구하는 지극한 뜻을 써 맞추라 하옵셨는데, 일(一)은 간관(諫官)을 폐지한 후에 말길이 막혀 위와 아래가 서로 권면하여 깨우고 가다듬는 뜻이 없으니 빨리 중추원 장정을 정하여서 실시케 할 일이며, 일(一)은 각 항 규칙은 이미 한번 정한 것이 있는데 각 회와 다못 신문도 또한 가히 방한이 없지 못할 것이니, 회규는 정부

와 중추원으로 하여 재정하고 신문 조례는 내부와 농상공부로 하여금 각국 규례(規例)를 의지하여 재정하여 시행케 할 일이며, 일(一)은 관찰사 이하 지방관들과 및 지방대 장관들을 현임(現任)과 이미 갈린 것을 물론하고 만일 공전을 건몰(乾沒)한 자는 장률을 의지하여 시행하고, 백성의 재물을 빼앗은 자는 저저히 찾아서 본 임자를 내어준 후에 법률대로 증감할 일이며, 일(一)은 어사나 시찰들이 작폐하는 자는 그 본토 인민으로 하여금 내부와 및 법부에 호소함을 허락하여서 사핵(査劾)하고 궁구하여 징치케 할 일이며, 일(一)은 상공(商工) 학교를 설립하여서 백성의 업을 권면할 일이라.

①은 관민공동회에 참석했던 정부 대신들이 민중들의 의견을 수렴하여 황제에게 올린 상소문이며 ②는 이와 관련하여 황제가 내린 조서이다. ①에서 말하는 '여섯 가지 조목'이란 '헌의 6조'를 가리키는데, 그 내용은 첫째, "외국 사람에게 의지하여 붙지 아니하고 관원과 백성이 마음을 함께 하며 힘을 합하여 전제(專制) 황권을 튼튼히 굳게 할 일," 둘째, "광산과 철도와 석탄과 삼림(森林)과 빚 얻어 쓰는 일과 군사 빌리는 일과 무릇 정부에서 외국 사람과 무슨 약조하는 일들을 만일 각부 대신들과 중추원 의정이 합동하여 성명 쓰고 인을 찍지 아니한즉 시행 못 할 일," 셋째, "전국 재물 정사는 물론 아무 세(稅) 하고 다른 부(部)나 부(府)나 사사 회사에서는 간섭을 못하게 하고, 예산(豫算)과 결산(決算)을 인민에게 공변되이 포고할 일," 넷째, "지금부터는 무릇 중대한 죄인을 별로히 공개하여 공변되이 심판하되 피고가 도저히 설명하여 필경에 자복한 후에야 시행할 일," 다섯째, "칙임관은 대황제 폐하께옵서 정부에 물으시와 그 가부간에 많은 수를 좇아서 벼슬을 시킬 일," 여섯째, "장정(章程)을 실시할 일"로 이루어져 있다. 이 '여섯 조목'

과 황제의 조서에서 밝히고 있는 '다섯 조목'을 합친 열한 개의 조목은 공동회에 모인 민중들이 정부와 황제를 압박하여 얻어낸, 말하자면 '투쟁의 열매'였다. 그러나 정부 대신들의 음모와 배신으로 이 약속은 지켜지지 않는다.

정부 측에서 합의한 약속을 차일피일 미루기만 하고 실천에 옮기기를 머뭇거리자 독립협회 회원들은 관과 민이 공의(公議)하여 합의에 도달한 '여섯 조목'과 조서에 담긴 '다섯 조목'을 국문과 한문으로 번역, "십만 장을 인출하여 서울 각처와 13도 각군 인민에게 일일이 전파하여 비록 짝지아비 짝지어미라도 황상 폐하의 성덕을 모두 환연히 알도록 하게 하자"고 작정한다. 그 '작정'이 실천으로 옮겨졌는지 여부는 분명하게 알 수 없지만, 민중들의 목소리와 황제의 목소리가 함께 국문으로 '번역'되어 홀아비와 과부라도 알아볼 수 있는 상황이 『독립신문』 지상에서 전개되고 있었던 것이다. 『독립신문』이라는 매체를 통하여 관료와 지식인층의 전유물이었던 상소뿐만 아니라 황제의 비지와 조서까지 '국문'으로 번역, 공개되는 시대가 도래한 것이다. 이는 가히 '의사소통의 민주화'가 그 싹을 틔운, '혁명적인 사건'이라 할 수 있을 터인데, 이런 의미에서 만민공동회는 근대적 매체를 통하여 민중을 동원하는 새로운 정치운동의 현장이었다고 할 수 있다.

하나 더 예를 들자면 1898년 11월 4일자 논설 「공동회 편지」는 만민공동회의 대표들이 보낸 편지와 이에 대한 정부 측의 답변을 싣고 있다. ③은 종로 만민공동회에서 뽑힌 총대위원 세 명이 정부 대신들에게 이미 합의한 약속을 지킬 것을 요구하는 내용을 담고 있는 편지이며, ④는 이 편지에 대한 정부 측의 대답이다.

③ 경계자는 성인이 다스림을 의논하시매 먹는 것을 버리고 신(信)을 두어 차라리 죽을지언정 오직 신을 열지 아니함으로 중한 것을 삼으라 하셨으니, 이는 예[昔]와 이제[今]에 바꾸지 못할 이치라.

지난 달 29일에 관원들과 백성들이 함께 모여 이미 여섯 조건으로서 의논을 들인즉, 정부에 귀 제공이 이미 면대(面對)하여 옳다 하시고, 제공이 베풀어 아뢰는 날에 또 성지를 내리사 정부로 하여금 조처하라 하옵셨으니, 이는 님군과 신하의 위와 아래가 뜻이 한 가지고 마음이 합한 일이라. 마땅히 당일로 조처하고 즉시에 실시함이 있을 것이어늘, 귀를 기울이고 기다리되 수일을 끌고 한 일도 손을 부치는 것이 없었으니, 일전에 옳다고 하던 것이 반드시 실상 마음에서 나지 아니하고 먹는 것을 버리고 신을 둔다는 의(義)가 혹 부족한 것이 있어서 그런 것이 아니니까.

일전에 베푼 바 여섯 조건이 진실로 먼저 법을 베풀어서 일을 따라 제변하는 땅이 많되, 재물 정사에 이르러서는 삼정과 광산과 각 둔토의 궁내부에 붙은 것과 토세와 상민에게 받는 세의 농상공부와 군부와 및 사사 회사에 붙은 것을 가히 아침에 의논하고 저녁에 결단할 것이어늘, 제공이 오늘날에 낯만 서로 보고 날을 지내며 시를 느리게 하는 것이 극히 아혹한지라.

만일 이르되 궁내부에 붙은 바로 하루아침에 분장하여 황실비가 예산이 부족한즉 비록 원수 밖에 배를 더하여 지출할지라도 재물의 모이는 바가 다른 까닭이 없고, 쓰는 것을 한곳으로 말미암아 아래서 공을 빙자하여 사사를 경영하는 폐단이 없고, 위에서 때를 따라 군급(窘急)한 폐단이 없으리니, 제공이 이에 무엇을 꺼려서 하지 아니 하나니까.

엎드려 생각건대 제공은 신(信) 두는 것이 중한 것을 생각하시고 백성의 원(願)을 마땅히 좇을 것을 생각하사, 빨리 놀리고 급히 베풀어 이 바람에서 먹고 이슬에서 자는 백성으로 하여금 얻어 써 집에 돌아가 편안히 쉬어 성택에 함영케 하소서.

④ 경복자는 귀합은 접준하와 일체를 열실하온지라. 여섯 조건 의논 드린 것을 정부로 하여금 조처하라 하옵신 비지를 이미 봉유하였사오나, 그때에 한 가지로 내리신 조칙을 흠준 거행하기가 급하기로 중추원 관제를 근일에 의정(議定)하여 겨우 아뢰어 재가를 물었는지라. 그 여섯 조건 조처할 일은

아직까지 겨를이 없어서 조금 지체하여 오늘날까지 이르렀은즉 스스로 마땅히 차제로 조처할 터이오니 조량하시고, 귀 첨원이 풍찬노숙하시는 일은 극히 민망하오니 이 답장 가는 대로 즉시 곧 걷어 돌아가서 써 타정을 기다리심을 바라압.

위의 만민공동회와 정부 사이에 오고간 '왕복서신'에서 볼 수 있듯이, 공동회는 자신들의 요구를 관철하기 위하여 긴장의 끈을 늦추지 않고 있었다. 그러나 정부 측의 약속 이행 의지는 그다지 확고하지 않았던 듯하다. 1898년 11월 22일자 논설 「어저께 광경」에서 우리는 민과 관 사이에 놓인 불신의 심연을 확인할 수 있다. 이 논설에 따르면 11월 20일 밤, 의정부 의정 서리 김규홍, 탁지부 대신 민영기, 참찬 권재형, 경무사 민병한 등이 인화문 밖에 진복(進伏)하고 있는 관민공동회에 와서 이렇게 말한다.

우리들이 모두 정부 대관으로 평일에 당직 직책을 잃고 법률과 장정과 규칙을 지키지 못한 고로 인민들이 근 20일을 밤낮 불계하고 풍찬노숙하며 이렇게 신고(辛苦)들 하는 것을 우리 눈으로 친히 보니 실상 부끄러우나, 그러하나 백성들이 황상 폐하께 누차 상소한 조건을 우리가 다 알았으니 5흉을 곧 명백히 재판하여 조율증판(調律證判)할 것과, 저번에 종로 만민공동회 할 때에 백성들이 정부 대신들을 대하여 여섯 가지 사건[에 관하여] 의론[을] 들어 대신들이 가자(可字) 써서 황상 폐하께 상주하였더니 5조[를] 첨부하여 처분 내리신 것과 정부 대신들을 현량한 이로 가려서 여러 의론이 다 가로되 가(可)타 한 연후에 쓰실 일과 협회는 전과 같이 복설하여 둘 것이니 회 이름과 회 규칙은 회중에서 양의(良議)하여 정부로 기별하면 그대로 허가하여 줄 것이니, 이 다음부터는 민국 간에 큰 관계되는 일이 있더라도 본회 사무소에서 별회(別會)를 하지 종로나 다른 데로는 개회 말며, 통상회는 의전(依前)하여 독립관으로 개회할 일이며, 부상들은 곧 물리칠 일을 진복하여 있는 관민공동회의 소원대로 모두 상주하여 쾌쾌히 처분[을] 물어 영구 실행케 하겠으니 관민들은 다 그렇게 알라.

그러자 '공동회 인민'들은 "우리 대황제 폐하의 성덕이 요순 같으시와 정부에 마련하여 주신 법률과 장정과 규칙이 다 어질고 아름답건마는 각부 대신네들이 하나도 봉행을 아니 하고 전국 백성들을 지우금(至于今) 속이기로 일을 삼아 신(信)이 없었으니, 지금 오신 대신네의 말씀이 비록 이렇게 확실하신 듯하나 우리들은 그래도 믿지 못하겠"다고 반박한다.

이렇듯 노골적인 불신을 드러내자 대신들은 공동회에 모인 사람들에게 온갖 맹세를 다 들이대면서 "우리 대신들이 이왕은 다 잘못하였으니 오늘날 백성들에게 변변할 말이 없거니와 이 다음부터는 별로히 정신들을 차려 법률과 장정과 규칙을 각근(恪謹) 준행하여 백성들의 생명과 재산을 온전히 보호하여 주겠으니 백성들은 다시 정부 대신들을 의심 말고 튼튼히들 믿으라"고 설득한다.

정부 대신들과 만민공동회 사이에 수많은 논란이 오고가지만 불신의 골이 좁혀질 기미는 좀처럼 보이지 않는다. 정부는 민원(民願)대로 실시하는 흔적을 보이지 않자, 약속이 하루빨리 지켜지기를 바리고 있던 독립협회 회원들과 민중들은 자신들의 의지를 관철시키기 위해 황제를 직접 압박한다. 1898년 11월 26일 오전 10시, '수만 명'의 군중이 종로에 집결하여 약속 이행을 촉구하자 고종은 조칙을 내려 만민공동회 측 대표 200명과 보부상 측 대표 200명을 각각 오후 1시와 오후 3시에 궐문 밖으로 대령하도록 하라는 명령을 내린다. 『독립신문』 1898년 11월 28일자 논설 「국태민안」은 당시의 장면을 이렇게 전하고 있다.

종로에 모인 백성들이 궐문 지척 정동으로 절차 있게 옮겨가서 개회하고, 탑전에 들여보낼 일 아는 사람 이백 인을 공천으로 뽑아 소명을 공손히 기다리더니, 이윽하야 내부대신 서리가 황명을 받들고 회중에 나와서 지시한 이백 인을 부르거늘, 이백 인이 제제창창하게 칙사를 따라 인화문 밖에 황상 폐하 친임하옵신 탑전으로 들어가서 공손히 엎드려 황명을 기다리는데, 대소 관인들은 탑전 좌우로 모셔 있고 병정 순검들은 제차로 버려 섰으며, 각국 공영사와 신사와 부인들은 또한 대례복을 갖추고 용용히 모셔 있는지라.

황상 폐하께서 친히 하교하사 가라사대 너희들 소원대로 말길도 열어주고 중추원도 설시하고 독립협회도 복설하여 주니 회규(會規)대로 시행들 하며, 조병식 등 오신(五臣)은 잡는 대로 재판하여 정배(定配)하겠고, 정부 각 대신은 새로 조직하였으니 각기 직책들을 응당 다 잘들 할지라. 아직은 허물이 없으니 더 말할 것이 없고, 소위 보부상패는 전부터 민국간에 크게 폐단 되는 줄은 이왕 통촉하겠고, 그 부상패 두목에 길영수·홍종우·박유진 셋은 불가불 용서하여야 혁파당하고 물러가는 부상패들의 마음이 억울타 아니 하겠으니 그들로 알라 하옵시며 칙어를 내리시거늘, 지사한 이백 인이 공손히 받들어 엎대어 읽고 말하여 가로되, 상정(上情)이 아래로 미치고 하정(下情)이 위로 달함은 천지개벽 이후 처음이라. 이런 희한하고 황감한 일이 어디 있으리요 이전에는 항상 정부가 사이에 막히고 간세배가 중간을 가리우더니 오늘날은 군민간에 즉접(卽接)하야 화기가 융융하니 우리나라 중흥할 조증이 이에 있는지라 하고, 백성들이 감격한 눈물을 스스로 금치 못하며 소회(所懷)로 적어 아뢰기를 정부 각 대신은 시무 알고 백성의 물망을 좇아 시키시며, 조병식·민종묵·유기환·리기동·김근정 다섯 간신은 재판하옵시고, 십일조는 곧 실시하옵소서 하였더니, 이백 인 중에 만민공동회 회장 고영근, 독립협회 회장 윤치호, 부회장 리상재 삼 인을 탑전으로 더 가까이 불러들여 민폐에 관계되는 조건을 자세히 하순(下詢)하옵시거늘 일일이 대답하여 아뢴즉 다 그대로 실시하여 주마 하옵시더라.

황제가 친히 백성들을 탑전으로 불러들여 그들의 의견을 수용하는, 그야말로 전대미문의 사건이 벌어지고 있었던 것이다. 이 자리에서 고종은 만민공동회에서 제기한 모든 요구사항들을 들어주기로 확약한다. 뿐만 아니라 다음과 같은 칙어를 내려 자신의 잘못을 반성하면서 막힌 것을 뚫고 닫힌 것을 열어서 상하가 서로 통하는 '통혁의 세계'로 나아갈 것을 약속한다.

너희 여러 백성들은 다 짐의 말을 들으라. 전후 조칙을 너희들이 많이 좇아 순히 않고 밤이 닳도록 궐문에서 부르짓고 통한 거리에서 장(杖)을 베풀어 써 횡행하고 패려(悖戾)하며 사람의 가산(家産)을 부수는 데 이르렀으니, 이것이 어찌 오백 년 전제(專制)의 나라에 마땅히 있던 바 일이냐. 너희는 시험 삼아 생각하라. 그 죄가 어디 있나뇨 나라에 떳떳한 법이 있으니 합하여 중한 법에 두겠으나 그러나 짐이 임어(臨御)한 이래로 다스리는 것이 뜻과 맞지 못하여 모두 서로 움직이게 하였으니 오직 네 일만 백성의 죄 있는 것이 내 한 사람에게 있는지라. 이제 이에 크게 깨달으니 짐이 심히 부끄러운지라. 비록 정부 모든 신하로써 말할지라도 능히 짐의 뜻을 대양(對揚)치 못하여 써 아래 백성의 정이 위로 달하지 못하게 하고 중간이 막히고 끊어져서 의심스럽고 두려움이 굴러 생긴지라. 오직 너희 적자들이 먹는 것을 잃고 오오(嗷嗷)하니 이것이 어찌 너희들의 죄랴. 짐이 이제 궐문에 친어 하야 효유하기를 순순히 하여 어린 아이를 품은 것 같아 글자 하나에 눈물이 하나라. 가히 써 도야지와 고기도 미쁘게 하고 나무와 석(石)도 감동할지라.
이제로부터 비롯하여 님군과 신하와 위와 아래가 마땅히 한 신자(信字)로써 지어가고 의(義)로써 서로 지켜 어질고 능한 이를 전국 안에서 구하고, 아름다운 말을 꼴 베고 나무 하는 백성에게도 캐어 쓸지니, 증거 없는 말은 너희도 거짓말이 없으랴. 묻지 아니한 꾀는 짐도 마땅히 쓰지 말며, 오늘 새벽 이전은 죄가 있든지 없든지 간에 경하고 중한 것을 헤아리지 않고 일병 탕척(蕩滌)하며, 의심과 막힌 것을 통연히 해석(解釋)시키고 다 더불어 오직 새롭게 하노라. 슬픈지라. 님군이 백성 아니면 어디를 의지하며, 백성도 님군 아니면 어디를 이으리요 이어 이제로부터 권한을 넘고 분의를 범하는 일은 일절히 통혁(通革)하라. 이같이 개유(開諭)한 후에 만일 혹 희미한 것을 잡아 깨닫지 아니하여 독립 기초로 하여금 능히 공고치 못하고 전제정치로 하여금 떨어져 손상됨이 있게 하면, 결단코 너희들이 충성하고 사랑하는 본래 뜻이 아니라 왕장이 삼엄하여 단정코 용대치 않겠으니, 그 각각 늠준하여 날로 개명한 데로 나아가라. 짐이 말을 먹지 아니 하리니 너희들은 삼가라. 회(會) 하는 백성과 장사하는 백성이 고루 이 짐의 적자라. 극히 지극한 뜻을 몸받아 은혜롭고 좋아하여 함께 돌아가 그 업을 편안히 하라.

광무 2년 11월 26일

민중의 대표들을 부른 것은 황제였지만, 정확하게 말하자면 황제를 민중들이 불러낸 것이라 해야 옳을 것이다. 압박에 못이겨 민중들 앞에 선 황제 고종이 이 자리에서 민중들의 요구를 전폭적으로 수용하기로 약속하는 장면은 한국 근대 정치사의 맨 앞에 놓인 하나의 상징이라 할 수 있다. 그리고 그 전모가 바로 이 칙어에 압축되어 있다. 이 칙어는 위에서 본 바와 같이 신문에 국문으로 번역되어 전국으로 퍼져 나간다. 신문에서 '황제의 목소리'를 접한 사람들은 이를 '연설 교재'로 삼아 곳곳의 민중들에게 이 사실을 전파한다. 이 시점에서 황제 고종의 '옥음(玉音)'은 구중궁궐에서 몇몇 시종들과 고위 관리들만의 '전유물'이 아니라 뜻 있는 사람이라면 누구나 접할 수 있는 '인민 공유의 목소리'가 된다. 하지만 너무나 짧은 순간에 사라져버린 섬광 같은 희망이자 가능성만을 남겨둔 채, 황제의 목소리는 다시 기득권을 지키려 몸부림치던 세력들이 쳐놓은 장막 속에 갇혀버린다.

4. 열사의 탄생과 죽음의 정치학

앞에서도 강조한 바와 같이 40여 일에 걸쳐 전개된 만민공동회는 민중들이 자발적으로 참여하여 하나의 '국민'임을 경험한 축제의 현장이었다. 장작불을 피워놓고, 장국밥을 먹으며, 기생에서부터 어린아이에 이르기까지 자신들의 생각을 쏟아놓았고, 직접 참가하지 못한 사람들은 물품과 돈을 제공함으로써 시위대에 동조를 표했다. 수많은 말들이 넘쳐 나는 현장을 각 신문들은 다투어 '중계'했고, 신문에 실린 뉴스들은 때로는 소문으로 그리고 때로는 풍문으로 대한제국 전역으로 퍼져나갔다.

> 수하동 소학교 학도 태억석, 장용남 두 아이는 연세가 겨우 십이삼이라. 만민공동회에 다니면서 충애 의리로 연설하였는 고로, 옳은 목적 가진 이들은 그 두 아이를 칭찬 아니 하는 이가 없었다는지라. 지금 여항 전설을 들은즉 학부 대신 이도재씨가 그 학교에 훈령하여 그 학동 둘을 퇴학시키고 그 학교 교원을 감봉시켰다 하나, 우리 생각에는 믿지 못할 것이 이대신은 본래 학문도 유여할 뿐더러 학부 대신으로 각 학교 학도들의 학문을 도저히 권장하는지라. 연설하는 것도 또한 학문 속에서 나온 것이요, 그 연설이 더욱 충애하는 의리로 말미암음이라. 학부 대신이 그 학교 교원과 그 학동 둘을 더욱 포장하여 권면할지언정 감봉시키고 퇴학시켰다는 말은 사리에 합당치 않기로, 이에 기재하여 분명치 못한 여항 전설을 믿지들 말 줄로 분석하노라.
> ─『독립신문』, 1898년 11월 26일자

만민공동회 현장에서 '충애 의리'로 가득한 연설을 했다는 이유로 퇴학 처분을 받은 소학교 생도 태억석과 장용남의 사례는 시위가 정치적 계몽을 담당하는 학교 역할을 톡톡히 했음을 보여주는 단적인 예이다. 그러나 사태는 예상밖으로 격렬해졌던 듯하다. 폭력은 폭력을 낳게 마련, 시위 군중들은 이 시기의 '백골단'이라 할 수 있는 부상패와 대결하면서 수많은 사상자를 낳았고, 이에 분격한 나머지 대신들의 집을 부수기도 했다. 그러자 『독립신문』은 "만민 공동회 사람들이 부상패에게 맞아서 죽고 상한 까닭에 우리가 또한 충애하는 목적을 흠모하여 격분지심으로 모였으나 사람의 집을 부신다는 것은 실로 야만의 버르장머리"라면서, "그 집 임자 되는 사람들이 죄가 있지 그 사람의 사는 집들이야 무슨 죄가 있느뇨 이왕 부신 집들은 각기 백성들이 격분지심으로 부셨지 종로에 모인 만민회 중에서는 시키지 아니 하였으나, 이제부터는 우리 만민회 중에서 도저히 살펴서 남의 집 부수는 버릇은 일절 엄금하자고 작정들 하였다"고 전하면서 폭력을 경계하고 나선다.

이러한 상황에서 외세와 '간세배'에 기댄 채 노심초사하고 있던 황제 고종은 12월 23일 급기야 군대동원을 명령하였고, 수구파들의 꾐에 넘어가 술을 마셔버린 집회 군중들은 군대의 총검과 보부상의 가혹한 몽둥이에 쫓겨 해산하고 말았다. 1898년 12월 25일, 우리 역사상 그 유례를 찾아볼 수 없었던 만민공동회 민중들의 대대적인 시위와 농성이 외세의 사주를 받은 보수 세력과 그들을 등에 업은 보부상들의 폭력에 의해 와해의 길로 접어들었다. 이와 함께 민중들의 변혁을 향한 갈망을 대변하던 독립협회마저 집요한 공작에 의해 역사의 뒤안길로 사라졌다. 만민공동회가 해산된 뒤, 이 시위의 공과를 둘러싸고 '후일담'이 오르내린다. 1898년 12월 28일자 『독립신문』의 논설은 「공동회에 대한 문답」이라는 제목으로 그 내막을 이렇게 전하고 있다.

어제 밤에 본사 탐보원이 서촌 한 친구의 집에 갔더니 마침 유지각한 四五
인이 있더니, 앉아서 공동회 일절로 수작이 난만한 것을 듣고 그 종요(宗要)
한 것을 뽑아서 좌에 기재하노라.

(문) 공동회를 파한 후에 시비가 분울하여, 혹은 공동회에서 실수를 많이 하
였다 하고 혹은 정부에서 잘못하였다 하니 누구의 말이 옳은지.

(답) 대한 사람들은 몇 백년 압제에 몰려서 무엇이던지 정부가 하는 일은
감히 평론 못하는 것을 이치로 아는 고로 정부에서 옳다면 옳은 줄 알고 그
르다 하면 당초부터 정부에서 그 직분을 잘 하셨으면, 공동회 시작한 후에라
도 정부에서 잘못한 것을 깨닫고 민론을 쫓아서 황상 폐하의 성칙을 받들어
시행하였으면, 공동회가 근 이십일이나 끌었을 리가 없고, 또 만민 모인 데에
서 언어 동작에 실수한 일이 있더라도 몇 달을 두고 총명을 옹폐하며 인민을
괴롭게 한 정부의 허물에 비하면, 공동회에서 정부보다는 잘못한 일이 없는
것은 삼척동자기로 어찌 모르리요.

(문) 정부에서도 성책을 봉행치 못한 죄가 많거니와 인민이 정부의 명령을
거스르는 것이 어찌 책망이 없으리요.

(답) 맹자 말씀에 몸을 굽히고 남을 곧게 하는 자는 없다 하셨으니, 정부는
백성을 인도하고 교훈하는 선생이라. 선생된 자가 먼저 그 도를 이뤄서 위로
황상 폐하의 성의를 받들지 못 하고 아래로 인민을 도탄에 넣으면, 이것은 정
부가 백성을 옳은 길로 인도하지 못함이니 먼저 그 직분을 잃어버리고 아래
사람이 실수하는 것만 책망하는 것은 공평치 못함이라. 인민으로 하여금 정
부의 명령을 좇게 하려면 정부에서 먼저 성상의 은덕을 널리 베풀고 백성에
게 신을 보임이 제일 상책이로다.

(문) 이번 공동회에 무슨 뒤가 아무 것도 없으니 어찌 부끄럽지 아니하뇨

(답) 이는 대한 사람이 평생 타국에 의지하는 마음을 면치 못함이라. 몇 십
년 이래로 혹 청국 혹 일본 혹 아라사 등국에 의지하여 사계를 도모하거나
국사를 경영한 사람들이 있었으나, 공동회는 본래 목적이 위로는 황상 폐하
의 상덕만 의지하고 아래로는 인민의 공론을 힘입어서 다만 혀와 붓만 가지

고 바른 의논을 주장하여 민국에 이익을 보고자 함이라. 그 믿는 것도 민심이요 뒤 받쳐 주는 것도 민심이라 어찌 달리 믿을 것이 있으며 다른 뒤가 있으리요.

(문) 그러하면 공동회를 다시 시작하는 것이 어떠하뇨.

(답) 서양말에 좋은 일도 너무 하면 멀미난다 하였으니, 지금 공동회를 다시 하면 민심이 지루하게 여겨서 도리어 괴롭게 알기가 쉬우니 민심만 믿고 하는 회를 어찌 민심을 어기며 하리요. 하물며 황상 폐하의 조칙이 내리사 공동회의 충의 목적은 통촉하시고 물러가라 하셨으니 어찌 또 주저하여 성칙을 받들지 아니 하리요.

(문) 그러하면 정부에서 무슨 일을 하여 성칙을 받들지 아니하여 인민을 괴롭게 하여도 다시는 만민의 말도 못하랴.

(답) 어느 때든지 정부에서 다시 그른 일로 위로 황실을 위태히 하고 아래로 백성을 괴롭게 하여, 민심이 비등하여 시민이 청전하고 학도가 책을 덮고 만구일성으로 공론을 이렇게 정부에서 잘못하는 죄를 황상 부모께 명원하게 될 지경이면 자연히 만민회가 되는 것이니, 그렇지 못하고 다만 구경꾼이나 모여서 시간이나 허비할 것 같으면 다시 회하여 무엇하리요. 그러하나 이 때를 당하여 인민과 정부가 합심하여 나라 일을 하지 아니하면 십삼도 강산이 타인의 물건이 될 것이니, 정부 제공들은 공동회를 무서워하지 말고 각기 그 직분을 지켜서 황상 폐하의 덕택이 전국 동포에게 믿게 하면 민심이 자연 안도락업할 것이니, 백성을 책망하지 말고 정부에서 밝은 일만 하기를 바라노라.

정부에서 황실을 위태롭게 하고 백성을 괴롭게 하여 민심을 잃으면 언제든지 제이, 제삼의 만민회가 생길 수 있다는 얘기다. 이 논설에서 물음에 답하는 사람의 말에서 알 수 있듯이, 1898년 12월 24일 해산되긴 했지만 만민공동회는 정부가 제몫을 제대로 수행하지 못하고 민심에서 이탈할 때엔 얼마든지 부패하고 타락한 권력에 압력을 가할 수 있는 하나의 정치적 전범이 되기에 충분한 사건이었다.

그런데 1898년 한 해 동안 서울 전역을 뒤흔들었던 거대한 시위 만민공동회에서 한국 근대사상 최초의 의사(義士)가 탄생한다. 공덕리에서 부상패들과 싸우다가 이들의 모진 몽둥이를 맞고 절명한 김덕구가 바로 주인공이었다. 죽은 그의 몸에서 나온 것은 '신 깁는 송곳 세 개와 전당표 열 아홉 장'이었다. 김덕구의 죽음은 예견되어 있었는지도 모른다. 정부 측의 사주를 받은 보부상들과의 싸움에서 사망하거나 부상한 사람들이 생겨나면서 시위에 참가한 민중들을 분노를 감추지 못한다. 격분한 나머지 "각기 몽둥이들을 가지고 장작불을 피우고 사면으로 방어하며 밤을 새고 날을 지내" 면서 시위의 양상은 더욱 고조되는 한편, 각계각층의 '의리'도 밀려든다.

종로에 모인 장안 만민이 그저께 밤에 서로 의논하여 가라대, 만민 공동회 사람 중에 부상에게 맞아 죽은 사람들은 충애하는 목적으로 의에 죽었으매 우리 만민이 그저 있을 수 없으니, 그 시신을 우리 만민이 각기 의리로 부의하여 후히 장사 지내게 하고 그 부모와 처자들은 우리 만민 중에서 각기 출의 보조하여 얼마큼 부지하여 살도록 하여 주자고 한데, 만민이 다 손뼉들을 치며 그리 하자고 작정들을 하였다더라.

종로에 모인 장안 만민이 그저께 밤에 서로 의논하여 가라대, 관민 공농회 사람 중에 부상패에게 맞아서 중히 상하여 외국 병원으로 가서 치료하는 이들이 모두 충애 목적 가진 이들이라. 부상패에게 맞은 것도 또한 의리로 말미 암은 것이니, 우리 만민 중에 총대 위원들을 그 치료하는 이들에게 보내어 위문도 하고 또 치료하는 이들 매인 명하에 위선 돈 오원 씩 보내어 치료하는 데 쓰게 하고 이어 또 돈을 보내야 치료지절에 끊기지 않게 하자 한데, 만민이 다 낙종하여 그대로 작정들이 되었다더라.

— 이상 『독립신문』, 11월 24일 잡보

그런 와중에 김덕구의 사망 소식이 전해진다. 신발 깁는 일을 업으로 하여 살아왔던 그는 독립협회 회원이 아니었다. 그러나 '충애의 의리'를 다하기 위해 부상패들과 격렬한 싸움을 벌였고, 그 '전쟁터'에서 부상패의 몽둥이에 맞아 사망한 그의 죽음을 애도하는 물결이 이어진다. 『독립신문』은 김덕구의 사망 소식과 장례식 준비 상황을 상세하게 알리는데, 다음은 1898년 11월 29일자 잡보란에 실린 「당당충애」라는 제목의 기사이다.

명동 사는 김덕구씨가 충애하는 목적을 사랑하여 만민 공동회에 참례하였다가 천만 의외에 부상패의 난봉(亂棒)중에 불행히 죽었다는 고로, 돌아간 일요일 독립협회 통상회에서 회원들이 공의하여 가라대 우리 독립 협회 회원들은 종로 공동회 만민과 전국 이천만 동포 형제를 대표한 총대라. 공동회 만민과 전국 동포가 곧 독립 회원이요, 독립 협회가 곧 전국 동포와 공동회 만민인즉, 만민 공동회와 전국 동포와 독립 협회가 무슨 분간이 있다 하리요.

금번에 부상패에게 맞아죽은 김덕구는 비록 독립협회 회원은 아니라도 만민 공동회에 참례하였던 이인즉, 공동회 만민은 우리들 대표시킨 전체라. 우리가 어찌 그 전체 되는 만민 중에 충의로 죽은 김씨의 죽음을 모른다 하여 심상히들 지내리요 하고, 독립 협회 회 중에서 우선 돈 십원을 그 죽은 김씨의 본집으로 보내어 상복들을 지어 입게 하고, 수전 위원 삼인을 뽑아 은행소에 앉아서 장례비 의조하는 돈을 받게 하며, 김씨의 장례에 호상할 위원 십인을 뽑아 일을 보살피게 하고, 음력 시월 십팔일 오전 팔시에 독립 협회 회원들이 일제히 사무소로 모여 김씨의 시신 있는 대로 가서 발인하여 산소로 가서 후히 장사 지내고 묘 앞에다 대한 충애하던 의사(義士) 김덕구씨의 비라 새겨서 세우기로 결정이 되었는데, 독립 협회 회원들과 방청하는 만민 제씨가 각기 충애하는 마음으로 김씨의 죽은 것을 의리로 알며 영화로 여기고 비감한 눈물들을 금치 못하며 각기 자원하여 당장에 장례비 백원이 되었다더라.

독립 회원 아닌 이들도 충애지심이 간절한 이들은 각기 높은 의리로 장례비들을 은행소로 와서 자원들 하여 오늘부터 오일 내로 다들 대기로 작정하였다는데, 사람들이 다 말하기를 김씨는 충애하다가 죽었으니 참 대장부라 죽어서 꽃다운 이름을 천추에 유전한다고 모두 칭찬들 하였다더라.

이렇듯 공동회에 모인 만민과 독립협회 회원들은 일심 합력하여 김덕구의 장례식을 성대하게 거행합니다. 『독립신문』은 장례식의 풍경을 다음과 같이 전한다.

대한 광무 2년 12월 초일일 오전 9시에 공동회 만민과 전국 2천만 동포를 대표하는 독립협회 회원들이 종로에 모여 김씨의 신체를 엄토한 쌍룡정으로 나가서 제문을 준행하여 소렴 대렴하고 입관하여 큰 상여로 운상하여 장사지낼 산지로 향하여 발인하는데 명정에다 '대한제국의사광산김공덕구지구(大韓帝國義士光山金公德九之柩)'라 써서 상여 앞에 높이 들고 공포와 운삽 하삽은 좌우에 벌려 섰으며, 김씨의 부인은 소교를 타고 뒤에 따랐으며 각 학교 기호와 각 동리 기호는 의기 있게 특별히 들었는데 동서양 각국의 점잖은 손님들도 김씨가 충의에 죽은 것을 모두 흠애하여 다 와서 보며 본국 남녀노소 상하귀천 아동주졸(兒童走卒)이 구름같이 모여 거리거리 길이 메이는지라.

모여든 군중들은 앞을 다투어 상여를 맸고, 거리에는 애국가가 울려 퍼졌다. 그리고 남대문 밖 연못가에서는 노제가 엄숙하게 치러져 영어학교 퇴학생들과 찬양회 부인 회원들 그리고 사립흥화학교 및 이화학당의 교원들이 축문을 지어 바쳤다.

덕구가 평소에 충애가 깊고 검소하여 날마다 신 깁기로 생업을 삼아 겨우 몸과 아내와 두 딸 네 식구가 호구하더니, 불의에 부상패가 달려들어 관민이 창황한 날을 당함에 충분이 버티고 의기가 다질려 앞장을 나서서 맹세코 불의한 것들을 제하려 하더니 어찌하여서 몰륜만봉(沒倫萬捧)이 무례하였는지 가련하다 빈주먹으로 죽었는지라.

—『독립신문』, 12월 5일

의사 김덕구의 노제에서 낭독된 축문의 일절이다. 1898년 12월 1일, 차가운 겨울비가 내리는 가운데 서울 변두리에 있는 갈월리에서 거행된 신기료장수 김덕구의 장례식 현장, 운구행렬을 지켜보기 위해 운집한 수많은 군중들은 그의 행적을 치하하며 눈물을 훔쳤다. 그리고 상여를 번갈아 메고 가던 사람들은 다음과 같이 '투쟁가'를 노래했다.

> 어화 우리 동포들아 충군애국을 잊지 마라.
> 대한 의사 김덕구씨는 나라를 위하고 동포를 사랑하다가
> 옳은 의리에 죽었으니 그런 의리가 또 어디 있느냐.
> 어화 우리 회원들아 의리 이(二) 자 잊지 마라.
> 의리로만 죽는다면 만인 일심 흠모하여
> 김덕구 같이 장사하겠노라.
> 어화 우리 만민들은 제 몸 하나를 잊어버리고,
> 나라 일만 열심히 하여라.
> 김덕구의 일신은 살아서는 무명타가
> 죽으니까 의사로다.
> 사는 것을 좋아 말게 죽어지니 영화로다.
> 김덕구의 의사 이름 천추만세에 유전이라.

"불쌍한 동포를 보호하고 독립 기초를 지탱하려는 충량지민(忠良之民)을 함지(陷地)에 넣어 살해하고 나라까지 망하게 하려는 몇몇 역신배"들과의 싸움은 반제국주의 투쟁과 반독재 민주주의 투쟁 그리고 인권 및 생존권 투쟁으로 이어지는 일련의 힘겨운 투쟁을 알리는 예고편에 불과했는지도 모른다. 한국 근현대사는 안중근·윤봉길·김주열·전태일·박종철·이한열·강경대를 비롯하여 수

많은 의사와 열사들을 낳았으며, 소중한 생명을 바쳐 불의에 저항한 이들의 정신이 지금의 우리를 지탱하는 소중한 양식(또는 신화)이라는 점에 이의를 제기할 사람은 없을 것이다. 그리고 의사 또는 열사를 논할 때 "어리석은 보부상들이 충군애국하는 백성을 살해하려 함을 보고 장부의 당당한 의기에 분기를 참지 못하여 적수공권으로 앞장을 서서 난민 중에 들어가 마침내 난민의 손에 죽어 귀한 피를 흘려 충애(忠愛)를 드러낸"(『제국신문』, 1898.12.1) 민중 김덕구는 한국 근현대사가 낳은 열사의 계보에서 맨 앞자리에 놓여야 마땅하다.

물론 무명의 백성을 일약 '국민적 영웅'으로 만들어 숭배의 대상으로 삼는 '죽음의 정치학'이 안고 있는 문제점을 간과해서는 안된다. 근대 국민국가는 수많은 '무명전사'들을 희생양으로 하여 그 자체의 존립을 위한 이데올로기를 강화해 왔다. 예컨대 수많은 민초들을 국민이라는 이름으로 전쟁에 동원하여 죽음으로 내몰고, 이들 '무명용사'를 애국자로 기리는 국가의 의례(儀禮)는 비판받아 마땅하다. 넓게 보자면 '충군애국'의 깃발 아래 죽어간 김덕구도 그러한 희생양 가운데 하나였다고 할 수도 있다. 하지만, 권리와 성의를 위해 사발적으로 싸우다 죽음을 맞이한 이들의 '뜻'을 평가절하해서는 아니 될 것이다. 김덕구는 국가가 아니라 민중의 이름으로 '의사'의 반열에 오른 사람이기에 더욱 그렇다. 우리의 역사에 수많은 의사와 열사들이 있었지만, 그들의 맨 앞자리에 놓여 있는 김덕구만큼 관심에서 멀어진 사람도 드물다. 지금 우리가 의사 김덕구를 다시금 기억해야 하는 이유도 여기에 있다.

5. 다시 만민공동회라는 텍스트를 읽기 위하여

만민공동회는 근대적 성격을 명확하게 보여주는 정치운동이었다. 소박하게 말해 지금과는 다른 삶을 구성하고자 하는 일련의 행위에 '정치적'이라는 관형어를 붙일 수 있다면, 만민공동회는 정치공동체의 구성원이 스스로의 정치적 입장을 적극적으로 표명했다는 점에서 한국 근대사의 초입에서 강력한 에너지를 발산한 정치적 운동의 장이자 근대적 공론의 형성 과정을 볼 수 있는 텍스트라 할 수 있다. 특히 인쇄자본주의의 전개를 대표하는 근대적 신문들이 이 운동을 대대적으로 보도했으며, 신문이라는 근대적 미디어를 통하여 이 운동이 서울을 벗어나 전국으로 전파되었다는 점을 주목할 필요가 있다. 그리고 신문이 하나의 '운동 교재' 역할을 담당함으로써 시위현장뿐만 아니라 장터와 거리에서 토론과 연설이 광범위하게 행해졌다는 사실도 놓쳐선 안 된다.

또 하나 만민공동회라는 텍스트를 읽는 과정에서 주목해야 할 점은 정치공동체 구성원들이 이 정치운동을 통해 스스로가 '국민'의 일원임을 발견했다는 것이다. 다시 말해 직접적으로든 간접적으로든 이 운동에 참가한 사람들은 빈부귀천과 남녀노소를 막론하고 충군애국이라는 깃발 아래 하나의 '국민'임을 확인하는 장으로 만민공동회를 경험했다. 어린 소년에서 콩나물장수 할머니에 이르기까지, 여염집 아낙네에서 산중의 도적들까지 타락한 권력에 저항하고 외세에 항거하는 장으로서 이 운동을 체험했던 것이다. 그 과정에서 민중들은 그들이 단순히 지배의 대상이 아니라 통치의 방식이나 틀을 결정할 수도 있는 권리를 지녔다는 사실을 몸소 학습했을 터이다. 요컨대 만민공동회는 정치적 관심을 환기하는 계몽의 장이었고, 민중들이 스스로를 정치적 주체로 세울 수 있다는 가능성을 확인한 정치적 훈련의 시공간이었다.

만민공동회라는 텍스트는 오랫동안 관심의 대상 밖에 놓여 있었다. 그 이유를 분명히 알 수는 없지만, 이제부터라도 한국 근대 정치사상의 맹아를 간직한 이 텍스트가 지닌 의미를 촘촘히 읽어갈 필요가 있다. 식민지시대의 일련의 저항운동과는 분명히 구별되는 만민공동회의 정치적 또는 정치사상적 의의를 재구성함으로써 우리는 근대계몽기의 역사를 훨씬 다양한 시각으로 바라볼 수 있을 것이다. 이 글은 앞으로 만민공동회라는 텍스트를 보다 입체적이고 구체적으로 읽기 위한 하나의 예비 작업을 크게 넘어서지 못한다.

1900년대 초반 단행본과 교과서 텍스트에 나타난 사회 담론의 특성

박주원

1. 1900~1905년 담론 공백의 의미—계몽의 공백? 혹은 또 다른 계몽?

1880년대의 『한성순보』와 『한성주보』에서 시작하여 1890년대 말 『독립신문』에서 자주 나타났던 여러 근대적 개념들과 이러한 개념들을 전파하는 주요한 통로였던 출판 매체들은 1899년 독립협회와 만민공동회가 해체되고 『독립신문』이 폐간된 이후부터 러일전쟁이 종결된 1905년에 이르는 시기 동안 급격히 감소한다. 특히 단행본이나 학회보의 경우 1899년에서 1905년 사이에 급격히 감소하였다가 1905년 이후에 가서야 다시 증가세를 보인다. 근대적인 개화·계몽, 그리고 정치 체제와 문명 발전에 대한 담론 또한 이러한 매체의 역사적 추이와 함께 변화하고 있다. 즉 1894년 이후 1899년에 이르기까지 갑오농민전쟁·청일전쟁·갑오개혁 등 많은 역사적 사건들이 발생했던 역동적인 시기에는 여러 근대적인 개념들이 활발하게 논의되다가 1899년 이후부터 1905년까지에는 잠복기에 들어가 일종의 담론의 공백을 보여준다면, 다시 1905년 이후에는 매우 활발하게 논의되기 시작했던 것이다.

예를 들어 1899년 이전까지 회보의 경우『친목회회보』(1896.12~1898.4, 통권 6호)와『대조선독립협회회보』(1896.11~1897.8, 통권 18호) 정도가 있었을 뿐이라면, 1906년 이후에는 각종 협회보와 학회보, 월보, 교과서 등이 폭발적으로 간행되기 시작하였다. 1906년부터 발간된 회보로『대한자강회월보』(1906.7~1907.7, 통권 13호), 서우(1906.12~1908.1, 통권 17호),『태극학보』(1906.8~1908.11, 통권 26호),『대한유학생회학보』(1907.3~1908, 통권 3호),『대한학회월보』(1908.2~1908.11, 통권 9호),『대한협회회보』(1908.4~1909.3, 통권 12호),『호남학보』(1908.6~1909.3, 통권 9호),『기호흥학회월보』(1908.8~1909.7),『서북학회월보』(1908.6~1910.1),『대동학회월보』(1908.2~1909, 통권 19호),『대한흥학보』(1909.3~ , 통권 13호),『교남교육회잡지』(1909.4~1910.5, 통권 12호),『소년』(1908.11~1911.5) 등이 있다. 신문매체로서는『독립신문』(1896.4.7~1899.12.4)과『협성회회보·매일신문』(1898.1.1~1899.4.4)가 1899년 이전까지 발간되었고『대한매일신보』는 1904년부터 발간되었다(1904.7.18~1910.8.30).[1] 단행본 출판의 경우에도 1899년

---

1) 이밖에 연도 파악이 부정확한 상태의 잡지 목록은 다음과 같다. 가뎡잡지(연세대 소장) / 소년한반도(서울대 소장) / 조양보(대한자치협회 기관지, 1906.6~1907.12, 통권 12호, 고려대 소장) / 공수학보(연세대 소장) / 야뢰(서울대 소장) / 대한구락(서울대 소장) / 법정학회(연세대 소장) / 동인학회(서울대 소장) / 대동월보(고려대 소장) / 한양보(연세대·국립도서관 소장) / 장학월보(한연 소장) / 교육월보(연세대 소장) / 자선부인회잡지(연세대 소장).

을 기점으로 현저히 줄어들었다가 1905년부터 급속하게 늘어나고 있음을 알 수 있다.[2]

이러한 현상은 크게는 1899년에서 1905년까지의 시기가 대한국 국제가 제정되고 광무정권이 유지되었던 시기였다는 역사적 배경에서 기인한다. 1897년 대한제국이 선포되었고 1898년에 황제권에 위협이 되는 독립협회가 해산되었으며 1899년에는 대한국 국제가 반포되어 절대황제권이 추구되었다.[3] 광무 황제는 계속되는 쿠데타와 암살 위협 속에서도 황제권 강화를 위해 원수부를 설치하고 황실 직속의 경위원과 같은 특별경찰기구를 설치하는 등의 제도화를 추구하였다.[4] 이 과정에서 아래로부터의 정치적 움직임에 대해 상당한 정치적 탄압이 이루어졌으며, 황제권을 부정하는 어떠한 종류의 정치적 논의도 허용되지 않았다.

더욱이 1899년과 1906년 두 차례의 신문조례와 1907년의 광무신문지법으로 이어지는 지속적인 언론 규제는 이러한 상황을 가속화했던 한 예라고 할 수 있다.[5] 최초의 근대적 신문인 『한성순보(漢城

---

2) 이러한 단행본의 연도별 추이는 이 글의 말미에 첨부한 〈표 1〉을 참조하면 분명하게 알 수 있다.

3) 김동택, 「19세기 말 근대국가 건설과정에서 나타난 정치적 균열 — 갑오개혁과 광무개혁을 중심으로」, 『한국정치학회보』 34집 4호, 2000년 겨울; 서진교, 「1899년 대한국 국제반포와 전제 황제권의 추구」, 『한국근현대사연구』 5집, 1996.

4) 차선혜, 「대한제국기 경찰제도의 변화와 성격」, 『역사와 현실』 16호, 1996, 98면; 서영희, 「광무정권의 형성과 개혁정책 추진」, 『역사와 현실』 26호, 1997.

5) 1899년과 1906년 두 차례에 걸쳐 시도된 신문조례는 제정은 되었으나 공포는 되지 않았다가, 1907년 7월 24일 자로 光武新聞紙法 頒布되었다. 특히 고종의 讓位를 전후한 시기였으며 8월 1일에 있을 군대해산에 대비하여 1907년 7월 27일 保安法을 반포했으며, 이후에도 1908년 9월의 學會令, 1909년 2월의 出版法을 통해 담론을 규제하고자 했다. 최기영, 「광무신문지법에 관한 연구」, 『역사학보』(역사학회 편), 1981, 66면, 98면.

旬報)』와『한성주보(漢城週報)』가 발간되었을 때는 신문에 대한 규제 문제가 제기되지 않았다. 이 두 신문은 박문국(博文局), 즉 관에서 간행되었기 때문이다. 그러나 민간신문의 발간과 더불어 신문규제 의 필요성은 제기되기 시작했다.[6] 실제로 신문지법이 반포되기 이 전에도 공공적인 담론과 여론의 형성과 관련하여 많은 탄압이 있 어 왔다.[7] 또한 신문지법의 내용 가운데 사전검열과 정간처분의 규제는『제국신문(帝國新聞)』이나『황성신문(皇城新聞)』의 경우 광무 신문지법 반포 이전에 이미 경무고문관에 의해 시행되고 있었다. 광무신문지법에는 이러한 규제 이외에도 내부대신(內部大臣)의 행정 처분권과 보증금제도 등의 강력한 규제조항이 포함되어 그 이전의 규제를 보충하고 있었다.[8] 그리하여 정치 체제에 대한 개혁 논의 는 물론 근대문명에 대한 논의 전체가 위축되었던 것이다.

그러므로 1899년 이후 1900년대 초반의 시기는 그 표상으로만 본다면 계몽 담론의 일종의 공백 상태를 이루고 있다. 그렇지만 이 시기 공백의 의미를 계몽의 공백이거나 담론의 질적 변화라고

6) 최기영에 따르면, 신문지법을 제정하고자 했던 의도는 1898년 초기에는 외교 문서 등의 공개를 이유로 항의하는 열강들의 요구에 의해 추진되었으나, 민민공 동회나 관민공동회의 개최로 독립협회의 대중운동이 확대되기 시작하자 여론 형성을 규제하기 위한 하나의 방안으로 강구되었다. 최기영, 앞의 글(1981), 45면.

7) 반포되지는 않았지만 정부는 1899년 1월 新聞條例案을 입법 시도하였는데, 『미일신문』 1899년 1월 6日字의 「雜報」에서는 의정부에서 만든 會規의 내용을 소개하고 있다. 會規의 내용은 다음과 같다. 1. 개회시 警務官에게 통지하여 입 회하게 한다. 단, 20세 미만의 男子, 學生, 時任官人, 會經官人, 外國人과 女子 는 참석할 수 없다. 2. 裁判關係와 人身攻擊은 할 수 없고 학문상의 연설만 가 능하다. 3. 회견 達反時 경무관이 退會를 명하고 이에 항거하면 5, 6개월 구금 과 벌금 1백원 이상 2백원에 처한다(최기영, 앞의 글, 44~45면 참조).

8) 보증금제도는 신문사에 재정적인 타격을 주기 위해 제정된 억압책으로서 보증 금 납부로 인해 신문들은 심각한 타격을 입었다고 한다. 최기영, 앞의 글, 85면.

곧장 말할 수는 없을 것 같다. 왜냐하면 독립협회와 만민공동회의 해체와 함께 대한제국의 강화되었던 당시의 역사적 국면을 고려할 때, 그 시기는 광무정권에 의해 주도된 또 다른 형태의 계몽이었기 때문이다. 실제로 1905년의 러일 전쟁이 있고 나서 을사조약에 의해 광무정권이 실권을 잃게 되는 1906년 이후에 담론은 다시 폭발적으로 나타난다는 점에서 단절이라기보다는 잠재되어 있었다고 볼 수 있지 않을까 생각된다. 어쩌면 그것은 여타의 형식, 예를 들어 법안의 조례나 소문 등 다른 텍스트의 형식들 속에서 표현되고 있었을지도 모른다. 사라진 계몽의 공백 이면에 담론들 간의 경쟁은 지속되었으며 혹은 은밀히 발전되고 있었는지도 모른다. 그리하여 광무정권에 의한 규제가 사라지자 그것들은 한꺼번에 수면 위로 나타날 수 있었던 것이다.

그렇다면 1899년 독립협회의 해산 이후 1900년대 초반의 황제 주도의 광무개혁기의 담론은 그 이전의 계몽 담론이나 혹은 1905년 러일 전쟁 이후 실질적인 국권 침탈이 시작된 이후 담론의 변화 과정에서 어떠한 성격과 의미를 갖는 것일까? 이 글은 정치적으로 독립협회와 만민공동회가 해체된 이후 대한제국이 강화되었던 시기인 1899년 이후 1900년 초반기에 나타난 '사회' 개념이 이전시기와 비교하여 그 내용이 어떻게 나타나고 있는지, 또한 다른 여타 개념과 달리 '사회' 개념이 이러한 역사적 국면의 추이에 따라 어떠한 변용을 나타내는지의 문제를 검토하고자 한다. 특히 이 글에서는 한국 근대에서 나타나는 사회 개념의 내용적 변화를 역사적으로 시기상의 변화나 정치적 국면의 변화에 따라 나타나는 차이로 볼 수 있는지 아니면 텍스트의 차이로 볼 수 있는지의 해석 문제에 주목하고자 한다.

실제로 이 시기는 전 시기와 비교하여 황실이나 대한제국의 국가 주도적 담론이 전개되었으며, 1905년 이후 일본에 의해 대한제국의 국권이 상실되어 가는 시기에도 정부가 실행했던 국가고시나 교육제도의 건설 작업을 통해 각종 교과서의 편찬이 활발히 진행되었다. 그렇다면 이 시기에 포착되는 일정한 담론의 위축현상은 계몽 주체와 계몽 내용의 변화이지 계몽 자체의 공백이라 볼 수는 없을 것 같다. 오히려 이 시기의 계몽 담론은 하나의 국가전략으로서 당시 광무정권에 의해 입안되고 제정되거나 시행된 텍스트에서 찾아질 수 있을 것이다. 그러한 의미에서 당시의 지식 개념은 '신문 매체' 이외에도 이 시기의 정치적 법률안이나 혹은 교과서 등의 텍스트가 중요한 의미로 주목될 필요가 있다. 그러므로 이 글에서는 주로 1900년 초반에 나타난 교과서에서 '사회' 개념의 내용과 특성이 동 시기 개화파 지식인들에 의해 간행된 단행본과 비교하여 어떤 내용적 차이를 보이는지를 중심으로 검토해볼 것이다.

2. 텍스트의 문제

이제까지 한말의 역사 분석이나 근대 한국에 대한 분석에서 '사회' 개념은 상대적으로 주목되지 않아 왔다. 그 까닭은 한국 근대 형성의 과정에서 '애국'·'계몽'·'민족' 개념이 강했다는 분석에 대개 동의하거나 혹은 그러한 관념을 전제하였기 때문이다. 그러나 과연 조선 왕조국가에서 식민지체제로의 정치적 이행을 성립시키는 가장 커다란 동력은 무엇이었을까? 국가의 주권이 일본에 의해 실질적으로 상실되어 가던 시기인 1905년도 이후에 폭팔적인 양으로 출간되기 시작한 교과서의 분야인 국가학·헌법학·정치학 교과서의 출현은 역설적으로 한국사회에서 사회와 국가의 관계, 혹은 사적 영역과 공적 영역 간의 관계가 일정한 모양으로 배치되고 있음을 나타내준다.

이미 최근의 많은 연구들은 특히 인문학과 역사학·사회학 전반에 걸쳐 한국 근대의 풍속과 정서, 기질 등에 주목함으로써9) 그간 잊혀져왔던 '사회적 영역'의 많은 담론들을 기억해내고 있다.10)

---

9) 이제까지 한국의 근대에 관련한 기존의 연구는 대개 국권의 상실로 귀결된 '민족국가 건설의 실패'에 대해 이야기 해왔지만, 근래에 와서는 19세기 말 20세기 초의 활발한 풍속들, 사랑 및 정서 등에 주목하는 연구나 한국의 근대가 가져왔던 메커니즘 자체를 연구의 대상으로 삼아 성찰적으로 바라보는 연구가 진행되고 있다. 많은 연구들이 있지만, 인문학 분야에서는 김진송의 『서울에 딴스홀을 허하라』(현실문화연구, 2002), 신명직의 『모던 샏이 경성을 거닐다─만문만화로 보는 근대의 얼굴』(현실문화연구, 2003), 권보드래의 『연애의 시대─1920년대 초반의 문화와 유행』(현실문화연구, 2003), 이경현의 『오빠의 탄생─한국 근대문학의 풍속사』(문학과지성사, 2003)를 대표적으로 들 수 있다. 사회학 분야에서는 김혜경, 「식민지 시기 가족에 대한 계보학적 연구─어린이, 모성의 형성을 중심으로」, 『사회와 역사』 62집(한국사회사학회), 2002년 겨울; 김경일, 「일제하의 신여성 연구─성과 사랑의 문제를 중심으로」, 『사회와 역사』 57집(한국사회사학회), 2000년 봄 등이 있다.

10) 최근 많은 분야에서 근대적 개념의 '수용'이나 '형성'에 대한 연구가 활발히 시작되고 있는데, 정치사상 분야에서는 주로 자유·권리·개인 개념에 주목하고 있으며, 사회사 분야에서는 주로 사회 개념이나 사회적 통제양식, 여성, 가족 등에, 인문학 분야에서는 계몽·문화·생활양식·정서와 기질에 대해, 국제정치학 분야에서는 주로 국가학·법학·만국공법·국제질서관념의 수용을 다루고 있다.

그러나 보다 중요한 것은 한국의 근대 경험이 그리하여 근대에 대한 집합적 기억이 '민족'이나 '국가'라는 코드로만 이야기될 수 없다는 인식의 방향이 그 안티테제로서 '개인'이나 '사회' 영역의 존재를 확인하는 데 머물러서는 안 되며, 국가와 사회 관념 자체가 밀접한 관련 속에서 서로를 특정한 모습으로 형성시켜 왔던 관계 양식에 대해 주목해야 한다는 점이다. 그러한 맥락에서 이 글은 단지 한국의 근대적 성격이 '국가' 중심이 아니라 '사회' 중심이었다거나 한국 근대를 형성한 주체가 '민족'이 아니라 '개인'적 정체성이었다는 것을 강조하려는 것이 아니다. 오히려 이 글은 한국 근대에서 '국가'의 특성과 형태는 바로 '사회' 개념의 형성과 발전 과정에 밀접히 연관되어 있으며, 국면에 따라 상보적이거나 혹은 상충하면서 특정한 성격의 '사회―국가'를 형성해간다는 점을 간접적으로 말하고자 한다.

이미 필자는 이미 다른 글에서 1896~99년 간행된 『독립신문』을 통해 개인과 사회 개념의 특성을 살펴본 바 있었다. 따라서 이 글에서는 1900년대 초반의 '사회' 개념을 살펴보면서, 그 내용이 이전 시기와 비교하여 어떠한 차이를 보이는지, 즉 사회 개념 내용의 차이가 있다면 그것을 역사적으로 어느 시기나 국면을 중심으로 나타나는 차이로 볼 수 있는지 아니면 텍스트의 차이로 볼 수 있는지의 해석 문제에 주목하였다. 그리고 이러한 비교와 판단을 위해 이 연구에서는 1906~8년 폭발적으로 간행된 교과서 중 국가고시에 주요 참고서로 소개된 『국가학』·『정치학』 교과서와 동시기 1907~08년 개화파의 단행본인 『노동야학독본(勞動夜學讀本)』과 『교육월보』를 주된 비교의 텍스트로 삼았다.

물론 한국 근대를 형상화하기 위한 텍스트(text)들은 여러 상이한 맥락(context)을 가지고 있으며, 하나의 텍스트도 사실상 단일한 것이 아니라 시선에 의해, 혹은 관련에 의해 다의적이다. 예를 들어 신문매체만 하더라도『독립신문(1896~1899)』은 서구 지향적인 개화파 지식인에 의해 간행된 신문이며,『황성신문(1898.9.5~1910.8.30)』은 토착적인 세력에 의해 발간되었고,『만세보(1906.6.17~1907.6.30)』는 천도교 후예이자 일진회의 구성원에 의해 발간되었으며,『대한매일신보(1904.7.18~1910.8.30)』는 영국인 배설을 발행인으로 신채호 등 민족적 개혁 세력에 의해 주도된 매체로서, 그 발간인의 특성에 의해 혹은 그것이 발간된 시기에 따라, 혹은 하나의 매체에서도 편집주간의 차이에 따라 그 논조와 성격, 개념의 사용, 의미 내용이 다르다. 그러므로 비록 역사에 대한 해석이 그 시대의 모든 텍스트를 근거로 해서 이야기될 수 있는 것은 아니라 해도 어떤 특정 매체에 나타난 담론을 그대로 당시의 근대 담론으로 일반화시킬 수는 없다.

또한 1894년에서 1910년에 이르는 시기는 이미 매우 상이한 많은 텍스트들이 존재하며, 여러 다른 텍스트들과의 비교적인 검토나 그 텍스트들 간의 관련과 갈등, 교호작용에 대한 연구가 이루어져야 할 것이다. 예를 들어 이 시기에 대한 연구는 여러 다른 텍스트를 통한 접근과 비교가 가능한데, 신문매체들의 변화에 주목할 수도 있으며, 광무정권의 여러 조례와 정책적 담론에 주목할 수도, 아니면 여타 소설이나 협회보 등의 텍스트에서 나타나는 담론에 주목할 수도 있다. 사실 앞으로 한국 근대를 형상화하는 데 있어서 텍스트의 측면에서도 보다 새로운 텍스트가 발견되고 폭넓게 확장되어 그들 간의 관련이 해명되어야 할 것이며,[11] 시기적으로도 1900~05년 이전의 시기와 이후 시기와의 관련성 속에서 한국 근대의 모습은 보다 구체적인 내용으로 그려져야 할 것이다.

다만 이 글에서 주목했던 것은, 첫째로는 사회 개념의 경우 같은 시기 개화 세력에 의해 쓰여진 단행본에서 보여지는 특성과 이후 국가에 의해 간행된 교과서라는 텍스트의 비교 분석을 통해, 이들의 상이한 텍스트 내에서 어떻게 '사회' 관념이 국가 관념이나 국가유기체설에 입각한 담론으로 연결될 수 있는지 그 관련성을 살펴보고자 하는 데 있다.

즉 이 글은 근대 개인 개념과 사회 개념의 특성을, 1900년대 초반에 나타나는 담론 가운데 계몽적 매체라는 텍스트와 국가에서 간행된 교과서라는 텍스트의 차이를 통해 살펴봄으로써, 이러한 개념들이 시기적인 변화와 상이한 텍스트 형식의 변화 속에서 어

---

11) 이와 관련하여 박은숙은 한국 '근대'의 형상을 기억하고 구성하는 데 있어서 새로운 방법론적 제기를 하고 있는데, 그녀는 당시의 개화에 대한 관념을 구성하는 데 있어 몇몇 주요 개화 사상가의 텍스트만이 아니라 자신의 목숨이 위태롭다는 것을 알면서도 갑신정변에 참여했던 사람들의 생각, 출신, 활동과 진술을 조명함으로써, 당시 문명이나 개화에 대한 동시대 일반 사람들의 관념에도 주목할 필요를 이야기하고 있다. 다만 어려운 것은 그녀의 본문 작업에서도 나타나듯이 일반 사람들의 정서나 에토스를 구성할 자료나 근거가 매우 적다는 것이다. 그녀는 당시 갑신정변 관련자들의 진술 내용이 들어 있는 변론기록을 참고하는 방식으로 이를 재구성하고 있는데, 그것은 또한 재판에서 자신의 생각을 그대로 드러낼 수 없는 한정된 것이기 때문이다. 그런 의미에서 대중매체는 개별 사상가의 텍스트가 포함할 수 없는 일반적인 정서를 읽어낼 수 있는 좋은 텍스트라고 할 수 있다. 특히 당시의 대중매체나 잡지의 잡보나 광고 등도 이를 위한 좋은 텍스트로 고려될 수 있을 것이다. 박은숙, 「갑신정변 참여층의 개화 사상과 정변인식」, 『역사와 현실』 51호(한국역사연구회), 2004, 226~227면, 238면, 252면.

떻게 다르게 나타나는지, 그리고 이들의 논지 내에서 '사회' 관념
이 어떻게 '국가'와 '헌법'이라는 관념으로 연결되고 있는지를 살
펴봄으로써, 사실상 이들에게서 이후 표상되는 국가의 필요성이나
헌법적 질서의 근거가 스스로 언표했던 '사회' 개념의 논지와 배
타되는 것이 아니라 밀접히 연관되어 있음을 드러내고자 한다.

나아가 개화파 텍스트와 국가에서 간행한 텍스트의 논지를 비
교하여 검토하는 이 글의 작업은 텍스트상의 차이를 통해 나타나
는 개념의 지층들, 그 균열 혹은 변화의 의미를 해석하는 작업으
로서 일정한 함축을 가질 수 있을 것이다. 즉 '사회' 개념에 대한
상이한 파악이 역사 정치적 국면의 변화에 따라 변용되는 것인지,
아니면 담론 주도 세력의 인식 등의 변화 혹은 차이에 따라 나타
나는 것인지를 살펴봄으로써, 한국 근대의 과정에 내포되어 있는
개념적 긴장과 갈등의 변수가 어디로부터 연유하는지를 이해하는
데 하나의 근거가 되고자 한다.

3. 1908년 유길준의 『노동야학독본(勞動夜學讀本)』과 남궁억의 『교육월보』에서 사회 개념

1908년 출간된 유길준의 『노동야학독본(勞動夜學讀本)』에서 와서
'사회' 개념은 명시적으로 표현된다. 그러나 이후 1907년 각종 『정
치학』 교과서[12)에서 정의되는 국가와 사회·인민·시민 개념의

함의와 달리, 여기서 언급된 사회 개념은 근대적 society 개념의 의미였다고 보기 힘들다. 왜냐하면 『노동야학독본(勞動夜學讀本)』에서 유길준은 가(家)와 국가(國家), 사회(社會)를 명시적으로 구분하여 개념화하고 있음에도 불구하고, 가(家)의 영역에서 지켜져야 하는 윤리와 국가(國家)의 윤리, 사회(社會)의 윤리의 내용은 전통적인 오륜(五倫)의 내용과 크게 다르지 않기 때문이다. 다음의 구절은 이 텍스트에서 그가 사용하고 있는 사회(社會) 개념의 의미를 잘 드러내준다.

> ……君이 님금의 事를 행하고 신하와 백성이 님금을 사람하며 님금에게 忠하야 각기 基 일을 일함은 이같은 國家의 倫紀니라. 사람이 서로 信이 있어 貴賤이 등분있음과 上下가 차례있음은 이같은 社會의 倫紀니라. 그러한 고로 가족의 윤기가 어지러운즉 즉 그 家가 敗하고 國家의 윤기가 어지러운즉 그 國이 亡하며 사회의 윤기가 어지러운 즉 그 人民이 衰하나니라. 집을 이르키는 자는 사람의 도리를 修하며 나라를 사랑하는 자는 사람의 도리를 守하며 사회를 正하는 자는 사람의 도리를 부드나니 진실로 이러하면 家에 있녀는 良아달되고 나라에 있어서는 어진 民이 되고 사회에 있어서는 어진 人 되나니라.
>
> —『勞動夜學讀本』 全書 II, 268면

---

12) 유길준의 『정치학』은 그가 11년에 걸친 일본 망명생활 동안 번역한 것으로서, 이홍구는 1886년을 전후한 시기에 집필된 것으로 추정하며, 대부분은 일본 망명 시기 동안 쓰여졌을 것으로 추정한다. 윤병희의 추정에 따르면, 확실한 것은 그의 『정치학』 첫 부분이 1907년 3월 7일자 『萬歲報』에 게재되었다는 점에서 볼 때, 그 책의 번역은 그 이전의 시기에 이루어진 것만은 확실하다. 이홍구, 「근대한국정치학 백년—그 한계성의 극복을 위한 자성」, 『한국정치학회보』 20집 2호, 1986, 5~10면; 윤병희, 「유길준의 입헌군주제론—未定稿 『정치학』을 중심으로」, 『동아연구』 12집, 1987, 48~49면; 김학준, 『한말의 서양정치학 수용연구』, 서울대 출판부, 2000, 61면에서 재인용.

즉 그는 사회라는 개념을 사용하면서 국가나 정치와는 다르게 명시하고 있지만, 그 공간을 움직이는 교류의 메커니즘은 국가의 忠이나 가족의 우애(友愛)와 하나의 연속성을 가지고 있는 '신(信)' 으로 표현된다. 그러므로 이 텍스트에서 나타나는 사회(社會)란 국가(國家)나 가(家)와 구분되는 독자적 공간으로 개념화되고 있지 않다. 그 내용에 있어서도 가(家)의 윤리가 효(孝)와 화순(和順)과 우애로서, 국가(國家)의 윤리가 충(忠)과 애(愛)로서 나타나는 것에서도 알 수 있듯이, 그에게 가(家)와 국가(國家)와 사회(社會)의 구분은 여전히 전통적인 윤리의 맥락 안에 놓여 있다. 더욱이 그가 파악하는 사회의 신의(信義)란 '귀천(貴賤)이 등분 있음과 상하(上下)가 차례 있음'을 알고 실현하는 것이므로, 여기서의 사회 개념은 상하귀천의 기존 위계질서를 지키는 공간으로 묘사된다.

이러한 사회에 대한 전통적 개념 규정은 특히 이 텍스트가 당시 노동하는 일반사람들의 계몽과 교육을 위해 쓰여진 것임을 고려할 때 매우 역설적이다. 비록 이보다 조금 이후의 시기였지만, 유길준의 『노동야학독본(勞動夜學讀本)』의 취지와 거의 비슷하게 하층민과 부녀자, 학생 등 대중의 계몽에 주된 관심을 두고 1908년 6월부터 매월 1호씩 1년어를 발행했던 『교육월보』의 경우와 비교해 보면 더욱 그 차이는 크게 생각된다.

『교육월보』의 발행자는 남궁억과 여병현으로 확인되고 있는데,[13] 그 대부분의 회보의 논설에서 보여지는 '사회'의 주된 내용

---

13) 남궁억은 1898년 獨立協會의 지도자로 부각되었던 인물로서 황성신문사를 설립하고 1907년 대한협회를 창립했던 인물이며, 여병현은 유길준과 마찬가지로 1895년에 일본의 慶應義塾에 관비유학생으로 유학하였다가 이후 미국과 영

은 '로동샤회에 권고홈', '창의와 근면' 혹은 '각자의 재주와 노력을 진력할 것' 등을 언급하고 있으며, 그러한 창의와 근면이라는 기준에서 사회란 그것에 진력하는 동등한 개인들의 장으로 묘사되고 있기 때문이다.

그러므로 1908년 유길준의 『노동야학독본(勞動夜學讀本)』에서 보여지는 '사회' 개념은, 비록 그 용어에 있어서는 이전에 비해 명시적으로 쓰여지고 있지만, 1895년의 초기 『서유견문』에 나타났던 것처럼 다만 왕조나 국가와는 무언가 다른 공간을 지칭했던 '세간(世間)'이라는 개념의 의미와 크게 다르지 않다고 생각된다. 그렇다면 갑신정변을 전후한 1895년의 저술과 러일전쟁과 한일신협약이 있었던 1905년 이후의 저술이라는 시간적 변화나 역사적 국면의 차이보다는 오히려 당시의 새로운 사회공간을 바라보는 저자의 관점과 사상의 차이에서 보다 커다란 의미상의 차이가 보여진다. 물론 시간적으로 급변하는 정치적 변화를 고려할 때 '국가'나 '정치'에 관련한 개념은 물론 이와는 좀 다르겠지만, 적어도 '사회' 관념의 경우 그 텍스트가 쓰여진 국면이나 시기의 문제보다는 오히려 그 텍스트를 저술한 사람의 관점과 사상에 따라 더욱 큰 차이가 있었다고 추측해 볼 수 있을 것 같다.

국에서 수학한 후 1903년 창립된 皇城基督敎靑年會에 창립이사로 참여하는 등 YMCA활동에 적극적이었던 초기 기독교회의 대표적인 지도자 가운데 한사람이다. 교육월보의 내용과 참여 세력에 대한 설명으로는 최기영, 「『교육월보』와 대중교육」, 『한국 근대 계몽운동 연구』, 일조각, 1997, 99면, 103~110면 참조

4. 「국가학」・「헌법학」・「정치학」 교과서(1905~1907)에서 개인과 사회 담론—경쟁 장소로서의 사회, 국가와 유기적 관계의 사회

계몽의 텍스트가 변화하는 상황은 러일전쟁을 계기로 일본의 영향력이 강해지고 상대적으로 황제의 권력이 약화되었던 1905년부터이다. 1905년 11월 17일 체결된 을사보호조약은 한국의 외교권을 박탈하는데 그치지 않고 권력의 중심이었던 황제의 위상을 급격하게 약화시켰다. 이어 1907년 7월 헤이그 사건을 계기로 일본의 압력에 의해 광무 황제가 양위하고 한일신협약(정미7조약)이 체결되면서 황제 권력은 돌이킬 수 없는 타격을 입게 된다. 1905년 러일전쟁 이후 11월 을사보호조약의 체결로 통감부(統監府)가 설치되면서 일본의 간섭은 점차 확대되어 갔다.

이처럼 1905년 이후에 근대구상에 대한 논의가 다시 본격화될 수 있었던 것은 역설적으로 황제권을 중심으로 한 근대 국가건설 시도가 급격하게 위축되었기 때문이었다. 광무정권의 언론 규제가 사라지자 1906년도 이후에는 폭발적인 양으로 협회보・잡보・국가학・헌법학・정치학 등 교과서들의 출현하기 시작한다.[14] 주요 교

---

14) 이러한 현상의 배경은 갑오개혁으로 과거제도가 폐지되고 서구식 정치학이 새로운 시무의 학문으로 등장했기 때문이다. 물론 기존의 관료들은 여전히 옛날 식으로 출제하여 관리로 등용하는 예도 많았지만, 관리를 선발하는 방법에서 문제가 많이 발생하였다. 그리하여 『대한매일신보』 1906년 8월 18일자에는 궁내부에서 판임관을 시취하는 광고에 신학문으로서 정치・법률・경제・어학의 네과목 중 하나를 선택하고 작문, 산술을 필수과목으로 열거하고 있다. 또한 1907년 한성부의 광고에 의하면 새로운 학문으로서 정치학이 시험과목으로 등장하고 있다. 김효전, 『근대 한국의 국가사상』, 철학과현실사, 2000, 303~304면 참조.

과서로는 유길준의 『정치학』, 나진·김상연의 「국가학」, 안국선의 「정치원론」, 조성구의 「헌법」 등을 들 수 있는데,15) 이러한 1906년 이후의 헌법·법률·정치학·국가학의 교과서의 대량 출판은 새롭게 시행되기 시작한 관료 선발제도와 밀접히 관련되어 있다.16) 즉 이들 교과서라는 텍스트는 관료 등용의 입문서이자 준비서라는 맥락에서 쓰여지고 간행되었다고 할 수 있다. 다만 1905년 이후 활발하게 나타났던 담론과 정치체제 구상에 대한 논의가 황제권의 약화 때문에 잠재되어 있던 사회적 담론들이 한꺼번에 표출된 것인지, 아니면 한일신협약에 따른 국권수호의 애국 계몽적 의도에서 폭발적으로 표출된 것인지에 대해서는 보다 신중한 검토와 판단이 필요하다.

텍스트의 내용에서 볼 때, 나진(羅晉)과 김상연(金祥演)의 『국가학』을 비롯하여 거의 대부분의 교과서에서 개인은 사회의 힘과 함께 국가를 구성하는 주체로 분명하게 표상된다. 더욱이 이제는 그저 개인(個人)이 아니라 '각개인(各個人)'으로, 보다 독립적이고 배타적인 정체성을 강조하며 나타난다.

> 國家는 즉 國民全體로 此에 屬한 各個人의 生活發達를 爲ᄒᆞ야 必要호 事業으로 個人의 獨力과 又 社會的 統合力을 依ᄒᆞ야 經營存立호 一大公共體라……17)

---

15) 당시의 『정치학』 교과서의 본래 번역본과 출판 시기 및 내용에 관한 설명으로는 김학준, 『한말의 서양정치학 수용 연구─유길준, 안국선, 이승만을 중심으로』, 서울대 출판부, 2000 참조.
16) 『대한매일신보』에는 이들 교과서가 국가고시의 교재로 공고되어 있다.
17) 羅晉과 金祥演, 『국가학』, 4~5면. 김효전, 『근대한국의 국가사상』, 철학과현실사, 2000에서 재인용.

또한 각 개인에 대한 독립적이고 뚜렷한 의미는 공법과 구분되는 사법의 분쟁에서 나타나는 개인의 영역, 권리, 조정, 혹은 재산의 권리를 언급하는 데에서도 보다 명확히 나타난다. 그러므로 이 시기의 텍스트를 볼 때 인민 담론이나 국민 담론이 물론 사라진 것은 아니었지만 점차 개인 개념이 더욱 확고해 지며 국가를 구성해 나아가는 실질적인 의미를 얻어 감을 알 수 있다. 그렇다면 이후 1910년의 역사적 국면을 만들어 낸 동력은 민족이라는 이름의 방어논리가 아니라 개인의 실질적인 의미의 확장이라는 방향이 아니었을까? 즉 이기적 개인으로서의 정체성이 바로 당시 국권의 이동이라는 국면을 향유했던 주체의 이름이었다고 보는 것은 지나친 해석일까? 결국 1910년 이후의 주체는 한편 형성되지 못한 국민의 호명 대신 민족의 이름으로, 다른 한편 여전히 강고한 개인의 이름으로 나뉘어지게 되었다.

한편, 1905년 이후 특히 1906~07년에 간행된 교과서 텍스트들에서 보여지는 '사회' 개념은 정도의 차이나 표현상의 차이는 있겠지만, 대개 국가나 정치뿐만 아니라 다른 여타의 단체들, 즉 가족·회사·조합과도 다른 특정한 인류단체로서, 그리고 이미 예고되었듯이, 각종 회나 계와도 다른 단체로서 보나 특정하고 분명하게 독자화된다. 주정균의 『법학통론』에서 보여지는 다음의 언급은 이를 잘 나타내 준다.

具象的으로 國家의 何物됨을 觀察ᄒ면 國家ᄂ 人類의 團體됨은 多言을 不俟ᄒ지나 然이나 人類의 團體는 獨히 國家뿐 아니오 家族 社會 會社 組合 등도 또ᄒ 人類의 團體니[18]

특징적인 것은 이전에 사욕을 추구하는 경쟁적 교류의 장소로만 의미되던 사회가 교과서들에서는 국가를 형성하고 구성하는 존재로 자리매김하고 있다는 점이다. 사회는 국가와 나란히 병존하는 위치를 넘어서 사회의 생장에 바탕하여 그 위에 서있는 국가의 주요한 요소로서 나타난다. 이러한 맥락에서 유길준의 『정치학』에서 는 인간이 '사회적 동물'이며, '국가는 사회가 생장하고 발달한 무형의 총합체로서 사회의 위에 서서 독립의 생활을 갖는 존재다"[19]라고 정의하고 있다.

한편 이러한 언급은 기본적으로 이들 교과서가 사회계약설을 비판하는 관점에 바탕하고 있는데서 비롯되었다. 유길준은 『정치학』에서 인민이 국가를 만들어냈다는 주장인 사회계약설을 국가에 가장 독을 끼치는 학설이라고 다음과 같이 비판하고 있다

> 계약설은 국가 및 그 제도를 각자 수의 제조물로 인정하며 또한 여하한 시대든지 당시 인민의 의지에 따라 이를 들어 타인에게 매각할 수도 있으며 이를 부수어 버리는 물건처럼 파괴할 수 있고 또한 하고자 하는 바대로 어떤 모양으로 처분하든지 모두 옳다고 인정하는 것이다. 따라서 이 학설은 국가의 관념을 파괴하며 국법의 기초를 유린하고 인민을 선동하여 헌법을 위반하는 운동을 야기하게 하여 국가를 누란의 위기로 몰고 가는 것이다. 이를 정치이론이라고 하기보다는 무정론(無政論)이라고 부르는 것이 도리어 적당할 것이다.[20]

국가를 사회의 상위에 두는 이러한 인식은 흔히 '국가유기체'설이라 명명되는데, 물론 이러한 관념이 특히 교과서에서 나타나는

---

18) 주정균, 『법학통론』, 101~102면.
19) 유길준, 한석태 역주, 『정치학』, 경남대 출판부, 1998, 22면.
20) 유길준, 한석태 역주, 위의 책, 147면.

것은 이들 텍스트가 대부분 독일 원본을 일본어로 번역한 판본을 다시 중역한 번역서라는 특성에서도 기인한다.[21] 이들 교과서들에서는 번역자의 이름이 책의 저자로 이야기되거나 추정되었지만, 실제로 이는 거의 대부분 번역서여서, 여기에 나타나는 개념들은 당시 20세기 초반의 독일 국가학과 공법학의 영향 아래 놓여 있다고 해도 과언이 아니다. 그러나 이렇듯, 국가의 권위와 국법의 기초로서 헌법적 질서를 강조하여 수용한 까닭은 무엇일까?

표상에서만 볼 때, 이러한 국가 권위의 절대적인 강조는 이전의 사회나 개인의 권리에 대한 강조와 일면 배타적인 것처럼 보인다. 그러나 국가나 그 기초로서 헌법적 질서가 무엇보다도 존중되어야 하는 까닭은 여기에서도 '인민에 의해 선동되지 않기 위해서'이다. 이러한 점은 이전에 인간의 권리가 개인의 생명과 재산의 권리를 의미하는 것이며 인민의 저항권으로 확대되어서는 안 된다고 명백히 한정하고 있었던 논지와 일관된다. 그러한 측면에서 국가의 권위는 바로 개인의 생명과 재산에 대한 여타 인민들의 교란을 방지하기 위해서 요청된다고 해석할 수 있다.

또한 이들 교과서에서 국가는 분명 사회 자체가 그 구성을 좌지우시 할 수 없는 보다 상위의 것으로 그려지고 있지만, 분명한 것은 국가와 사회 간의 매우 밀접한, 혹은 유기적인 관계에 대해서는 거의 대부분의 교과서가 인정하고 있다는 점이다.[22] 즉 사회

---

21) 한말 『정치학』 교과서의 원본 출처와 수용 경로에 대해서는 김학준, 『한말 서양정치학 수용연구』, 서울대 출판부, 2000, 62~64면, 122~126면; 김효전, 『근대 한국의 국가사상―국권회복과 민권수호』, 철학과현실사, 2000; 김효전, 『서양 헌법 이론의 초기 수용』, 철학과현실사, 1996, 4장, 6장 참조

22) 국가와 사회의 유기적 관계는 김성희의 「국민적 내치 국민적 외교」에서도 잘

는 상위에 국가를 가지고 있지만 또한 그 국가는 사회적 요소를
자신의 구성 요소로 삼는다는 점에서 이 둘의 관계는 보다 밀접하
게 연관되어 있다. 다음에서도 사회는 국가에게 서로가 서로에게
영향을 주고 혹은 이용당하고 이용하는 그러한 관계로 언급되고
있다.

> 국가는 가족, 지방단체 및 족민의 사회조직과 가장 친밀한 관계를 가지며
> 혹은 자기 목적을 위해 이 같은 조직을 이용하기도 하고 혹은 이 같은 조직
> 을 위해 스스로 사용되기도 한다.23)

> …… 個人과 社會의 關係는 有機的 關係를 持ᄒ 者이오 封建的 關係를
> 有홈은 아니니 卽 自己는 君主되고 他人은 臣僕된다 홈과 或 他人은 君主
> 되고 自己는 臣僕된다는 關係가 아니오 四肢五體가 互相依賴ᄒ고 互相助
> 力홀 뿐 아니라 互相 方便이되고 互相 目的이 됨이며……24)

그러므로 국가는 개인의 권리를 보호하기 위해 서로의 유기적
상호 관련하에서 그 권위의 필요성이 요청되고 있음을 알 수 있으
며, 이러한 측면에서 보면 교과서에서 보여지는 국가의 강조는 이
전의 여타 텍스트에서 보였던 사회의 관념과 그리 배타되는 것은
아니다. 또한 일정하게 사적 이해 관계의 경쟁 장소로서의 사회
개념이 점차 분명하게 표현되어 갔다는 점에서, 그리고 그것을 국

나타난다. "(…중략…) 個人과 社會의 關係는 有機的 關係를 持ᄒ 者이오 封
建的 關係를 有홈은 아니니 卽 自己는 君主되고 他人은 臣僕된다 홈과 或 他
人은 君主되고 自己는 臣僕된다는 關係가 아니오 四肢五體가 互相依賴ᄒ고
互相助力홀 뿐 아니라 互相 方便이되고 互相 目的이 됨이며", 『대한협회회보』
제4호, 1908, 25면.

23) 유길준, 한석태 역주, 앞의 책, 22면.
24) 『대한협회회보』 제4호, 1908, 25면.

가나 법적 질서로서 보다 분명히 하고자 했다는 점에서 한국 근대에서 '사회' 개념의 성격은 어느 정도 일관성 속에 위치한다고 할 수 있을 것이다.

5. 결론

이 글은 정치적으로 독립협회와 만민공동회가 해체된 이후 대한제국이 강화되었던 시기인 1900년 이후의 시기에 나타난 '사회'의 개념이 전 시기와 비교하여 그 내용이 어떻게 변모하고 있는지를 살피고자 하였다. 특히 이 시기는 전 시기와 비교하여 황실이나 대한제국의 국가 주도적 담론이 전개되었으며, 정부가 실행했던 국가고시나 교육제도의 건설 작업과 함께 각종 교과서의 편찬이 활발히 진행되었던 시기라고 할 수 있다. 따라서 본 연구는 이 시기 주요 단행본 및 각종 교과서에 나타난 개인과 사회 담론의 특성을 분석하고, 그 내용이 개화파 지식인들이 주로 활동하였던 전 시기와 비교하여 어떤 차이를 가지고 있는지에 주목하였다.

그 결과 1890년대 혼용되었던 인민·국민·동포 등의 개념과 혼용되었던 '개인' 개념은 1900년대에 와서 명확히 구분되는 개념으로 그 존재의 의미를 확연히 하였으며, 민법과 상속법 등의 법적 제 권리의 제도화를 통해 실질적으로 그 의미를 강화시켜갔다는 것을 알 수 있었다. 그렇다면 당시 광무정권에 의해 여타 다른 개화 담론이 공론장에서 위축되었던 데 비해 '개인' 개념은 점진적으로 자신이 의미를 성장시켜갔다고 추측해 볼 수 있을 것 같다. 즉 1894년 갑신정변 이후 확대된 개화 담론이나 1899년 독립협회의 해산과 광무정권의 성립과 더불어 나타났던 국가에 의한 공론의 축소, 그리고 1905년 러일전쟁 이후 광무정권의 실질적 약화라는 역사정치적인 맥락의 변화 속에서 특히 민족과 국민, 혹은 국가의 개념은 자신의 의미 내용을 전환하거나 심하게 굴절, 혹은 도치시킬 수밖에 없었던 커다란 변용의 과정을 겪었다면, 이에 반해 개인과 사회 개념은 상대적으로 이러한 역사정치적 변화에 크게 규정되기보다는 '개인'의 권리와 더불어 그 개인들의 경쟁적인 교류와 약속의 공간으로서 '사회'라는 공간의 의미를 점차 확대시켜갔던 것이다.

그러므로 '개인'과 '사회' 개념의 경우에 있어서, 오히려 보다 중요한 차이는 시대적인 변화, 혹은 정치적인 맥락의 변화에 따라 나타나는 것이 아니라 텍스트의 관점 차이에 따라 나타난다고 말 할 수 있을 것 같다. 동시대의 텍스트에서도 그 텍스트 형식의 차이 혹은 그 텍스트를 주도했던 담론 주도 세력의 입장 차이에 의해 개인과 사회 개념의 차이는 더욱 두드러진다. 사회 개념에 경우에서도 1908년 쓰여진 유길준의 『노동야학독본(勞動夜學讀本)』과 남궁억 등의 주도로 간행된 『교육월보』에서 나타나는 내용은 매우 상이한 것이었다. 그렇다면 개인과 사회 개념의 경우, 그 의미 내용의 변화는 정치적 국면의 변화에 크게 영향 받기보다는 어느 정도 일관된 성장의 연속선상에 놓여 있으며, 오히려 그 개념 내용상의 변화나 갈등은 시간적 변화나 정치적 맥락의 변화보다는 담론 주도 세력의 인식 차이에 따른 것이었다고 조심스럽게 추측해볼 수 있다.

또한 '사회' 개념은 국가나 정치와 구분되는 일반적 장소로서 세간(世間)이나 계(界)와 혼용되어 쓰이다가, 문명개화를 역설하던 『독립신문』에 와서 공공적 교류와 결사를 의미하는 회(會) 개념과는 확연히 분리된 장소로서, 산업과 상업상의 권리와 의무를 교류하는 경쟁적 장소로 분명히 인식되어 갔음을 알 수 있었다. 즉 자유주의적 개화론이나 교과서라는 텍스트에서나 모두 사회(社會)는 상업을 교통하는 과정에서 서로간에 경쟁하는 하나의 공간으로서, 사욕이 아닌 전체의 이익을 위해 의론하고 교류하는 협의의 공간인 '회(會)'와는 확연히 분리된 하나의 독자적 장소로서, 국가를 통해 그리고 국가와 함께 상호 유기적 관계를 주고받는 장소로 개념화되어 갔으며, 사회가 진전됨에 따라 이러한 질서를 교란시키지 못하도록 국가와 법의 권위를 요청해갔던 것을 알 수 있었다.

그렇다면 독일식 국법의 수용이나 국가유기체설 등에서 표현되는 강한 국가의 담론은 사회의 교류 관계와 배타되는 성격이라기보다는 바로 이러한 사회적 특성의 진전에 따라 요청되는 것이라고 할 수 있다. 한국 근대에서 '국가'는 '사회'와 배타되는 것이 아니라 바로 각 개인들 간의 권리와 의무 관계의 조정을 보다 잘 수행하기 위한 '사회'의 필요에 의해 강력히 요청되었던 것이다. 강한 사회는 강한 국가와 배타적인 것이 아니라 오히려 연속적인 연관 속에 있었던 것이다.

〈표 1〉 1895년에서 1997년까지 출간된 단행본 및 교과서의 년도별 추이

본문에서 지적했던 바와 같이, 단행본과 교과서의 출간은 1900년도에 이르러 급격히 줄었다가 1905년 이후 폭발적으로 간행되는 것을 알 수 있다.

1895	학부편집국 편, 『조선지지』, 학부, 1895.
1895	학부편집국 편, 『조선역사』, 학부, 1895.
1895	학부편집국 편, 『국민소학독본』, 학부, 1895.
1895	학부편집국 편, 『夙惠記略』, 학부, 1895.
1895	학부편집국 편, 『소학독본』, 학부, 1895
1895	학부편집국 편, 『조선역대사략』, 학부편찬, 1895.
1895	유길준, 『서유견문』, 일본 : 交詢社, 1895.
1895	헐버트, 백남규 · 이명상 역, 『士民必知』, 출판사미상, 1895.
1895	번연, 게일 부부 역, 『텬로력뎡』, 출판사미상, 1895.
1896	학부편집국 편, 『朝鮮略史十課』, 학부, 1896.
1896	학부편집국 편, 『輿載撮要』, 학부, 1896.
1896	학부편집국 편, 『地璆略史』, 학부, 1896.
1896	학부편집국 편, 『新訂 尋常小學』, 학부, 1896.
1896	학부편집국 편, 『牖蒙彙論』, 학부, 1896.
1896	학부편집국 편, 『공법회통』, 학부, 1896.
1896	학부편집국 편, 『西禮須知』, 학부, 1896.
1896	학부편집국 편, 『간이사칙문제집』, 학부, 1896.
1897	井上哲次郞 · 高山林次郞, 『신편 윤리학교과서』, 金港堂 1897.
1897	이봉운, 『국문졍리』, 개인필본, 1897.
1897	馬懇西, 『泰西新史』, 學部編輯局, 1897.
1898	현채 편, 『동국역사』, 학부, 1898.
1898	학부편집국 편, 『中日略史合編』, 학부, 1898.
1898	闕斐迪, 學部編輯局 역, 『俄國略史』, 學部編輯局, 1898.
1898	편자미상, 『中日略史』, 日學部編輯局輯譯, 學部編輯局, 1898.
1899	현채 편, 『동국역사』, 학부, 1898.
1899	학부편집국 편, 『中日略史合編』, 학부, 1898.
1899	闕斐迪, 學部編輯局 역, 『俄國略史』, 學部編輯局, 1898.
1899	편자미상, 『中日略史』, 日學部編輯局輯譯, 學部編輯局, 1898.
1899	알렌, 현채 역, 『中東戰紀』, 황성신문사, 1899.
1899	학부편집국 편, 『동국역대사략』, 학부, 1899.
1899	『대한역대사략』, 학부 편찬, 1899.
1899	『보통교과 동국역사』 현채 편집, 1899.
1899	현채 역편, 『대한지지』, 광문사, 1899.
1899	澁江保, 어용선 역, 『波蘭末年戰史』, 搭印社, 1899.
1899	鹽川一太郞 著譯, 『美國獨立史』, 황성신문사, 1899.
1899	신재영 · 경훈 공저, 『법부』, 法律類聚成 篇, 법부, 1899.
1899	무관학교 편, 『步兵操典』, 무관학교, 1899.
1900	양계초 纂, 현채 역, 『淸國戊戌政變記』, 학부편집국, 1900.
1900	작자미상, 澁江保 역술, 『法國革新戰史』, 황성신문사, 1900.
1900	남순희, 『精選算學』, 탑인사, 1900.

1901	학부편집국 편, 『신창가집』, 학부, 1910.
1901	정약용, 양재건 편, 『목민심서』, 광문사, 1901.
1901	전재억, 『실용과수재배법』, 광덕서관, 1910.
1901	宋永伍 作, 신해영 역, 『잠상실험설』, 광문사, 1901.
1902	朱津昌永, 주영환·노재연 역, 『중등만국지지』, 학부편집국, 1902.
1902	무관학교 편, 『군대내무서』, 무관학교, 1902.
1902	김택영, 『東史輯略』, 학부, 1902.
1902	조원시, 『국문독본』, 미이미교회, 1902.
1902	井上哲次郎, 『중등수신교과서』, 금항당, 1902.
1903	작자미상, 『我韓彊域攷』, 출판사미상, 1903(정약용, 『대한강역고』, 1905 참조).
1903	정윤수, 『樵牧必知』, 출판사미상, 1903.
1904	작자미상, 『육군법률』, 김상만서포, 1904.
1905	현채 역술, 『중등교과 동국사략』 출판사미상, 1905.
1905	현채 역, 『만국사기』, 출판사미상, 1905.
1905	안종화 편, 『東史節要』, 박문사, 1905.
1905	현공렴, 『栽桑全書』, 현공렴, 1905.
1905	안종수, 『농정신편』, 출판사미상, 1905.
1905	헐버트(H. B. Hulbert) 譯撰, 『大東紀年』, 박문서림, 1905.
1905	정약용, 『大韓彊域考』, 박문사, 1905.
1905	이정환, 『국문순해 新纂尺牘(全)』, 玄公廉 개인필본, 1905.
1905	김우균, 『尺牘完編』, 동문서림, 출판사미상, 1905.
1905	정교 편, 『大東歷史』, 출판사미상, 1905.
1905	최경환 편, 『대동역사』, 출판사미상, 1905.
1905	작자미상, 장지연 역술, 『埃及近世史』, 황성신문사, 1905.
1905	권중현, 『功過新格』, 출판사미상, 1905.
1905	김택영 편찬, 『역사집략』, 출판사미상, 1905.
1906	학부 편찬, 『국어독본』 출판사미상, 1906.
1906	법부 편찬, 『국문형법대전』, 출판사미상, 1906.
1906	강홍준, 『형법대전』, 법부, 1906.
1906	작자미상, 『交際新禮』, 대한매일신보사, 1906.
1906	작자미상, 『父師必讀小學指南』, 출판사미상, 1906.
1906	작자미상, 『일어회화자전』, 일어잡지사, 1906.
1906	작자미상, 『헌법요의』, 옥호서림, 1906.
1906	작자미상, 현채 역, 『法蘭西新史』, 搭印社, 1906.
1906	Gray, A. L. Baird 역, 『식물됴셜』, Korea Tract Society, 1906.
1906	휘문의숙 편, 『고등소학독본』 휘문의숙, 1906.
1906	국민교육회 편, 『대동역사략』, 국민교육회, 1906.
1906	국민교육회 편, 『신찬 소물리학』, 국민교육회, 1906.
1906	국민교육회 편, 『심상소학』, 김상만서포, 1906.
1906	권근, 『新撰초등역사』, 광덕서관, 1906.
1906	김상연 역술, 『국가학』, 출판사미상, 1906.
1906	김상연, 『精選만국사』, 광학서포, 1906.5.
1906	김필순 역, 『해부학』, 제중원, 1906.

1906	벙커(D. A. Bunker), 『영어초학칙』, 任兄弟商會, 1906.
1906	보성관 편, 『초등소학』, 普成館, 1906.
1906	巢南子 述, 양계초 纂, 현채 역, 『越南亡國史』, 大東書市, 1906.
1906	신해영, 『윤리학교과서』, 普成館, 1906.
1906	원영의・류근 찬집, 『신정 동국역사』 출판사미상, 1906.
1906	윤태영, 『식물학교과셔』, 보성관, 1906.
1906	이교승, 『신정산술』, 출판사미상, 1906.
1906	일어잡지사 편, 『獨習新撰日語會話』, 성문당, 1906.
1906	임태보, 『중등교과 동국사략』, 현채 필본, 1906.
1906	정영택, 『천문학』, 보성관, 출판사미상, 1906.
1906	池邊義象, 『세계독본』, 吉川弘文館, 1906.
1906	대한민국교육회 편, 『초등소학』, 대한민국교육회 편찬, 1906.
1906	최재익, 『普通日本語典』, 藤田合名會社, 1906.
1906	필하와(Eva Field), 신해영 술, 『고등산학신편』, 대한야소교서회, 1908.
1906	휘문의숙 편집부, 『중등수신교과서』, 휘문관, 1906.
1907	『가정교육』, 보성관.
1907	『簡易四則』, 현공렴.
1907	『大韓法規類纂』, 김상만서포.
1907	『만국상업지』, 김상만서포
1907	『만국헌법지』, 출판사미상.
1907	『無寃錄』, 중앙사관.
1907	『보통경제학』, 보성관.
1907	『福澤鎰吉譚叢』, 출판사미상.
1907	『사범교육학』, 보성관.
1907	『생리위생학』, 출판사미상.
1907	『西藥便方』, 출판사미상.
1907	『세계진화론』, 김상만서포.
1907	『소물리학』, 보성관.
1907	『실험소학관리술』, 김상만서포
1907	『영국헌법사』, 김상만서포
1907	『人群進化論』, 출판사미상.
1907	『日俄戰後滿洲處分案』, 김상만서포
1907	『中國國恥史』, 김상만서포.
1907	『중학문법교과서』, 김상만서포.
1907	『增修無寃錄大全』, 광학서포.
1907	『화폐론』, 보성관.
1907	『會社法綱要』, 보성관.
1907	안국선 역, 『比律賓戰史』, 普成館, 1907.
1907	주시경 역술, 『월남망국ᄉ』, 박문서관, 1907.
1907	黃潤德 역, 『比斯麥傳』, 普成館, 1907.
1907	岡春一, 안국선 역, 『外交通義』, 보성관, 1907.
1907	국민교육회 편, 『초등소학』, 초판일자미상, 1907(재판).
1907	국민교육회 편, 『신찬소박물학』, 국민교육회, 1907.
1907	국민교육회 편, 『초등소학』, 국민교육회, 1907.

1907	국민교육회 편, 『초등지리교과서』, 국민교육회, 1907.
1907	김건중 역술, 『新編大韓地理』, 보성관, 1907.
1907	김대희, 『20세기조선론』, 중앙서관, 1907.
1907	金德均 演譯, 『意大利獨立史』, 日韓圖書印刷株式會社, 1907.
1907	김병헌, 『서사건국지』, 박문서관, 1907.11.
1907	김상연 편, 『회사법(全)』, 황성신문사, 1907.
1907	김상연, 『상법총론』, 수문서관, 1907.
1907	김우균, 『경제원론』, 개인필본, 1907.
1907	김우식, 『國民須知』, 김상만서포, 1907.
1907	김찬 역편, 『人權新說(全)』, 의진사, 1907.
1907	김하정 역, 『심리학교과서』, 보성관, 1907.
1907	김하정 역, 『중등생리학』, 보성관, 1907.
1907	김홍경, 『신정중등만국신지지』, 김상만서포, 1907.
1907	김희상, 『초등국어어전』, 唯一書館, 1907.
1907	민대식 현술, 『新撰地文學』, 휘문관, 1907.
1907	박승빈 역, 『일본국육법전서』, 신문관, 1907.
1907	박은식, 『서사건국지』, 대한매일신보사, 1907.7.
1907	박정동 역, 『경제원론』, 출판사미상, 1907.
1907	박정동 역, 『국제공법지』, 출판사미상, 1907.
1907	법부 편, 『형법개정초안』, 출판사미상, 1907.
1907	법부 편, 『형법대전』, 현공렴, 1907.
1907	법부, 『개정형법대전』, 출판사미상, 1907.
1907	北村三郎 편, 『土耳機史』, 김상만서포, 1907.
1907	석진형, 『채권법』(1부), 보성사, 1907.
1907	송치용, 『奇術學』, 출판사미상, 1907.
1907	숭양산인(장지연), 『이국부인전』, 廣學書舖, 1907.
1907	市村瓚次郎, 『支那史要』, 김상만서포, 1907.
1907	신우선, 『민법총론』, 보성사, 1907.
1907	실러, 박은식 역술, 『瑞士建國誌』, 대한매일신보사, 1907.
1907	안국선 편술, 『정치원론』, 출판사미상, 1907.
1907	안종화 역술, 『초등윤리학교과서』, 廣學書舖, 1907.
1907	안종화, 『초등생리위생학대요』, 광덕서관, 1907.
1907	안종화, 『초등위생학교과서』, 김상만서포, 1907.
1907	양계초, 김보상 역, 『喝蘇士傳』, 출판사미상, 1907.
1907	양계초, 『라란부인전』, 대한매일신보사, 1907.
1907	양정의숙 편, 『和文挕解法』, 중앙서관, 1907.
1907	원영의 纂輯, 『蒙學漢文初階』, 普成社, 1907.
1907	원영의, 권근, 『新訂동국역사』, 휘문관, 1907.
1907	유성준, 『법학통론』, 국민교육회, 1907.
1907	유성준, 『新撰小博物學』, 출판사미상, 1907.
1907	유승겸, 『중등 만국사』, 유일서관, 1907.
1907	유완종, 『상업대요』, 보성관, 1907.
1907	이인직, 『귀의성』(상), 광학서포, 1907.10.3.
1907	이인직, 『혈의루』, 광학서포, 1907.3.17.

1907	임경재 역, 『중등생리위생학』, 휘문관, 1907.
1907	張燾 편집, 『신구형사법규대전』, 대한서림, 1907.
1907	장도, 『형법총론』, 보성관, 1907.
1907	장지연, 『大韓新地誌』, 출판사미상, 1907.
1907	장지연, 『애국부인전』, 광학서포, 1907.10.3.
1907	정부재정고문부 편, 『현행대한법규유찬』, 출판사미상, 1907.
1907	정운복, 『獨習日語正則』, 광학서포, 1907.
1907	조성구, 『채권법』(2부), 보성사, 1907.
1907	조중환, 『獨修 속성 일어회화』, 盛文堂, 1907.
1907	조중환, 『일한회화사전』, 일어잡지사, 1907.
1907	주정균, 『상법총론』, 보성사, 1907.
1907	진희실, 『신찬외국지지』, 日新社, 1907.
1907	저자미상, 『초등윤리학교과서』 안종화 역, 1907.
1907	최광옥 역, 『교육학』, 勉學會, 1907.
1907	平田久 纂逆, 양계초 重譯述, 신채호 역술, 『伊太利建國三傑傳』, 廣學書舖, 1907.
1907	학부 편찬, 『보통학교학도용 국어독본』, 학부, 1907.
1907	학부편집국 편, 『국어독본』(8책), 학부, 1907.
1907	학부편집국 편, 『만국지지』, 학부, 1907.
1907	학부편집국 편, 『보통학교 학도용 수신서』, 학부, 1907.
1907	한승곤, 『國文捷徑』, 光明書館, 1907.
1907	현채 역, 『羅馬史』, 현공렴, 1907.
1907	현채 역, 『羅馬史附 意太利史』, 출판사미상, 1907.
1907	현채 역, 『일본사기』, 현공렴, 1907.
1907	현채, 『유년필독』, 개인필본, 1907.
1907	현채, 『幼年必讀釋義』, 출판사미상, 1907.
1907	홍재기, 『민사소송법』, 보성사, 1907.
1907	황윤덕 역, 『만국지리』, 보성관, 1907.
1907	휘문의숙 편집부 편, 『고등소학독본』, 휘문관, 1907.
1907	휘문의숙 편집부, 『고등소학수신서(全)』, 徽文館, 1907.
1907	휘문의숙 편집부, 『大東文粹』, 휘문관, 1907.

* 이 표의 내용은 필자가 함께 참여하고 있는 기초 인문학 근대지식개념팀의 공동기초작업을 통해 이루어진 것임을 밝혀둔다.

근대계몽기 신문에서 영토적 공간 개념의 형성

박태호

1. 근대적 영토의 문제

근대는 흔히 말하듯이 전 세계가 하나의 세계체제로 통합된 시대기도 했지만, 동시에 '국민국가' 형태의 국가가 그 전체 세계에 걸쳐서 확립된 시대기도 했다. 물론 그 두 가지 규정은 시간의 좌표 위에서 다른 지점에 자리 잡고 있다. 세계체제가 월러스틴 말대로 16세기 정도에 시작되었다고 한다면,[1] 국민국가는 제노바, 암스테르담 등으로 이전되었던 도시국가 내지 도시동맹체들의 헤게모니를 스페인이나 포르투갈, 혹은 영국이나 프랑스 등의 영토

---

1) I. Wallerstein, 나종일 외역, 『근대세계체제』 1, 까치, 1999.

국가의 그것이 대체하는 18세기 말에 전면에 등장하기 시작한다. "비록 약간의 오래된 영토국가—잉글랜드, 프랑스, 스페인, 포르투갈, 그리고 아마도 러시아까지도 큰 무리없이 '국민국가'라고 규정할 수 있었다고는 하지만 19세기적인 영토국가란 비교적 새로운 역사적 현상이었던 것이다."[2]

나폴레옹의 유럽 정복은 다른 국가 형태에 대한 국민적인 영토국가의 우위성을 결정적으로 확인하게 해주었고, 그 결과 국민국가라는 새로운 영토국가의 수립은 유럽 전역을 지배하는 새로운 '시대정신'으로 자리잡았다. 이 새로운 '시대정신'을 통상 '국민주의' 내지 '민족주의'라고 명명한다. 도시국가 등에 의해 분할된 지역을 '국민'이라는 하나의 단일한 집합체를 단위로 하는 새로운 영토국가로 통일하려는 운동이 유럽 전역을 관통하게 된다.

이런 점에서 '국민'이란 '국민국가'라는 영토적 국가와, 그리고 '국민주의' 내지 '민족주의'라고 불리는 19세기의 새로운 정치적 운동과 분리할 수 없는 개념이라고 할 것이다. 왕가와 도시, 혹은 자연적 내지 혈연적 관계 등에 의해 다양하게 분할되어 분산된 사람들을 하나의 단일한 정치적 집합체로 통합하려는 운동 속에서 '국민'은 탄생한다. 이런 점에서 국민주의 운동이란 국민이라는 이미 존재하는 집단의 어떤 운동이 아니라 국민국가를 수립하려는 국민주의 운동의 산물이다. "우리는 이탈리아를 만들었다. 이제 우리는 이탈리아 인을 만들지 않으면 안 된다"는 마시모 다젤리오의 외침은[3] 이런 상황을 단적으로 보여준다.

---

2) E. Hobsbawm, 정도영 역, 『자본의 시대(*The Age of Capital 1848~1875*)』, 한길사, 1983, 131면.

따라서 국민국가만큼이나 국민이란 개념 역시 새로운 영토성의 흔적을 내포하고 있는 개념이다. 근대 국가의 구성 요소를 꼽을 때, 인민, 주권과 함께, 어쩌면 가장 먼저 '영토'를 꼽는 것은 이런 이유에서일 것이다. 이것이 근대의 지배적인 정치적 조건이라는 점으로 인해, 근대의 다양한 활동이나 관념들은 영토적 경계 안팎에서 이루어지고, 그런 만큼 역시 영토적인 성격을 함축하게 된다.

이는 '문명으로의 개화'를 위해서 서양의 근대적 제도와 지식, 관념 등을 받아들였던 조선의 경우에도 다르지 않을 것이다. 물론 서양이나 중국, 혹은 일본과도 다르게 하나의 왕조에 의해 영토적 통합성을 갖고 있던 조선의 경우 국민국가나 국민을 따로 만들기 위해 이전의 경계를 뛰어넘는 새로운 인위적인 통합운동이 필요하진 않았다. 그렇지만 이질적인 '족속'들을 하나의 국민으로 만들기 위해선 별도의 '작업'이 필요하다는 것을 접어둔다고 해도, '국민'이나 국민의 '주권' 등과 같은 개념은 분명히 생소한 것이었음은 이론의 여지가 없다. 생소한 것은 단지 다양한 신분적 차이를 넘어 사람들을 하나의 동질적인 집합체로 파악하는 '국민'이나, 나라의 '주권'이 그들에게 있다는, 지금은 잘 알려진 근대의 정치적 관념만은 아니었을 것이다. 국민과 내응하는 근대적 영토의 관념 역시 생소한 것이었으며, 이런 점에서 그것 또한 '배우고 계몽해야' 할 무엇이었다.

사실 공간에 대한 근대적 관념이 그 이전의 관념과 아주 다르다는 것을 길게 말할 필요가 있을까? 그렇지만 통상 지적되듯이

---

3) E. Hobsbawm, 정도영 역, 위의 책, 138면.

그리스적인 토포스(topos)의 관념이나 풍수지리에서 보이는 질적인 공간과 대비되는 동질화된 공간이고, 좌표계를 통해 양화된 공간이라는 것만으론 근대적인 공간의 관념을 규정하기에 충분하지 못하다. 그런 표상적인 차원의 공간 관념과는 별도로, 사람들의 현실적인 삶의 펼쳐지는 실제의 근대적 공간은 무엇보다 국민국가적 영토성에 의해 제한되고 규정된다는 점이다. 가령 이전에는 모호했던 국경이 하나의 선으로 그어지고 구별될 수 있는 '명료하고 뚜렷한' 것으로 전환되었다는 것은 이전 시기의 영토성과 국민국가적 영토성의 차이를 보여주는 하나의 예일 것이다. 더불어 이러한 영토적 공간과 그 안에서 사는 인민들 간의 관계를 표현하는 또 다른 관념들이 출현한다. 이러한 관념들은 '역사'나 '조국' 같은 다른 종류의 관념들로 이어진다. 이 다양한 관념들의 혼합체가 사람들의 삶을 국민국가라는 영토 안으로 모으고 통합하는 수로를 형성한다. 국민주의 내지 민족주의가 이런 일련의 관념과 개념들을 지칭한다고는 할 수 없지만, 이와 무관하게 작동한다고는 결코 말할 수 없을 것이다.

따라서 우리는 이런 영토적인 공간을 표현하는 개념들이 어떻게 형성되었는가를 이해할 때 비로소 근대적 공간 개념에 대해 역동적으로 이해할 수 있을 것이며, 그것을 통해서만 '국민'이나 '민족' 같은 개념들에 대해 구체적으로 이해할 수 있을 것이다. 이는 근대화된 관념들을 받아들였던 한국의 경우 또한 다르지 않다고 할 것이다. 그러나 그것은 받아들이는 과정이 단순히 완성된 개념들을 적절하게 이해하여 수용하는 과정이었다기보다는, 고유한 현실적 조건 속에서 나름대로 변용시키고 소화하면서 자기화하는 과정이었다고 해야 한다. 그렇기에 수용 과정은 완성된 개념이 들어와 빈자리를 차지하는 식의 손쉬운 과정이 아니라 새로운 개념들이 기존의 관념들과 섞이고 대립하며 자신의 고유한 자리를 잡아가는 과정이라고 해야 적절할 것이다. 이로 인해 쉽사리 '근대적'이라고 말할 수 없는, 다소 혼란스러워 보이기도 하는 그런 관념들과 뒤섞인 채 나타나는 경우가 많다.

이하에서는 『독립신문』·『황성신문』·『대한매일신보』의 세 신문을 통해서 영토적인 공간 개념들이 사용되는 양상을 구체적으로 검토함으로써 그 개념들이 어떻게 이해되고 변용되었는지, 그러면서 어떻게 나름의 개념적 위치를 차지하게 되는지를 살펴볼 것이다.[4] 이를 위해서 영토성과 결부된 몇 개의 중요한 개념들을 추출하여 그것들이 다른 개념들과 계열화되는 양상을 검토함으로써 그 개념적 위상을 파악하고자 한다. 이런 방법론을 사용하는 이유는 일차적으로 개념들의 의미란 계열화의 양상을 통해 정의되는 '배치' 안에서 그것의 위치에 의해 규정된다는 점 때문이다. 나아가 이 시기 신문에서 사용되는 개념들이 대개 여러 가지 의미와 용법으로 혼란스럽게 뒤섞여 사용되기 때문에, 그 개념의 위상을 파악하기 위해서는 유사한 개념과 구별되는 상이한 계열화의 양상을 보아야 한다는 점 때문이다.

---

4) 여러 가지 제약으로 인해 『황성신문』의 경우에는 1898년부터 1903년까지를 이용했다.

2. 영토적 공간 관련 개념들

가장 눈에 띠는 것은 『독립신문』이나 『황성신문』·『대한매일신보』에서 '공간'이란 단어는 전혀 사용되지 않는다는 점이다. 이는 '시간'이란 단어가 적지 않게 사용되는 것과 대조적이다. '시간'이란 단어는 『독립신문』의 경우, 1896년에 2회, 1897년 3회, 1898년 6회, 1899년 31회 사용되고, 『황성신문』의 경우 1898년 3회, 1899년 21회, 1900년 8회, 1901년 33회 사용되며, 『대한매일신보』의 경우에는 더욱 늘어나 국문본의 경우 1904년 3회, 1905년 6회, 1907년 9회, 1908년 33회, 1909년 10회, 1910년 2회 사용된다.

직접적인 이유는 space의 번역어가 아직 만들어지지 않은 탓이겠지만, 이는 또한 '공간'이란 단어의 번역어가 그다지 필요하지 않았음을 뜻하는 것이기도 하다. 반면 '시간'은 '~시' 등의 구체적인 일상 용어와 결부되어 있고, '몇 시간 동안' 등과 같이 서술적인 단어로도 사용되기 때문에 빈번히 사용된 것일 게다. 이와 별도로 독자적인 추상명사로 사용되는 경우도 적지 않다. 이는 『독립신문』에 이미 '시간은 돈이다' 식의 논설이 나타난다는 것을 상기하는 것만으로도 쉽게 알 수 있는 것이다. '시간'과 '공간' 사이에 존재하는 이러한 차이는 구체적인 대상과 분리된 '공간'이라는 추상적 개념이 아직 필요하지 않았다는 것을 뜻하는 것일 듯하다. 령토나 강토·강산 등과 같은 구체적인 개념이 있었고 사실 그것이면 충분했기 때문일 것이다.

'령토' 개념은 『독립신문』에서는 전혀 사용되지 않았고, 『황성신문』에서는 1900년부터 나타난다. 『대한매일신보』는 국문본의 경우 1905년부터 이 단어가 나타나지만 두 신문 모두 일 년에 2~6회 정도의 작은 빈도로만 나타난다. 영토를 표시하기 위해 주로 사용된 단어는 아마도 '강토'라는 단어로 보인다. 강토는 『독립신문』의 경우 1898년 처음 나타나는데 '논설'만으로 제한해서 보면 그 해 전체에 5회 사용되었고, 1899년에는 12회 사용되었다. 『황성신문』은 창간된 1898년부터 사용되며, 1900년에 이르면 10회 넘게 사용된다. 『대한매일신보』 역시 창간된 1904년부터 사용되는데, 역시 '논설'만을 보면, 1907년부터는 30회를 넘게 빈번히 사용된다. 한편 '강역'이란 단어는 거의 사용되지 않는다.

이와 더불어 한국의 영토를 표시하기 위해 사용된 중요한 단어는 '강산'인데, 흔히 '삼천리 강산', '조선 강산' 등처럼 다른 단어와 결합되어 사용되었는데, 『독립신문』 '논설'에서는 1897년 처음 사용되기 시작해(2회), 1898년 20회, 1899년 14회 사용되었다. 『황성신문』에서도 빈도는 매우 적었지만 처음부터 사용되었고, 『대한매일신보』 국문본 '논설'의 경우에는 1907년 처음 나타나며(19회), 1908년 45회, 1909년 18회 등으로 사용되었다.

'강산'과 근접하는 것처럼 보이는 단어인 '산천'은 『독립신문』 '논설'의 경우 1898년 7회, 1899년 19회 사용되었다. 이는 다른 단어에 비하면 빈도가 상당히 높은 것이다. 『대한매일신보』 국문본 '논설'에서는 1904년 1회, 1905년 3월까지 0회에 지나지 않았지만, 1907년부터 각각 9, 26, 20, 24회 사용되었다. 이는 강토나 강산에 비해 그다지 적은 수라고 할 수 없는 것이다.

한편 '국토'라는 개념은 『독립신문』에서는 거의 사용되지 않았지만(1898년 논설에서 1회), 『황성신문』에서는 초기에는 대략 매년 2회 정도 사용되었고, 『대한매일신보』 국문본 논설의 경우에는 처음부터 사용되었지만, 1908년 10회 사용된 것을 제외하면 많이 사용되지는 않았다(매년 1~3회 정도).

다른 한편 '텬하'라는 개념은 『독립신문』 논설의 경우 1896년 13회, 1897년 17회 사용되다가 1898년 68회, 1899년 77회로 급증한다. 『황성신문』에서도 이 개념은 비슷한 정도로 사용되어, 1898년 41회, 99년 28회, 1900년 42회, 1901년 84회, 1903년 54회 정도 나타난다. 『대한매일신보』 국문본의 경우에는 1904~5년 이전에는 1회 정도로 사용되다가 1907년 이후 48회, 81회, 51회, 47회 사용된다. 이는 앞서 말한 단어에 비하면 매우 빈번하게 사용되는 것인데, 아마도 이 개념은 서구에서 수입된 것이 아니라 중국 내지 동양적인 전통 속에서 세상을 지칭하는 단어로 사용되던 과거의 전통 속에서 익숙하게 사용하던 개념이어서 그럴 것이다. 그렇지만 여기서 천하라는 개념은 '하늘'이라는 전통적 개념의 연장이라기보다는 '전체 세계'를 뜻하는 개념으로 변용되어 사용되고 있어서, 그저 전통적 관념이라고만은 하기 어렵다.

여기서 한국의 영토성을 표시하기 위해 주목하고자 하는 개념은 일단 '강토', '강산', '삼천리', '산천', '국토' 내지 '토디' 등이다. 강토는 다양하게 사용되지만 자국의 영토를 표시하는 중심적인 개념으로 보이고, '강산'이나 '삼천리'는 영토적 외연을 표시하는 개념과 달리 한국의 영토가 갖는 어떤 특성을 상징화하는 느낌이 강한 단어라는 점에서 '내포적인' 영토 개념과 결부된 것처럼 보인다. 한편 '산천' 또한 내포적인 의미를 갖지만 영토적 경계보다는 질적 공간을 표시하는 느낌이 강하다. 반면 '국토'나 '국경'은 직접적으로 근대적인 영토 관념을 표시하는 단어란 점에서 빈도가 적다고 해도 나타난다는 자체가 중요한 의미를 갖는 단어다. 덧붙이자면, '국경'이나 '지도' 등과 같은 다른 공간적 개념 역시 조사해보았지만, 거의 사용되지 않아서 본 논문의 검토 대상에서 제외했다.

그러나 이 단어들은 신문마다, 그리고 기사마다 다르게 사용되며, 그 의미의 편폭이 매우 넓은 편이다. 이하에서는 이 단어들이 사용되는 양상을 거칠게나마 검토할 것이다.

3. 『독립신문』에서 영토적 공간 개념의 용법

1) 강토

먼저 『독립신문』 논설에서 '강토'라는 단어는 처음에는 주로 자국 영토를 시칭하기 위해 사용되었다.[5] 강토라는 말이 처음 나타난 1898년의 경우 그 단어는 5회 나타나는데, 한 번은 영토를 표시하는 보통명사로 사용되었지만, 그 외 3회는 '삼천리 강토'로, 다른 한 번은 '우리 나라 강토'라는 말로 사용되었다. 이는 일단 자국의 영토적 공간을 표시하는 개념으로서의 성격을 갖고 있음을

---

5) 『독립신문』이나 『대한매일신보』에서 단어들의 빈도는 모두 「논설」에서 사용된 빈도를 표시한다.

시사한다.

그 다음해의 경우에는 좀더 다양한 용법이 나타난다. 특히 강토 개념이 영토의 대소나 광협과 결부되어 사용된다는 점이 눈에 띤 다. 가령 "청국 ᄀᆞᆺ치 강토가 광대ᄒᆞ고 쇼산이 구비 ᄒᆞ며 긔후가 적 당 ᄒᆞ야 인민의 싱업이 죠흔 나라"(1899년 3월 24일자, 논설)라든지, "몃 번 싸홈에 영길리 군ᄉᆞ가 도로혀 픽할격이 디더 잇셧스니 일 쟝의 득실노 아주 췌탁홀 수는 업스되 두 나라 강토의 광협과 인 민의 다과와 군병의 강약을 의론홀 것 ᄀᆞᆺ흐면……"(1899.11.11, 논설) 이 그런 경우일 것이다. 강토가 대소나 광협이란 개념으로 파악되 는 한 그것이 늘리고 줄인다는 식의 관념과 연결될 수 있다는 것 은 어쩌면 자연스런 일이다. "고로 강토가 날마다 늘어가고 인민 이 힘마다 부러가니 덕국이 오날날 뎌 갓치 부강흔 것이 다 비스 막씨의 공이라."(1899.10.31, 논설)

이처럼 강토가 대소나 광협, 증감을 표시하는 단어와 계열화되 는 경우, 그것은 지금의 어법으로는 영토를 의미하는 단어로서 서 술적인 용법으로 사용된다고 할 수 있다. 그런데 강토라는 단어는 많은 경우 인구나 인민, 백성 등의 단어들과 병치되어 사용되는 경향이 있음을 볼 수 있다. 앞서 인용한 문장에서도 모두 강토와 인민은 병치되어 있었다. 1898년의 경우에도 '삼쳔리 강토'는 '이 쳔만 동포'나 '이쳔만 인구'와 병치되어 사용되었다. 또 가령 "세 계 각국의 형편을 술펴본 즉 나라 강토를 직히고 빅셩을 다스리기 는 지금 시더 갓치 됴흔 째가 업슬지라."(1899.10.5, 논설)는 강토와 백성이 병치되어 있는 경우다. 이는 강토라는 영토적 개념과 그에 대응하는 어떤 '주체'를 대응시켜 파악하려는 근대적 태도의 한

단면인 지도 모른다. 삼천리 강토와 이천만 인구 식의 병치는 이후 다른 신문에서도 반복하여 사용되는 클리쉐가 된다.

그렇지만 강토라는 단어가 근대적 영토 개념을 의미한다고 하기 어렵게 만드는 용법이 종종 나타난다. "우흐로 션왕의 강토를 보존ᄒ며 아리로 동포의 쥬접홀 바를 싱각ᄒ며 안으로 국톄를 유지ᄒ며 밧그로 강닌을 방비코져 흠이니……"(1899.3.28, 논설)에서처럼 강토가 '선왕'과 계열화되면서 '선왕의 강토'로 귀착되는 경우가 여러 번 나타난다(1899.6.8, 논설; 1899.11.15, 논설). 이와 유사한 경우로, 1898년 논설에는 삼천리 강토와 '오백년 종샤'가 나란히 병치되어 나타난다. 이는 강토의 대응물로 인민이 아닌 선왕 내지 왕실을 상정하고 있음을 시사하는 용법이라고 하겠다.

병치되는 양상을 벗어나서 자세히 살펴보면, 강토와 인민, 백성이 병치되고 있긴 하지만 사실 백성이나 인민과 왕의 관계는 '다스리다', '사랑하다', '보호하다' 같은 단어들로 연결되고 있다. "우리나라 대군쥬 폐하끠옵셔 열셩죠 무강ᄒ신 긔업과 삼천리 광대한 구역에 인민을 다스리시고져 ᄒ샤 일일에 만긔를 총찰ᄒ시는 바……"(1897.5.4, 논설) 등의 경우가 그러하다. 이는 왕의 대리인으로 간수되는 대신이나 지방관, 법관 등에 대해서도 마찬가지로 적용된다. 즉 관리란 "대군쥬 폐하의 셩의를 본밧아 사롬마다 화역즁에 어진 빅셩이 되게" 해야 하며, 따라서 "그 디방 인민들의 질고는 그 디방관의게 달녓스니 여러 빅셩의 복숨이 흔 사롬의게 잇는 바에는 무슨 졍치든지 쟝졍을 어기며 허물을 짓고져 ᄒ오리오"(같은 글)라고 쓰고 있다. 마찬가지로 법관된 자가 "빅셩을 긍휼홀 바는 싱각치 안코 도로혀 형법으로 빅셩을 빠지게 ᄒ는 함졍을 몬드

러” 선 안 된다고 말한다(1899.8.4, 논설)

아마도 이런 용법은 ‘백성’이란 개념과 더욱 밀접하게 결부되어 있다고 할 수 있을 터인데, 『독립신문』의 경우 백성이란 단어가 국민이나 인구는 물론 빈번히 사용되는 인민에 비해서도 훨씬 많이 사용된다는 점을 고려한다면(이는 뒤에 다시 언급한다), ‘백성’들에 대한 이러한 태도를 그저 이전 용법의 잔재라고 말할 수 없음이 분명하다.

따라서 강토와 인민이 병치되면서 마치 근대 국가의 두 가지 구성 요소인 영토와 인민을 상기시키는 방식으로 사용되고 있지만, 그 양자는 왕이나 왕실에 귀속된다는 점에서 근대적 개념이라고 하기 어렵다. ‘폐하의 토지, 폐하의 백성’이란 표현(1898.10.25, 논설)은 이 세 개의 단어들의 맺는 관계를 집약해서 보여주는 것이다. 이런 의미에서 『독립신문』에서 사용되는 ‘강토’라는 단어는 근대적인 영토 개념을 의미한다기보다는 차라리 왕이나 왕실에 속하는 ‘왕의 영토’라는 개념에 아직은 더 가까이 있는 것이라고 해야 한다. 물론 그러한 강토 개념이 대소나 광협, 증감과 결부된 것은 사실이지만, 이 또한 왕으로 귀속되는 개념적 배치 안에 있다고 해야 할 것이다.

2) 산천, 강산

강토는 영토의 외연을 표시하는 개념이고, 따라서 대소나 증감 같은 양적인 술어들과 연결되는 것은 근대적이지 않은 배치 안에서도 충분히 가능한 일이었다. 이와 달리 질적인 내용을 지칭하는 영토적 공간 개념은 '산천'이나 '강산' 같은 단어들로 표현되고 있다. 여기서 특히 '산천'이란 단어는 통상 '수려함'·'화려함' 같은 형용사와, 혹은 '구경하다' 같은 동사와, '초목'·'일월'·'풍토' 등과 같은 명사와 계열화되며 사용된다. 다음 인용문은 이를 종합적으로 보여준다.

> 그 담 밧긔 잇는 허다흔 경치와 산천 풍토의 긔긔 묘묘흔 리치는 흐나 볼 수 업고 드를수도 업고 알 수도 업스리니⋯⋯. 이대리 사롬 마고부루씨가 동양ᄭ지 와셔 산천 풍쇽을 보는디로 긔록흐야 셔칙을 만드럿더니 그 후에 코럼버씨가 그 셔칙을 보고 디구의 둥근 리치를 터득흐야⋯⋯. 놉히 올라갈스록 산천초목과 허다풍물이 눈에 더 보히리니⋯⋯.
>
> — 1899.9.9, 논설

물론 미터법과 관련해서 '측량(척량)'이란 단어와 연결되는 경우도 있지만 이는 매우 예외적인 것이다. 차라리 이와 반대로 '귀신'이나 '기도하다' 등의 단어, 혹은 풍수와 결부된 단어들과 계열화되어 사용되는 경우가 훨씬 더 빈번하다. 물론 그 경우 『독립신문』의 논설은 그렇게 연결되어 만들어지는 산천의 개념에 대해 비판적이다. 귀신이나 풍수와 결부된 산천이란 근대문명을 계몽하려던 이들에겐 어이없는 '미신'에 지나지 않았기 때문이다.

> ⋯⋯ 도화살과 양인살이 잇는 날은 혼인을 흐지 모스고 쥬당살과 호츙살을 범흐는 상쥬는 부모의 신톄를 화곤홀 째에 보지 못흔다 흐나니 피흉취길 흐는 법과 우샹의게 졔ᄉ흠과 산천 귀신의게 긔도홈과 형형식식의 허무흔 일이로다.
>
> — 1899.9.12, 논설

이런 점에서 산천이란 단어는 한편으로는 자연적이고 경관적인, 혹은 지형적인 의미를 갖는 동시에 다른 한편으로는 신령, 귀신, 풍수 등의 단어와 결부된 질적인 공간을 표시하기 위해 사용되고 있다고 할 수 있다.

그런데 이를 질적인 내용을 추상하여 성립되는 근대적 공간의 개념과 매우 상반되는 의미를 갖는 것이란 점에서 전근대적인 공간 개념이라고 말해선 안 된다. 왜냐하면 영토적 공간은 단지 동질화된 양적인 공간 개념으로 환원할 수 없는 면을 갖기 때문이다. 영토적 공간은 그에 대응되는 '주체'들과의 인접성과 동일시를 요구한다는 측면이 그것이다. 즉 고향이라는 말이 흔히 함축하듯이 종종 영토적 공간은 주체들이 돌아가거나 되찾는 방식으로 '회귀할' 어떤 기원적 공간으로 표상된다. 그것은 떨어져 있어도 잊지 못하는 인접한 대상이며, 그렇기에 분리에 의해서든 회귀에 의해서든 감정적 주체들이 감정이입하는 대상이다. 이는 특히 영토가 상실된 경우 전면에 강하게 드러나게 마련이지만, 아직 그런 사태가 분명하게 되지 않았던 시기에 발행된 『독립신문』에서도 그와 유사한 용법이 발견된다.

가령 "부모 쳐즈 잇는 쟈는 못 보고 죽은 셔름 산쳔이 셜어 ᄒ고 가쇽도 업는 쟈는 졍경이 더옥 가련ᄒ며 알 ᄉ람 바이 업네"(1899.3.15, 논설)에서는 산천을 통해 자신의 감정을 표현하고 있다. 또 "각하의 슈례박휘가 이에 동으로 도라와셔 다시 고국 산쳔을 보니 슬프고 깃분 것은 남의 말을 기다리지 아니ᄒ여도 싱각건디 각하 죠샹의 령혼도 반다시 명명ᄒ 가온디셔 탄식ᄒ고 울 것이라"(1898.5.5, 논설) 같은 문장에서는 '고국산천'을 떠나야 했던 처지에서 고국산천을 감정이입의 대상으로 삼고 있다. 이는 통상 비극적 상황과 결부되어 있기 마련인데, 앞의 것은 죄수 모씨가 보낸 편지였고, 뒤의 것은 서재필에게 만민공동회 초대위원이 보낸 편지란 점에서 상당히 전형적인 경우라고 하겠다.

이런 점이 산천이란 단어가 질적인 의미를 갖는데도 불구하고, 아니 그런 의미를 갖기에 오히려 영토적인 공간을 표시하는 근대적 개념으로 사용될 수 있는 이유가 된다. 하지만 이런 양상은 『독립신문』에서는 그다지 뚜렷하지 않고, 나중에 을사보호조약이나 한일의정서 같은 사건을 거치면서 자국 영토의 위협이 가시화됨에 따라 중요하게 다시 등장하게 된다.

'강산'은 '산천'처럼 지형을 통해서 영토를 표시하는 질적인 개념이지만, 산천이 질적 특성을 전면에 내세운 단어라면 강산은 지형을 영토의 환유로 사용하며 영토 전반을 표시하는 개념으로 사용되는 경향이 강하다. 이는 강산이 산천처럼 질적인 공간으로 영토를 표현하는 수사적인 용법에 사용되면서도 강토와 유사하게 서술적인 용법에 사용되는 이중적인 면모를 보여준다. 이는 '삼천리'라는 또 다른 환유적 단어와 강산이 가장 빈번하게 결합되어 사용되는 이유기도 하다.

이 경우 강산은 '천하제일'이라는 식의 평가와 더불어 자국 영토에 대한 찬사를 수반하면서 사용된다. 가령 "삼천리 강산에 긔후와 쇼산과 정치가 각식으로 잇논지라"(1897.8.19, 논설)하면서 백두산과 금강산, 묘향산 등에 대한 찬사와 더불어 등장하기도 하고, "죠션에 유명훈 경치가 잇고 셰계에 쟈랑홀 문훈 강산이 잇스나 셰샹에 알리지를 못ᄒ니 엇지 훈심치 아니ᄒ리요…… 죠션 강산과 긔후는 셰계에 남뭇 못후지 아니후거눌……. 죠흔 강산과 경치와 긔후가 동양에 데일이요……."(1897.9.23)처럼 명시적인 자랑거리로 내세울 대상으로 등장하기도 한다. 이처럼 수사적인 용법이 반복되면서 '삼천리 강산'이란 단어는 '수려하다', '웅장하다', '좋다', '자랑할만하다' 등의 형용사와 결합되어 반복되어 사용된다.

그렇지만 "나라라 하는 것은 사름을 두고 이름이니 만일 빈 강산에 쵸목금슈문 리왕후는 곳이면 엇지 나라라고 칭후리오"(1898. 12.15, 논설)나 "인민과 정부가 합심후야 나라 일을 후지 아니후면 13도 강산이 타인의 물건이 될 것이니"(1898.12.28, 논설) 같은 문장, 혹은 동북 아세아 강산(1899.1.17), 전국 강산(1899.1.13) 등에서처럼 강토와 비슷하게 영토를 표시하는 보통명사로 사용되고 있다. 그런데 이 경우 강산은 강토처럼 빈번하지는 않지만 "황상 폐하끠셔 독립식히신 강산"(1899.2.4, 논설)의 경우처럼 역시 황제 내지 왕으로 귀속되는 위치에서 벗어나지 않고 있다. 이는 삼천리 강산과 이천만 동포가 '당당훈 황뎨국'으로 귀착되는 1899년 10월 23일자 논설에서도 비슷하게 드러난다.

강토, 강산이 왕으로 귀속되는 이런 관념이 지배적이지만, 그로부터 거리를 두게 되는 지점이 『독립신문』의 경우에도 드물게나마 발견된다. '민권론'이란 제목의 편지를 게재한 1898년 12월 15일 논설에서는 예전에는 나라가 망하는 것이 "종묘사직을 밧고 님군을 밧고 나라일홈을 곳칠 뿐이요 정부와 빅셩은 그디로 두는" 방식이었다면, 이제는 "종묘사직과 님군은 그디로 두고 사름의 권리와 토디의 이츌문 가져가"는 방식으로 바뀌었다면서 종묘사직과 나라의 운명, 임금과 사람(인민)의 권리 사이에 존재하던 동

일성이 사라지게 되었음을 감지하고 있어서 흥미롭다. 그러나 이
는『독립신문』전체로 보자면 일회적이고 예외적인 사례에 머물
고 있다고 해야 할 것이다.

3) 백성, 인민, 국민

영토 개념과 대응되는 '주체'로서 사용되는 단어는 '백성', '인
민', '동포', '국민' 등이다. 앞서 말했듯이 이 중『독립신문』에서 가
장 많이 사용하는 단어는 백성이다. 1896년부터 1899년까지 4년 동
안 매년 사용된 단어의 빈도를 보면, 국민은 각각 24, 23, 39, 12회,
동포는 17, 24, 82, 25회인데, 인민은 326, 429, 542, 235회, 그리고 백
성은 447, 453, 762, 814회 사용된다. 이 단어들은 모두 한 나라의 주
민을 지칭하기 위한 서술적인 용법에 사용되지만, 그 중에서도 '백
성'은 앞서 말했듯이 주로 왕이나 관리들이 돌보고 보호해야 할 대
상이란 의미로 사용되고 있다면, '인민'이나 '국민'은 적극적인 행
위의 주체로 사용되며, 특히 '국민'은 권리와 의무의 주체로 사용된
다. 아주 빈번하게 사용되는 '인민'이 '백성'과 '국민'이 겹쳐지는
부분에서 주로 서술적인 개념으로 사용된다면, '국민'은 '의무', '직
분' 등의 단어와 빈번하게 계열화되어 사용된다는 점에서 서술적
개념보다는 차라리 규범적 개념에 가깝다고 해야 적절할 듯하다.
여기서 특히 영토적 공간 개념과 관련하여 자세히 살펴보아야
할 개념은 국민이다. 국민은 처음에는 주로 '닉외국민'이란 형태로
많이 사용되었다. 이는 국경 단위의 인민을 구별하여 지칭하는 명

사인데, 국민이란 개념 안에 처음부터 '국경'이라는 영토적 관념의 흔적이 함축되어 있음을 시사하는 것이라고 하겠다. 그러나 이런 용법은 시간이 지나면서 분명하게 감소한다. 1896년에는 11회 사용되는 '닉외국민'이란 단어는 1897년에는 4회, 1898년에는 1회 사용되며 1899년에는 한번도 사용되지 않는다. 이유는 아마도 뒤로 가면서 '국민'이란 단어가 주로 자국 국민을 지칭하는 것으로 사용되었기 때문일 것이다.

이는 '국민'이란 단어에서 자국국민의 **직분과 의무를 환기시키는 계몽적이고 규범적인 용법**이 강화되었음을 뜻한다. 더불어 신문 필진의 관심이 내외 국민의 상황보다는 한국 자체의 상황으로 중심을 옮겼음을 시사하는 것인데, 이는 인민이란 단어의 경우에도 '전국 인민'이란 말이 각각 40, 79, 64, 14회, '대한인민'이란 말이 0, 33, 57, 18회 사용되었다는 점과 무관하지 않아 보인다. '대한국민'이란 말은 1897년에 3회, 1898년에 4회 사용되었을 뿐이고, '전국국민'이란 말도 18년에 1회 사용되었을 뿐이지만, 이는 아마도 국민이란 말 자체가 대한국민 내지 전국 국민이란 말의 축약이었기 때문이라고 해야 할 듯하다.

그런데 국민이란 단어가 백성이나 인민과 구별되는 또 하나의 중요한 특징은 백성이나 인민과 달리 국민은 왕이나 황제에 귀속되는 식으로는 사용되지 않는다는 점이다. 예컨대 1896년 12월 23일 자 논설을 보면,

> 아라샤 정부에셔 졍령 ᄒ나와 위관 둘과 ᄒᄉ 열을 죠션 정부에 빌녀 죠션 륙군과 ᄆ무관 학도들을 ᄀᄅ치니 우리가 ᄇ라건디 외국 군제들을 비화……

우희로는 님군을 보호흐고 아래로는 젼국 인민을 안돈흐야 국민이 태평흐게
되기를 브라노라

　여기서는 위로는 임금을 보호하고 아래로는 인민을 편안하게
하여 전체 국민이 태평하게 되기를 바란다고 하여, **임금과 인민을
합친 전체로서 '국민'이란 단어를 사용하고 있음을 볼 수 있다.** 이
는 그저 견강부회라고 할 순 없는데, 왜냐하면 인민이나 백성은
통상 왕이나 정부와 짝을 지어 병치되는 경우가 많은데, 이는 왕
과 백성, 정부와 인민이 서로 짝을 이루는 개념임을 함축한다. 그
러나 국민이란 단어가 그렇게 사용되는 경우는 발견되지 않는다.
즉 국민은 왕이나 정부의 짝을 이루는 대개념이 아니라 그 왕과
백성, 정부와 인민을 포괄하는 전체로서 사용되고 있다는 것이다.
이는 관리와 정부, 국민과 나라 전체를 대응시키는 다음의 인용문
에서도 다시 확인할 수 있다.

　관인이 이 못싱긴 ᄆᆞᆷ을 둔 즉 정부가 잘못되고 국민이 못 싱긴 ᄆᆞᆷ을
둔 즉 온 나라가 빈약ᄒᆞ리니…….

　물론 백성과 인민, 국민은 많은 경우 서로 바꿔 써도 좋은 용법
으로 사용되는 경우가 대부분이다. 이런 점에서 이 단어들의 외연
을 엄격하게 구별하는 것은 무리한 일인지도 모른다. 그러나 비슷
하게 섞여 쓰는 가운데서도 국민은 임금이나 관리의 사랑, 보호,
긍휼 같은 단어들과 계열화되는 일이 없으며, 다른 단어와 달리
왕이나 정부의 짝을 이루는 대개념으로 사용되는 일이 없다는 점
은 그 두 단어와 국민이란 단어 사이에 있는 개념적 차이를 보여

주는 것이라고 하겠다.

이렇게 사용되는 인민이나 국민 개념은 애국심이란 관념을 통해서 영토와 연결된다. 1898년 12월 17일자 논설에서는 '나라 소랑ᄒᆞᄂᆞᆫ 론'이란 제목의 기고문을 통해 애국심이 발생하는 세 가지 요인에 대해 말하면서 첫째, 언어와 종교, 풍속, 둘째, 하해(河海)와 산악과 지계(地界), 셋째, 이 두 가지에 기초하여 뜻이 하나 되어 서로 느끼는 '정'이 흥기하는 것을 들고 있다. 즉 애국심이란 언어, 종교, 풍속과 영토적 동일성 위에서 발생하는 국민적인 공통 감정이나 감정적 동일성을 뜻한다는 것이다. 애국심이 국민을 하나로 묶는 것이라면, 그것은 상이한 국민들을 구별하는 영토적 경계, 공간적 경계 안에서 발생하는 것이란 점에서 언어나 종교, 풍속만큼이나 자연이나 지리 등의 영토적 동일성 위에서 발생하는 것이다. 따라서 국민은 그런 영토성 위에서 애국심을 통해서 만들어져야 할 존재고, 이것이 아마도 많은 경우 규범적 용법으로 사용되는 이유라고 할 것이다.

4. 『황성신문』에서 영토 개념의 용법

1) 강토

『황성신문』에서 사용되는 '강토(疆土)'라는 단어는 독립신문과 별다른 차이를 보이지 않는다. 먼저 『독립신문』에서 그랬듯이 여기서도 강토는 일단 영토를 지칭하는 서술적 개념으로 사용된다. 예컨대 "大抵天下에 土地는 狹홈으로 由ᄒ야 漸廣ᄒ고 天下에 人民은 少ᄒ믈로 由ᄒ야 漸多ᄒᄂᆞ니 我國이 비록 狹小타 ᄒ나 엇지 自近而遠홀 疆土가 無ᄒ며 編戶가 日衆치 아니리오"(1898.11.2, 논설)가 그런 경우일 것이다. 이는 한국에 대해서만 사용된 것이 아니라 중국이나 다른 나라에 대해서도 동일하게 사용된다. 가령 "日本의 政策은 疆土를 開拓ᄒ야 人民을 移植홈이 切要홈으로 自然히 韓國에 注力홀라"(1900.3.30, 잡보) 같은 경우가 그렇다.

하지만 강토라는 단어가 한국의 강토를 지칭하는 경우에는 대부분 '인민(人民)'이나 '생령(生靈)' 같은 단어들과 짝하여 사용된다. 가령 "庫項이 因此致絀ᄒ야 其人民이 又皆愚蠢에 不識工藝ᄒ야 未經開化之民이니 以視俄國컨디 直是一半野番之國이라 然則 俄國이 外强中乾 ᄒ니 兩代以後를 必須ᄒ야 開闢疆土ᄒ며 多設城邑이라야 東方에 人民을 興盛케 ᄒ리라"(1899.2.3, 논설)가 그런 경우다. 여기서 인민이란 단어는 『황성신문』에서는 많은 경우 生靈이란 말로 대신해서 사용된다.

그 경우만 그런 깃은 아니지만 '강토생령'이나 '생령강토' 혹은 '강토인민'이 하나의 단어처럼 결합되어 사용되는 경우가 많다. "不教不育ᄒ며 不興不作을 復如今日ᄒ야 惰棄人種ᄒ며 姑延日月이면 又安知不十年之間에 疆土生靈이 遂爲他人手中物乎리오"(1900. 4.18, 논설)가 그런 경우의 사례다. 다음의 문장은 생령이라는 별도의 단어가 같은 문장 안에서 다시 등장함으로써 강토와 인민이 형식적으로는 하나의 단어가 아니어도 실질적으로는 하나로 대응 내지 결합되어 있음을 보여준다.

> 古史를 歷觀흠이 自然興唱ᄒ도다 內에 王室이 衰弱ᄒ며 小人이 用事ᄒ고 外에 敵國이 陸梁도 ᄒ며 夷狄이 猖獗도 ᄒ야 畢竟運祚룰 遷移ᄒ되 疆土와 人民은 自在ᄒ기로 舊基룰 中興도 ᄒ며 帝業을 草創도 ᄒ야 生靈의 安堵ᄂ 如故ᄒ더니 而今은 不然ᄒ야 始에 梯航을 相通ᄒ야 商利로 交涉ᄒ며……
>
> — 1900.5.10, 논설

그러나 이렇게 영토를 표시하는 강토라는 단어는 『독립신문』에서 그랬듯이 빈번하게 왕이나 '종묘사직'으로 귀속된다.

> 現今 袞袞秉軸之臣이 盡是喬不과 股肱心腹으로 襲受國恩ᄒ며 躬錫天寵ᄒ야 顧念宗社之義와 報答聖主之思과 維持疆土生靈之重이 固堂只知有國ᄒ고 不知有身ᄒ야 鞠躬盡瘁ᄒ야 死而後己오……
>
> — 1900.8.13, 논설

여기서는 종묘사직을 생각하고 임금의 은혜에 보답하는 것이 강토생령을 유지하는 것과 나란히 동렬에 놓여 있으며, 이것이 자기 몸 챙기는 것을 떠나 오직 나라만을 생각하는 태도의 실질적인 의미를 이루고 있다. 뿐만 아니라 강토인민과 종묘사직은 아예 강토와 생령처럼 하나로 결합되어 사용되기도 하며, 자국에 대해서뿐만 아니라 다른 나라에 대해서도 동일하게 사용된다. 가령 "大抵 淸國이 創業守成한지 二百餘年이로디 自初로 是心[애국심-인용자]이 無하얏스면 疆土人民과 宗廟社稷을 今日ᄭ지 保有하얏스며 世世子孫이 福利를 共享하얏슬 理가 萬無하거늘……."(1899.12.4,

논설)에서는 청나라에 대해서 그렇게 사용된 경우다.

이런 점에서 『황성신문』에서 사용되는 강토의 개념은 근대적인 영토 관념에 부응한다기보다는 왕과 종묘사직이라는 전통적인 '강토' 관념에 따른 것이라고 해야 할 듯하다.

2) 산천, 강산

산천이나 강산이 질적인 공간을 표현하며 외연을 통해 정의되는 영토적 관념보다는 내포적인 의미를 통해 수사적으로 지칭되는 영토적 관념을 표시한다는 점에서도 『황성신문』 역시 『독립신문』과 크게 다르지 않다. 먼저 산천이란 단어가 사용되는 양상을 보면, '산천험이(山川險易)와 도로원근(道路遠近)'(1899.6.20), '산천초목(山川草木)과 곤충금수(昆蟲禽獸)'(1899.7.1), '산천(山川)은 의구(依舊)ᄒ되 풍경(風景)은 유수(有殊)로다'(1900.4.7), '山川이 구탁(龜坼)하고 인물이 위축(蝟縮)하니'(1900.12.8) 등의 경우처럼 자연적인 형상이나 지형적인 특징을 표현하기 위해 사용되는 경우가 가장 빈번하다.

물론 이런 용법은 수사적인 용법으로 이어지기 마련인데, 가령 '玉이 온(蘊)ᄒ면 山川이 광휘(光輝)를 함(含)하고'(1899.4.19)가 그런 경우일 것이다. 그러나 『독립신문』과 달리 산천이란 말이 이런 식의 수사적 용법으로 사용되는 경우는 그리 많지 않다. 다른 한편 '산천'이 "巫覡의 妖語와 盲者의 占術과 山川의 致祭와 寺刹의 施供"(1899.4.7)처럼 미신적인 의미를 함축하는 그런 공간을 표시하는 것으로 사용되는 것 역시 『독립신문』과 유사하다.

'강산'이란 말은 초기의 『황성신문』에서는 별로 사용되지 않는다. 가령 1898년에는 잡보에서 단 1회 사용되었을 뿐이고 1899년에도 하나의 동일한 논설에서 2회 사용되었을 뿐이며, 1900년에는 사용되지 않는다. 1899년에 사용된 용례는 만수성절 경축회가 열렸음을 알리면서 소학교 학생들을 아직 피지 않은 꽃에 비유하면서 "그 꽃이 잘만 피면 三千里江山이 다 꽂밧치 될 거시니 엇지 아름답지 아니하리오"라고 하는 수사적인 방식으로 나타난다. 1899년 6월 30일의 논설에서는 강토를 뜻하는 서술적인 용법으로 사용되고 있다.

　　　君이 治國ᄒ는 道를 知ᄒ는야 國道가 方盛ᄒᆯ 時에는 規模가 綢密ᄒ고
　　法律이 公平ᄒ야 人民의 心을 悅樂홈이 五日一雨ᄒ며 十日一雨홈과 如ᄒ
　　야 潤澤江山에 一点汚穢가 無ᄒ다가 國道가 漸衰ᄒᆯ 時에는 規模가 疎濶
　　ᄒ고 法律이 紊亂ᄒ야 人民의 心을 苦叫홈이 一年大旱에 三農을 全廢홈
　　과 如ᄒ야 愁慘江山에 萬疊汚穢가 堆積ᄒᄂ니

　　『황성신문』에서는 강산보다 차라리 '삼천리'가 한국의 영토를 표시하는 환유적인 개념으로 자주 사용된다. 물론 이 단어의 경우도 빈도는 연간 3회 정도로 그다지 많은 편은 아니다. 때로 이 단어는 삼천리 구역(1899.1.30)처럼 평범한 일반명사 형태로 나타나기도 하지만, 때론 '삼천리(三千里) 우내(宇內)'(1899.1.5)처럼 집으로서 강토를 표시하는 수사적 어법을 수반하며 나타난다. 하지만 어느 경우나 이천만 인구 내지 이천만 동포 같은 '주체'를 표시하는 단어와 나란히 사용된다. 덧붙이면, 강토의 경우처럼 '삼천리' 역시 왕에게 귀속되는 의미를 갖는다. 1899년 1월 5일 논설이 이를 잘

보여준다.

我國은 何等國인고 大韓帝國이오 我政府는 何等政府인고 大韓帝國人民
이라 是는 皇天이 我 皇室을 眷顧ㅎ샤 我國을 維新케 ㅎ심이니 維新人民은
天命維新ㅎ는 會를 値ㅎ야 我 大皇帝陛下의 日新ㅎ시는 德化를 均被ㅎ고
我政府의 革新ㅎ시는 法令을 恪遵ㅎ야 三千里宇內에 二千萬同胞가 엇지 人
人이 自新ㅎ는 心을 懷ㅎ야 天命을 順受ㅎ며 聖德을 報答지 아니ㅎ리오

3) 백성, 인민, 국민

『황성신문』에서도 '백성'·'인민'·'국민'·'동포' 등의 단어들
이 빈번하게 사용되는 것은 『독립신문』과 다르지 않다. 그것이 사
용되는 양상도 크게 다르지 않은데, 이유는 아마도 그 단어들이
매우 넓은 외연을 갖고 다양한 경우에 사용되기 때문일 것이다.
여기서는 일단 '국민'으로 제한해서 『독립신문』에서의 용법과 달
라지는 지점만을 비교해서 검토할 것이다.

여기서 한국의 '국민'이 한편으로는 '나태함'(1900.1.22)이나 '지식
이 미개함' 내지 '빈약함'(1899.9.26) 같은 단어와 계열화되거나 '의
무' 같은 단어와 계열화되어(가령 1900.5.16, 5.17, 5.21 등) 일종의 규범
적 개념으로 사용되는 것은 『독립신문』과 매우 유사하다. '의무'
대신에 '직분'을 뜻하는 '천직'이란 단어가 사용되기도 한다. "今
에 大韓國으로 ㅎ야곰 文明한 境에 進ㅎ고 富强한 域에 達케함은
我 東洋 先進되는 國民의 天職이라."(1899.7.16, 별보)

그러나 매우 중요한 차이가 국민과 정부, 국민과 임금 간의 관

계에서 나타난다. 앞서 『독립신문』에서는 민(民)과 군(君)의 관계를 충(忠)으로 설정하긴 하며, 그래서 애국조차 '충군 인국'이나 '인군 인국'으로 이해하고 있다. 이 경우 민(民)을 표시하는 개념에서 국민을 빼내 거꾸로 임금마저 포함하는 전체로 사용했음을 이미 본 바 있다. 그러나 『황성신문』에서는 국민이 임금의 대개념으로 사용되는 듯하다. 가령 忠이란 개념에 대해 주제로 삼아 논하고 있는 1899년 2월 1일자 논설에서는 국민과 임금을 직접 충이란 개념으로 연결하지는 않지만, '국민'과 '임금'이 나란히 병치되면서 '전국의 이익'의 일부로 설정하고 있다.

> 宇內大勢의 如何함과 一國民情의 如何함을 詳察하야 如何라야 外侮를 可히 禦할고 하며 如何라야 內政이 可히 修할고 하며 如何라야 吾君의 德化와 信義를 天下에 普洽케 할고 하야 全國의 利益만 思量하고 一身의 危險은 不顧호즉 此를 私心이라 稱함이 可乎아 公心이라 稱함이 可乎아

여기서 국민이 임금에 귀속되는가 여부는 드러나지 않지만 임금이 국민에 포함되는 그런 관계가 아니라는 것은 분명하다. 즉 국민은 임금까지 포함하는 전체가 아니라는 것이다. 이는 정부와 국민의 관계를 '보호'라는 말로 표현하는 것과 무관하지 않을 듯하다. "政府란 者는 其職責이 國民을 保護호는디 在호"(1899.5.10, 논설)다고 하는 문장이 이런 경우다. 아마도 『독립신문』이었다면 정부가 보호해야 할 대상의 자리에 필경 백성이나 인민을 놓았을 것이다. 국민이란 단어가 직접 등장하는 것은 아니지만, 이러한 관계는 국(國)을 대가족에 비유하면서 임금[君者]이 가장이라면 민자(民者)란 가족의 자제라고 하는 문장(1900.3.18, 논설)에서 군(君)과 민(民)

의 관계와 상응하는 것이 아닐까?

전체적으로 보아 『황성신문』에서도 영토적 개념은 '강토'라는 외연적 개념 사용되고 '산천'이나 '강산', '삼천리' 같은 내포적 개념이 등장하지만, 외연적 개념의 경우에는 임금이나 종묘사직에 분명하게 귀속되고, 내포적 개념은 영토에 부가되면서 주체의 감정이입이나 동일성을 야기하는 그런 수사학적 형태를 별로 드러내지 않는다. 즉 『독립신문』에 비해 양자의 개념적 분화는 별로 뚜렷하지 않으며, 그런 만큼 근대국가와 결부된 영토적 공간 개념에 비추어보면 상대적으로 후퇴한 느낌이 든다. 또한 영토와 결부된 주체 개념에서도 '국민'이라는 단어가 영토 전체에 대응되는 어떤 전체를 포괄한다기보다는 君과 民의 전통적 관계에서 그다지 벗어나지 않았다는 점에서, 『독립신문』에 비해 근대적 관념과 좀더 많은 거리를 두고 있다고 할 것이다.

5. 『대한매일신보』에서 영토 개념의 용법

1) 강토

『대한매일신보』에서 '강토'라는 단어는 영토를 표시하는 개념으로 확고하게 자리 잡는다. 국문본의 경우 1904년과 1905년에 각각 7회 4회씩 사용되던 이 단어는 그 빈도가 1907년부터 급속히 증가하여 1910년(1~8월)까지 각각 31회, 40회, 27회 17회 사용된다. 그리고 '령토'라는 개념도 등장하기 시작하는데, 국문본의 경우 1904년에 1회, 1905년에 2회 사용되다가 1907년부터 각각 6회, 4회, 6회, 0회 사용된다.

　여기서도 일단 '대한 강토', '한국 강토', '청국 강토'처럼 영토를 나타내는 일반명사로 사용되는 용법은 마찬가지로 발견된다 (1907.7.21, 1907.9.21 등의 논설). 1907년 논설에서는 '청국 강토'와 '청국 령토'가 동시에 사용되고 있는데 의미상 아무런 차이가 없다. 더불어 '강토의 보존'이라는 단어가 빈번하게 사용되고 있는데(가령 1907.9.17 논설), 이는 강토가 타국의 침략에 대해 보호하고 보존되어야 할 것이란 관념이 정치적 상황과 더불어 부각되었기 때문일 것이다.

　한편 강토라는 말은 이제 '삼천리 강토'의 형태로 한국의 영토를 표시하는 가장 일반적인 표현으로 사용되게 된다. 물론 이 경우 삼천리 강토는 '이천만 인구'(1907.5.23 등), '이천만 생령'(1907.10.9, 10.25 등), '이천만 형뎨'(1907.12.22), '이천만 국민'(1910.1.8) 등의 단어와 병치되어 사용된다. 혹은 삼천리라는 단어와 분리되어 가령 '화려한 강토와 상등의 인종'(1907.7.30), '우리나라 강토······ 우리 종족'(1907.7.11), '한국의 강토······ 인민'(1907.7.11) 등의 형태로도 사용된다. 이 많은 용례들이 보여주는 것은 한국을 지칭하기 위해 강토와 인민, 강토와 인구 식으로 영토와 인민을 짝지어 사용하는 경우가 일반화되었다는 사실이다.

　그런데 여기서 특기할 만한 것은 이렇게 짝지어진 강토와 인민 관련 개념들이 왕이나 종묘사직 관련 개념들로 귀속되지 않는다는 점이다. 이는『독립신문』이나『황성신문』과 비교해서 아주 확연한 특징이다. 그러나 양자가 이렇게 병치된 상태로 그저 나열되는데 머물지는 않는다. 즉 강토는 이제 어떤 것에 '귀속'된다. 때로는 단독으로, 때로는 인민을 명시적으로 동반하거나 묵시적으로 함축한 채 짝지어서. 그것의 귀속처는 왕이 아니라 **수많은 왕들의 기원인** '국조'고 기원으로 소급된 역사다. '단군', '기자'가 그것이다.

> ······ 오직 공변된 리익을 흠믜 보는 것만 싱각ᄒᆞ야 ᄆᆞ음을 밋고 몸을 단합ᄒᆞ여 뜻은 단군 긔ᄌᆞ의 녯 강토를 회복ᄒᆞᄂᆞ되 잇고 하늘을 ᄀᆞᄅᆞ치고 희을 밍셰ᄒᆞ야 ᄆᆞ음은 동족의 멸망ᄒᆞ는 거슬 구원ᄒᆞᄂᆞ되 잇셔셔 협회를 조직ᄒᆞ야 환난을 셔로 구졔ᄒᆞ며 신문샤를 창셜ᄒᆞ야 여럿의 뜻을 열니게ᄒᆞ고 학비를 연조ᄒᆞ야 인지를 양셩ᄒᆞ니······
>
> — 1908.1.11, 논설

이는 다른 형태로 반복하여 나타난다. "ᄉᆞ천이빅ᄉᆞ십년을 젼리ᄒᆞ던 강토"(1908.1.31)가 역사 개념을 연도로 표시하여 그것과 강토를 계열화하는 방식이라면, "자기 면토와 조종의 강토"(1908.10.25)는 '조종'이라는 기원으로 강토를 귀속시키는 방식이다. 혹은 "삼쳔리 강토와 ᄉᆞ쳔년 국조"(1907.11.17)처럼 한국을 특징짓는 숫자와 더불어 강토와 국조를 병치하는 방식도 발견된다.

이럼으로써 강토는 현재 존재하는 어떤 왕이나 왕조, 혹은 왕실에 귀속되기를 그친다. 그것을 대신하는 '국조'나 '조종', '단군기자' 등은 이미 사라지고 없는 '왕'이지만 민족이나 국민이라는 집합체의 기원이라는 점에서 사실은 민족이나 국민의 환유가 된다. 이로써 강토는 '왕의 영토'라는 전통적 관념을 대신하여 민족의 영토, 국민의 영토라는 관념이 등장하게 된다. 이는 근대 국민주의 내지 민족주의에서 영토성을 표시하는 가장 일반적인 방법임은 익히 잘 아는 바다. 이제 강토는 국민이나 민족 같은 집합체 자체에 귀속되게 된 것이고, 국민적인 영토성을 분명하게 드러내게 된 것이다.

2) 산천, 강산, 조국

여기서는 일단 '강산'이란 단어에 대해서 먼저 살펴보자. 『대한 매일신보』에서도 강산은 "삼천리 강산과 이천만 인구"처럼 강토와 동일한 의미로 사용된다(가령 1907.7.9). 이는 서술적인 용법으로 사용된 보통명사라고 할 수 있을 것이다. 그러나 이보다 중요한 것은 차라리 '강산'의 경우 빈번하게 '삼천리'와 결합하여 사용되게 되었으며(가령 1907년의 경우 '강산'이란 단어는 그 절반이 '삼천리 강산'으로 사용되었다), 이로써 '삼천리 강산'은 한국의 영토를 표시하는 일종의 상징적 개념이 되었다는 사실일 것이다.

물론 삼천리 강토 역시 동일한 의미에서 한국을 표시하는 상징적 표현이긴 하지만, 강토가 외연적 개념을 표시하는 단어인 데 반해 강산은 구체적인 형상을 그 내용으로 함축하는 단어이기 때문에 '삼천리 강산'이 그러한 상징적 용법에 더욱더 적합하게 된다. 이는 강토와 달리 '강산'이라는 단어가 '수려한', '화려한' 등과 같은 수사적인 단어들과 훨씬 쉽게 결합하여 사용된다는 점만 떠올려도 쉽게 이해할 수 있는 것이다. 지금도 흔히 듣는 표현인 '삼천리 금수강산'(1907.7.21)을 '삼천리 금수강토'라는 말로 바꿀 때 발생하는 어색함을 통해 '강토'와 '강산'이란 말의 차이는 아주 확연하게 드러난다. 다음의 인용문은 이러한 차이를 아주 단적으로 보여준다.

> 오호라 우리대한 인종이 적어 그러흐고 아니라 남과 ᄀᆞ치 인종이 만흐며 사름마다 인의례지츙셩 다ᄒᆞ여 황인종중에 샹등인종이라 홀만ᄒᆞ도다 강토가 적어 그러흐고 삼쳔리강산이 편편ᄒᆞᆫ 빅옥ᄀᆞᆺ고 금은 동텰과 산림어최가 키는 곳마다 니러나고 심으는곳마다 번셩ᄒᆞ도다
>
> — 1907.12.29, 논설

'강토'는 '적다'라는 형용사와 결합되지만, 바로 옆에서 '강산'은 어느새 '삼쳔리 강산'이 되어 백옥, 금은 등과 같은 은유적인 단어들과 결합되어 사용되고 있다. 강토가 한국의 영토를 표시하는 서술적인 개념으로 자리잡게 되면서, 강산은 그와 비교하면 구체적이고 수사적인 용법을 수반하는 상징적 개념으로 자리잡게 된다.

한편 '산천'이란 단어 역시 '강산'과 마찬가지로 구체적인 형상과 내용을 함축하고 있는 단어였고, 이는 이전에는 종종 귀신이나 풍수 같은 전근대적인 습속이나 관념으로까지 이어지면서 계몽가들에 의해 비난의 대상이 되었지만, 자국의 영토에 새로운 질적 특성을 부여하려는 사람에게는 새로운 수사적 개념으로 등장하게 된다.

산천이 여전히 '구경', '풍토', '초목' 등과 같은 단어와 함께 사용된다는 점은 다시 길게 말하지 않을 것이다. 그보다는 '절승ᄒᆞ고 슈려ᄒᆞᆫ 산천 풍토'(1907.11.12)에서처럼 강산과 함께 사용되던 형용사들이 산천과 자주 결합되어 사용되었음이 더 중요해 보인다.

여기서 좀더 나아가 "우리 대한이 동양반도에 잇셔 산천이 명랑ᄒ고 풍긔가 온화ᄒ야"(1907.12.27)처럼 의인적인 수사법이 산천이란 말의 주변에 등장한다. 하지만 좀더 결정적인 것은 '조국'이란 말의 출현하면서 '산천'과 그것이 결합하여 아주 극적인 감정이입의 수사학이 등장한다는 것이다.

미리 말해두어야 할 것은 한자어 '조국(祖國)'이란 말은『대한매일신보』국한문본에는 창간된 해인 1904년부터 등장한다는 점이다. 이 단어는『독립신문』은 물론 최소한 1903년까지의『황성신문』에서도 한번도 나타나지 않는다. 그런 점에서 그 단어는『대한매일신보』를 통해 처음 사용되었다고 할 수 있을 듯하다.『대한매일신보』국한문본의 논설만을 볼 때, '조국(祖國)'이란 단어는 1905년에 2회, 1906년에 13회, 1907년에 17회, 1908년 46회, 1909년 33회, 1910년 18회 등장한다. 그러나 1904년부터 1907년까지『대한매일신보』국문본에는 '조국'이란 단어가 한번도 등장하지 않는다. 동일한 국한문본의 번역본을 보면 '조국(祖國)'이란 말은 모두 '나라'라는 말로 번역되어 있다. 즉 '조국(祖國)'은 국한문본에서 '나라'라는 말을 표시하기 위해 선택된 단어였던 것이다. 그러다가 1908년이 되면서 국문본 논설에 '조국'이란 말이 처음 사용되는데, 그 빈도는 49회에 이른다. 국한문본의 빈도(46회)보다도 많이 사용되고 있는 것이다. 1909년에도 35회, 1910년 18회 사용된다.

이런 점에서 '조국'이란 말이 '나라'를 표시하는 통상적인 단어와 구별되는 새로운 개념으로 등장한 것은 1908년『대한매일신보』에서였다고 할 수 있다. 그렇다면 그것은 통상적인 '나라'라는 말과 어떻게 다른 개념이 되었던 것일까? 다음의 인용문은『대한매일신보』국문본 가운데 '조국'이란 단어가 처음 등장하는 논설이다.

> 외짜로 섯는 솔나무를 만지고 방황ᄒ며 조국산천을 ᄇ라보니 통훈ᄒ도다
> 우리 한국 반도가 강포훈 범의 입에 드렛고 오오훈 동포의 경경은 가마안의
> 고기와 흡ᄉ하고 신성훈 ᄆ국은 리웃나라의 굴네속에 잇도다 슯흐고 통훈ᄒ
> 도다 혈루가 잇고 혈성이 잇는 한국민족이여 긴밤에 취훈 꿈을 어서 씨여 뎌
> 광명훈 일월을 훈번 볼지어다
>
> — 1908.1.9

물론 이전에 『독립신문』에서도 '고국산천'이란 말은 사용된 적
이 있고, 그 경우 감정이입의 대상으로 자국의 영토성을 표현한다
는 점 또한 이와 다르지 않으나, 조국이란 개념이 새로이 등장하
면서 그것을 받치는 개념으로 사용되면서 이제 산천은 이렇게 말
해도 좋다면 '대지의 수사학'이라고 부를 새로운 형태의 수사학을
동반하게 된다는 점은 분명히 이전의 그것과 다른 양상이라고 하
겠다. 이는 조국이라는 단어가 영토적인 관념의 중심으로 새로이
부상하게 되는 중요한 조건이 된다.

이 경우 조국은 단지 영토의 외연을 표시하는 단어가 아니라
개개인이 사랑하고 동일시해야 할 대상이며 그리워하고 되돌아가
야 할 '님'이며 그 자체로 의인화되어 살아 움직이는 실체가 된다.
즉 조국이란 단지 경계를 갖고 구별되는 수많은 '나라'들과 대칭
적인 어떤 하나의 '나라'가 아니라 그 무엇과도 비교할 수 없고 그
무엇으로도 대신할 수 없는 고유성을 갖는 실체로 등장하게 된다
는 것이다.

이러한 특권적 실체로서 조국은 결코 객관적이고 서술적인 개

넘이 아니라 특정한 행동과 마음, 태도를 요구하는 수사적인 개념
이다. 사랑하고 그리워하며 살아 숨쉬는 대상으로서의 조국, 그것
은 아마도 산천이란 개념을 통해서 조국에 부여된 내용적이고 수
사학적인 특징이라고 해야 할 것이다. 조국의 수사학이 '대지의
수사학'이 되었던 것은 그것이 사실은 강산이나 산천이라는 대지
적 개념을 통해서 조국에 접착되었기 때문이라고 할 것이다.

3) 백성, 인민, 국민

『대한매일신보』의 경우 영토와 대응되는 주체를 표시하는 단어
에서 일단 두드러진 것은 이전에는 가장 많이 사용되던 '백성'이
라는 단어가 현격히 줄어들고, 이전에는 사용빈도가 많지 않았던
'국민'이, 적어도 1908년 이후에는 가장 빈도가 높은 단어로 사용
된다는 사실이다. 또, 백성과 인민이라는 말을 동일한 매체에서 비
교해보면, 『독립신문』에서는 국민이란 단어는 연평균 20회 정도
사용된 데 반해 백성은 500회 이상 사용되고 있으며, 역시 빈도가
높은 인민에 비해서도 훨씬 빈도가 높다. 즉 『독립신문』에서 가장
빈번하게 사용되던 말은 '백성'이었다는 것이다. 반면 『대한매일
신보』의 국문본의 경우, 일년 전체 동안 온전히 발행된 시기만을
보면 백성은 연평균 150회 정도 사용된 데 반해 국민은 그 두배
이상 사용되었음을 알 수 있다. 즉 백성이 아니라 국민이나 인민
이 『대한매일신보』 국문본에서는 세 단어 중 가장 빈번하게 사용
된 말이란 것이다.

『독립신문』과 『대한매일신보』 사이에서 발견되는 '백성'과 '국민'의 사용빈도의 역전 현상은 매우 인상적이다. 『대한매일신보』 국문본 자체에서도 '국민'의 빈도는 점점 많아지는데, '백성'의 빈도는 점점 감소한다는 점 또한 시사적이다.

「독립신문」 논설	빅성	국민	인민
1896(4~)	447	24	326
1897	453	23	429
1898	762	39	542
1899	874	12	235

『대한매일신보』 국문본 논설	빅성	국민	인민
1904(8~12)	125	0	1
1905(1~3)	2	23	37
1907(5~12)	362	127	82
1908	195	310	420
1909	148	425	416
1910	18	271	585

이는 두 신문 사이의 시기에 『황성신문』 자체에서도 상당히 뚜렷하게 드러난다. 즉 '백성'이란 말이 1900대 들어 급격히 감소함에 반해, 국민이란 말은 현저하게 늘어나고 있다.

『황성신문』(전체)	百姓	國民	人民	生靈
1898	35	4	255	16
1899	27	54	323	7
1900	4	20	105	17
1901	10	24	112	22
1902	4	86	226	16
1903	8	72	218	15

이는 『독립신문』에서 백성이 임금에게 귀속되며 임금의 보호 대상이었다는 점, 반면 국민은 임금을 포함하는 전체를 표시하는 단어였다는 점을 염두에 둔다면 매우 일관되고 상징적인 징표들이라고 할 수 있을 것이다.

덧붙이면 『황성신문』과 달리 『대한매일신보』에서 국민은 임금으로 귀속되는 용법으로는 사용되지 않는다. 여기서 국민은 분명히 한국에 살고 있는 인구 전체를 지칭하는 개념으로 사용된다. 이 경우 국민은 앞서처럼 '의무'를 상기시키는 개념이고(1907.7.14, 1907.10.9 등), '의기', '강토회복', '생명보전' 등과 계열화되는 개념이다. 예를 들어 1907년 10월 25일자 논설에서는 다음과 같이 쓰고 있다.

> 그러훈 이들은 혼亽도 국민의 열심을 흥긔ᄒ며 의긔를 격동ᄒ야 강토를 회복ᄒ며 셩명을 보젼ᄒ야 ᄌ유 독립을 반셕우혜 굿게 ᄒ엿스니 우리 이쳔만 동포의 ᄌ격이 모다 그 사룸들과ᄂᆞᆫ ᄀᆞ다홀 수ᄂᆞᆫ 업스나 여러 사룸의 ᄆᆞ옴을 합ᄒ면 지략과 능력이 엇지 그 훈사룸만 ᄀᆞ지못ᄒ다ᄒ리오마ᄂᆞᆫ 일반인민들이 ᄌ유의 정신은 반뎜도 업고 노례의 셩질만 ᄀᆞ득ᄒ면 ᄌ유를 차줄날이 언졔오

혹은 의무와 짝 개념으로 의무를 다한 사람만이 가질 수 있는 '자격'이란 관념이 사용되기도 한다(1908.6.5).

한편 이러한 의무나 자격을 상기시키기 위해 국민에 새로운 개념이 추가된다. '정신', '나라혼' 등의 개념이 그것이다. 국문본 『대한매일신보』를 새로이 발간하며 시작한 1907년 5월 23일 논설에는 '국민의 정신'이란 개념이 등장한다. '나라혼'이나 '나라정신'

이란 개념은 사람과 국민의 은유 속에서 국민을 사람과 같은 하나의 단일한 유기체로 비유하면서 새롭게 사용된다.

> 사름이 만일 혼이 업스면 죽는것 곳치 국민의게 만일 나라혼이 업스면 곳 망국이 되는거슨 헌연훈 리치라 대뎌 나라혼이라ㅎ는 거슨 일반국민의 스상이 내몸과 나라스이에 관계 된거슬 확실히 씨다라 내가 곳 나라히오 나라히 곳 내라 나라히 흥ㅎ면 나도 흥ㅎ고 나라히 망ㅎ면 나도 망 ㅎ는 리유를 뢰수정신에 삭여 나와 나라 스이에 관계 된거시 일호라도 용납홀 틈이 업는거슬 확실히 안후에 출ㅎ리 몸을 죽일지 언명 나라의 터럭 곳흔 슈치라도 도라오지 안케홀 ㅁ음으로 죽는 것 보기를 도라가드시 ㅎ는고로 나라혼이 잇는 나라에는 주유와 독립을 누리고 나라혼이 업는 그 나라에는 노례와 어육을 면치 못 ㅎ는지라
>
> — 1907.7.30

이러한 나라혼 내지 나라정신은 역사와 계열화되는 새로운 지점을 포함한다. "나랏정신이라 ㅎ는 쟈는 무엇이뇨 그 나라 력스상으로 젼리ㅎ는 풍쇽과 습관과 법률과 졔도들 중에 션량ㅎ고 아롬다온 쟈가 이것이니라"(1908.8.12) 이는 『대한매일신보』에서 강토가 왕 대신 민족의 기원인 단군 내지 국조를 통해서 역사와 연결되기 시작했던 것과 동형적인 것처럼 보인다.

또 하나 특기할 것은 국민이 규범적 개념의 자리를 확실하게 차지하게 되면서 집합체의 통일성을 표시하는 서술적 개념으로 민족이 그와 비교되면서 부상한다는 점이다. 민족과 국민의 구별을 다룬 1908년 7월 30일자의 유명한 논설이 그것이다.

> 민족이란거슨 다만 곳흔 조샹의 주손에 미인 쟈ㅣ며 곳흔 디방에 사는 쟈ㅣ며 곳흔 력스룰 가진 쟈ㅣ면 곳흔 종교룰 밧드는 쟈ㅣ며 곳흔 말을 쓰는

쟈 | 곳 이민족이라 칭ᄒᆞ는 바 | 어니와 국민이라는 거슬 이와ᄀᆞ치 ᄒᆡ셕ᄒᆞ면 불가ᄒᆞᆯ지라

대뎌 ᄒᆞᆫ 조샹과 력ᄉᆞ와 거디와 종교와 언어의 ᄀᆞᆺ혼거시 국민의 근본은 아닌거시 아니언마ᄂᆞᆫ 다만 이것이 ᄀᆞᆺ다ᄒᆞ야 믄득 국민이라 ᄒᆞᆯ 수 업ᄂᆞ니 비유ᄒᆞ면 근골과 믹락이 진실노 동물되는 근본이라 홀지나 허다히 버려잇는 근골 믹락을 ᄒᆞᆫ곳에 모도와 놋코 이것을 셩긔잇는 동물이라고 억지로 말ᄒᆞᆯ 수 업ᄂᆞᆫ 것과 ᄀᆞᆺ치 뎌 별과 ᄀᆞᆺ치 허여져잇고 모릭ᄀᆞᆺ치 모혀 사ᄂᆞᆫ 민족을 가ᄅᆞ쳐 국민이라 홈이 엇지 가ᄒᆞ리오 국민이란 쟈ᄂᆞᆫ 그 조샹과 력ᄉᆞ와 거디와 종교와 언어가 ᄀᆞᆺ혼외에 ᄯᅩ 반드시 ᄀᆞᆺ혼 졍신을 가지며 ᄀᆞᆺ혼 리해를 취ᄒᆞ며 ᄀᆞᆺ혼 ᄒᆡᆼ동을 지어셔 그 ᄂᆡ부에 조직됨이 ᄒᆞᆫ몸에 근골과 ᄀᆞᆺᄒᆞ며 밧글 디ᄒᆞᆫ 졍신은 ᄒᆞᆫ 영문에 군디ᄀᆞᆺ치 ᄒᆞ여야 이거슬 국민이라 ᄒᆞᄂᆞ니라

민족이란 동일한 조상의 자손이며 동일한 지방에 사는 자, 그리고 같은 역사, 같은 종교를 가지며 같은 언어를 사용하는 자로 정의한다. 사실 이러한 개념은 『독립신문』에서 본 것처럼 이전의 국민이란 개념에 암묵적으로 포함되어 있던 요소일 것이다. 다만 다른 점은 동일한 역사라는 요인이 추가되고 있다는 점이다.

그런데 보다시피 이 논설에서 강조하려는 초점은 민족이 아니라 국민이다. 민족을 규정하는 이런 요인만으로는 국민을 정의하기에 부족하다고 하면서 또 하나의 결정적인 요소를 추가해야 한다고 말한다. 그것은 '정신'이다. 앞서 말했던 '나라혼'이나 '나라정신', '국혼' 등이 바로 그것일 게다. 이것이 있음을 때 근골이 있던 개체는 비로소 정신이 있는 진정한 유기적 전체가 된다는 것이다.

이런 의미에서 민족이 특정한 조건을 동일하게 공유하는 사람들의 집단이라는 서술적인 개념, 객관적인 개념이라면, 국민은 거기에 정신이라는 요소를 추가해서 만들어지는 주관적·주체적 개

넘이며, 그런 요소를 통해 사람들에게 특정한 태도와 행동을 촉구하고 요구하는 규범적인 개념이다. 자격 있는 국민이 되는 것, 그것이 바로 국민이란 개념을 통해서 이 논설의 필자가 말하고자 하는 것이다.

그렇지만 민족이란 개념이 국민과 대비되는 이런 개념에 머무는 것은 아니다. 특히 민족이 명시적으로 정의되면서 이전에 없던 '역사'라는 요인이 추가된다는 사실은 단순히 외연을 규정하는 하나의 요인으로 환원될 수 없는 중요성을 갖는다. 그것은 민족이 적어도 한국의 경우에는 그 개념적 발생의 시기부터 역사라는 개념과 밀접하게 결부되어 있음을 뜻하는데, 이는 민족이란 개념이 본격적으로 등장하는 시기가 또한 '력스'라는 개념이 본격적으로 사용되기 시작하는 시기라는 사실, 그리고 그 시기에 강토라는 개념이 단군이나 종조라는 기원을 통해서 역사와 연결되고 있다는 사실과 매우 긴밀한 연관을 갖는다.

이 논설에서는 국민이 민족의 모든 규정에다 다른 하나를 덧붙이기에 형식적으로 보자면 국민에는 이미 민족에 포함된 동일한 역사를 공유한다는 점이 내포되어 있다고 말할 수도 있을 것이다. 그러나 '민족'이나 '국민'이란 개념을 실제로 사용하는 구체적인 용법이 그런 형식적 포함 관계로 환원되지 않는다는 것을 굳이 상술할 이유가 있을까? 논리적이고 형식적인 포함 관계가 어떻든 간에, 여기서 국민이란 개념은 '정신'을 강조하기 위해 사용되는 말인 것이고, 민족이란 역사나 조건을 공유하는 일반적 용법으로 사용되고 있을 뿐인 것이다. 이러한 민족의 개념은, 이 시기에 새로이 주목하게 된 역사 개념과 결부하여 그것이 새로이 발전하게 되는 양상을 통해서 그 구체적인 의미를 정확하게 이해할 수 있을 터인데, 이는 중요한 만큼 세심한 고찰을 요구하지만 여기서 더 자세히 언급하기엔 여건이 허락하지 않는다. 다만 국민이 일차적으로 영토적인 개념이라면 민족은 일차적으로 역사적인 개념이란 점, 다시 말해 국민이 공간적인 성격을 함축한다면, 민족은 시간적인 성격을 함축한다는 점만을 지적하는 것으로 만족해야 할 듯하다.

6. 결론

지금까지 '강토', '강산', '산천' 등을 중심으로 한 영토적 개념들과 '백성', '인민', '국민' 등 그에 대응하는 '주체적' 개념들이 근대계몽기에 어떤 식으로 사용되었는가를 『독립신문』, 1903년까지의 『황성신문』, 그리고 『대한매일신보』를 통해서 살펴보았다. 대충 요약하면 다음과 같다.

먼저 강토라는 단어는 영토를 표시하는 서술적이고 일반적인 개념으로 사용되고 있는데, 『독립신문』의 경우에는 그것이 '인민' 내지 '백성'과 짝을 이루어 그 전체가 왕으로 귀속되는 방식으로 사용된다는 것을 확인할 수 있었다. 이는 『황성신문』에서도 다르지 않았다. 이런 점에서 근대적인 공간 개념의 요소가 없지 않음에도 불구하고 실질적으로는 토지는 왕의 영토라는 전통적인 영토 관념에서 벗어나지 못했다고 말할 수 있다. 반면 『대한매일신

보』에서는 '강토'가 왕이 아니라 '단군'이나 '국조' 등으로 귀속됨
으로써 현존하는 왕이나 왕조가 아니라, 후일 국민 내지 민족의
기원을 이룬다고 간주되는 지점으로 귀속되고 있었다. 이런 점에
서 전통적인 영토 관념에서 벗어나 영토를 역사를 매개로 민족이
나 국민 자체에 귀속시키는 근대적인 관념을 보여주고 있었다는
점에서 앞의 두 신문과 크게 다르다고 할 수 있다.

다음으로 '강산'이나 '산천'은 자연적이고 경관적인, 혹은 지형
적인 특성을 표시하는 구체적인 내용의 공간을 표시하는 질적인
개념이란 점에서 '강토'라는 외연적 개념과 구별되었다. 동시에 그
것은 바로 그런 사실로 인해 종종 미신으로 비난받는 전통적 관념
을 함축하는 것이기도 했다. 한편 그것은 질적인 특성을 함축하기
때문에 '화려한', '수려한' 등처럼 지금도 함께 사용되는 단어들과
더불어 수사적인 용법으로 많이 사용되었다. 이들 개념과 관련해
서 중요한 것은 '조국'이란 개념이었다. 『대한매일신보』에서 처음
으로 나타나는 이 개념은, '강산'이나 '산천'처럼 질적 특성을 함
축한다. '조국'이라는 개념은 가령 '산천'이란 단어와 결합되어 자
신의 나라를 다른 무엇으로도 대체할 수 없는 특별한 영토적 실체
로 부각시키는 '내지(大地)의 수사학'을 창출하는데 결정적인 역할
을 한다. 이는 민족주의 담론에서 흔히 발견되는 '대지의 수사학'
이나 낭만주의적 수사학의 발생지점이라고 하겠다.

마지막으로 영토에 대응되는 주체 개념에서는 '백성'과 '인민',
'국민' 등이 서로 뒤섞이고 겹치면서 많은 경우 대체 가능한 의미
로 함께 사용되었다. 그런데 『독립신문』에서는 '국민'이란 단어는
다른 두 단어에 비해 매우 적은 비율로 출현하는 반면 백성이란

단어가 가장 많이 사용된다면,『대한매일신보』는 반대로 '국민'이란 단어가『독립신문』에 비해 훨씬 많이 사용될 뿐 아니라 '백성'이란 단어가 시간이 지나면서 급속히 감소하는 데 반해 '국민'은 급속히 증가하며 1908년 이후에는 '국민'이 '백성'에 비해 훨씬 많이 사용되게 된다는 점에서 대비된다. 이는 '백성'이 임금과 짝을 이루며 임금에게 귀속되는 의미로 사용되는 개념임에 비해, 적어도『독립신문』이나『대한매일신보』에서 '국민'은 임금에 귀속되지 않으며 오히려 임금을 포함하는 전체로 사용되었다는 사실과 밀접한 연관을 갖고 있다. 다시 말해 '백성'이 상대적으로 전통적 개념에 가까운 방식으로 사용된다면 '국민'은 근대적 개념에 근접하는 개념이었다는 것이다. 한편 '인민'은 이 두 단어 사이에서 어느 쪽과도 겹치면서 뒤섞여 사용되었는데, 이로 인해『독립신문』과『황성신문』·『대한매일신보』모두에서 매우 높은 빈도로 사용된다. 하지만 '국민'이나 '백성'처럼 특별한 변화의 추이를 보여주지는 않는다.

다른 한편 '국민'은『독립신문』에서도 특정한 행동이나 태도를 대중에게 요구하는 규범적인 용법으로 사용되었는데, 이는 다른 신문에서도 마찬가지였다.『대한매일신보』는 이러한 규범적 용법을 좀더 분명하게 강조하기 위해 '민족'이라는 서술적 개념과 대비하여 '국민'을 '나라정신'을 필수적 성분으로 포함하는 규범적 개념으로 명시적으로 제한하여 규정하기도 했다. 이러한 규범적 개념이 강토의 보존이라는 문제의식과 직접 잇닿아 있는 것이란 점은 따로 말하지 않아도 충분히 짐작할 수 있을 것이다.

이상의 사실로 보건대『독립신문』이나『황성신문』에서 사용되는 몇 가지 영토적인 공간 개념이 근대적인 것이었다고 하기는 어려울 듯하다. 근대적 공간 개념의 요소들을 다분히 포함하고 있긴 했지만, 전체적으로는 임금과 영토를 분리시키지 못했고 그 결과 영토에 대응되는 주체 개념은 임금의 보호와 배려를 받아야 할 '어린 백성'이라는 전통적 관념과 임금을 포함하는 전체적인 집합체로서 '국민'이란 근대적 개념 사이에서 동요하고 있었다. 『독립신문』에서 '백성'의 사용빈도가 아주 높은 데 반해 '국민'의 빈도는 아주 낮다는 사실은 『독립신문』에서 나타나는 그러한 동요가 사실은 '백성'이라는 말로 표현되는 전통적 관념의 근방에서 이루어지고 있었음을 보여준다. 이에 반해 『황성신문』에서는 '인민'이란 개념이 주로 사용되는 가운데, '백성'에서 '국민'으로 동요의 중심이 이동하는 양상을 보여준다고 할 수 있다. 반면 『대한매일신보』에서는 임금이나 종묘사직과 단절된 외연적인 영토 개념과 대지적 수사학을 동반하는 '조국'이라는 내포적인 영토 개념이, '나라혼'을 통해서 통합된 유기적 전체로서 '국민'이란 개념과 결합되어 근대 민족주의(국민주의) 운동의 자장을 형성하는 영토적 공간을 전형적인 형태로 보여준다. 아마도 이것이 근대적인 형태의 영토적 공간 개념이 확고하게 자리잡은 지점이었다고 해도 좋을 것이다.

『독립신문』의 근대국가 건설론

김동택

1. 서론

이 논문은『독립신문』에 나타난 근대국가 구상을 검토하고 그
것의 역사적 위상을 평가하는데 목적이 있다. 이 논문의 기본적인
주장은『독립신문』은 선동적인 정치체제를 보완하는 보수적인 방
식으로 근대국가를 추구하였지, 근대국민국가를 구상하지는 않았
다는 것이다. 이는 1896년에서 1899년까지 발행되었던『독립신문』
은 고종과 고종 주위의 보수 수구 세력에 반대하는 개화 세력의
견해를 대변한 최초의 민간 신문[1]이며, 위로부터의 개혁과 민족주

---

1) 이광린,「서재필의『독립신문』간행에 대하여」,『진단학보』, 진단학회, 1975;
   신용하,『獨立協會硏究, 獨立新聞, 獨立協會, 萬民共同會의 思想과 運動』, 일

의를 주장했고,[2] 부르조아들의 정치적 견해를 대표하여 국민국가 건설과 입헌정체론을 주장했다[3]는 일반적인 인식과는 견해를 달리하는 것이다. 물론 이러한 견해에 대한 비판도 꾸준히 제기되었는데, 즉『독립신문』과 독립협회는 제국주의의 침략성에 대한 의식이 희박했을 뿐만 아니라 반민중적이었으며,[4] 자유주의자들이 가진 계급적 한계를 전형적으로 드러내고 있다는 것이다.[5]

그런데 기존 연구들에서는 다음과 같은 문제점을 갖고 있는 경우가 발견된다. 첫째, 개별 인물이나 주도 세력 혹은 특정한 개념이나 제도를 지나치게 확대 해석하는 경우이다. 예를 들어『독립신문』에 사용된 인권·민권·자유·독립과 같은 개념들은 입헌공화제나 민주정과 같은 정치체제나 정치 이념을 전제하지 않고서라도 얼마든지 거론할 수 있다. 문제는 왕정이나 황제정권하에서도 민권·자유·독립과 같은 개념들은 얼마든지 주장될 수 있다는 점이다. 따라서 민권·자유·독립과 같은 개념들이 주장된다고 해서 그것을 민주주의, 공화제라고 해석하는 것은 과잉 해석의 소지가 충분한

조각, 1976; 정진석,『한국언론사』, 나남, 1990.

2) 김영작,『한말네셔널리즘연구-사상과 현실』, 청계연구소, 1989.

3) 신용하,「19세기 한국의 근대국가형성문제와 입헌공화국 수립운동」,『한국의 근대국가형성과 민족문제』(한국사연구회), 문학과지성사, 1988, 61면; 홍원표,「독립협회의 국가건설사상-서재필과 윤치호」,『국제정치논총』제43집 4호, 2003, 497면; 김신재,「독립협회의 중추원 개편운동과 그 성격」,『경주사학』10집, 1991, 198면.

4) 주진오,「독립협회의 주도세력과 참가계층-독립문 건립 추진위원회 시기를 중심으로」,『동방학지』77~79합집, 연세대 국학연구원, 1993, 681~682면; 려증동,「부왜역적 기관지『독립신문』주변 연구」,『배달말』, 배달말학회, 1989, 29면.

5) 이나미,「『독립신문』에 나타난 자유주의 사상에 관한 연구」, 고려대 박사논문, 2000, 9면.

것이다. 둘째,『독립신문』의 텍스트에서 나타나는 어떤 개념에 대한 지식적인 측면과 그것의 구체적인 적용 가능성 여부를 구분하지 않고 사용한다는 점이다. 예를 들어 민권이란 개념을 설명하는 것과 그것이 바람직하고 실천되어야 한다는 주장을 구분하지 않고 사용함으로써 해석상의 문제를 낳을 소지를 갖고 있다. 셋째, 당시 사용된 용어들을 현재의 이론적 개념으로 재해석하여 사용하고 있다는 점이다. 예를 들어『독립신문』에 '의정'으로 표현된 것을 '의회'로 사용하는 경우가 있는데, 이 또한 잘못된 해석을 낳을 수가 있다. 넷째, 논설의 일부 표현을 확대 해석하여 전체적인 논설의 맥락을 잘못 해석하거나, 하나의 논설과 다른 논설이 서로 충돌하거나 다른 주장을 하는 경우가 있는데, 하나의 논지만을 내세워『독립신문』의 일반적인 논지라 주장하는 것도 흔히 발견될 수 있다.

따라서 이 논문은『독립신문』에 사용된 많은 개념과 용어들을 근대국가구상이라는 정치체제 형성의 관점에 위치시키고, 역사적 맥락과 텍스트의 분석을 통해『독립신문』의 역사적 특성, 근대성의 성격을 규명하려한다. 이 논문에서 필자는『독립신문』은 인민을 강조했지만 주권을 가진 인민 즉 국민은 거부했으며, 의회를 강조했지만 그것이 국민주권으로부터 만들어지지 않고 지식인이나 특권 세력에 의해 만들어져야 한다고 강조했으며, 나라의 독립을 강조했지만 때때로 문명론에 압도되어 국가의 경계마저도 무시할 때가 있었으며, 민족은 이 시점에서 아예 거론조차 되지 않았을 뿐만 아니라 주권을 가진 공동체로서의 민족이란 개념은 의도적으로 배제되었다는 점을 보여줄 것이다. 즉『독립신문』이 추구했던 것은 근대국민국가가 아니라 위계적인 차별과 기존 정치제도를 보완하는 보수적 개혁이었음을 주장할 것이다. 나아가 그 이유가 근대 적인 지식의 결핍, 예를 들어 민주정이나 공화정, 인민주권과 같은 개념이나 제도에 대한 이해의 부족이라기보다는 이 시기 개화 지식인들의 일관된 보수성 때문이었다는 점을 밝혀보고자 한다.

이러한 작업을 위해 먼저 『독립신문』이 어떠한 역사적 맥락에서 발행되었는가를 검토하고 『독립신문』의 내용 분석에 들어가 1896년부터 1899년까지 간행되었던 『독립신문』 전체를 대상으로, 그 가운데서도 정치적 경제적 사회적 사안들에 대한 당시 지식인들[집필자]들의 인식 내용, 판단과 평가, 보도를 통한 사회적 파급의 의도, 대안의 제시 등 다양한 내용들이 존재하며 따라서 당시의 지식 담론을 엿볼 수 있는 가장 중요한 자원들을 갖고 있는 논설 부분을 집중적으로 검토할 것이다. 그런 다음 『독립신문』이 차지하는 근대 구상이 일련의 역사성 속에 위치하고 있음을 설명할 것이다. 분석의 대상이 되는 『독립신문』의 판본은 LG 상남재단에서 영인한 것을 사용하였으며 인용은 년도와 날짜로 한정하겠다.

2. 『독립신문』 발행과 폐간의 정치적 맥락

『독립신문』이 발행되기 2년 전인 1894년에 갑오농민전쟁, 청일전쟁, 갑오개혁 등 그야말로 여러 사건들이 복합적으로 발생했다. 갑오개혁을 주도하던 관료 연합 정권은 1896년 아관파천과 더불어 붕괴되었다. 고종은 아관파천 후 정국을 주도하면서 권력을 강화하고 있었다. 『독립신문』은 신권과 군권의 대립으로 설명될 수 있는 이 시기 개혁을 둘러싼 갈등[6] 속에서 발행되었고 이어서 독립협회가 결성되었다. 이듬해에 고종의 환궁과 칭제 건원이 이루어졌고 이어서 대한제국이 성립되었다. 대한제국이 성립될 때까지 『독립신문』과 독립협회 그리고 고종의 관계는 대립적이었다기보다는 협력적이었다.

『독립신문』을 고종 혹은 수구정권과 정치적으로 대치되는 것으로 보는 견해는 잘못된 것이다. 『독립신문』은 첫 호에서 스스로를 왕과 민의 의사소통의 기구로 규정하면서 왕권과 민을 연결시키고 부정부패에 물든 관료를 고발하고 사회개혁을 통해 나라를 쇄신하겠다는 견해를 밝혔다. 그리고 그러한 역할은 충실히 수행되었다. 『독립신문』과 마찬가지로 정부와 독립협회의 관계 또한 협력적이었다. 독립협회가 창립 초기 고종의 지원을 받는 반관반민 단체였듯이[7] 『독립신문』 또한 관민합작품으로서 그것이 만들어지기까지 왕과 정부 관료들의 지원이 절대적이었다.[8] 실제로 『독립신문』은 고종의 환궁, 칭제건원 과정에서 고종의 정치적 협력자로서 아낌없는 지원을 보냈다. 따라서 『독립신문』이 최초의 민간 신문이라거나 서재필의 개인적 능력에 의해 발행되었다거나 하는 논의가

---

6) 김동택, 「19세기 말 근대국가 건설과정에서 나타난 정치적 균열 — 갑오개혁과 광무개혁을 중심으로」, 『정치학회보』 34집 4호, 2000, 41면.

7) 주진오, 앞의 글, 685~688면.

8) 채백, 「『독립신문』의 성격에 관한 일 연구 — 한국 최초의 민간지라는 평가에 대한 재검토를 중심으로」, 『한국사회와 언론』, 한국언론정보학회, 1992, 308면; 주진오, 위의 글, 685면.

있지만, 이러한 견해는 잘못된 것임에 분명하다. 그러나 황제와 『독립신문』 그리고 독립협회의 관계는 러시아의 이권 양도 문제로 관민공동회가 개최되고 이 과정에서 보다 적극적인 정치참여 의사를 밝힌 독립협회가 중추원 관제개혁을 들고 나오면서 갈등 관계에 접어들게 된다. 양자의 갈등은 파국으로 치달아 1898년 12월 독립협회가 해체되었고 이듬해인 1899년 『독립신문』도 폐간되었다.

주목해야 할 점은 1898년 11월을 전후하여 관민공동회 주최로 본격적인 길거리 투쟁이 전개되었던 순간에도, 『독립신문』은 길거리로 나섰던 인민들에게 정치적 권리를 주고자 하지 않았다는 것이다. 보수적인 집권 관료들이 독립협회에게 어떠한 정치적 권리도 양보하려 하지 않았듯이 독립협회와 『독립신문』 또한 일반 인민들에게 정치적 권리를 부여하기를 거부했던 것이다.

『독립신문』의 발행될 당시 왕에게 지원을 받았다는 점, 『독립신문』이 일관되게 왕에게 그리고 나중에는 황제에게 충성을 맹세했다는 점만으로 『독립신문』이 지배 분파였다고 주장하는 것은 잘못된 것일지도 모른다. 충군애국은 주어진 조건하에서 하나의 수사학일 수도 있기 때문이다. 그러나 『독립신문』이 일반 인민들에게 참정권을 부여하는 것을 거부했다는 것, 곧 주권을 가진 인민 즉 국민의 형성을 거부했다는 것은 단순한 수사의 문제일 수 없다. 그것은 기존 정치체제와 추구해야 할 정치체제에 대한 기본적인 인식의 문제이기 때문이다.

『독립신문』은 근대국가를 지향했을지는 모르지만 그것은 기존 체제의 강화를 통한 보수적인 근대화전략이었지, 근대국민국가를 지향했다고 볼 수는 없다. 즉 『독립신문』의 상대적인 근대성은 인정할 수 있지만 그 이상의 평가는 곤란하다. 이하에서는 이러한 역사적 맥락이 『독립신문』에서 구체적으로 어떻게 표현되고 있는지를 텍스트 분석을 통해 검토해보기로 하겠다.

3. 『독립신문』과 국민

『독립신문』에서 나타나고 있는 근대 정치체제 구상이 입헌군주제나 공화정에 입각한 근대 민족국가 건설이라는 견해는 다음과 같은 논리 체계를 갖고 있다. 『독립신문』은 천부인권설에 근거하여 인권을 중시하고 인민의 권리를 규정하였으며, 이에 근거하여 인민들의 법적 권리와 참정권을 주장하였으며 그러한 권리를 제도화시킨 것이 법에 의한 지배와 중추원 관제개혁이었으며 여기서 입헌군주제 혹은 입헌공화제라는 근대국민국가를 추구했다는 것이다.[9] 여기서는 근대 국민국가의 전제인 인간과 국민에 대한 관념을 검토해 보겠다.

『독립신문』에서는 인권이라는 단어를 찾아보기 힘들다. 만약 『독립신문』에서 인권 문제를 거론할 수 있다면 그것은 현재의 관

---

9) 신용하, 『甲午改革과 獨立協會運動의 社會史』, 서울대 출판부, 2001, 338~339면; 김신재, 앞의 글, 34~35면; 홍원표, 위의 글, 496면; 정용화, 「서구 인권 사상의 수용과 전개-『독립신문』을 중심으로」, 『한국정치학회보』, 한국정치학회, 2003, 83면.

넘을 투영하여『독립신문』의 텍스트를 재해석하는 작업이 될 가능성이 높다.[10] 인권 개념이 인간 개개인이 보편적으로 가지거나 존중받아야 하는 권리라는 의미라면, 그러한 텍스트는『독립신문』에서 부분적으로 발견될 수 있다. 하지만 근대문명, 그것도 부강한 국가를 추구했던『독립신문』에서 중요한 것은 보편적이고 추상적인 인권이 아니라 그러한 국가를 구성하는 인간, 사회적 혹은 정치적 존재로서 인간이었고 그것을 핵심적으로 나타내는 개념은 민권이었다.『독립신문』에서 민권이라는 용어는 14회 권리라는 용어는 471회 등장하는데, 보통 인민의 권리라는 용법으로 사용되고 있다.『독립신문』이 권리 개념을 자주 사용하면서 민권을 언급하는 이유는 인간의 권리를 사회 정치적인 맥락에서 해석하기 때문이다. 개인의 재산권도 법적 정치적 맥락에서만 해석될 수 있음 그럴 때, 개인의 재산권이 보장될 때, 나라도 부강해진다는 것이다.

그런 의미에서『독립신문』이 "빅셩마다 얼마큼 하느님이 주신 권리가 잇ᄂ디 그 권리ᄂ 아모라도 쎗지 못ᄒᄂ 권리요"[11]라고 하여 천부인권을 언급하고 있음을 거론하면서 이를 영미의 자유주의적 자연권 개념의 수용으로 해석하고 그로부터 인민 주권을 주장했다는 견해[12]는 몇 가지 점에서 문제가 있다. 첫째, 민권은 법률에 의해서만 규정된다. "나라에 법률과 규칙과 쟝정을 ᄆ든 본의ᄂ 첫지ᄂ 사롬의 권리를 잇게 졍히 놋코 사롬마다 가진 권리를 남의게

---

10) 정용화, 위의 글, 69면.
11)『독립신문』, 1897.3.9. * 이하 별도의 표기 없이 날짜만 인용.
12) 신용하,「19세기 한국의 근대국가형성문제와 입헌공화국 수립운동」,『한국의 근대국가형성과 민족문제』(한국사연구회), 문학과지성사, 1988, 64~65면.

빼앗기지 안케 홈이요 또 남의 권리를 아모나 빼앗지 못ᄒ게 홈이라"(1897.3.18)라고 하여 법이나 정치체로부터 보장되지 않는 권리는 혼란을 초래할 뿐만 아니라 "법률과 쟝졍과 규칙(을) 시힝치 아니ᄒ 눈 사롬은 나라에 원슈요 셰계에 뎨일 쳔훈 사롬이라"(1897.3.18)고 규정함으로써 사람의 권리는 법에 의해 규정되고 그것을 지키지 않는 사람은 나라의 원수, 세계의 천민으로 간주된다. 따라서 하늘이 주신 권리는 기존 체제가 부과한 법에 의해서만 보장될 뿐이다.

둘째, 그러나 인간이 지켜야 할 법은 실정법임에도 그것을 누가 만드는지에 대해서는 아무런 설명을 하지 않음으로써 법을 만드는 권리보다는 이미 부과된 질서를 지켜야 하는 의무로서의 의미가 강조되고 있다. 법률이 821회 재판(지판)이 496회나 사용될 만큼 법과 관련된 용어는 자주 사용되고 있는데 "빅셩이 법률과 규칙을 억이거드면 몬져 지판을 자셰히 ᄒ여 빅셩이 죄 잇는 증거를 확실이 알거드면……. 법률을 좃차 다스리는 거시 법관의 직무라"(1896.4.16) 하여 법률 재판 증거를 강조하거나 "님군을 스랑ᄒ고 빅셩을 구완ᄒ눈 법률과 리치를 ᄎᄎ 일씌여 주고"(1896.4.18)라든다 "문명기화훈 풍속과 법률이 국즁에 셔게홀 싱각이 잇스면"(1896.9.1)라고 도덕과 이치를 강조한다. 법률을 지켜아 하고 공평히 시힝해야 힌다는 점은 반복해서 강조되고 있지만, 누가 왜 어떻게 법률을 만드는지에 대해서는 아무런 언급이 없어서 인민의 권리를 규정하는 법은 주어진 질서의 유지를 위한 수단으로만 파악되고 있다.

셋째, 이처럼 제한적 의미를 지닌 민권 개념을 계약론이나 인민주권론으로 확대해석하여 그것을 정치참여의 권리로 연결시키는 것은 잘못이다. 서구 자연법론자들과 자유주의자들도 정치적 참여의 정당성을 천부인권에서 찾지는 않는다. 천부인권과 참정권은 별개의 문제이다. 자연법론자들은 모든 사람은 천부인권을 갖고 있지만, 참정권은 재산을 가진 자에게 허용하고 있다.[13] 따라서 『독립신문』은 인민들의 참정권을 부정하고 일부 계층이나 독립협회 회원이 의원이 될 수 있도록 한 것은 전형적인 자유주의적 논리라는 견해[14]가 오히려 타당하다.

서구의 자연권론자들과 자유주의자들은 재산권을 가진 시민들에게 참정권을 부여하고 그로부터 정치체제의 기원을 설명하지만, 『독립신문』의 논리는 그와는 달리 교육받은 자와 그렇지 못한 자의 구분을 전제로 하고 있다. "하의원이라 ᄒᆞᄂᆞᆫ 것은 빅성의게 정권을 주는 것이라 졍권를 가지는 사름은 ᄒᆞᆫ 사름이던지 몃만명이던지 지식과 학문이 잇서셔 다만 내 권리만 알 뿐 아니라 남의 권리를 손샹치 아니 ᄒᆞ며 사ᄉᆞ를 이져 ᄇᆞ리고 공무를 몬져 ᄒᆞ며 쟉은 혐의를 보지 안코 큰 의리를 슝샹 ᄒᆞ여야 민국에 유익ᄒᆞᆫ 정치를 시힝 홀지니 무식 하면 ᄒᆞᆫ 사름이 다ᄉᆞ리나 여러 사름이 다ᄉᆞ리나 국졍이 그르기는 맛찬가지요 무식ᄒᆞᆫ 셰계에는 군쥬국이 도로혀 민쥬국보다 견고 홈은 고금 ᄉᆞ긔와 구미 각국 졍형을 보와도 알지라 (…중략…) 우리 나라 인민들은 몃 빅년 교휵이 업셔셔 나라 일이 엇지 되던지 ᄌᆞ긔의게 당쟝 괴로온 일이 업스면 막연히 샹관 아니 ᄒᆞ며 정부가 뉘 손에 들던지 죠반 셕죽만 ᄒᆞ고 지니면

---

13) C. B. Macpherson, *The Political Theory of Possessive Individualism*, Oxford, 1975, pp.249 ~250; John Locke, *The Second Treatise of Government*, Basil Blackwell, 1976, p.32, p.34, p.117.

14) 이나미, 앞의 논문, 153면.

어느 나라 쇽국이 되던지 걱정 아니 ᄒ며 (…중략…) 이러ᄒ 빅셩의게 홀연히 민권을 주어셔 하의원을 셜시 ᄒᄂ 것은 도로혀 위틱홈을 속 ᄒ게 홈이라(…중략…) ᄉ오십년 진보ᄒ 후에나 하의원을 싱각 ᄒᄂ 것이 온당 ᄒ겟도다."(1898.7.27)

문제는 재산권에 입각한 참정권의 부여는 불평등할지는 몰라도 제도화는 가능하다. 하지만 유식과 무식의 구분은 대단히 자의적이어서 제도화가 힘들다. 존 스튜어트 밀도 19세기 중반 영국에서 참정권의 확대가 문제되었던 시기에 재산과 교양에 따라 참정권을 제한해야 한다고 지적한 바 있다. 밀 자신도 교육의 질을 판가름할 제도적 장치가 부재하다는 점을 들어 재산권을 참정권의 기준으로 삼은 바 있다. 문제는 정치적 참여에 필요한 교육이나 교양은 이라는 것은 그것을 감당할 재산이 존재해야만 한다는 사실이다. 따라서 교육의 문제는 재산권의 문제와 결코 분리해서 생각할 수 없다.[15] 『독립신문』은 개인의 재산권 문제를 중요하게 취급하고 있음에도(1896.9.15, 1896.11.10, 1896.12.8, 1896.12.8, 1898.8.15, 1898.9.7) 그것을 정치적 참정권의 문제와 연결시키지 않고 있다. 더구나 교육이나 교양을 참정권의 자격을 규정하는 하나의 요인으로 규정하는 서구 사유주의와 달리 『독립신문』에서 718회 가량 등장하는 학문과 139회 등장하는 교육(教育)은 정치적 권리와 국가 건설에서 압도적으로 중요한 요소로 간주되고 있을 뿐만 아니라 심지어 군대나 산업보다 더 중요한 것이라고 여러 곳에서 지적되고 있다. 이렇게 보았을 때, 『독립신문』의 정치체제 구상에서는 재산권을

---

15) John Stuart Mill, *Representative Government*, from Utilitarianism, Liberty and Representative Government, London, J. M. Dent and Sons, Ltd., 1951, pp.390~395.

중심으로 정치체제의 성립과 작동을 설명하는 서구 자유주의의 영향보다는 지식을 중요시하는 유교적 전통, 조선의 문민 지배 원리가 보다 강하게 작동하고 있다고 추론할 수 있다.

이처럼, 『독립신문』에서 나타난 천부인권 개념은 개념 자체의 쓰임새가 제한적일뿐더러 그것으로부터 도출될 수 있는 정치적 함의는 거의 없고 단순한 수사에 그치고 있다. 따라서 『독립신문』에 나타난 민권 개념은 그 자체로는 조선시대에 비해 진일보한 개념이라고 할 수 있지만, 그것으로 인민주권의 문제를 거론하기에는 그 근거가 대단히 취약하다.

국민의 형성과 관련하여, 민권과 더불어 중요한 것은 평등의 문제이다. 국민국가에서 국민은, 비록 형식적이지만, 개념상의 평등이 전제된다. 그런데 『독립신문』에서 평등 개념은 이중적이다. 한편으로는 법과 하느님 앞에서의 평등을 이야기하지만 다른 한편으로는 상하귀천의 존재를 분명히 인정하고 있다. 그리고 이 두 가지는 교묘하게 조합된다. 예를 들어 "우리신문이 한문은 아니쓰고 다만 국문으로만 쓰는거슨 상하귀천이 다 보게 홈이라"(1896.4.7)라거나 "나라일에 당ᄒᆞ여셔는 상하귀천이 합ᄒᆞ야 될터"(1898.3.17)라는 논설은 평등을 역설한 것[16]이 아니라 불평등을 인정하면서 그 위에 단합을 요구하는 역설이 그대로 반영되어 있다. 또 중추원 관제개혁 당시 영문 기사의 제목은 모든 신분의 회합이라고 적고 있다.[17] 이러한 차별의 인정과 그것의 통합은 『독립신문』 곳곳에서 언급되고 있다. 이는 추구해야 할 가치와 그렇지 못한 현실 사

---

16) 정용화, 앞의 글, 72면.

17) The Independent, November 1th, "An Assembly of all castes".

이의 타협이라는 측면과 더불어 차별적인 인민을 모두 국가를 위해 동원하려는 측면이 작동하고 있음을 알 수 있지만, 그러한 불평등을 실질적으로 어떻게 타파하여 평등을 확보할 것인지에 대해서는 도덕적인 훈계로 일관하고 있다.

당시 사람들을 지칭하는데 가장 많이 사용되었던 용어는 백성(빅셩)으로서 약 2,466회 정도 등장한다. 백성은 "우리가 빅셩이라고 말ᄒᆞ는 거시 다만 벼슬 아니 ᄒᆞ는 사름만 가지고 말ᄒᆞ는 것시 아니라 누구던지 그 나라에 사는 사름은 모도 그 나라 빅셩이라"(1897.3.9)고 정의되고 있다. 벼슬하고 안하고를 떠나 모두 백성이라 불릴 수 있다는 점에서 동등성이라는 개념이 어느 정도 자리를 잡고 있었다는 것은 분명 과거와 달라진 점이라고 할 수 있을 것이다. 이렇게 광범위하게 정의된 빅셩이란 개념은 1532회 정도 등장하는 인민이라는 용어와 162회 등장하는 신민 그리고 98회 정도 등장하는 국민이라는 용어와 바꿔 사용될 수 있는 것이다. 따라서 백성·인민·신민·국민은 사회 정치적인 행위 주체로서의 새로운 의미, 예컨대 참정권이나 주권을 지닌 국민이라는 의미를 전혀 갖고 있지 않다.

『독립신문』에 나타나고 있는 사회적 존재로서의 인간에 대한 관념을 검토해보면 참성권을 행사하는 주권을 지닌 국민의 존새를 찾기는 거의 불가능해 보인다. 실지로 『독립신문』에서 국민이라는 단어는 가끔 등장하지만 국민이라는 단어는 주권을 가졌다거나 참정권을 가졌다거나 하는 의미를 지니고 있지도 않으며 또 그렇게 되어야 한다고 주장하지도 않는다.

『독립신문』에서 강조되고 있는 백성, 인민들의 역할은 근대국가를 만들기 위해 지켜야 할 의무들이 주된 내용을 이루고 있다. 예를 들어 "정부에셔 벼슬ᄒᆞᆫ 사름은 님군의 신하요 빅셩의 죵이라 죵이 샹뎐의 경계와 샤졍을 자셔히 알아야 그 샹뎐을 잘 셤길 터인디 죠션은 꺼구로 되야 빅셩이 정부 관인의 죵이 되얏스니"(1896.11.22)라고 개탄하지만 "원컨디 렴치 잇ᄂᆞᆫ 관인들은 ᄆᆞᄋᆞᆷ을 고쳐 ᄌᆞ긔의 샹뎐들을 착실히 셤기기를 ᄇᆞ라노라"라는 결론으로 끝나고 있다. 만약 이것이 인민 주권을 선언하는 것을 의미한다면[18] 결국 백성들이 주권을 가지는 문제는 제도적인 문제가 아니라 마음 고쳐먹는 일이 될 수밖에 없을 것이다. 또 "사름 노릇 ᄒᆞᄂᆞᆫ 것이 무엇이뇨 우리나라 대황뎨 폐하끠셔ᄂᆞᆫ 다만 우리를 의지 ᄒᆞ옵시니 우리가 힘 써야 명 기화의 부국 강병이 될터인디 빅셩들은 뉘게다 밀으고 ᄒᆞ여 주기를 바라ᄂᆞᆫ지 빅톄가 멀졍이 셩 ᄒᆞ고 병신이나 죽은 사름들과 ᄀᆞᆺ치 가만들 잇스니 우리 나라가 어느 ᄢᅢ에 부국 강병이 되리오 나라가 잘 되고 못 되기ᄂᆞᆫ 빅셩이 힘 쓰ᄂᆞᆫ디 달녓거눌"(1897.10.21)이라고 언급하여 백성의 역할은 부국강병을 위해 노력해야 하는 것으로 규정되고 있다. 백성의 역할을 적극적으로 규정했다는 점에서 과거보다 진일보한 점은 있지만 이를 두고 국민주권사상으로 설명하는 것은 과잉해석이 아닐 수 없다.

『독립신문』에서 백성 인민 신민 국민 개념은 오늘날과 같이 형식적이나마 주권을 가진 존재들로 규정되지 않는다. 따라서 거기에 오늘날의 국민 개념을 대입하는 것은 잘못된 것임을 알 수 있다. 오히려 자기 나라를 자기나라로 생각해야 함(1897.8.14)과 조선을 자기 나라로 알게 만들어야 한다는(1897.8.17) 『독립신문』의 주장

---

18) 신용하, 『甲午改革과 獨立協會運動의 社會史』, 서울대 출판부, 2001, 365면.

에서 당시 백성들의 국가관이나 국민관의 결여가 어느 정도인지를 짐작할 수 있게 한다.

부국강병을 위한, 근대국가를 만들기 위한 정치적 동원의 측면에서 가장 활발하게 사용되었던 정치적 호명은 전통적인 유교적 개념의 변용인 동포였다.[19] 동원을 위한 호명은 근대국가 건설에서 흔히 발견될 수 있는 경우이지만, 문제는 어떠한 명칭으로 그리고 어떠한 자격으로 동원되고 있는 것인가가 중요하다. 『독립신문』은 인민의 민력의 저급함을 지적하면서 하원의 필요성을 거부하고 독립협회 구성원이 참여하는 상원의 설립에 집착했다. 『독립신문』은 만민공동회가 진행되고 인민들의 정치참여가 활발하게 진행되어 가는 과정에서, 가장 강성했을 때, 회원 수가 약 4,173명에 도달했던 독립협회를(1898.3.15, 「잡보」) "종로공동회 만민과 전국 2천만 동포형제를 대표한 총대"라고 선언하고 "전국 2천만 동포들의 명령을 받아 대표로 나서서 독립협회 회원이 되었지 독립협회가 따로 있어서 우리가 홀로 독립협회 회원이 된 것은 아니고 공동회 만민과 전국 2천만 동포가 다 독립협회 회원이다"(1898.11.29)라고 주장하였다. 독립협회가 2천만 동포를 대표한다는 방식으로는 언급되었지만 만민공동회가 열기를 뿜어가던 시점에서도 2천만 동포에게 주권이 있다고 언급하지는 않았다. 인민들의 참여가 가장 고조에 도달했고 이들에 의거하여 정치적 위상을 확보하고자 했던 이때조차도 인민의 참정권을 인정하는 대목은 발견되지 않고 있는 점에서 『독립신문』은 모든 인민들이 주권을 가진 국민

---

19) 권용기, 「『독립신문』에 나타난 '동포'의 검토」, 『한국사상사학』 12집, 한국사상사학회, 1999, 257면.

이 되는 것을 거부하고 있음을 알 수 있다.

『독립신문』에서 국민 나아가 민족에 관한 문제가 가장 혼란스러워지는 부분은 문명과 인종이라는 개념의 구사에서 드러난다. 민족이란 용어 자체는 『독립신문』에서 아예 등장하지도 않지만, 문명과 인종 담론에서는 개념적으로 특정한 국가에 속해 있는 인간 집단으로서의 민족이나 국민 자체가 애매한 위치에 놓여져 있음을 알 수 있다. 문명과 인종의 이름으로 국가의 경계가 허물어지고 있는 것이다. 『독립신문』에서 인종(인종)이란 용어는 161회에 걸쳐 사용되고 있는데, "죠션 사름들을 동양 각국 사름들과 비교ᄒᆞ여 보거드면 청국 사름들보다는 더 총명ᄒᆞ고 부지런ᄒᆞ고 졍ᄒᆞ고 일본 사름보다는 크고 쳬골이 더 튼튼히 싱겨스니 만일 우리를 교흉을 잘 ᄒᆞ야 의복 음식 거쳐를 학문이 잇게 ᄒᆞ거드면 동양 중에 뎨일 가는 인종이 될 터이니 만일 우리가 뎨일 가는 인종이 되거드면 나라도 ᄯᅡ라셔 뎨일 가는 나라가 될 터이니"(1896.5.2)라든가 "죠션 사름들이 셰계에 남만 못 ᄒᆞ지 안훈 인종이언마는 지금은 셰계에 뎨일 잔약ᄒᆞ고 뎨일 가란훈 나라히라"(1896.12.8)라거나 '국가의 셩쇠'라는 논설에서 "일본은…… 오날눌 동양에 뎨일 가는 나라이 되엿스니 ᄀᆞᆺ흔 인종으로 ᄀᆞᆺ흔 대륙에 잇서 이ᄀᆞᆺ치 셔로 우열이 ᄀᆞᆺ지 아니 ᄒᆞ니 참 이샹훈 일이로다"(1899.3.2)에서는 오늘날의 민족을 떠올리게 한다. 그러나 "대한이 발달 ᄒᆞ야 가히 남의 나라와 ᄀᆞᆺ치 셰계의 일을 참셥 홀문 ᄒᆞ면 동양 삼국이 동심 합력 ᄒᆞ야 동양 권리를 셔양 사름의게 ᄲᅢ기지 아니 홀진디 그ᄯᅢ 가셔는 황인종이 셰계에 횡힝 홀터이니"(1899.2.28)라거나 "대한과 청국이 ᄒᆞᆫ가지 아셰아 쥬에 거 ᄒᆞ야 물과 륙디가 셔로 련합 홈이 나라 디경은 훈데 압록

강을 격 흔지라 인종과 문즈가 셔로 곳고"(1899.3.24) "오날늘 세계는 황인죵과 빅인죵의 각립(角立)ᄒ야 셔로 닷호는 시디라 일본이 황인죵의 즁에 몬져 ᄭᆡ다름이 될 죠션과 쳥국을 ᄭᆡ닷케 ᄒ야 동양의 큰 판을 보존ᄒ고 셔양 빅인죵의 침로ᄒ고 로략질함을 디들어 항거코져 함으로 그 ᄆᆞ음을 허비함이 심히 괴롭거늘 죠션과 쳥국의 관민들은 이졔 이 두 인죵의 닷호는 큰 형셰를 알지 못ᄒ고 이에 도로혀 다른 죵즈되는 셔양 빅인들의게 의지ᄒ고 붓치여 계오 ᄒᆞᆫ 째의 편안함을 구ᄎᆞ히 도젹코져 ᄒ는지라"(1899.11.8)에서는 대한 인종보다는 황인종이 더욱 중요시된다. 더구나 "일본의 무력(武力)이 그 분화의 함ᄭᅴ 압호로 나아가 동양의 새로은 광치가 뎌 셔양 사롬들의 눈 동즈에 빗쵸여 쏘인즉 …… 일본 사롬이 황인죵의 지식과 룡력을 텬하 만국에 표츌 함이라 그런즉 일본을 위 ᄒ야 치하 홀뿐 아니라 동양에 황인죵을 위ᄒ야 치하 홀지로다 구미 각국의 사롬들이 그 나라는 각기 다르나 동양에 황인죵들의게 향 ᄒ는 째에는 협동 일치(協同一致)ᄒ겟는 고로 …… 엇지 ᄒ여 동양에 황인 죵들은 흔뭉텅이가 되지 안코 …… 셔양 사롬들의 로예되기에 쳐 ᄒ려 ᄒ는 즈는 비록 왕공(王公)의 존귀 함이라도 온 나라의 죄인만 될 ᄲᅡᆫ이 아니리 동양 황인죵 젼톄의 원슈(元讐)가 되리니 진실노 원컨더 동포 되는 황인죵의 모든 나라는 일본 형뎨의 분발ᄒ 긔게와 썰쳐 이러난 경략(政略)을 본밧아 …… 황인죵 형뎨의 모든 나라를 권고 ᄒ고 인도 ᄒ되 죽은 리ᄌᆞ을 탐치말며 죽은 분에 츙격지 말고 흔가진 죵즈를 셔로 보호 홀 큰 계칙을 셰워 동양 큰 판에 평화 함을 유지(維持)케 ᄒ는 것이 이것이 그 하나님ᄭᅴ셔 뎡 ᄒ여 주신 직분의 당연흔 의무라 ᄒ노라"(1899.11.9)에서는 동양인종의 같음을 강조할 뿐만 아니라 나아가 '황인종 형제', '황인종 전체의 원수'를 거론하고 있다.

이러한 논조는 동양과 서양이라는 공간 개념의 구사에서도 잘 드러난다. 275회 가량 사용되는 동양이란 단어는 인종과 더불어 국가의 경계를 넘나드는 단어 가운데 하나이다. 1900년 이후 본격적으로 논의된 동양평화론은 『독립신문』에서도 자주 찾아볼 수 있다. "구라파 각국들이 구라파 안에셔는 셔로 싸호고 셔로 겨르되 만일 아셰아 나라에나 아메리가 나라들이 구라파에를 침범ㅎ거드면 그 째는 구라파 각국이 셔로 싸호다가도 그 싸홈을 근치고 일심으로 합력ㅎ야 아셰아나 아메리가에셔 온 젹병을 ヌ치 막을 터이라…… 그리 ㅎ기에 아셰아에 잇는 각국들도 셔로 ㅎ 대륙에 셔 사는 직무와 졍의들을 싱각ㅎ야 셔로 도아 주고 셔로 붓도두어야 홀터이요 쏘 그 쑨이 아니라 별노히 대한과 일본과 쳥국은 다 믄 ヌ치 ㅎ 아셰아 쏙에셔 살 쑨이 아니라 죵즈가 ヌ흔 죵즈인 고로 신데 모발이 셔로 ヌ고 글을 셔로 통용ㅎ며 풍쇽에도 ヌ흔것이 만히 잇는지라 이 세 나라이 별노히 교졔를 친밀히 ㅎ야 셔로 구라파 학문과 교휵을 본 맛아 어셔 쏙히 동양 삼국이 릉히 구라파의 침범 흠을 동심으로 막어야 동양이 구라파의 쏙디가 아니 될터인디 쳥국이 이 형편을 모르고 그져 구습에 져져 잠믄 쟈며 좌우로 토디 인민을 디고 쎗겨 형세 위급ㅎ 품이 대한 보다 더 위퇴ㅎ니 엇지 동양을 대ㅎ야 혼심 홀 일이 아니리요 대한이 어셔 물을 쥐여 먹고 쳥국을 목젼에 두고 보아 쳥국디로 구습에 취ㅎ야 잠쟈면 망ㅎ는 것을 증계물로 알아 밤놋 비호고 진보 ㅎ야 첫지 군신 샹하가 니간 붓칠슈 업시 샹합ㅎ야 나라의 긔쵸를 든든히 ㅎ고 대

한 ᄉᆞ정이 릉히 ᄌᆞ슈홀ᄆᆞᆫᄒᆞ면 그 ᄶᆡ는 일본과 합력ᄒᆞ야 청국을 억지로라도 기명 식혀 동양 형편을 보존ᄒᆞ여야 이 세 나라이 ᄌᆞ쥬 독립 권들을 지팅ᄒᆞ지 만일 대한이 ᄯᅩ 청국 모양으로 ᄌᆞ살지 계ᄆᆞᆫ 할것 ᄀᆞᆺᄒᆞ면 일본이 혼ᄌᆞ 지팅홀슈가 업슬터이니 청국과 대한이 절단 나는 눌은 일본도 얼마 아니 되야 구라파 힘에 못 견딜터일너라"(1898.4.7)는 논리로 이어진다. 청이 같은 동양권에 속해 있고 그렇기 때문에 개화를 하지 못하면 억지로라도 개화시켜야 한다는 이 논리는 일본의 정한론과 너무나 흡사한 논리이다.

『독립신문』은 동양이라는 경계 속에 위치한 한·중·일이 상황에 따라 서로 같거나 다른 공동체로 규정되면서 그것을 근거로 간섭과 배제라는 이율배반적인 논리를 함께 추구하고 있는 것이다. 이를 통해 당시 지식인들은 문명이라는 보편적 사명과 일국의 개화와 부국강병이라는 명제 사이에서 어느 하나를 절대시하지 않았음을 알 수 있다. 그것은 선택의 문제였다. 이러한 논리는 시장의 개방을 둘러싼 논쟁에서도 잘 드러난다. 청과 일본의 상인들이 국내에서 세력을 확장하는 것을 한탄하는 논설이 있는가 하면 국가 간의 약속을 지켜야 하기 때문에 그것을 용인해야 한다는 논설이 있다. 또 외국과의 무역 적자를 염려하는 논설이 있는가하면 외국의 값싼 물건이 들어와 상대적으로 다수가 혜택을 받는다면 기꺼이 그렇게 해야 한다는 논설도 있다.

이런 논리에서 국가 외부에 동지가 있는가 하면 국가 내부에 적이 존재한다. 『독립신문』은 "무법한 인민으로 포장된 민중운동과 어리석고 고루한 관인과 유생층은 민병을 조직하여 박멸해야 될 존재"(1896.8.6)이거나 심지어 "동학과 의병이 그 동안 벌써 경성을 침범했을 것"(1898.4.14)인데 외국군대가 있어서 다행이라고 언급하고 있다. 이러한 대조에 따르면 인민 혹은 애국하는 인민의 경계는 문명개화론자들이거나 이에 동조하는 자들이지 자신들의 견해에 반대하는 사람은 해당되지 않는 것이었다. 나아가 외국인이라도 문명개화에 동조하는 사람들은 동포가 될 수 있었다는 논리로 확장된다(1898.3.17). 이러한 『독립신문』의 논조에 비추어 볼 때, 『독립신문』이 엄밀한 의미에서 민족주의나 국민국가를 지향했다고 생각하기 힘들다.

4. 『독립신문』의 근대 정치체제 구상

인간집단에 대한 개괄적인 이해에 바탕을 두고 이제 이러한 문제들이 어떻게 제도적인 근대국가건설로 이어지는가를 검토해보기로 하겠다. 『독립신문』이 정치적 제도화의 문제인 중추원(의회) 설립운동과 의회와 행정의 분립을 거론한 것을 두고 개화파들이 입헌군주제를 추구했다는 주장이 존재한다.[20] 물론 당시의 지식인들은 입헌군주제는 물론이고 공화정이나 민주정에 대해서도 잘 알고 있었다. 그러나 『독립신문』에서는 입헌군주제를 분명하게 거론한 경우는 찾아보기 힘들다. 독립협회나 『독립신문』이 추구했던

---

20) 신용하, 「19세기 한국의 근대국가형성문제와 입헌공화국 수립운동」, 『한국의 근대국가형성과 민족문제』(한국사연구회), 문학과지성사, 1988, 66~69면.

중추원 관제개혁이나 의회제에 대한 구상은 당시 다른 국가들의 정치체제를 참조하여 기존 체제를 근대적으로 개혁하려는 하나의 구상은 될 수 있을지 몰라도, 의식적으로 의회제나 입헌군주정을 추구했다고 보기는 힘들다. 『독립신문』의 의회설립운동에 관한 기사(1898.4.30)를 보면 의회원에 대해 언급하고 있지만 논의의 근거는 서구의 의회가 아니라 의정부의 의정과 같은 전통적인 제도임을 알 수 있다.

또한 1898년 10월 28일부터 11월 2일까지 관민공동회를 개설하면서 대회도중 지켜야 할 4대 항목으로 황실과 황제에 대한 불경한 언급 및 민주주의와 공화주의를 옹호하는 연설, 외국을 모독하는 언행, 양반 상민이 서로 모욕하는 언행과 전임 대신들에 대한 불쾌한 언행, 상투를 포함한 사회관습개혁에 대한 논의를 금지한다고 지적하였다.[21] 이를 두고 당시에 공화제나 의회제 논의가 있었다는 것을 반증하는 것이라는 지적이 있지만, 『독립신문』의 공식적인 견해는 분명 민주주의와 공화주의를 반대하는 것임을 알 수 있다. 오히려 의회를 모든 신분들(All Castes)의 의회라고 언급하는 것에 주목할 필요가 있다. 또 상원과 하원을 분명히 구분하고 하원 설립을 적극적으로 부정했다는 것을 염두에 둘 때, 중추원 관제개혁은 새로운 정치체제, 예를 들어 입헌군주제를 추구했다기보다는 기존 정치체제에 대한 보완적인 제도로서의 의미가 더욱 강하다고 판단된다. 프랑스의 경우 이러한 신분제 의회 예컨대 삼부회는 혁명 이전, 즉 국민국가가 형성되기 이전에 존재했던 것이

---

21) *The Independent*, November 1th, "An Assembly of all castes".

다. 『독립신문』이 추구했던 것도 이러한 정도의 의회였을 것이라 추정할 수 있다.

그나마도 처음 중추원 관제개혁이 시도될 때는 중추원개혁에 반대하는 논설을 실어 '중츄원은 아즉 무용지 물일 듯 ᄒ니 좀더 덧쳐 두엇다가 몃해 후에나 다시 죠직을 ᄒ던지 그럿치 아니 ᄒ면 아죠 폐 ᄒ여 바려 그 ᄆ울에 드는 경비로 쇼학교나 더 셰우던지 ᄒ는 일이 미오 죠흘가 ᄒ노니'(1898.7.16)라고 주장하다가 다시 중추원을 의회로 활용하려 하면서는 '하의원은 급지 안타고'(1898.7.27) 고 하여 자신들의 기득권을 강화하려는 모습을 보이는 등 상황에 따라 논리가 변하고 있다.

한국에 적합한 정치체제로 입헌군주제가 명시적으로 거론된 것은 1905년 5월 24일에 헌정(정치)체제의 연구를 취지로 내건 헌정연구회가 창립되면서였다. 이들이 주장한 것은 입헌군주제이되 그 취지서에 흠정헌법의 실시를 목적으로 한다는 것을 분명히 밝히고 있다.[22] 헌정연구회가 해산되고 그 뒤를 이어 1906년 4월 14일에 발족한 대한자강회와 그 뒤를 이은 대한협회도 입헌군주제를 주장하였다. 공화제가 직접적으로 거론된 것은 1907년 4월에 양기탁과 안창호가 주도하여 창립되었던 신민회에서였다. 따라서 독립협회나 『독립신문』이 입헌군주정 나아가 입헌공화정을 추구했다는 것은 과잉해석이라고 생각된다.[23] 나중에 설명하겠지만 중추원개편 움직임은 오히려 군민공치, 혹은 군신공치라는 전통적 개념

---

22) 「憲會員選定」, 『황성신문』, 1905.5.25(「잡보」).
23) 김동택, 「근대 국민과 국가개념의 수용에 관한 연구」, 『대동문화연구』 41집, 2002.

의 확장, 서구의 제도를 모방하되 그 의미는 전통적인 제도의 확장이라는 형태로 해석되는 것이 더욱 타당해 보인다.

『독립신문』에서 의회의 역할을 규정한 논설을 근거로 서구적인 의미에서 행정과 입법을 구분한 의회제를 추구했다는 견해가 있지만, 그것도 불분명하다. 의회에 대해 기능면에서 서구의 의회와 같은 역할을 부여하고 있지만, 그것의 존재 근거가 인민 주권에 의한 것은 아니었다. 따라서 행정와 입법의 구분 자체는 기존 정치체제의 개혁이라는 근대성의 의미는 부여받을 수 있겠지만 그것으로 근대의회제와 근대국민국가를 추구했다고 규정하기는 힘들어 보인다. 의회와 행정에 대한 구분은 "각식 일을 싱각 ᄒᆞ야 의ᄉᆞ와 경영과 방칙을 싱각 ᄒᆞ여 내ᄂᆞᆫ 관원들이 잇고 그 싱각을 시힝 ᄒᆞ야 세상에 드러 나게 ᄒᆞᄂᆞᆫ 관원들이 잇ᄂᆞᆫ지라…… 일국 ᄉᆞ무를 힝졍관이 의졍관의 직무를 ᄒᆞ며 의졍관이 힝졍관의 직무를 ᄒᆞ랴고 ᄒᆞ여셔ᄂᆞᆫ 의졍도 아니 되고 힝졍도 아니 될터이라…… 대한도 ᄎᆞᄎᆞ 일뎡 규모를 졍부에 셰워 불가불 의졍원이 ᄯᅩ로 잇서 국즁에 그 즁 학문 잇고 지혜 잇고 조흔 싱각 잇ᄂᆞᆫ 사ᄅᆞᆷ들을 ᄲᅡᆸ아 그 사ᄅᆞᆷ들을 힝졍 ᄒᆞᄂᆞᆫ 권리ᄂᆞᆫ 주지 말고 의론 ᄒᆞ야 쟉뎡 ᄒᆞᄂᆞᆫ 권리ᄆᆞᆫ 주어 조흔 싱각과 조흔 의론을 ᄂᆞᆯ마다 공평 ᄒᆞ게 토론 ᄒᆞ야 리히 손익을 공변되게 토론 ᄒᆞ여 쟉뎡ᄒᆞ야"(1898.4.30)라고 설명하고 있다. 여기서 드러나는 것은 관리들의 역할 분담이나 정부 운영의 효율성에 관한 것이지 인민 주권의 제도화를 주장하는 것은 아니다. 이는 의정과 행정의 구분 근거를 "하ᄂᆞ님이 사ᄅᆞᆷ을 ᄆᆞᆫ들 ᄯᅢ에 그 사ᄅᆞᆷ이 셰상에셔 그즁에 귀ᄒᆞᆫ 물건이 되야 능히 지혜 잇고 경계 잇게 살게 ᄒᆞ신 고로 사ᄅᆞᆷ의 일신 싱긴 것을 샹고 ᄒᆞ여 보거드면 대단히 편리 ᄒᆞ고 지혜 잇게 죠셩혼 긔계라 사름을 골을 주어 골의 직무는 각식 싱각과 의ᄉᆞ를 내게 ᄒᆞ엿시며 입을 주어 속에 잇는 싱각을 음셩으로 타인의게 젼ᄒᆞ게 ᄒᆞ엿시며 슈족을 주어 골에셔 나는 싱각을 시ᄒᆡᆼ케 홈이라 사름이 골이 업고는 싱각을 못 ᄒᆞ는 법이요 벙어리는 골에셔 싱각은 나나 그 싱각을 남의게 젼 ᄒᆞ지 못ᄒᆞ고 슈족이 업슬 것 ᄀᆞᆺᄒᆞ면 내가 ᄒᆞ고십흔 싱각을 ᄒᆡᆼ ᄒᆞ지 못 홀지라 그런고로 졍부를 믄들 ᄯᅢ에 이것을 본 밧아셔 셰계 기화 각국이 졍부를 죠직ᄒᆞ엿는디"라고 하여 일종의 능력에 따른 역할분담론으로 해석하고 있음을 알 수 있다. 나아가 결론에서 "대황뎨 폐하ᄭᅴ와 니각 대신네들의게와 젼국 인민의게 모도 편리 ᄒᆞ고 직무ᄒᆞ기에 현란혼 일이 업슬터이며 군신 샹하가 졈졈 더 친 밀 ᄒᆞ야 혼 집안 ᄀᆞᆺ치 일뎡혼 규묘를 가지고 지낼터이며 나라이 이럿케 샹흡 ᄒᆞ야 군신 샹하가 직분을 펼니케 ᄒᆞ고 일이 공변되게 쟉뎡 되는 것을 외국들이 보거드면 그 ᄯᅢ는 감히 대한을 능멸히 혼다던지 침범 ᄒᆞ랸다던지 실례 되는 일을 ᄒᆞ지 못 홀터이니 나라 에 그런 경ᄉᆞ가 업는지라 첫지 황실이 만년 긔죠에 튼튼히 쳐 ᄒᆞ 실터이요 니각이 합심 ᄒᆞ야 ᄒᆡᆼ졍을 홀터이요 인민이 원통 홈이 업 슬터이니 졍부 관인들과 젼국 인민들이 참 말노 대황뎨 폐하ᄭᅴ 츙 심이 잇고 대한 이ᄌᆞ ᄉᆞ랑 ᄒᆞ거던 나라이 이럿케 ᄡᅳ이도록 쥬션들 을 ᄒᆞ여 보시오"(1898.4.30)라고 하여 행정과 의회의 역할분담이 결 국 강한 국가를 만들기 위한 방법으로서 그 의미가 강조되고 있음 을 알 수 있다. 주목할 것은 이러한 제도의 도입이 결국 국가강화 에 도움이 된다는 논리이다. 즉 의회와 행정의 분리는 궁극적으로 국가의 강화, 국가의 독립을 위해 사용되고 있다. 따라서 여기서

민주주의나 입헌공화국의 논리적 근거를 찾기는 매우 힘들다.

다른 한편, 독립협회가 소수자에 의한 위로부터 개혁이라는 개화파들의 역사적 한계, 즉 갑신정변과 갑오개혁에서 드러난 계급적 한계를 넘어서는 대중적 운동이었고 자유민권운동이자 국권수호운동이었다는 주장[24]이 제기된 바 있다. 이러한 주장의 근거로 프랑스 혁명에 대한 인식의 변화를 들고 있는데,[25] 실지로 『독립신문』에서 거론되고 있는 프랑스 혁명에 관한 기사는 혁명의 옹호가 아니라 대한에서 혁명의 불가능을 강조하는 맥락이 더욱 중요하다. '민권이 무엇인지'라는 논설에서 "불란셔에 낫던 민변이 대한에 날가 염녀라 ᄒᆞ니 대황뎨 폐하의옵셔 여졍 도치 ᄒᆞ시는 셰계에 그런 변혁이 잇슬 리ᄂᆞᆫ 만무 ᄒᆞ거니와……. 법국의 그 ᄯᅢ 졍형과 대한 금일 ᄉᆞ셰를 비교 ᄒᆞ면 대단히 다른 것이 몃 가지"라고 한 다음 그 예로 첫째 법국 백성들은 민권을 오래 전부터 알고 있었지만 대한 백성은 민권을 몰랐고, 둘째 법국은 압제에 시달릴 때도 백성의 교육 상태가 대한 백성들보다 월등했으며 법국은 국제 교류도 활발했지만 대한은 고루하여 더러운 것도 부끄러워할 줄 모르며 좋은 것도 배울 마음이 없고 셋째, 법국은 혁명 전부터 유명한 학자들이 인민의 자유권리와 정부의 직분을 소개하여 압제정부가 뒤집어졌어도 낭패를 보지 않았지만 대한에는 그런 학자도 없고 인민들도 무지하여 자유를 주면 어린이에게 칼을 준 것과 같으며 넷째, 법국은 내정은 피폐했어도 무공을 숭상하여 외국의 침략에 견뎌낼 수 있었지만 대한은 늘 외국의 공격만 받았지 전쟁 한

---

24) 김영작, 앞의 책, 152면.
25) 김영작, 위의 책, 153면.

번 해보지 못했고 무공 대신 문민을 숭상하여 인민의 기상이 쇠약하며 다섯째, 법국 사람들은 서로 싸우다가도 국가가 위험하면 단결하여 국권을 수호했지만 대한 사람들은 자기 것을 지키는 데는 용맹하다가도 정작 국가의 전쟁에는 겁을 내고 붕당만 일삼으니 어떻게 법국의 사업을 본받을 수 있겠는가라고 지적하고 있다. 그래서 "부디 그러훈 싱각들은 꿈에도 품지 말고 다만 신문과 교육으로 동포의 문견만 넓히 흐며 우리 분외의 권리는 불으지도 말고 대황뎨 폐하씌셔 허락 흐신 양법 미규나 잘 시힝 되도록 관민이 일심 흐면 즈연 총명과 교육이 느는디로 민권이 츠츠 확쟝이 되야 황실도 만셰에 견고케 흐며 국셰도 부강 흐게 될 일을 긔약 흐노라"(1898.7.9)라고 정리하고 있다.

이 논설은 프랑스 혁명과 한국의 상황을 비교하면서, 한국의 현재 상황에서 혁명은 얼토당토 않는 망상에 불과하다고 주장하면서 황제가 허락한 법과 규칙이나 잘 지키고 분에 넘지는 권리는 바라지도말라고 충고하고 교육에 힘쓸 것을 주장함으로써 기존 체제를 강화하는 범위 내에서 백성들의 정치적 권리를 인정하고 있음을 알 수 있다. 또 프랑스의 무공을 강조하고 대한의 문민 숭상을 비판하면서도 정작 대안으로 문견을 넓히고 교육에나 힘쓰라 하여 스스로 지적한 문제점을 오히려 옹호하는 오류마저 드러내고 있다. 따라서 이 문장을 두고 프랑스 혁명의 예를 들어 민주주의에 대해 부정적이지 않았다고 주장하는 기사의 논지를 잘못 해석한 것이다. 이 논설의 핵심은 민주주의나 혁명에 대한 긍정이 아니라 한국 인민들의 후진성을 지적하고 그것을 극복하기 위한 방법으로 교육의 필요성을 역설함으로써 체제 순응적인 정치적

인간을 양성하는데 초점이 맞춰져 있음을 알 수 있다. 따라서 이 논설은 민주주의에 대한 긍정이 아니라 황제정의 옹호라는 보수적인 정치관을 보여주고 있을 뿐이다.

나아가『독립신문』이 근대적인 민주주의를 주창했다는 견해[26)]가 있다. 그 근거로 "빅셩의 직무가 다만 안져 졍부를 시비 ᄒᆞᄂᆞᆫ딩 그치ᄂᆞᆫ 것이 아니라 만일 졍부에셔 나라에 ᄒᆡ로운 일을 ᄒᆞ거드면 기어히 그런 일을 못ᄒᆞ도록 ᄒᆞᄂᆞᆫ 것이 빅셩의 직분이요 ᄯᅩ 졍부에셔 익군 익민 ᄒᆞ야 ᄆᆞᆫ든 법령을 ᄒᆞᆫᄀᆞᆯᄀᆞᆺ치 시ᄒᆡᆼ ᄒᆞᄂᆞᆫ것이 직분이요 ᄯᅩ 나만 올흔 빅셩이 될ᄲᅮᆫ이 아니라 젼국 인민이 다 나와 ᄀᆞᆺ치 올흔 빅셩이 되도록 권면 ᄒᆞᄂᆞᆫ 것이 ᄯᅩᄒᆞᆫ 직분이니"(1898.1.11)를 인용하고 있는데, 이 논설의 핵심은 백성이 중요하다는 것과 중요한 이유가 백성이 지켜야 할 직무를 지킬 때, 나라가 잘 될 것이라는 점을 언급한 것이지 인민의 주권을 언급한 것은 아니다. 또 "나라 ᄒᆞᄂᆞᆫ 것은 무엇이뇨 일뎡ᄒᆞᆫ 토디를 두고 거나려 다ᄉᆞ리ᄂᆞᆫ 권에 복죵 ᄒᆞᄂᆞᆫ 인민의 만히 모힌 바이로다. 그런즉 나라를 ᄉᆞ랑 ᄒᆞᄂᆞᆫ 것은 텬부지셩이라 대개 사ᄅᆞᆷ이 각기 몸을 ᄉᆞ랑아니ᄒᆞᄂᆞᆫ 쟈이 업ᄉᆞ니 그 몸으로 ᄉᆞ랑 ᄒᆞ면 엇지 그 집을 ᄉᆞ랑치 아니 ᄒᆞ며 그 집을 ᄉᆞ랑ᄒᆞ면 잇지 그 나라를 ᄉᆞ랑ᄒᆞᄂᆞᆫ ᄆᆞ음이 업ᄉᆞ리요 그러나 이 ᄆᆞ음을 능히 발ᄒᆞ야 바로 셰우게 홈은 이 빅셩을 졍치 교육 샹에 몰아 너어 나라 졍략(政略) 샹에 참례ᄒᆞᄂᆞᆫ 권을 주는 덩 잇ᄂᆞᆫ지라 그런 고로 텬부지셩이 진실노 잇ᄂᆞᆫ 바"(1898.12.17)라고 했으나

---

26) 안외순, 「조선에서의 민주주의 수용론의 추이―최한기에서 독립협회까지」, 『사회과학연구』 9집, 2000, 57~61면; 류영렬, 「독립협회의 성격」, 『한국사연구』 73집, 1991, 66면.

이 또한 인민이 나라를 사랑해야 국가가 융성해진다는 것을 역설한 것으로 결국 인민 주권에 관한 것이 아니라 나라를 사랑해야할 의무가 있는 인민의 의무에 관한 주장이 핵심인 것이다.

『독립신문』이 민주주의 혹은 민주정체에 관해 언급한 것을 보면, 나폴레옹 몰락 이후 프랑스가 민주국이 되었다는 기사(1896.8.18), 로마의 시저를 다룬 기사(1898.3.1)에서 4회, 무식한 백성들이 많을 때 민주국보다 군주국이 더 견고하다는 기사(1898.7.27), 필리핀 민주국을 다룬 기사(1899.1.30)가 전부이다. 이 기사들 대부분 역사적 사례나 당대의 민주정을 설명하는 것들이며 한국에서 그 적용 가능성을 주장한 경우는 한 차례도 없다. 비록 『독립신문』이 민주국(민쥬국) 6회, 공화 6회, 전제국(전뎨) 5회, 군주국(군쥬국) 5회, 입헌(립헌) 3회 등 다양한 정치체제에 대해 언급하고 있지만, 대부분의 경우 정치체제에 대한 분석보다는 여러 나라의 정치 체제를 서술하는데 그치고 있다.

『독립신문』이 민주주의를 추구했다는 또 하나의 근거로 설명되고 있는 지방자치론도 그것과 전국적 혹은 국가적 차원의 참정권 문제와는 확실한 선을 긋고 있음에 비추어 분명한 한계를 지니고 있다. 지방자치에 관한 논의는 이미 유길준의 서유견문과 박영효의 건백서 등에서 일찌감치 등장하고 있으며 갑오개혁 때에도 적극적으로 추구되었던 것이다. 그러나 이는 국회 혹은 의회 설립과는 별개의 문제로서 인민들의 자치훈련을 위한 과도적인 과정으로 설정되고 있다는 것이 오히려 정확한 설명일 것이다.[27]

---

27) 왕현종, 『한국 근대국가의 형성과 갑오개혁』, 역사비평사, 2003, 87면, 287~288면.

그리고 전통적인 위민, 민본 개념을 근거로 민주주의를 설명하는 것은 민주주의의 기본적인 개념에 비추어볼 때, 전혀 타당성이 없다. 민주주의 혹은 민주정은 그것이 우중에 의한 정치가 될지언정 인민의 지배를 의미한다. 전통적인 의미에서 위민이라는 개념은 주권의 소재와 행사가 인민에 근거한다는 민주주의와는 문제 설정 자체가 다른 것이다. 이렇듯 『독립신문』은 위로부의 개혁을 추구하되 대단히 보수적인 경로를 택하고 있다. 이러한 특성은 『독립신문』만의 것이 아니며 개항이후 개화파들이 추구해온 변화의 지속적인 특성이기도 하다.

5. 『독립신문』과 보수적 개혁의 역사

『한성순보』는 "지금 이 입헌 정체는 민선을 본으로 삼아 일체 그 뜻을 따르기 때문에 국중의 현능한 자는 누구나 그 의원이 될 수 있고 또한 누구나 나이가 재상에 이를 수 있으니……, 이것이 또한 입헌정체의 제 일 이익이다. 그러나 인민이 지혜가 없으면 함께 의논할 수 없는 것은 당연하다. 인민들의 지혜가 많아서 국가의 치란과 득실의 연유를 안 다음에야 이런 일을 거행할 수 있다[28]고 지적하고 있다. 이 논리는 『독립신문』이 하의원이 급하지

---

28) 『漢城旬報』 10호, 1884.1.30, 「각국은사 「歐米立憲政體」」.

않다고 지적한 논설(1898.7.27)과 정확하게 일치하고 있다. 이러한 논리는 박정양, 박영효, 김윤식, 유길준 등의 논리에서도 그대로 드러난다. 서구 정치 체제에 대한 입장 차이에도 불구하고 이들의 논리는 전통적인 조선의 군주제에 입각하여 그것을 보완하는 군민동치의 개념으로 설명될 수 있다.[29] 물론 조선의 그것과 대한제국의 그것 사이에는 분명한 차이가 존재한다. 전자가 양반 관료들이라면 후자의 경우 신분제가 붕괴되어 가던 상황에서 그 대상이 상대적으로 확대되었던 것은 분명하다. 하지만 군신동치에서 신의 개념이 확장되었다고 해서 그것이 곧 인민 주권을 의미하는 것이 아니라는 점 또한 분명하다. 개항 이후 지배층들의 이러한 인식은 『독립신문』의 시기에도 그대로 이어지고 있었다. 이러한 전통적인 군민동치 개념이 서구적인 의미에서 입헌정체론으로 전환되는 것은 1900년대 후반 계몽기에 나타나는 정치체제에 대한 분석에서 비로소 등장하고 있다.[30]

신문이라는 매체와 단행본이라는 매체상의 한계도 있었겠지만, 『독립신문』을 발행했던 윤치호나 서재필이 미국에서 교육을 받았고 서구의 정치체제에 대해 정통한 지식을 갖고 있었음에 비추어 (윤치호 일기, 1893.9.24, 1898.2.27),[31] 민주정체가 가볍게 취급되거나 아예 무시되었던 것은 의도적인 행위라고 추측할 수 있다. 아관파천으로 촉발된 정치적 변화와 고종의 권력 강화가 가속화되어 갔던

---

29) 왕현종, 앞의 책, 85~98면.
30) 김동택, 「근대 국민과 국가개념의 수용에 관한 연구」, 『대동문화연구』 41집, 2002.
31) 김도태, 『서재필 박사 자서전』, 을유문화사, 1981, 298~300면.

시점에서 군주정이 아닌 정치체제를 거론하는 것 자체가 부담으로 작용했을 수도 있겠다. 이런 맥락에서, 당시 독립협회의 주도 세력들은 새로운 정치체제의 도입보다는 기존 체제를 인정하고 그 위에 제도적인 변화를 추구하려 했다고 판단된다. 그러나 단순한 상황적 요인만이 중요했던 것은 아니다. 거기에는 독립협회 주도 세력들의 정치체제 변화에 대한 보수적인 시각이 분명히 작동하였다. 『독립신문』에 분석된 정치 권력이나 제도에 대한 기사를 분석해보면 고종 혹은 광무황제에 대한 확고한 신념과 더불어 공화제나 민주정은 한국에서 아직 실현될 수 없는 것이라는 점이 계속해서 강조되고 있다. 이러한 특성은 독립협회에만 해당하는 것이 아니라 그 전에도 그리고 1900년대 후반 근대계몽기에도 일관되게 나타나고 있다. 정치체제개혁에 관한 한, 개항이후 국권이 붕괴될 때까지 한국의 지배계층은 일관된 태도를 보였던 셈이다. 국민주권이나 민족을 강조하는 논리는 명시적으로 공화정을 주장했던 신민회와 민족과 민족주의, 국수(國粹)와 국가주의를 강조했던 『대한매일신보』에서야 비로소 그 모습을 찾을 수 있다.

이처럼,『독립신문』의 개화 논리는 개항 이후 개화파의 일관된 논리이기도 했다. 이리한 개혁의 논리는 조선의 정치적 논리 가운데 하나였던 군신공치론과 더욱 가까울지도 모른다. 개항 이후 온건한 개화를 주장했던 박정양은 일본의 군민공치론을 소개한 바 있다.32) 박영효 또한 군민공치의 개념을 발전시킨 바 있다.33) 실제로 갑오개혁의 주체들이 추구했던 지향도 군민공치론에 가까운

---

32) 왕현종, 앞의 책, 73면.
33) 왕현종, 위의 책, 87면.

것이다. 『독립신문』 또한 이러한 군신동(共)치 개념을 확장하고 있는 듯한 모습을 보여주고 있다. 이것은 입법 사법 행정을 언급하고는 있으나 그것이 삼권분립이라는 전통적인 서구적 의미의 연속선에 있다기보다는, 서구의 제도를 조선의 특성에 맞게 수용하여, 군신공치의 개념을 가미하고, 정부는 의회와 행정이 구분되어야 하며, 그것과 별개로 법률을 관장하는 사법부의 역할이 각기 강조되고 있다. 이는 기존 지식 엘리트들의 수사가 자유주의적 수사 즉 독립 개화 자유라는 수사로 확장되고는 있지만, 그것이 갖고 있는 기본적인 함의는 오히려 전통적인 것에 더욱 가깝다고 생각된다. 이런 점에서 개화파에 의한 근대문명의 수용은 유교적 전통과 뒤섞여 있다는 지적은 타당해 보인다.[34]

6. 결론

국가와 국민은 근대의 문화적·정치적 '조형물'이다. 『독립신문』과 같은 다양한 인쇄매체를 통해 서구와 일본 그리고 중국을 거쳐 다양한 근대적 용어들과 개념들이 수입되었고 활용되었다. 또 그러한 수입 과정에서 기존의 전통적인 용어들이 새로운 의미를 획득하거나 혹은 변형되었다. 민권, 자유, 독립, 의회, 행정과

---

34) 정용화, 앞의 글, 67면.

같은 용어들이 수입되었으며 그 과정에서 필요할 경우 개념적인 가공이 시도되었다. 이처럼 현실과 개념, 전통적인 것과 새로운 것 사이의 충돌과 타협이 이루어져가면서 한국의 근대는 형성되어 갔던 것이다. 예를 들면 근대국가를 의미하는 'state'의 번역어인 국가라는 용어가 일본을 통해 유입되었지만, 국가라는 용어 자체 는 이미 오래 전부터 아시아 지역에서 사용되고 있었던 것이다. 그러나 『독립신문』에서 사용된 '국가'의 용례는 주어진 정치체를 서술하는 방식으로 사용되는 경우가 대부분이었으며 그것이 담고 있는 정치사회적 함의를 이론적으로나 개념적으로 상세히 밝힌 경우는 거의 없다. 국가가 오늘날 국가가 갖는 사회과학적인 의미 를 획득하기 위해서는 더욱 많은 시간을 필요로 했다. 『독립신문』 은 그러한 과정의 일부를 보여주고 있다.

『독립신문』을 통해 본 한국에서 근대로의 이행에서 나타나는 특질 가운데 하나는 당시 지식인들이 결코 민족주의적이지 않았 으며 세계주의자로서의 면모를 다분히 지니고 있었다는 점이다. 서구화나 일본화는 그것이 보편성을 담지하는 한, 인간으로서의 도리를 다하는 것으로 정당화될 개연성이 충분하다. 또한 『독립신 문』에서 나타난 개인에 대한 도덕적 희생을 통해 집단에 대한 귀 속성을 강조하는 태도에서도 국가주의나 민족주의와는 거리가 먼, 그보다 상위 개념인 인류적 가치와 같은 보편성을 따르라고 강조 하고 있음을 발견할 수 있었다. 보편적인 세계관과 더불어 집단으 로서의 주체에 대한 의식의 결여는 오늘날 민족이라 불리는 강고 한 껍질로 둘러싸인 단위에 대한 의식적 증류물의 부재, 그것을 형성하기 위한 의식적인 노력의 부재로 드러난다. 『독립신문』에서는 그러한 의식적 노력을 표상하는 용어나 개념이 존재하지 않았다. 조선인·대한인·동포·형제의 지위는 인류, 동양인, 인종보다 더 중요하지 않으며 심지어 동포나 형제와 같은 경우에도 인류 형제·동양 형제라는 것으로도 확장되어 사용되는 경우도 많았다. 이처럼 문명개화라는 용어는 특정하게 제도화된 근대국가 건설에만 초점을 맞추는 것이 아니라 때로는 세계의 진보와 함께 가려는 보편성을 추구하기도 했던 것이다. 『독립신문』은 충군애국을 강조하지만 필요에 따라서는 국가의 경계를 넘어 황인종의 단결과 문명한 인민들 간의 사해동포주의도 강조하고 있다. 『독립신문』의 이러한 특성은 당시 개화 세력들이 결코 민족이나 국민이라는 좁은 틀로 자신의 시대를 사고하지 않았으며, 그들이 추구하고자 했던 문명개화가 보장된다면 국가라는 틀을 넘어 설 수도 있다는 개연성을 보여주고 있다.

또한 『독립신문』은 결코 인민 주권을 주장하지 않았다. 『독립신문』에서는 주권을 가진 국민이란 개념은 전혀 발견되지 않는다. 『독립신문』은 천부인권을 언급했지만, 그것을 정치적 권리인 참정권과 연결시키지는 않는다. 『독립신문』은 평등을 강조하지만 신분차별 또한 인정하고 있다. 『독립신문』은 행정과 의회의 역할분담을 강조하지만, 그것은 기존 체제의 강화를 위해 효율적으로 활용될 수 있는 제도로 간주할 뿐 인민주권을 실현할 수 있는 제도로 간주하지는 않았다. 『독립신문』은 의회의 설립과 의원의 구성을 강조하지만 그것을 구성할 수 있는 자격을 특정한 세력의 전유물, 즉 독립협회구성원으로 제한하고 있다. 이렇게 보았을 때, 『독립신문』은 전통적인 국가개혁을 위해 근대적 개념과 제도들을 소개하고 실현하고자 하였으나 그들이 구상한 근대국가는 결코 국민국가가 아니었다고 판단할 수 있다. 이러한 것은 민의 상태에 대한 비관적인 현실 인식 때문으로 간주될 수도 있겠지만, 오히려 근대 지식계층의 일관된 신념으로 보는 것이 더욱 타당하다고 생각된다. 왜냐하면 다른 여러 나라의 역사가 경험했듯이 참정권의 확대나 민주주의의 실현은 시혜적인 방식으로 이루어져 본 적이 없기 때문이다. 그런 의미에서 『독립신문』은 강력한 근대국가를 원했으나 국민국가는 원하지는 않았다고 결론내릴 수 있겠다.

관련 용어의 연도별 출현 빈도수

용어	1896	1897	1898	1899
독립(독닙)	131	199	358	85
조쥬	25	112	86	40
문명	41	66	94	122
민권			14	
부강	15	26	45	116
부국	12	7	10	2
인국	23	17	34	28
군쥬국	1	0	4	0
민쥬국	1	0	4	1
전례 전제	0	0	5	1
학교	82	54	89	212
국가	30	39	94	47
조긔	231	343	141	307
조유	5	12	24	34
지물	24	38	49	97
지산	14	28	73	46
츙군인국	0	3	18	5
지판	94	97	168	137
법률	124	183	272	242

츙성	13	13	19	18
츙신	15	17	23	19
학문	118	210	154	236
계몽	0	0	0	0
공부	46	113	71	117
교흑	52	58	24	5
권리	. 33	162	154	122
정부	311	419	750	500
국긔	20	26	8	28
국력	0	0	2	0
국문	21	29	12	7
국민	24	23	39	12
군亽	69	108	84	135
권력	14	5	11	16
공법	0	3	9	12
공화	1	0	4	1
경무	81	14	80	20
완고당	10	7	7	12
급진당				1
뎡부당	2			
반뎌당	1	0	1	
나라 집	2	2	1	8
님군	112	74	122	109
닉각	23	6	14	4
훈쟝	12	2	0	2
대군쥬 폐하	128	92	0	1
대황뎨 폐하		27	92	35
황상	0	0	64	14
대통영	5	2	0	0
뎡치	14	2	3	2
립헌			3	
만민공동회	0	0	5	0
관민공동회			14	
만세	6	5	8	5

국회	0	0	4	4
정당	4	1	5	2
중추원	5	4	65	37
투표	5	0	7	4
하의원	0	3	10	4
상의원	0	0	0	1
상하의원	0	0	1	0
의정	79	201	20	35
의정부	38	6	45	16
의회	6	11	8	6
선거	0	0	0	1
국경	0	0	0	2
국고	0	4	5	36
국권	1	0	11	6
구혁	5	3	3	1
구화	72	86	89	113
국민*	24	23	39	12
관민	14	27	52	59
빅셩	447	453	762	814
인민	326	429	542	235
외국	216	429	354	339
만국	11	16	39	53
만국공법	0	1	4	3
국례법	0	1	0	1
보호국	2	2	2	2
신민	29	49	50	34
만민	1	1	59	4
동포	17	24	82	25
형뎨	33	39	54	19
비도	39	12	5	9
역적	12	5	3	2
원슈	10	20	30	31
위민	2	0	3	0
의병	7	2	4	2
인죵	10	44	23	84

『황성신문』에 나타난 '위생' 개념의 담론적 배치

고미숙

1. 계몽의 공백과 『황성신문』

　(1989년) 12월 23일 오후 1시 민회(民會)가 다시 고등재판소 문 앞에 모였다. …… 그러자 여러 병사들이 만민회를 일제히 빙 둘러쌌다. 방청인들인 모두 사방으로 흩어져 도망쳐 달아났다. 회원들도 모두 일어서서 종로로 옮겨가 모이려고 했다. 병사들이 뒤쫓아가서 포위했다. 등짐장수[負商]의 무리들도 평민의 복장을 하고 뒤따라오면서 크게 소리지르면서 말하기를, "민회(民會)를 짓밟아라!"고 했다. 또 말하기를 "회원 중 연설한 자를 붙잡아라!", 또 "쳐라!", "뒤쫓아라!"하는 고함소리가 끊이질 않았다. 그 살기등등한 모습은 말로 표현할 수 없을 정도였다. 이에 회원들이 모두 흩어져 돌아갔다. 때는 이미 해가 저물고 있었다……. 다음날 병정들이 다시 엄밀하게 종로를 수비했다. 회원을 만나면 문득 꾸짖으면서 협박했다. 이 때문에 회민(會民)들은 감히 다시 회의를 열지 못했다.1)

『대한계년사』에 기록된 만민공동회의 해산장면이다. 여름부터 불거지기 시작한 고종과 만민공동회 사이의 갈등이 가을을 넘기면서 한층 악화되는가 싶더니 마침내 이 같은 파국에 이르게 된 것이다. 이로써 갑오개혁 이후 팽팽하게 맞섰던 군주권과 민권 사이의 대립은 전자의 승리로 일단락되었다. 그와 동시에 개항 이후 처음으로 확보되었던 '계몽의 광장' 은 굳게 닫히고 말았다.

근대계몽기는 대략 세 개의 시기로 분절될 수 있다. 첫째, 1894년에서 1898년까지. 동학농민전쟁과 청일전쟁 및 갑오개혁을 통해 조선이 본격적으로 '세계체제'에 편입된 시기이다. 이 시기 계몽담론의 주역은 단연 『독립신문』이다. 둘째, 1899년에서 1904년까지. 대한제국기 혹은 광무개혁기에 해당한다. 『독립신문』은 폐간되고 『황성신문』이 담론의 주체로 등장한 시기이다. 셋째, 1905년에서 1910년까지. 소위 '애국계몽기'로 통칭되는 시기로 이때는 단연 『대한매일신보』의 활약이 두드러진다.

이 글에서 다루고자 하는 영역은 바로 두 번째 시기이다. 이 시기는 근대계몽기 내에서 일종의 '공백기'에 해당한다. 앞서 보았듯이, 갑오개혁기를 휩쓴 계몽의 열기가 현저하게 위축되었기 때문이다. 물론 그것은 '광장의 폐쇄'가 가져온 필연적 결과이다. 계몽의 파토스란 담론들이 역동적으로 구성될 수 있는 '열린 광장'을 필요로 한다. 하지만, 만민공동회의 해산 이후 모든 정치적 공간은 폐쇄되고 말았다. 1901년 6월 22일 경부협판 이근택이 내린 거의 준계엄령에 달하는 법령 —"누구를 막론하고 서너명씩 머리를 맞

---

1) 정교, 조광 편, 이상식 역주, 『대한계년사』 4, 소명출판, 2004, 241~242면.

대고 이야기를 나누면 그 사람들은 강제로 붙잡아오고 그 주위에서 들은 사람은 모두 엄중히 징계할 것이다."[2] — 이 그 점을 실감나게 전해준다. 상황이 이렇게 되면 담론은 자연 '낮은 포복'의 자세를 취할 수밖에 없다. 곧게 뻗어나가기보다 멀리 에돌아가거나 낮은 목소리로 웅성거리게 되는 것이다.

잘 알려져 있듯이, 이 시기의 대표적인 매체는 『황성신문』과 『제국신문』이다. 두 신문은 1898년 동시적으로 창간되어 1910년 강제합병 전까지 발행된 매체이다. 전자가 국한문체를 채택함으로써 관료층 및 인텔리계층을 대상으로 한 반면, 후자는 순국문을 택함으로써 부녀자 및 하층민을 주요독자로 설정하였다. 두 신문 모두 이 시기의 핵심매체인 것은 말할 필요도 없지만, 담론적 차원에서 본다면 『황성신문』의 비중이 훨씬 높다고 할 수 있다. 특히 독립협회 활동에 참여했던 개신유학파의 핵심분자들이 『황성신문』에 적극 참여했다는 사실을 주목할 필요가 있다. 창간 당시 주필이 박은식, 이후 장지연이 그 후임을 맡았고, 잠시 동안이긴 하지만, 신채호 역시 집필진으로 참여한 바 있다. 결국 『독립신문』 폐간 이후 계몽의 담론이 어떤 변화를 겪었는지를 파악하려면 반드시 『황성신문』을 통과해야만 한다. 아울러 문체적 측면, 곧 급진적 한글전용을 택한 『독립신문』의 노선이 『황성신문』에 이르러 다시금 국한문체로 전환했다는 것 역시 의미심장하다. 두 시기 사이의 변화와 단절을 확연하게 보여주는 사항이기 때문이다. 이 글이 『황성신문』을 주요 텍스트로 택한 이유가 바로 여기에 있다.

---

2) 정교, 조광 편, 이상식 역주, 『대한계년사』 6, 소명출판, 2004, 62면.

하지만, 『황성신문』에 접근하기란 참으로 난감하다. 거의 한주국종체(漢主國從体)에 가까운 표기법은 연구자들의 접근 자체를 봉쇄하는 효과를 낳는다. 게다가 남아 있는 자료들의 인쇄 상태 또한 몹시 불량하다. 이러한 '이중구속'이야말로 이 시기를 오랫동안 연구의 공백기로 만든 원인이라 할 수 있다. 게다가 담론적 성격 역시 접근이 용이하지 않다. 『독립신문』은 급진적 개화주의를 전면에 표방한다. 『대한매일신보』는 전투적인 민족주의를 내세운다. 이 둘이 구성하는 담론의 배치는 선명하고 명쾌하기 그지 없다. 그에 비해, 『황성신문』의 목소리는 핵심을 포착하기가 쉽지 않다. 이질적인 것들이 혼재하기 때문이기도 하지만, 무엇보다 추상성과 포괄성이 두드러지기 때문이다.

따라서, 이 글은 본격적으로 '위생 개념'이라는 세부주제에 접근하기 전에, 먼저 『황성신문』의 담론적 특질을 간략히 짚어보기로 한다. 전자를 이해하는 데 있어 후자는 하나의 디딤돌로 기능할 수 있을 터이므로

2. 산포와 중첩―『황성신문』의 담론적 특성

커다란 전제의 측면에서 본다면, 『황성신문』 역시 '서구적 문명론'에 입각해 있다. 『독립신문』과 마찬가지로 문명, 인종 경쟁, 개화, 독립 등의 키워드를 견지하고 있는 것이다. 말하자면, 갑오개

혁기와 광무개혁기 사이의 근본적 단절은 없는 셈이다. 그렇다면, 결국 차이가 만들어지는 건 그러한 키워드들을 정렬, 배치하는 구성 방식이라 할 수 있다.

> 大凡 世界에 開進이라 稱하는 것이 不是別件物事오 又不是高遠難行이오 又不是索隱行怪오 又不是力量所不及과 心智所不到언마는 惟我韓人은 開進 二字를 別件物事로 高遠難行으로 索隱行怪로 力量所不及과 心智所不到한 것으로만 知하니 此는 不可解也로다
>
> —『황성신문』(1900.1.9)

> 東西의 古今史篇을 閱覽하건대 國風이 孤陋하야 國民間에 懸隔한 階級이 生한즉 門地를 從尙하야 人材가 杜絶하느니 大抵萬物은 莫不變遷이라 故로 昔時에 未開하던 바 現世에 明하니 是는 歷代의 變遷하는 바오 春以暖夏以署하며 秋以冷冬以寒하니 是는 時令의 變遷하는 바오 賢者之後도 不肖하고 不肖者之後도 亦賢하며 英傑之後도 憂하고 憂者之後도 亦有英傑하니 是는 人族의 變遷하는 바라
>
> —『황성신문』(1900.1.19)

앞의 자료는 '개진'이 특별하고 고원한 것이 아니라는 주장을 펼치고 있고, 뒤의 자료는 '변화의 논리'를 만물의 근원적 법칙에서 끌어오고 있다. 즉, 변화와 진보 같은 개념들이 서구와 함께 도래한 낯선 가치가 아니라, 이미 존재하고 있었던 것임을 강조하고 것이다. 『황성신문』의 논설은 대부분 이런 식의 보편적 지평을 제시하면서 시작한다. 그리고 바로 이 점이 『독립신문』과의 현격한 차이를 노정하는 대목이기도 하다.

『독립신문』의 담론은 근대 이전, 곧 중세와의 날카로운 단절을 선언한다. 그리고 그 폐허 위에서 새로운 문명을 구축하고자 한다.

과거의 모든 것들이 사라져 버린 빈 공간을 '단숨에' 메워야 하기 때문에 담론 주체의 목소리는 말할 수 없이 과격해지고, 그와 동시에 서구에서 도래한 새로운 척도들은 과도하게 이상화되는 것이다.

그와는 달리, 『황성신문』은 중세적 담론과의 연속적 지평 위에서 출발한다. 역사에 대한 깊은 관심을 보이는 것이나 실학적 전통을 계승하고자 하는 것 등도 모두 그런 지향과 결부되어 있다. 더 나아가 근대 이전의 가치들을 담론의 백그라운드로 적극 활용할 뿐 아니라, 당면 이슈들의 원리적 근원을 모두 거기에서 끌어댄다. 즉, 모든 것은 저 아득한 태고적에 이미 존재했거나 이루어진 것으로 전제된다. 이후의 역사란 그것들의 시공간적 변주에 불과하다. 따라서 중요한 건 '수시역변(隨時易變)', 곧 변통일 따름이다. 다음의 자료가 이런 논리 구도를 명료하게 보여준다.

> 客이 余다려 問하여 曰 開化라 하는 者는 何物을 指함이며 何事를 謂함이뇨 余ㅣ應하여 曰 開物成務하며 化民成俗을 開化라 謂하나니라 曰 近世에 開化하는 者ㅣ다 西洋을 依慕하니 當初東洋에는 開化한 者 無하냐 曰 엇지 無하리오 上古에 造書契代結繩하여 象太極分陰陽은 伏羲의 개화오 作耒耟敎耕種하며 嘗百草博施衆은 神農의 開化오 作舟車濟不通은 軒皇의 開化오 協萬邦黎民於變時雍은 帝堯의 開化오 詩之二南은 周召의 開化오 春秋之正筆은 孔夫子의 大而化하신 開化어니와
>
> —『황성신문』(1898.9.23)

이 자료에 따르면, 개화란 서구와 함께 도래한 낯선 가치가 아니라, '개물성무(開物成務)'요, '화민성속(化民成俗)'이라는 아주 익숙한 개념의 축약일 뿐이다. 그렇기 때문에 복희씨, 신농씨, 헌원씨,

요임금, 공자 등 저 아득한 태고적 시대부터 개화는 늘 실현되어 왔다. 아울러 그 실현되는 영역 역시 매우 광범위하다. 이어지는 부분을 좀더 음미해 보면, "五輪의 行實을 純篤히 行하야 人의 道理를 知한則 行實의 開化오 學術을 窮究하야 理致를 格한則 學術의 開化오 國家의 政治를 正大히 하야 百姓이 泰平한 樂이 有한則 政治의 開化오 法律을 公平히 하야 百姓이 冤抑한 事가 無한則 法律의 開化오 器械의 制度를 便易케 하야 人의 用을 利케 한則 器械의 開化오 物品의 制造를 精堅히 하야 人의 生業을 富厚케 한則 物品의 開化니 此數條가 合하면 可히 具備한 開化"(강조는 필자)인 것이다. 말하자면, 개화를 통시대적으로 소급해 가면서 모든 행위와 제도들 속에 보편적으로 작용하고 있는 원리로 설정하고 있는 것이다.

이처럼 드넓은 영역을 포괄하는 '산포성'이야말로 『황성신문』의 담론적 특성이라 할 만하다. 이런 산포성은 그것이 기반하고 있는 유교적 패러다임의 정치적 유용성 여부를 떠나 담론의 배치에 장중한 스펙타클과 긴 호흡을 불어넣는다는 점에서 충분히 의미심장하다. 『독립신문』의 조급하고도 과격한 호흡과 비교해보면 더욱 그렇다. 보기에 따라선, 이런 배치 속에서 개항 이후 숨가쁘게 내달려온 맹목적 서구추종을 반성적으로 돌아보면서 심도 있는 대안을 모색하려는 흔적을 발견할 수도 있을 것이다.

하지만, 상황이 그렇게 낙관적이지만은 않은 듯하다. 무엇보다 드넓은 비전과 시대적 과제들이 거의 기계적으로 중첩되고 있기 때문이다. 일단 『황성신문』의 논설들은 대부분 저 아득한 시원에서 시작하는 탓에 시대의 예각적 문제들과 결합하기까지 적잖은 경과가 소요된다. 긴 우회로를 거치다보니, 논의의 후반부에 이르러서야 간신히 당면과제가 등장하기에 이른다. 이것은 계몽적 효과의 측면에서 볼 때 치명적인 단점이다. 대중들의 열정을 고취하려면 우선 당면과제를 예각화함으로써 시선을 집중시켜야 하기 때문이다. 그러나 『황성신문』의 경우, 워낙 망라하는 범위가 넓다보니 시선이 산만하게 흩어지고 마는 것이다.

게다가 당면과제에 대해서도 구체적인 실천 지침을 설파하지 못한 채, 그저 추상적 원론의 확인으로 귀결되거나 아니면 '생존경쟁', '제도 개량', '문명화' 등 근대적 척도를 무비판적으로 반복하는데서 그치고 만다(이에 대해서는 위생 담론을 다룰 때 좀더 구체적으로 확인될 것이다). 다시 말해, 중세적 패러다임과 서구적 가치를 그저 무매개적으로 접합시켜 버리는 것이다. 변통을 강조했지만, 실로 변통이 필요했던 건 다름 아닌 『황성신문』의 담론적 배치였다. 그렇다고 이것을 꼭 표기법의 한계로 돌리는 건 적절치 않다. 『대한매일신보』 국한문판의 경우, 거기서는 광활한 비전과 시사적 문제를 대각선으로 가로지르는 데 있어 국한문체가 오히려 더 능동적인 역할을 담당한다. 『황성신문』에서 계몽의 결여를 느끼는 건 바로 이 때문이다. 요컨대, 비전과 이슈가 서로 화학작용을 일으켜 제3의 길이 모색되는 것이 아니라, 각기 다른 목소리를 내거나 아니면 어설프게 중첩되고 있는 것이다.

어떤 점에서 이런 특성은 광무정권의 성격과도 일정하게 맞물려 있다. 1897년 러시아 공사관에서 환궁한 이후, 고종은 그 해 8월 연호를 광무로 바꾸고, 10월에 황제로 즉위하면서 국호를 '대한'으로 선포하였다. 이른바 '대한제국' 혹은 '광무정권'이 출범한 것이다. 이 시기는 조선을 둘러싼 열강, 곧 러시아와 일본 사이의 잠정적인 세력 균형이 이루어진 때이자 1898년 말 대원군이 죽으면서 고종의 정치적 라이벌인 민비와 대원군이 사라진 때이기도 하다. 말하자면, 고종에겐 처음으로 군주로서의 권력을 마음껏 휘두를 수 있는 내외적 조건이 마련된 것이다.

개항 이후 새로운 정치 세력으로 부상한 독립협회 측은 한편으론 고종의 적극적인 국정 장악 의지를 자주화에 대한 여망의 실현이라 보고 크게 환영하면서도, 다른 한편으론 황제권의 강화로 갑오개혁의 흐름이 퇴행하는 것에 대해서는 저항의 기치를 분명히 하였다. 이것이 독립협회와 군주권 사이의 치열한 대립이 비롯된 정치적 배경이다. "고종과 독립협회의 대립은 1898년 10월 29일 관민공동회에서 결의한 헌의육조 실시와 중추원 설립 문제를 둘러싸고 최고조"에 도달하였는데, 고종은 "당시 법부 민사국장 이기동으로 하여금 황국협회를 조직하게 하여 전국 각지의 부상 수천 명을 서울로 불러모아 독립협회에 대항"하도록 하는 한편, 이 글의 서두에 제시된 것처럼 1898년 12월 23일 마침내 "일본. 러시아. 영국.미국 등 열강 공사들의 내락을 받고 군대를 동원하여 만민공동회를 강제로 해산"시켜 버렸다.3) 이로써 군주권의 독주시대가 시작된 것이다.

그런데 광무정권이 갑오개혁의 여러 가지 조치들을 변경시킨 건 분명하지만, 그렇다고 광무개혁이 봉건제도의 강화로 퇴행한 것은 결코 아니다. 군주권의 강화를 기반으로 하되, 식산흥업, 군

---

3) 도면회, 「정치사적 측면에서 본 대한제국의 역사적 성격」, 『역사와 현실』 19집, 24면.

비증가, 경찰제도, 의료교육 등 제도적 차원에서의 근대적 개혁은 계속 추진해나갔다. 나름대로 '동도서기(東道西器)'의 코스를 밟은 셈이다. 이 프로젝트가 성공했다면, 아마도 고종은 메이지 천황의 영광을 누렸을지도 모르겠다. 하지만 그러기에는 고종의 카리스마가 너무도 미약했다. 그는 국민이나 국가의 창출에 전력한 게 아니라, 오직 자신의 권력안보만을 생각했고, 그랬기 때문에 당연히 러·일 사이의 세력 균형이 깨어지는 순간 모든 것을 잃어버릴 수밖에 없었다.

바로 이 점에서 광무정권의 성격과 『황성신문』의 담론적 특성은 여러 모로 닮은꼴이라 할 만하다. 조선왕조의 백그라운드를 적극 활용하지도 못하고, 그렇다고 서구화로 일로매진하지도 못한 채, 그저 둘 사이를 어설프게 절충하려 했다는 점에서.

3. '위생' 개념의 담론적 배치

1) 언표의 희박성

『독립신문』의 경우, 근대적 임상의학은 절대적 진리로 제시된다. 서구적 관점에서 볼 때, 조선의 거리와 패션, 습속은 너무나도 '더럽다'. 특히 우물물과 변소의 구조는 대기오염 및 질병의 근원이자 미개함의 가시적인 표현이었다. 따라서 근대화를 추진하기 위해선 이 문제들부터 가장 시급하게 개선되어야 했다. 김옥균을 비롯한 급진개화파들이 위생을 문명론의 핵심적 이슈로 제기한 것은 바로 이런 맥락에서였다. 그 결과, 『독립신문』에는 도로 개선 및 분뇨 처리에서부터 일상적으로 행해야 하는 청결 매너 등에 이르기까지 임상의학 및 위생과 관련된 글들이 연이어 쏟아졌다.[4]

『황성신문』 역시 임상의학 및 위생적 관점이 지상과제로 제시되는 건 『독립신문』과 크게 다르지 않다. 그러나, 일단 위생에 관한 논의 자체가 현저하게 축소되었다. 『독립신문』에서는 분수처럼 쏟아져 나왔던 '말'들이 『황성신문』에선 '가뭄에 콩나듯' 희귀해진 것이다. 그 원인에 대해서는 따져봐야 할 터이지만, 일단은 이 현상 자체가 새로운 양상인 것만은 틀림없다. 그와 더불어 이 대개 여러 논의들 속에 뒤섞여서 등장한다는 점도 비슷한 맥락에서 이해할 수 있다. 예를 들면 이런 식이다.

或이 日하대 文武兩官은 人才를 拔하는 大門路오 또한 民心을 定하는 好方針이라 하니 此는 舊習의 沈惑한 者의 昧言이라 其人을 見치 못하고 其才를 試치 안코 다만 詩賦表策으로 所謂大小科를 拔하는대 其中에 或文筆를 借하는 者—太半에 過한즉 남의 目으로 丁을 識치 못하는지라 누가 胸에 甲을 藏함을 証하리오. 今日에 敎民할 바를 論하건대 武備와 格致와 製造와 農商과 醫礦과 算術等學이라 各其專門의 學을 試하야 目으로 見하고 取하거니 엇지 誤擧함이 有하리오

—『황성신문』(1899.1.9), 강조는 필자

이 논설은 법과 학문, 인재 양성 등을 설파하고 있는 자료다. 이

---

[4] 그에 대해서는 다음 글을 참조할 것. 고미숙, 「『독립신문』에 나타난 위생 개념의 배치」, 『근대계몽기 지식 개념의 수용과 그 변용』, 소명출판, 2004.

자료의 앞부분에 제시된바, 기본 전제는 '공(公)'과 '실(實)'이라는 유학적 척도다. 하지만, 그것이 특별히 새로운 결론을 도출하는 기능을 하지는 못한다. 그저 '시부표책(詩賦表策)'이라는 과거제도의 폐해를 비판하면서 새로운 학문을 도입하도록 촉구하는데서 그칠 따름이다. 계몽기의 텍스트들이 두루 취하고 있는 현재적 관점, 곧 현재를 특권화해서 모든 과거를 일률적으로 재단하는 태도는 여기서도 크게 다르지 않다. 그러면 이제 공과 실을 표현할 수 있는 지식의 장은 무엇인가? '무비(武備)와 격치(格致)와 제조(製造)와 농상(農商)과 의광(醫礦)과 산술등학(算術等學)'이 바로 그것이다. 의광은 의학과 광학이다. 어째서 이 둘이 함께 묶였는지는 알 수 없지만, 아무튼 여기서 말하는 의학이 서구적 임상의학인 건 분명하다. 이런 식으로 여러 가지 영역과 뒤섞여 포괄적으로 제시되는 경우가 적지 않다.

다시 한번 말하지만,『독립신문』의 경우, 위생 담론은 '문명화'의 제일의적 명제로 제시되었다. 위생이야말로 근대적 개인의 '삶과 신체'를 조직하는 구체적 실천 지침으로 간주되었기 때문이다. 하지만『황성신문』에서는 대개가 거대 담론을 배경으로 한 채 등장하는 까닭에 지극히 원론적인 차원을 넘지 못한다. 이런 양상을 미셸 푸코의 말을 빌려 '언표의 희박성(지식의 고고학)'이라고 할 수 있지 않을까.『황성신문』의 위생 담론의 첫 번째 특이성은 바로 언표가 희박하다는 것, 발언 자체가 드물 뿐 아니라, 발언을 할 때조차도 자신을 전면에 드러내기보다 의미를 다소 모호하게 흐리고 있다는 점에서 그렇다.

그것은 일차적으로는『황성신문』의 담론 주체들이 거대 담론에

치중함으로써 미시적 통찰을 소홀히 한 때문이기도 하고, 더 근본적으로는 이 시기에 '소통의 광장'이 닫혀버린 것과 무관하지 않을 터이다. 대중들이 직접 '몸으로' 마주치고 접속하는 공간이 사라지는 순간, 삶의 디테일 역시 담론의 '가시권'에서 벗어나는 법이므로.

2) 양생(養生)과 위생(衛生) '사이에서'

주지하듯이 중세의 의학적 패러다임은 '양생론'에 기초하고 있다. 17세기 허준의 『동의보감』에 집약적으로 표현되어 있는바, 인간의 몸과 우주는 하나로 연결되어 있었다. 몸과 마음이 둘이 아닌 것은 말할 것도 없다. 이런 대전제 위에서 질병과 치료의 원리를 구축한 것이 양생의학이다.

하지만, 서구의 도래와 함께 이런 체계는 한꺼번에 무너졌다. 우선적으로, 인간과 우주 사이의 열린 관계가 순식간에 단절되어버렸다. 이제 인간의 몸은 홀로 자립적인 존재로 인지되었고, 그와 동시에 몸밖의 세계와 맞서거나 그것으로부터 자신을 방어하는 존재로 변환되었다. 양생에서 위생으로. 글자의 차원에서만 보더라도 이 두 단어 사이에는 엄청난 격절감이 존재한다. '양(기르다)'이 몸의 생기를 기르고 신체적 능력을 고양시키는 것을 전제한다면, '위(방어하다)'는 외부의 적을 상정하면서, 그것으로부터 자신을 방어한다는 매우 소극적, 부정적인 의미를 띤다. 전자의 구도에선 가능한 한 몸과 외부 사이의 경계가 열려 있어야 하지만, 후자에

선 경계가 뚜렷하고 장벽이 두터워져야만 한다. 위생 담론이 몸과 정신의 분리, 병인체론, 주체와 객체의 이분법 등과 같은 근대적 인식론과 긴밀하게 맞물려 있는 건 이런 맥락에서이다.

잘 알고 있듯이, 『독립신문』의 위생 담론은 양생적 관점, 곧 근대 이전의 전통한의학 체계와 과격하게 단절하고 있다. 명분은 주로 의료교육 체계의 불합리성과 침술의 비과학성 등이었다. 임상의학의 특장인 소독과 해부학 기술의 우위를 강조하는 건 말할 나위도 없다.[5)]

그렇다면, 『황성신문』은 양생론, 곧 전통한의학에 대해 어떤 태도를 취했을까? 유학적 패러다임을 배경으로 삼고 있다는 점을 감안한다면, 『독립신문』처럼 양생론을 쉽사리 거절하기는 어려웠으리라 예상된다.

> 醫術은 人命의 死生存亡을 司하는 禍福關이라 故로 國脈이 以하여 盛衰榮枯에 關係가 重大함으로 昔에 神農이 嘗百創醫하신 後에 問對發明하시고 堯舜이 病諸博施하시니 聖人의 斯에 用心하심이 至愼至審하셨거늘 至于我東하아는 醫術은 賤技로 歸하여 巫覡과 一流로 對함에 自然 醫理가 不明하여 流弊比深하니 近來 醫士라 稱하는 者ㅣ 診脈한다 하되 七表八道 九候 十怪를 分辨키 不能하며 審症한다 하되 陰陽 表裏 經絡 分野를 解析키 不明하고 用藥한다 하되 溫涼 補瀉 徒治 反治를 適當키 不必하고 其此 鄕谷에 醫士라 稱하는 者는 甘草의 味가 甘한지 苦한지 附子의 性이 熱한지 冷한지 不下하고 藥材를 貿取할 時에 兼하여 醫方活套 一冊을 購하여 昧野한 鄕里에 開局設方도 하며 又 其此에 銅人이 何樣인지 針灸가 何法인지 不知한 者ㅣ針筒을 佩하고 丸丹을 裏하여 村里에 行乞타가 生癧도 破하며 浮腫도 潰하니 三等技術이 一般 粗劣이라 古語에 曰 有病

---

5) 고미숙, 위의 글, 316면.

不治면 常得中醫라 하니 此等醫術은 無함만 不如하도다 現今엔들 高名한 醫士가 無함은 不是로되 粗劣이 居多함은 醫術을 賤待하여 醫理가 不精한 根由이오 人民들도 未開한 者ㅣ亦多하여 衛生法에 昧하여 炭酸汚穢를 吸取하며 淸心門이 杜하여 膏火名利에 焦鑠하며 窒慾力이 寡하야 花柳酒色에 沈溺하니 陽剛이 益衰하고 陰邪가 漸熾함으로 疾病이 一國에 彌滿한지라 人命을 司한 일 機活에 痼弊가 若是하거늘 恬然不顧하야 尋常에 閣置하니 엇지 大關憂慮할 배 아니리오 歐美文明한 列邦에는 大學校에 卒業한 者로 醫學專門을 格致講究케 하야 至精至妙한 神智를 開達한 後에 人命을 司케 하고 上等人과 同等 待遇함으로 醫理가 日益奬進하는지라 我國은 西法의 精緻함을 猝乍에 效行키는 難하나 鉅弊를 矯抹하는데 一策이 存하니 爲先 明諫한 醫士 幾員을 設官雇聘한 後 各地方에 醫士라 稱하는 者를 格致試驗하야 工藝가 嫺熟하거든 卒業文憑을 給하야 行術케 하고 社會上 賤待하던 舊習을 革袪하면 醫를 學하는 者도 前日 粗劣함을 必改하고 實工을 擴充할지니 人命의 禍福關을 創修함이라 此法을 時急히 講究하야 一世의 民을 歐하야 仁壽의 域에 躋함을 絶望하노라

—『황성신문』(1899.10.9)

이 자료는 의술 및 위생의 문제점을 짚고 있는 논설이다. 대개의 논설들이 그러하듯, 저 아득한 신농씨와 요순시대부터 시작하여 의술이 얼마나 중요한지를 설파한 다음, 역사적으로 의원을 천대한 결과 의원들이 진맥·용약·침술 등에 대해 무지한 상태라고 비판해마지 않는다. 우선, 이런 논법 자체는 분명 『독립신문』의 그것과는 상당히 다른 면모라 할 수 있다. 거기서는 침술, 진맥의 원초적 비합리성을 강도 높게 고발하고 있는 데 반해, 여기서는 전통의술이 제대로 구현되지 못하고 있는 점을 강조하고 있기 때문이다. 여기까지만 보면, 『황성신문』은 전통한의학, 곧 양생론에 대해 깊은 신뢰를 지니고 있다고 해도 좋을 것이다.

문제는 그 다음 대목이다. 곧바로 위생법으로 화제를 바꾼 다음, 서구식 의료교육을 새로운 대안으로 암시하고 있다. 사실 이 사이에는 엄청난 논리적 비약이 잠복해 있다. 그럼에도 불구하고, 고대 이래의 전통 한의학과 서구식 의학 사이의 차이를 전혀 보지 못한 채, 그저 형식적 차원에서 곧바로 봉합해 버리고 있는 것이다. 이렇게 되면, 앞에서 장황하게 논의한 양생론적 배경은 그저 탁상공론이 되어 버리고, 남는 것은 서구식 제도의 도입이라는 '앙상한' 결론뿐이다.

다음의 자료 역시 그 비슷한 예가 된다. 이 글은 "大凡 養生이란 것은 人民의 疾苦를 除케 하는 大道니 有國의 當行할 事이라"는 원론에서 시작한다. 다음엔 양생의 규칙으로 ① 운동, ② 침식(寢食)과 의복을 신중히 선택할 것, ③ 가옥과 도로를 청결히 할 것 등을 제시한 뒤, 다음과 같은 논리가 이어진다.

大槩人의 疾病은 其 氣血을 失常함에 從出함이 每多하나 亦 汚穢氣의 流觸함을 緣함도 不少하고 且 傳染하는 病에 怪疾과 癘疫은 專혀 汚穢物의 毒氣로 由出하나니 故로 泰西各國에 汚穢氣로 消止하는 道는 家室에는 浴沐室을 置하고 頻數히 洗身하며 道路에는 兩邊에 樹木을 鬱密히 種하고 路上에는 一点麤物을 損棄치 못할 뿐더러 城市에는 每戶廁所는 地中隱窟로 數十里式通曲에는 廁門을 密閉하고 大小便을 土陷에 藏置하야 其氣를 泄瀮치 못하게 하나니 我韓에는 本來도 養生하는 道에 全昧하거니와 今에 大旱之餘를 當하야 毒氣에 侵損이 不無할 뿐더러 衣服飮食居處가 一件도 衛生에 可稱할 者—無하고 且 路邊에 汚穢物이 堆積하야 腐臭가 蒸鬱한 中에 人家의 廁突을 路邊으로 出하야 糞料所積에 惡臭가 觸鼻하야 來去하는 人이 其氣를 盡吸함애 疾病에 罹하기 甚易할지라 今에 諸般養生의 道는 遽行키 難하나 路上에 棄穢와 廁突의 出路는 不禁하랴면 已어니와 禁

하라면 엇지 其方이 無하리오 近日에 漢城判尹과 鬱務使가 朝任夕遞하는
대 매양 新任하는 日에는 華麗한 文字로 街壁에 揭示함이 無非修道淨厠하
는 諸般衛生의 方이로대 實施함은 未見하니 此는 曾前守令들이 到任初이
면 牛酒松三禁을 依例히 發令하나 畢竟은 其實施함을 見치 못하느니 今에
衛生하는 職任을 當한 官人들이 一紙空文으로써 人民의 目만 掩코져 하나
人民中에도 目이 明한 자는 紙上空文에 見欺치 아니하리니 엇지 慨然치 아
니리오 惟願 今日을 當한 兩府廳官人들은 文具를 更尙치 勿하고 實事를
是求하야 厠道와 路上을 修潔하야 人民에 衛生을 極保할지어다

—『황성신문』(1899.6.27)

서구 각국에선 집집마다 목욕실이 있어 자주 몸을 씻는다, 노상
에는 일체 오물을 버릴 수 없고 변소는 땅속 깊숙이 숨겨져 있다,
그러나 조선은 노변에 오물이 쌓여 있을 뿐 아니라, 특히 변소가
노변에 노출되어 있어 악취가 진동을 한다, 그러니 위생담당 관리
들이 이 문제를 해결하기 위해 적극 노력해야 한다―이 글의 주
장은 대략 이렇게 압축될 수 있다. 잘 알고 있듯이, 이런 논지는
『독립신문』에서 수도 없이 제기된 내용들 가운데 하나이다. 특히
'똥'과 변소 문제는 핵심적 이슈였던바, 여기에는 약간의 배경 설
명이 필요하다.

조선시대의 도시인들은 지·간접으로 농업적 배경을 가지고 있
었기 때문에 분뇨수거에 특별히 신경을 쓸 필요가 없었다. 어느
정도 모이면 근교에 있는 농촌에서 정기적으로 수거해갔기 때문
이다. 하지만, 개항 이후 이주해온 외국인들은 그러한 배경이 없었
던 탓에 지역별 청소규칙을 만들어 오물제거를 해결할 수밖에 없
었다. 6)따라서 이런 사회경제적 배경을 다방면으로 고려하지 않
고, 조선의 상황을 무조건 '더럽다'고 여기는 것은 서구인의 시선

을 고스란히 내면화하는 '오리엔탈리즘'에 다름아니다. 『독립신문』의 주체들이 그런 시선에 나포된 것은 나름대로 충분히 이해할 만하다. 그들에겐 임상의학적 틀 외에 다른 종류의 가능성이 아예 부재했기 때문이다.

하지만, 『황성신문』의 경우는 그렇지 않다. 분명 이들에겐 양생론이라는 베이스가 있고, 위의 글 역시 출발은 양생에서 시작하고 있다. 그럼에도 그것이 전혀 생산적인 기능을 하지 못한 채, 슬그머니 위생론으로 이동해버렸다. 이를테면, 양생론 위에 위생론을 그냥 기계적으로 덧씌우고 있는 형편인 것이다. 그 결과, 양생도 위생도 모두 공허한 울림이 되어버리고 만다. 하나의 예만 더 살펴보기로 하자.

現今 盛夏炎旱之餘에 大雨時行하니 正是暑濕 當令之時也라 盖暑濕之邪ㅣ有陽暑陰暑濕寒濕熱濕之分而暑係天之氣하고 濕係地之氣하니 醫家所謂淸邪濕邪之症이 是也라 大抵 人之元氣ㅣ當暑月之際則因汗喘而耗泄太多하야 本難充完이어늘 暑濕穢濁之邪ㅣ又從口鼻吸入三焦하야 上乘於心이면 爲中灰之疾하고 中入於胃면 爲霍亂厥逆之疾하고 踞於募原이면 爲寒熱亥瘧之疾하고 歸於腸胃면 爲泄痢嘔吐之疾 故로 陳眉公이 謂天而無夏則人亦無疾病이라 하니 衛生家ㅣ尤官愼攝乎夏令者ㅣ此也로 而況我國은 素來人民이 昧於衛生之方하야 庭無鬱靑之樹木하며 家乏澡濯之浴室하고 其居處家屋은 湫溢窄陋에 □厠之臭ㅣ滿室하며 其衣服飮食은 腐不潔에 鬱濕之氣ㅣ蒸薄하고 汲井은 糞濁之流而無長河而發洩之하며 道路는 積汚穢之氣而無掃除而乾淨之하니 此皆瘟疫疾病之所養成而傳染之病이 由是而生 故로 衛生上之所大忌者也라 近聞淸國之東北一帶에 疫疾怪疾

---

6) 이 시기 환경위생사업에 대해서는 다음을 참조할 것. 신동원, 『한국근대보건의료사』, 1997, 218~232면.

□症이 盛爲流行하야 已波及於烟台近地 故로 現自仁港病院으로 有新到
外艦檢查之擧나 然而吾輩난 竊不無漆室之憂하노니 往在乙丙之歲에 一種
怪症이 自北淸渡來하야 其蔓延之毒에 迨有十室九空之歎 則今又當此暑
濕之令하야 其□□□□可不爲之□며 不究所以預防之術歟아 設或幸而無
傳染之患이라도 暑濕之毒이 乘虛侵入은 亦難保其必無也니 其保護攝理之
道와 治暑治濕之方은 有生者ㅣ不容不思究者也라 故로 記者ㅣ所以眷眷
於此而警告同胞者也어니와 其保攝之道와 診治之方하야는 不必縷煩述이
오 惟在諸君子硏究之如何也라 하노라

—『황성신문』(1902.7.15)

이 글은 1902년 콜레라가 유행할 때 「서습의신섭방치(暑濕宜愼攝
防治)」라는 제목으로 작성된 것으로, 일상적인 청결과 위생이 아니
라 전염병이라는 급박한 이슈를 다룬다는 점에서 일단 주목할 만
하다. 전반부에선 여름에 날씨가 덥고 습해지면서 질병이 생기는
이치와 원리를 설명하고 있다. 이 대목은 전통한의학의 전문적인
어법을 그대로 따르고 있다. 그런데 중간에 구체적인 위생의 방도
로 옮겨가면서부터는 다시금 목욕실이 부족한 것, 똥냄새가 집안
에 가득한 것, 의복음식, 우물물이 더러운 것, 도로가 불결한 것
등 익숙한 내용으로 회귀하고 만다. 그리고 나선 근래 청국 동북
부 일대에 역질, 괴질이 유행하고 있으니 '보호섭리지도(保護攝理之
道)와 치서치습지방(治暑治濕之方)'을 강구하라는 추상적인 결론으로
마무리하고 있다. 결국, 긴급한 사안을 다룰 때 역시 일반적인 주
장을 펼 때와 크게 다르지 않은 셈이다.

결론적으로 말해,『황성신문』은 양생과 위생을 동시적으로 사유하
면서 새로운 대안을 모색하는 방식이 아니라, 양생과 위생 사이를 왕
복하면서 기계적으로 절충시켜 버리는 양상을 보여줄 따름이다.

3) 전염병과 생체 권력

임상의학의 정착은 전염병학에 기초하고 있다. 근대국가의 의료 정책이 인구증가를 통해 생산력을 확보한다는 인구론적 관점에 토대하고 있기 때문이다. 따라서 콜레라·장티푸스·천연두 등 급격한 인구 감소를 가져오는 질병들이 의료 권력의 주요 타겟이 되는 건 지극히 당연한 일인 셈이다. 전염병의 예방 및 치료는 국가적으로 매우 중대한 프로젝트이기도 하고, 일반국민들에게 임상의학의 위력을 실감나게 과시할 수 있는 좋은 기회이기도 했다. 말하자면, 전염병을 둘러싼 의학적 배치야말로 근대국가의 '생체 권력(bio power)'이 효과적으로 작동되는 '권력의 장'이었던 것이다.

『황성신문』에서도 그 점을 확인할 수 있다. 전반적으로 위생 담론이 희박한 가운데서도 집중적으로 조명되는 '의료사건'들이 눈에 띤다. 먼저 콜레라. 호랑이에게 찢겨죽는 것처럼 고통스럽다는 의미로 '호열자'라는 명칭이 붙은 이 질병은 1879년 일본을 거쳐 부산에 들어온 것을 시발로 하여, 1886년 여름과 1895년 여름을 거쳐, 대한제국기인 1902년 가을에 또 다시 도래함으로써 전국을 공포의 도가니로 몰아넣었다.

> 衛生揭示
> 漢城判尹이 內部訓令을 因하야 各坊曲에 揭示하되 五署內에 汚穢物을 滌去하고 川渠를 疏通하야 惡臭가 衛生上에 害함이 無케 하며 療署를 當하야 人民이 或街上에서 露宿하다가 惡疾을 罹하면 雖云自取나 其在保護 生民之職에 豈不慨然가 自今以後로 不遵令飭하는 民은 依律嚴懲하겟다 하얏더라
>
> —『황성신문』(1902.7.15)

怪疾消息

義州에서 甑南浦 韓商吉某에게 達한 通報를 據한則 先頃 淸國 安東縣 方面에서 虎列刺病이 發生하야 漸次 蔓延하야 義州로 侵入하얏는대 該地에 進士 金某가 該病으로 死亡하얏고 此外에도 該病人이 不少하다 하얏고 義州郡守 金有鉉씨가 茶洞 金良甫氏家로 日昨電報한 槩意에도 本月부터 虎列刺病이 到來하야 罹患者가 頗有라 하얏고 平壤府에서도 或傳染者가 有하다더라

—『황성신문』(1902.7.21)

筋除汚穢

內部에서 虎列刺의 流行事로 勒敎를 奉承하야 漢城府及警務廳에 訓令하되 現今潦炎이 轉熾하고 病騷가 漸至하니 極爲緊急이라 火速嚴□於各坊曲하야 道路溝梁의 汚穢物을 一一疏滌除去하되 若或疏忽이면 難免生梗이라 하얏는대 通信□門前에는 昨日부터 消毒法을 預施하얏더라

—『황성신문』(1902.7.28)

防疫局開

虎列刺病傳染豫防하기 爲하야 去二十三日 貞洞山島氏邸에서 防疫局第一會를 開하고 檢疫及豫防法에 就하야 各國醫師委員들이 議決한 事項이 如左하니 一은 義州城內에서 虎列刺患者가 旣爲八名이란 公電이 達하얏슨則 今後各地에서 同病罹患者의 報告에는 電信料를 不收할 事로 通信院에 照會할 次오 一은 平壤에 檢疫所를 設하고 該地在留한 各國醫師로 檢疫所事務를 擔任케할 事오 一은 豫防及檢疫에 關한 經費支出을 政府에 請求할 事이더라

—『황성신문』(1902.7.28)

衛生設院

怪疾豫防하기 爲하야 臨時衛生院을 □念으로 設□□ 內外國醫師를 □同安議한더더라

—『황성신문』(1902.7.29)

稱怨於誰

南門外倉軍 橋等地에는 汚穢物이 山積하야 惡臭逼人함으로 該洞居人
들이 互相稱怨하야 日近日政府에서 衛生院을 特設하고 人民衛生하기 爲
하야 消毒法을 行하고 汚穢物을 除去하라고 各坊에 揭示하얏는대 本洞에
는 警察官吏가 如此한 景況을 不知하는지 하더라

—『황성신문(1902.7.30)

兼任衛生

警務使李容翊氏가 臨時衛生院監督을 兼任하얏더라

—『황성신문』(1902.8.2)

虎疫憂延

南浦에서는 韓人에 虎列刺患者가 發生하얏다하고 □入山島氏가 去月二
十七日政府에 電報한 바를 據한則 患者三百五十餘名에 達하야 이의 宜川
까지 憂延한다더라

—『황성신문』(1902.8.9)

흡사 2003년 봄 중국에서 사스가 유행할 때를 연상시키듯, '잡
보란'에 호열자 속보가 이어지고 있다. 이때도 중국 본토에서 시
작하여 일본, 시베리아 등지까지 번졌는데, 7월에 들어서면서 마
침내 조선에까지 퍼져 의주·진남포·성진·원산·부산 등 항구
지역을 중심으로 크게 번지면서 많은 인명피해를 낳았다. 정부는
항구와 시장을 중심으로 검역소를 설치하는 한편, 경무청에 임시
위생원을 두어 대책을 마련코자 하였다. 위의 기사에도 나오지만,
당시 고종의 측근이자 최고 실력자인 이용익이 임시위생원감독을
맡을 정도로 대책마련에 부심하고 있다. 아울러 『황성신문』에서도
3차례에 걸쳐 호열자 예방법을 자세히 일러주는 논설과 잡보기사

를 내보내고 있다.[7] 이런 다방면의 노력에도 불구하고 호열자는 쉽게 가라앉지 않았고, 엎친 데 덮친 격으로 가을이 되면서 장티 푸스까지 번져 사망자는 더욱 늘어만 갔다.

사실 전염병의 생성·소멸은 환경뿐 아니라, 기후나 절기의 변화, 대기의 흐름 등과 밀접한 연관 관계가 있다. 그러나 임상의학은 전염병의 원인을 오로지 세균의 차원으로 환원한다. 따라서 치료의 목표를 오직 세균박멸에 두게 되고, 때문에 각종 위생규칙 및 의료제도들이 강력한 힘을 발휘할 수 있는 것이다. 결국, 콜레라나 장티푸스가 휩쓸 때마다 근대 의료 권력은 자신의 영토를 더욱 견고하게 확보하는 셈이다. 예컨대, 1895년 호열자가 창궐하자 내부에 처음으로 위생국을 설치하여 근대적 방역제도가 시작되었고, 1902년의 콜레라와 장티푸스가 계기가 되어 1904년 근대적 청소제도가 자리잡기에 이른다.[8] 말하자면, 이전에 서구인의 시선을 통해 개별적이고 산발적으로 유포되었던 임상의학적 담론이 이때에 이르러 차츰 제도의 영역으로 흡수되고 있는 것이다. 사실, 『황성신문』에 실린 호열자 예방법이라는 것도 그다지 특별한 내용이 없다. 조선의 거리와 물, 의복, 음식, 측간 등이 불결하기 때문에 병균의 온상이 될 수 있으니, 깨끗하게 치우자는 것 정도에 지나지 않는다. 결국 청결말고는 달리 대책이 없었던 것이다. 그럼에도 이런 논리는 사람들의 일상과 신체를 재조직하는데 결정적인 영향을 끼친다. 제도의 권위에 압도되어 개별구성원들이 그러한 규

---

7) 『皇城新聞』에 실린 「論說－虎列刺豫防法」(1902.7.24), 「虎列刺豫防法(續)」 (1902.7.25), 「虎列刺預防」(1902.7.31) 참조.
8) 자세한 내용은 신동원, 앞의 책, 제4장을 참조할 것.

율들을 스스로 내면화하기 때문이다. 사스가 휩쓸 때를 떠올리면 이런 상황을 쉽사리 이해할 수 있을 것이다. 그때도 오직 손을 씻어라, 사람들이 많이 모이는 곳을 피해라, 주변을 청결하게 하라 등 무력하기 짝이 없는 예방책밖에 지시하지 못했음에도 사람들은 기꺼이 권력의 명령에 복종하였던 것이다.

생체 권력이 더욱 본격적으로 가동된 것은 호열자보다 천연두였다. 호열자가 느닷없이 휩쓸고 지나가는 병이라면, 천연두는 일상적으로 다수가 겪는 병이었던 탓에, 그에 대한 예방은 한층 중차대한 문제였기 때문이다. 그와 연관하여, 이 시기는 우두법 정착 과정에서 매우 중요한 시점이다.9) 갑오개혁의 일환으로 전국민의 의무접종을 규정한 〈종두규칙〉과 인력의 양성을 위한 〈종두의양성소규칙〉이 반포되었고, 1897년에는 종두의양성소가 설립되어 1899년까지 53명의 종두의사가 양성되어 전국 각지에 파견되어 활동에 들어갔다. 그리고 1900년 이후 전국적으로 매년 몇 만 명 이상이 종두 접종을 받았으며, 해마다 계속 증가되는 추세를 보였다. 조선의 보건사업을 높이 평가하지 않았던 일본조차도 이 시기 종두법에 대해서는 유일하게 성과를 인정할 정도였다.10)

---

9) 신동원, 「한국 우두법의 정치학—계몽된 근대인가, '근대'의 '계몽'인가」, 『한국 과학사학회지』 22권 2호, 2000. 이 논문에서 저자는 19세기 조선의 우두법 정착의 단계를 다섯 가지로 나누고 있다. 첫째는 개항 이전에 우두법이 비공식적으로 소개된 시기, 둘째는 개항 직후 몇몇 우두 학습자가 민간차원에서 우두법을 시술한 시기(1876~1884), 셋째 정부 차원에서 전국의 영아를 대상으로 의무접종을 실시했으나 큰 성공을 거두지 못했던 시기(1885~1893), 넷째는 갑오개혁—대한제국 전반기로 조선 정부가 우두법을 전국적으로 시행했던 시기(1894~1905), 다섯째는 통감부 경찰의 활용으로 우두법이 강제적으로 시행된 시기(1906~1910)로 나누고 있다.

10) 신동원, 위의 글, 155면.

하지만 그것이 민간에 정착하기 위해서는 적지 않은 갈등이 있었다. 서민들은 이전부터 내려오던 나름의 치유책들이 있었기 때문이다. 인두법·시두법 등이 그것이다. 『황성신문』의 다음 자료들이 이런 정황을 잘 보여준다.

官痘無疑

五署內에 官立種痘司를 許設함은 天然痘의 天禍를 豫防함이어늘 養幼家에셔 或牛痘를 疑慮不種하얏다가 時痘流行하는 時에 短殤하는 獘가 多有하다니 極히 慨惜한지라 警察宮使들은 人民의 衛生을 爲하야 牛痘施種함을 家喩戶說함이 妥當할 듯하더라

—『황성신문』(1899.1.6)

種痘施術

光武四年 漢城鐘頭社의 秋等施術이 合 一千二百十四名인대 男七百四十八이오 女三百六十六이더라

—『황성신문』(1901.1.10)

請設程痘

咸鏡北道 間島居 □秉吉等이 內部에 請願하되 到今本島에 人民을 保護次로 來府에서 警務署와 交界官을 設置하얏슨 則 衛生이 莫先於程痘所하니 保嬰하기 爲하야 □□郡民이 自□□詰所하고 □債함은 刷納하겟스니 前派員石鳳枚金錫九를 種痘委員으로 差任하야 島中數萬人命은 衛生케하라하얏더라

—『황성신문』(1902.01.27)

飭禁私痘

內部에서 漢城府에 訓令하되 挽近私痘가 盛行하야 衛生에 妨害됨은 牛漿을 用치아니하고 人漿을 用함으로 痘兒가 受毒하야 衛生에 反有大害하니 漢城五署父番所巡檢에게 指飭하야 私痘施術人이 有하거던 隨現捉囚

ᄒᆞ고 指名□報하라하얏더라

種痘實數

慶北 種繼所에서 管下 各郡 本年春等入痘兒實數를 報來하였는데 四千四百八名이라 藥價收入額이 并一千三百二十二元四十錢이라더라

—『황성신문』(1902.9.4)

種痘實數

漢城 五署內 六年度에 種痘成術數가 合七百七名이더라

—『황성신문』(1903.1.5)

이 기사들의 내용을 압축하면, 우두법을 시행하는 숫자가 늘어나고 있다는 것, 그러나 아직도 사사롭게 시두를 하는 사람들이 있는데, 그것이 위생에 아주 해롭다는 것 등이다. 말하자면, 국가에서는 우두법의 일방적 우위를 선포하고 적극 권장했지만, 민간에서는 그것을 별로 신뢰하지 않았던 것이다. 통상적 예상과는 달리, 우두법이 이 땅에 순조롭게 뿌리를 내린 것은 아니었던 셈이다. 이 두 가지 예방법 사이의 팽팽한 긴장과 갈등을 잘 보여주는 자료가 있다.

別報

內部衛生局長 朴準承氏가 本社로 寄書한 全文이 如左하니 見人飢而勸以食하며 見人渴而與之飮이면 必曰仁心이오 人有焚而不救하며 人有溺而不拯이면 必曰 不仁이니 牛痘之於嬰孩에 不啻渴飮飢食과 救焚拯溺者也라 牛痘난 取漿於牛而種於人이면 可以豫防時痘ᄒᆞ야 可以免夭札하고 痘瘡眼疾等患이 亦可無憂어는 蔑識之私行痘術人은 專以人漿으로 傳種하여 只要起顆脹膿하고 不念痘毒之有無한 是乃取漿時已有該兒之痘毒이 傳染

於漿水하야 一傳再傳에 毒仍傳派者也니 若非種牛取漿이면 無以消其毒이
오 更有羅於時痘之患者는 取漿을 旣不以法하고 接種時에 慮其汎濫爲瘇
하야 略施塗抹而不通經絡하야 只須起顆者也라 是故로 以國家好生之德으
로 設立官司而專行種痘者數年이라 這間種痘幾千萬人이로되 尙多不信之
人하야 毁謗其法하고 或稱種痘者도 復羅時痘라하야 歸之於無靈하고 甚
者는 曰有子生女에 一經時行之順痘하고 紙□柳車로 撞巫鼓而送神이 亦
一樂事니 何用人力爲哉아하야 百般謀避하니 何其不思之甚也오 方其天花
熾盛에 安者少而危者多하니 獨不念摧折肝膽하야 祝天神이며 況其倖而免
死者도 姸化爲醜하야 型失舊容者乎아 時痘之順은 僥倖이오 牛痘之安은
萬全이니 奈之僥倖으로 不信萬全哉아 近日에 時痘盛行하야 橫夭亦多하
니 試看其症하고 經歷事狀하면 不待智者而可辯이라 一經牛痘者雖或復羅
時痘라도 其症이 輕歟아 重歟아 已經牛痘者의 不羅時痘者多乎아 寡乎아
此乃瞭然可驗之端이라 是以로 初種再種三種之法이 昭載乃舊하니 初種이
或慮痘毒之不進出하야 更施再種하고 再種而又慮痘毒之有餘하야 又施三
種하야 以痘毒進出로 爲限이어늘 百勸千喩하야 不得已因人請而勉强入種
樣으로 初種 此而止하야 自恃其無慮하니 五臟不盡之痘毒이 可不再發이
며 感觸時氣하야 可能無危리오 凡爲此法而勸人以種者必非陷入於危險之
惡心이오 斷斷是自然之仁心佛性으로 濟人以免乎夭札이어늘 何其不信이
며 何其排斥고 是有甚於撲燈飛蛾야니 寧不慘然가 國家之說官置職이 一
歲之費殆過數萬金하니 萬一有害於人이면 豈其若是리오 萬全無疑는 推此
可悉이라 人心이 安於古常하야 不能臨時制變而終不免時痘慘絶之患하니
寧不慨然寒心哉리오 本司는 職悉種痘事務라 上承 朝令하야 夙夜憧憧於
廣布 國家衛生之 恩之重 故로 尤不勝恐懼憂悶하야 玆以廣布하오니 有兒
면 必種牛痘하고 有種이면 必再必三하야 以痘毒盡出로 爲期하고 私術人
에 種之者는 時痘復侵과 瘇瘡諸疾을 必多不免은 今年이 亦皆曉得이니 折
勿入種於私術之手하고 今番施行之痘是爲痘家之明鑑하야 其免其羅와 其
輕其重을 可以明若觀火니 伏願僉君子는 照亮하오서 快釋疑惑하고 亟施
牛痘하야 共躋仁籌之域이 幸甚

—『황성신문』(1903.1.19)

구체적인 내용 이전에 내부위생국장이 직접 기서를 보내 우두 시술의 시급성을 알리고 있다는 사실 자체가 흥미롭다. 그만큼 상황이 녹록치 않았다는 의미일 터이다. 글의 구성은 시종일관 우두의 안전성과 시두의 요행을 극단적으로 대비하는 방식으로 이루어져 있다. 그렇다면, 이 대목에서 이런 의문을 제기할 수 있다. 우두법이 그렇게 효과가 뛰어나다면, 어째서 민간에서는 선뜻 응하지 않았던 것일까?

우두법은 소의 고름(백신)을 이용한다는 점, 외과용 칼을 쓴다는 점, 훨씬 정량적인 기구를 사용한다는 점에서 전통적인 인두법과는 상당한 차이가 있었다. 그리고 분명 훨씬 효과적이긴 했지만, 몇 가지 측면에서 한의학의 보조나 개입을 초래할 의학적인 한계가 있었다. 우선 우두법은 예방에는 강력했지만 병에 걸린 자에 대해서는 아무런 조치도 취하지 못했다. 그러다 보니, 불행히도 당시에는 우두 접종자 중 두창 발생자가 적지 않았다. 접종의 효과를 높이기 위해서는 2차, 3차 접종이 필요했지만 그것이 제대로 되지 않았기 때문에 1차 접종자 중 두창에 걸린 자가 적지 않았던 것이다. 사람들은 이를 접종의 미비 때문에 생긴 것으로 보지 않았고, 접종 때 생긴 병의 여독 때문에 그렇게 된 것이라 믿었다.[11] 문제는 이런 정황을 도통 고려하지 않은 채, 일방적으로 우두를 강권하고 있다는 데에 있다. 위생국장의 입장은 그럴 수밖에 없다 치더라도, 황성신문사 측에서도 인두나 시두의 가치를 완전 배제하고 있다는 것은 심각한 편향이 아닐 수 없다. 전통에 대한 지식

---

11) 신동원, 위의 글, 160~163면.

이 전혀 아무런 영향도 미치지 못하는 것이다.

우두법의 정착과 관련해서 주목해야 할 또 하나의 사항은 무속에 대한 것이다. 단지 현상만을 놓고 본다면, 굿을 해서 살아남은 영아는 전체의 80퍼센트에 달했다. 게다가 무속적인 설명 방식은 성공과 실패를 모두 만족시키는 자족적인 것이었다. 이런 구도 안에서 살아나면 다행을 부르짖었고, 행여 죽게 되면 운명의 틀 안에서 슬픔을 접을 수 있었다. 말하자면, 무속적 세계관은 통제할 수 없는 자연에 대한 설명의 틀로 작동했으며, 무당은 사회의 주변부에서 역병과 죽음을 치러내는 허드렛일을 담당했다.[12] 따라서 우두법을 전파해야 하는 이들에겐 한의사보다 무당이 더 큰 걸림돌이었다.

이미 『독립신문』에서부터 무당에 대한 대대적 배척운동을 벌인 바 있고, 그 기조는 『황성신문』에서도 크게 변함이 없다. 전자가 과학과 근대의학이라는 잣대에 근거하고 있다면, 후자의 경우, 〈대명률(大明律)〉이나 〈국전(國典)〉 등 조선의 정통법률을 끌어들인다는 차이가 있긴 하지만, 민간에서 병이 들면 의사가 아니라, 무당을 찾는 풍조에 대해 강경한 어조로 비난하는 것은 『황성신문』의 주체들도 마찬가지였다.[13] 당시 경무사 이용익이 직접 나서서 무속을 엄금하는 조처를 취하기로 했다[14]는 내용이 있는 것으로 보아 이 시기부터 무속의 제도적·배제가 본격적으로 시행되었음을 짐작케 한다. 근대와 무속의 갈등에는 다양한 국면이 있지만, 이 시기

---

12) 신동원, 위의 글, 165면.
13) 「논설—論巫祝呪禳之禁」, 『황성신문』, 1902.5.21.
14) 『황성신문』, 위의 논설.

엔 특히 우두법의 정착이라는 사안과 맞물려 더욱 첨예하게 진행된 면이 없지 않다. 그만큼 천연두와 무속적 치료는 오랫동안 깊은 연관 관계 안에 있었던 것이다.

이상의 논의를 정리하면, 전염병을 둘러싼 배치는 근대 위생 권력의 제도적 정착 과정을 단적으로 보여준다. 대한제국기는 콜레라와 장티푸스, 그리고 천연두를 예방하기 위한 국가적 장치가 마련되는 시점이었고, 그것을 통해 위생 담론이 보통사람들의 일상과 신체에까지 뿌리를 내리기 시작한 시기라 할 수 있다. 이른바, 근대적 '생체 권력'이 가동되기 시작한 것이다. 물론 이것은 말 그대로 시작에 불과했다. 을사보호조약 이후, 일제는 우두법의 전면적 정착을 위해 미접종자들을 체포하거나 총칼로 협박하는 등 무단적인 힘을 행사하였다. 이 과정에서 전통 한의학 및 무속에 바탕한 민간의학의 폭력적 배제가 이루어진 것은 말할 것도 없다.

4. 마무리

'대한제국기'는 근대계몽기 내에서도 특이한 시기에 해당한다. 대외적으로는 러시아와 일본의 '잠정적 세력 균형'이 이루어지고, 대내적으로는 민비와 대원군 등 고종의 정치적 라이벌들이 사라진 시대, 다시 말해서 군주권을 마음껏 행사할 수 있었던 유일한 시대라는 점에서 그렇다. 만약 이 내외적 조건을 적극 활용하여,

아래로부터 분출하는 힘들을 흡인하면서 동시에 제도와 권위를 이용하여 과감하게 개혁을 추진해갔더라면 이후의 역사는 전혀 다른 궤적을 그렸을지도 모른다. 하지만, 불행하게도 고종의 카리스마는 미약했고, 그의 측근 세력들은 무력하고 부패했다. 결국 역사상 처음으로 '황제와 제국'이라는 지위를 확보했지만, 역설적으로 그것은 조선왕조 최후의 변주곡으로 끝나고 말았다.

『황성신문』은 바로 이 시기의 담론을 대표하는 매체이다. 중심인물들이 만민공동회에 참여했다는 점에선 이전 시기의 흐름을 이어받지만, 미국유학파들이 중심이 되었던 『독립신문』과는 달리 개신유학자들이 주축을 이룬다는 점에서 광무정권의 성격과 일맥상통한다. 전근대의 패러다임을 기반으로 하면서 근대화 프로젝트를 추구하는, 소위 동도서기의 코스를 밟은 셈이다. 급진개화파와 수구파 등과 비교하면, 이 노선이 상대적 우위를 지니는 건 틀림없지만, 실제로 『황성신문』의 동도서기는 동도와 서기를 무력하게 접합시켜 놓은 데 불과하다. 동도와 서기 사이에서 우왕좌왕했다는 점에서도 『황성신문』의 담론적 배치는 광무정권의 성격과 맞닿아 있다. 위생 담론의 측면에서 보더라도, 양생론과 전통한의학(양생론) 혹은 정통유학적 관점을 끌어대고 있지만, 그것이 당면 문제들과 다이내믹하게 결합하고 있지는 못하다. 『황성신문』에서 계몽적 설득력의 결여를 느끼는 건 이런 연유에서이다.

한편, 이 시기는 임상의학이 제도적으로 뿌리를 내리기 시작하는 때이기도 하다. 1899년 3월 24일 3년 과정의 관립의학교가 설립되어, 1902년에 첫 졸업생을 배출하는 한편, 부속병원을 건립하여 환자를 보기 시작하였다.[15] 그와 병행하여 위생국의 설치 및 청소제도의 도입, 그리고 우두법의 실시 등 여러 방면에서 위생 권력의 시스템이 마련되기 시작했다. 호열자와 장티푸스, 천연두 등과 같은 전염병의 유행이 그러한 생체 권력의 장을 더욱 넓혀주었음은 말할 나위도 없다. 『독립신문』의 배치가 담론의 영역에서 웅성거리는 단계라면, 『황성신문』의 경우, 언표는 희박하지만, 언표들 뒤에 국가 권력이라는 구체적 힘이 작용하기 시작하는 단계라고 할 수 있다.

그런가 하면, 1905년 이후, 『대한매일신보』에 이르면, 위생 담론은 다시금 폭발적으로 분출하여 모든 담론들의 기저를 장악해버린다. 특히 병리학적 메타포가 계몽 담론의 중심축을 차지하는 '이상열기'에 휩싸이게 된다. 근대계몽기, 그 짧은 연대기 안에서도 이렇듯 다양한 차이들이 도사리고 있는바, 이 글에서 다룬 내용들이 차후의 과제인 『대한매일신보』의 '이상열기'를 파악하는 데 있어 유효한 배경으로 작용할 수 있기를 기대해본다.

---

15) 신동원, 『한국근대보건의료사』, 한울아카데미, 1997, 255~279면을 참조할 것.

러일전쟁 직후 일본의 한국식민론과 문명

함동주

1. 서론

　'문명'은 근대세계를 규정하는데 가장 핵심적인 역할을 한 개념이다. 서양에서 형성된 근대문명은 서양사회의 자기 팽창과 더불어 전세계적으로 확산되었다. 그 과정에서 서양의 근대문명을 최고의 가치로 규정하는 '문명' 개념 또한 확산되었다. 그런데 근대의 경험은 서양의 근대문명이 인류 진보를 의미함과 동시에 비서구 사회에 대한 제국주의적 지배를 가져왔다는 양면성을 보여주었다. 근대문명이 지닌 '진보'와 '침략'의 이중적 성격은 '문명' 개념 속에도 반영되어 있다. 비서구 사회에게 '문명'은 발전을 위해 반드시 성취해야 할 이상이면서 동시에 서양 열강에 의한 '침략'을 정당화한 이념이라는 양날의 칼과 같은 존재였던 것이다. 이러한 상황은 한국의 경우에서도 예외가 아니었다. 한국의 근대는 1880년대 초 개화파의 등장 이래로 서구문명의 수용을 위한 노력이 지속되었지만, 일본이 그 과정에 깊숙이 개입함에 따라 문명의 도입과 일본의 지배가 깊은 상호연관성을 지니게 되었다는 딜레마를 안고 있었다.

이러한 '문명'의 이중성이 한국에서 가장 첨예하게 드러난 것이 바로 러일전쟁 이후의 시기였다. 일본 정부는 러일전쟁 발발 직후부터 한일의정서의 체결을 강요하는 등, 한국의 실질적 지배를 본격화했다. 그러나 일본 정부가 한국에 대한 식민지 병합 방침을 확정지은 것은 1909년[1]으로, 그 이전까지의 공식적 입장은 이른바 '시정개선'이라는 구호에 기반한 한국의 내정개혁론에 있었다.[2] 일본의 내정개혁론은 지배의 명분으로 '문명화'를 내세운 일종의 문명지도론이었다. 일본은 1880년대 개화파에 대한 지원과 갑신정변의 시도에서 보이듯이 '문명지도'의 명분으로 한국에의 세력 확대를 꾀해왔다. 더구나 한국 문명개화의 후원자임을 자처해 온 일본은 러일전쟁을 계기로 그 동안의 문명지도론 속에 담긴 침략성을 노골화하였다. 따라서 문명개화를 통해 국권상실의 위기를 극복하고자 시도된 한국의 애국계몽운동은 일본의 침략적 의도와 문명지도론의 논리를 극복해야 한다는 과제에 직면하고 있었다.

---

1) 한명근, 「통감부시기 일제의 침략론－병합론을 중심으로」, 『국사관논총』 90, 2000, 153면.
2) 권태억, 「1904~1910년 일제의 한국침략 구상과 '시정개선'」, 『한국사론』 31, 1994; 권태억, 「통감부 설치기 일제의조선 근대화론」, 『국사관논총』 53, 1994 참조

이와 같이 한국의 애국계몽운동, 나아가 근대문명의 수용을 이해하기 위해서는 '문명' 개념의 양면성이 어떻게 펼쳐지는가를 면밀히 검토할 필요가 있다.

그런데 보호국화 이후 한국에서의 문명론에 대한 논의를 제대로 평가하기 위해서는 먼저 '문명' 개념이 당시 일본사회의 한국론 속에서는 어떠한 내용과 함의를 띠면서 진행되고 있었는가를 검토해야 한다. 근대 일본의 한국론 내지는 한국 인식에 대해서는 이미 많은 연구 성과가 있다.[3] 그렇지만 이들 연구는 대부분 메이지 초기에서 청일전쟁까지에 집중되었고, 한국의 식민화가 본격화된 시기는 상대적으로 소홀히 되어 왔다. 이 글에서는 근대 일본의 한국 인식은 1880년대의 문명지도론에서 형성되었지만 그 구체적 내용은 시대적 흐름에 따라 변화를 거듭했다는 점에서 출발한다. 그 중에서도 일본의 한국론은 러일전쟁을 계기로 '식민지'로서의 한국상이 등장하면서 새로운 단계에 접어들었음에 주목하고자 한다. 즉, 통감부가 한국 지배의 명분으로 일본의 의도가 한국의 독립을 도와주는 데 있다고 하는 문명지도론을 주장한 데 반해 일본사회 내에서는 한국의 식민지화 의도를 한층 분명히 한 한국식민론이 전개된 것이다. 이 점에 주목하면서 이글에서는 러일전쟁 직후 전개된 일본의 초기 한국식민론의 전개 양상 속에서 '문명' 개념이 어떤 양태를 띠고 전개되었는가를 보고자 한다.

한편 이 글은 일본 정부에 의한 한국 정책 자체보다는 일반인들을 포함한 대중적 한국론에 무게를 두고자 한다. 한국의 보호국

---

3) 園部裕之 編, 『近代日本人の朝鮮認識に關する硏究文獻目錄』, 綠蔭書房, 1996 참조.

화를 맞이하면서 일본 정부뿐 아니라 일반 대중들 사이에서도 한
국 문제는 커다란 관심 속에 진행되었다. 러일전쟁 이후 한국에
대한 일본사회에 대한 관심은 각종 출판물의 동향을 통해서 엿볼
수 있다. 이미 청일전쟁을 통해 대중적 기반을 확립한 바가 있는
출판업계⁴⁾는 러일전쟁을 하나의 미디어 이벤트로 적극 활용하였
으며, 러일전쟁이라는 대형 이벤트가 사라진 뒤에는 이른바 '만한'
이라고 하는 새로운 지배 영역이 대중적 관심의 대상이 되었다.⁵⁾
이러한 출판업계의 움직임은 한국 문제가 정부 내의 제한된 공간
을 벗어나 공론화된 영역 속에서 전개되었음을 보여준다. 달리 말
하자면 상업적 출판매체의 성장은 일본 정부의 한국 정책 동향을
보여주는 창구이기도 했지만 상업적 목적에 따른 한국론의 확대
재생산의 원동력이기도 했다. 따라서 당시 대중을 대상으로 출간
된 서적이나 잡지 등을 분석함으로써 러일전쟁을 계기로 등장한
식민지로서의 한국상이 일본 대중들 사이에 자리 잡아가는 모습
을 볼 수 있을 것이다.

---

4) 예를 들어 대표적인 출판사였던 박문관이 비약적 발전을 이룬 원인이 된 것은
1894년 발행한 『日淸戰爭實記』의 성공이었다. 이 잡지는 사진동판을 처음 사
용하여 시국의 중요 인물과 전사한 장교의 초상사진을 광택지에 인쇄하자 발행
부수가 급증하여 제1호는 30여 만 부의 발행부수를 기록했다고 한다. 박문관은
이 여세를 몰아서 『征淸書談』·『征淸歌集』 혹은 『萬國戰史』라는 시리즈를 출
판하였다. 西川祐子, 「雜誌太陽の「十九世紀」特集号に見る世紀轉換の意識」,
鈴木貞美 編, 『雜誌『太陽』と國民文化の形成』, 思文閣出版, 2001.
5) 有山輝雄, 『海外觀光旅行の誕生』, 吉川弘文館, 2002 참조.

2. 러일전쟁과 한국식민론의 전개

1) 한국식민론의 등장

1904년 러일전쟁은 일본의 한국론에 중대한 전환점이 되었다. 그 이전까지 일본은 한국에 대해 지속적으로 세력 확장을 꾀했지만 결코 독자적 세력권으로 편입할 수 없었다. 청일전쟁 후 시도된 일본의 내정간섭도 한국인들의 반발에 의해 실패로 돌아갔다. 그런데 러일전쟁으로 일본은 한국을 보호국화하며 한국 지배를 실현할 수 있었다. 일본의 한국 지배가 현실화되면서 일본의 한국론에도 커다란 변화가 나타났다. 이 변화의 한 측면은 한국에 대한 사회적 관심의 증대이다. 예컨대 한국에 관한 상업적 출판이 활성화되었는데,[6] 이 점은 한국에 대한 관심이 정부나 지식인에 국한되지 않고 일반들에게까지 확대되었음을 보여주는 것이다. 그런데 일본의 한국 문제에 대한 관심은 그 이전부터 지속되어 온 것으로 이 시기에 처음 등장한 것은 아니다. 이미 1875년 강화도 사건 무렵부터 한국 문제는 일본의 주요 신문들에 의해 대대적으로 보도되곤 했다.[7] 그렇다면 이 시기는 이전과 어떤 차별성을 지

---

[6] 먼저 서적 출판의 경우, 당시 유통 중인 서적의 광고책자인 『內外書籍出版發兌目錄』 150호(1905.1)에는 岡庸一, 『最新韓國事情 一名 韓國經濟指針』 1권만이 소개된 데 반해, 157호(1907.1)에는 岡庸一, 『最新韓國事情 一名 韓國經濟指針』; 鹽崎誓月, 『最新の韓半島』; 靑柳綱太郎, 『南韓の實業』으로, 160호(1908.1)에는 岡庸一, 『最新韓國事情 一名 韓國經濟指針』; 鹽崎誓月, 『最新の韓半島』; 靑柳綱太郎, 『南韓の實業』; 宮崎勇熊, 『富源開發北韓の實業』; 仲田錦城, 『裏面の韓國』; 加藤政之助, 『韓國經營』으로 증가함을 볼 수 있다.

니는가? 그것은 본격적으로 한국을 '식민'의 대상으로 인식한 데 있다.

근대 일본의 식민론은 막말 해외웅비론으로까지 그 연원을 거슬러 올라갈 수 있지만 본격적으로 '식민지' 건설에 관한 주장이 나타난 것은 1890년을 전후해서였다. 당시 '식민'이라는 용어는 과다한 인구를 수용할 일본 영토의 협소함을 지적하면서 그 대안으로 일본인들의 해외 이주 필요성을 역설하는 의미로 많이 사용되었다. 그 일환으로 1893년에 국내의 과잉인구를 해외에 보내어 해외로의 발전을 꾀하려는 목적으로 식민협회가 결성되었고 그 초기의 대표적 활동으로 멕시코 이민의 추진한 바가 있다.[8]

그런데 초기의 식민론이 일본인의 해외이주, 즉 이민론의 성격이 강했다고는 해도 '식민'이라는 용어에는 서양 열강의 식민지 건설과 같은 침략적 성격이 담겨 있음을 인식한 경우도 찾아볼 수 있다. 예를 들어 쓰네야 세이후크(恒屋盛服)는 1891년 출간한『해외 식민론』에서 '식민'의 침략적 함의를 간파하면서 일본의 해외식민지 건설을 적극 주장하고 있다. 그는 "현재의 소위 식민이라는 것은 겸병척지(兼併拓地)를 일컫는 게 아니라 출가(出稼), 이주, 무역, 어업 등, 이른바 일본인이…… 해외의 땅에 거주하면서 생업을 영위하는 것을 일컬을 뿐이다"라면서 당시 일본에서 식민이라는 용어가 이주나 이민의 의미로 사용되고 있다고 하였다. 그러나 그는 그 이유가 아직 일본이 본격적 식민지 건설의 여력이 없기 때문이

---

7) 芝原拓自 외편,「對外觀」,『日本近代思想大系』12, 岩波書店, 1988에 수록된 신문기사들 참조.

8) 角山幸洋,『榎本武揚とメキシコ殖民移住』, 同文館出版, 1986.

라면서 팽창적 의미의 '식민'에 힘쓸 것을 주창하였다. 그는 영어의 '콜로니'라는 문자에는 '남의 국토를 침략한다'는 의미가 포함된다고 지적하면서, 아직 일본이 문자 그대로 겸병척지를 실제로 하기에는 역부족이지만 앞으로는 식민지를 확대할 것을 주장하였다.[9] 그러면서 식민지 건설에 대해 윤리적 부담을 가질 필요가 없다고 하면서 그 이유로 첫째, 천리인도(天理人道)가 허락하는 바이고, 둘째로 세계의 대세에 따르는 것, 셋째로 일본의 역사가 명시하는 바라는 등을 제시하였다. 따라서 그는 일본의 식민지 건설은 "서양인들이 손을 대지 않은 땅에 우리의 병위(兵威)를 보여 만민(蠻民)을 왕화(王化)시키는 것은 죽은 나무를 자르는 것 같은 뿐"[10]이라며 그 필요성을 강조하였다.

이러한 해외식민지 건설 주장은 청일전쟁의 결과 대만을 식민지로 획득하면서 단순한 주장이 아닌 현실 정책의 면모를 갖게 되었다. 그렇지만 대만 식민지에 대한 식민론자들의 평가는 그다지 우호적이 아니었다. 삼국간섭에 따른 요동반도 반환에 대한 비판론이 부각되었을 뿐 아니라 대만 자체의 규모가 작기 때문에 일본의 발전에 충분한 토대가 못된다는 의견이 많았다. 적극적 식민론을 주창한 나가무라 쥰구로(中村純九郎)의 글을 보지면, "요사이의 외교정략은 식민정략과 밀접하여 나눌 수 없는 관계를 갖고 있어서 외교정략과 식민정략은 거의 이명동실(異名同實)의 관(觀)이 있다"라고 하여 당시에는 식민지 건설이 일반적 풍조라고 보고 있다. 그는 물론 일본은 처음 청일전쟁으로 대만, 팽호도를 획득하여

---

9) 恒屋盛服,『海外殖民論』, 博聞社, 1891, 2~3면.
10) 恒屋盛服, 위의 책, 9~10면.

"우리 제국이 식민지 활극장에 발을 내딛은 것"을 인정하면서도 "동아시아의 세력균형상 투표권을 지닌 일본제국이 어찌 대만, 팽호도와 같은 탄환흑자(彈丸黑子)의 땅에 만족하겠는가?"[11]라고 하여 보다 넓은 식민지 확보의 필요성을 논하고 있다. 다시 말해 이미 1890년대가 되면 일본사회에는 제국주의적 성격의 식민론이 진행되고 있었으며 일본의 식민지 확장 요구가 자리잡고 있었다.[12] 러일전쟁기 한국식민론은 이러한 기존의 식민론에 입각하여 전개되었던 것이다.

그러면 일본은 언제부터 한국을 '식민'의 대상으로 인식하기 시작했는가? 앞서 본『해외식민론』을 보자면 해외식민지 건설의 주장하면서 그 대상지역을 자세히 소개하고 있는데, 그것이 중남미대륙과 태평양 군도 및 동남아시아 등지였으며, 청일전쟁 이후에는 대만에 대한 식민지 지배를 둘러싼 논의가 전개되었다. 이에 반해 한국에 대해서는 청일전쟁 직후의 내정간섭기에도 '독립부액', '내정개혁'과 같은 표현을 사용하였고 1901년 이후 불거진 만한교환론에서도 '한국에 대한 우월한 지위'를 주장하는 수준에 머물렀다. 그러던 일본이 한국을 '식민'의 대상으로 직접 언급한 것은 러일전쟁 때부터였다. 다시 말해, 일본은 러일전쟁을 계기로 제국주의 국가로서의 자신감을 굳히게 됨에 따라 한국에 대해서 서양 열강과 같은 식민지 지배를 천명하게 되었다.

한국의 식민론은 러일전쟁 발발 직후부터 등장하였다. 아쓰 마

---

11) 中村純九郎,「植民學の必要」,『太陽』5~7, 1899.3.1, 20~21면.
12) 1900년 전후 일본에서의 제국주의론에 대해서는 박양신,「19・20세기 전환기 일본에서의 「제국주의」론의 諸相」,『일본역사연구』9, 1999 참조

사나가(矢津昌永)는 러일전쟁 선전포고와 동시에 쓴 「조선의 식민적 자격」에서 한국을 식민지로 경영할 것을 주장하고 있다. 즉, 그는 "조선반도는 유래하길 수동적 반도이다. 그 국민도 식민적 국민이며 혹은 이민적 국민이라고 불러도 무방하다. 그 현재의 주민이 모두 실제로 다른 지방에서 식민하고 이민한 것은 역사가 보여주는 바로서 가장 두드러진 사실은 그 토지와 주민의 사이에 밀접한 연계를 지니지 않는 것이다. 달리 말하자면 조선국민에게는 선천적으로 애국적 관념 혹은 국가적 정신이 결핍되었음은 식민적 국민 혹은 이민적 국민인 예증이라고 할 것이다"라고 하였다.[13] 이처럼 한국이 그 유래에서 보더라도 식민화가 불가피할 뿐 아니라 일본의 입장에서도 식민지로서 매우 유리한 조건을 지녔다고 하였다. 즉, 인구밀도, 자연조건, 토지의 생산력, 광물매장량 등의 여러 면에서 한국은 일본이 식민지로 지배하는데 매우 좋은 조건을 갖추었다고 하면서, "반도는 결코 등한히 둘 곳이 아니다"라고 하였다. 일본은 전투에서의 승리에 만족하고 있을 것이 아니라 "군대의 후방에서는 식민이 이어져야 하며, 군기의 밑에서는 이민이 뒤따라야 한다"라고 하였다.[14] 즉, 한국을 명백하게 '식민'의 대상으로 지목하고 있음을 볼 수 있다.

이러한 식민화의 주장은 한국의 보호국화 이후에는 한국이 일본의 식민지가 되었다는 자신감으로 바뀐다. 즉, "러일전쟁의 승리로 한국을 새로운 일대 식민지로 획득했다"[15]라고 하거나 "일본의

---

13) 矢津昌永, 「朝鮮の殖民的資格」, 『太陽』 10-4, 1904.3.1; 琴秉洞 編·解說, 『資料雜誌にみる近代日本の朝鮮認識』 1권, 綠蔭書房, 1999, 111면.
14) 琴秉洞 編·解說, 위의 책, 116~117면.

식민지 중에서도 가장 풍물이 다르지만 아직까지 제대로 알지 못했던 조선"16) 등의 표현이 일반화되기에 이르렀다. 특히 주목할 점은 '보호국'이라는 한국의 지위가 사실상의 식민지라는 주장들이다. 즉, "식민적 정책을 펼 지방이란 협의의 식민지를 가리키는 것이 아니라 신영토, 조차지, 보호국 등 모든 제국의 팽창적 국운을 기약할 지방을 포함한다"17)라거나, "폐퇴(廢頹)한 유명무실(有名無實)의 식민지는 오히려 무주(無主)의 지역이며, 조차지, 보호국 및 세력범위는 무명유실(無名有實)의 식민지"18)라고 하여, 한국에 대해 식민지로서 정책을 펼 것을 주장하였다. 이러한 논의는 한국의 보호국화가 사실상의 식민지화와 마찬가지로 여겨졌음을 보여 준다. 다시 말해, 러일전쟁 발발 이후 일본에서는 '독립부액'이라는 기존의 논리가 '식민지배'의 요구로 대체된 것이다.

한편 직접적으로 '식민'이라는 표현은 아니더라도 그것과 궤를 같이 한 것이 '한국경영'이라는 용어이다. 한국경영론은 러일전쟁의 전후처리에 대한 '전후경영'의 문제와 관련을 지니면서 활발히 전개되었다.19) 전후경영론은 원래 청일전쟁 이후 전후처리를 둘러싸고 등장했던 것으로, 러일전쟁 기에는 한국 지배가 가시화되면서 '전후경영'뿐 아니라 한국, 나아가 만주까지를 시야에 넣은 '한국경영', '만한경영' 등이 논의의 표면에 부상했다. 『태양』을 보더

---

15) 加藤政之助, 『韓國經營』, 實業之日本社, 1906, 1면.
16) 伊藤淸藏, 『韓國殖民管見』, 全國農事會, 1907, 2면.
17) 後藤新平, 「戰後經營と殖民政策」, 『太陽』 12-9, 1906.6.1, 23면.
18) 中內光則, 『殖民地統治論』, 宝文館, 1907, 1면.
19) 잡지 『太陽』의 논설들을 예로 들어 보자면 「淸韓經營管見」(10-16, 1904.12.1), 「滿韓經營所見」(11-7, 1905.5.1), 「朝鮮の經營論」(12-4, 1906.3.1), 「日韓協約及韓國經營」(13-12, 1907.9.1) 등이 있다.

라도 1906년 6월에 박문관 창업 190주년 기념증간호를 『전후경영』
이라는 제목하에 발간하였는데, 그 중에는 전후경영의 대상으로는
막대한 전비의 지출에 따른 경제적 문제의 처리와 더불어 새로이
획득한 식민지 지배 문제가 거론되고 있다. 예컨대, 대만 식민지
관리였던 고토 신테이(後藤新平)는 『전후경영과 식민정책』이라는
글에서 "식민적 정책은 전후경영의 문제로서는 가장 긴요하여 없
어서는 안 된다"고 하였다.[20] 이와 마찬가지로 '한국경영'이라는
표현 속에도 한국에서의 경제적 이해 관계의 확대라는 의미와 더
불어 식민지 지배라는 의미가 포함되어 있었다. 예를 들어 『최신한
국사정 일명 한국경제지침』이라는 책의 광고에 '대한경영'이라는
표현이 다음과 같은 맥락에서 사용되고 있다.

　　최근 한국에 관한 저서가 적지 않지만 모두 정치, 종교, 문학, 외교에서 인
정풍속을 논평하는데 그친다. 대한경영의 第一義인 무역에 관한 저서가 없는
것은 결점이 아니겠는가? (…중략…) 실로 본서는 대한무역의 燈明臺, 한국경
제계의 엑기스 광선이라고 불러야 한다. 따라서 일반 도한자에게는 深切한
안내서이며 무역경영자에게는 불가결한 六韜三略이며 그 외 식산흥업가는
물론 정치, 종교, 문학, 사회, 외교의 諸家에게도 坐右에 갖추어야만 하는 크
게 유익한 저서이다. 아아, 본서를 보지 않고서 대한경영을 기획하는 것은 흡
사 群盲이 寶器를 감상하는데 모두 성공하지 못할 것을 아는 것과 같다. 지
금 청한경영문제가 동서에 발흥하는 이때에 당하여 이 저서가 있으니, 海外
經營家는 서둘러 한권을 강독하여 本堂의 광고가 약장사와 같지 않음을 알
아야 할 것이다.[21]

---

20) 後藤新平, 앞의 글, 23~28면.
21) 『內外書籍出版發兌目錄』 150호, 靑木嵩山堂, 1905.1, 96~97면.

즉, '한국경영'의 중심에는 무역이나 해외사업과 같은 경제적 측면이 자리 잡고 있지만 정치가나 외교가의 활동도 포함되고 있음을 알 수 있다. 실제로 과거 일본의 삼한정벌설에 입각하여 사용되던 '삼한경영', '한지경영'과 같은 표현22)에서 경영은 지배를 의미한 것과 마찬가지로 '한국경영'이 식민지 지배를 뜻하는 경우가 빈번했다. 대표적으로 가토 마사노스케(加藤政之助)의 『한국경영』은 한국의 보호국화를 통해 일본이 "새로이 일대 식민지를 얻었다"고 하면서 "한국경영의 대책을 강구"하기 위해 저술했다고 하였다.23) 마찬가지로 이노우에 마사지(井上雅二)는 영국의 이집트 지배 사례를 검토하여 한국경영, 곧 한국의 보호국으로서의 지배에 도움을 주기 위해 『애급에서의 영국-한국경영자료』를 편찬하였다.24) 이처럼 한국경영론은 단순한 경제행위의 범위를 넘어서서 한국이 사실상의 식민지가 되었다는 전제 위에서 그 지배 전반에 대해 다루고 있다. 이와 같이 러일전쟁 이후 한국식민론은 '식민', '식민지', '경영' 등의 표현을 통해 본격적으로 전개되고 있었다.

---

22) 예컨대 矢津昌永은 "되돌아 보건데 진구황후 이래로 국민의 한지경영은 거의 단절되었다"라고 하였다. 矢津昌永, 「朝鮮の殖民的資格」, 『太陽』 10-4, 1904. 3.1; 琴秉洞 編·解說, 『資料雜誌にみる近代日本の朝鮮認識』 1권, 綠蔭書房, 1999, 116면.

23) 加藤政之助, 『韓國經營』, 實業之日本社, 1906, 1~2면.

24) 井上雅二 編, 『埃及に於ける英國-韓國経營資料』, 東亞同文會, 1906.

2) 한국식민론의 전개와 내용

러일전쟁 이후 일본에는 한국에 대한 사실상의 지배권을 장악하면서 한국을 '식민'의 시각에서 바라보는 한국식민론이 자리 잡았다. 그렇다면 한국식민론은 한국에 대해 어떠한 정책과 입장을 제기하였는가?

한국식민론의 가장 기본적인 전제는 한국의 식민지로서의 지위 규정 및 지배 방식에 있을 것이다. 이처럼 한국식민론이 본격적으로 전개되었지만 '식민'의 형태와 방식에 대해서는 논자에 따라 상이한 의견이 개진되었다. 러일전쟁 직후 시바시로(柴四郎)가 쓴 글을 보면 이미 합방론이나 고문정치론, 보호국론 등이 활발하게 논의되고 있었음을 알 수 있다.[25]

그 중에서 먼저 완전한 식민지화를 주장하는 한국병합론을 살펴보자. 먼저 마쓰이 히로키치(松井廣吉)는 「반드시 한국을 속방으로 해야 함」이라는 글에서 "천오백년 동안 우리 일본국민의 숙원이던 한국 처분문제는 이제 확연히 해결할 호기회에 이르렀다. 정로(征露)의 결과는 우리 혼자 힘으로 그곳을 처분하는데 조금의 지장도 없기에 이르렀다"라고 하였다. 여기서 처분은 "우리의 류구 처분과 미국의 하와이 처분은 정말로 좋은 사례라 할 것이다"라고 하여 완전한 병합론을 의미하고 있다.[26] 한편 동서남북생(東西南北生)이라는 필명으로 쓰여진 「일한합병의 이유」에서는 한국이 더 이상 독

---

25) 柴四郎, 「韓國の將來」, 『太陽』 10-12, 1904.9.1, 46~55면.
26) 松井廣吉, 「斷じて韓國を屬邦とすべし」, 『日本人』 408, 1905.4.5;『資料雜誌にみる近代日本の朝鮮認識』 1권, 綠蔭書房, 1999, 345면, 349면.

립국으로 있을 수 없기 때문에 '처분'이 불가피하다고 주장했다. 이미 한국은 보호국화로 이름만 독립을 유지하고 있을 뿐인데 이러한 상태는 "오히려 명실 공히 제국 아래에 합병하여 이 국토의 왕실, 정부 및 인민을 편안케 하는 것만 못하다"라고 하였다.[27]

다른 한편에는 점진적 통합론이 있었다. 대표적인 점진론자였던 시마다 사부로(島田三郎)는 「대한정책의 근본의(根本義)」에서 일한합병설에 대해 '경조(輕躁)'하다고 하면서 그보다는 '한민의 동화'를 통한 점진적 통합론을 주장하였다. 즉,

> 철도의 개통은 한국을 일본에 가깝게 할 기관이며 교육의 보급은 한민을 일본에 동화시키는 세력이다. 공통화폐 협동사업은 한민으로 하여금 일본의 세력을 환영하게 할 매개이다. 언어문장의 동일화, 잡거잡혼의 증가는 일한의 두 민족을 부수고 하나의 사회를 출현시키는데 이를 것이다. 이렇게 된다면 이씨의 정부가 반도에서 지배권을 지니고 있어도 그 권력을 枉用할 수 없을 것이며, 그 유무는 실제로 한국의 운명에 관계없을 것이다. 우리는 천만여의 한민을 기초로 하여 대한의 정책을 수립할 것을 바라는 바이다.[28]

비슷한 경우로 이토 세이조(伊藤淸藏)의 『한국식민관견』에서 일본인의 직접 식민을 통한 점진적 통합론을 주장했다. 그는 일본인들 사이에 한국에 대해 두 가지 의견이 있다고 적고 있다. 즉, 첫째는 한국의 독립을 유지하게 해야 한다는 것으로, 그 근거는 한국 스스로 발전할 능력 있기 때문에 식민화 불가능하며, 일본의

---

27) 東西南北生, 「日韓合倂の理由」, 『朝鮮』 1-3, 1908.5; 『資料雜誌にみる近代日本の朝鮮認識』 2권, 綠蔭書房, 1999, 349면.

28) 島田三郎, 「對韓政策の根本義」, 『日本人』 216, 1904.8.5, 10~14; 『資料雜誌にみる近代日本の朝鮮認識』 1권, 綠蔭書房, 1999, 186면.

정책은 식민화보다는 독립 유지케 하고 한국의 경제 발전과 부패 방지 등을 돕는 것이어야 한다는 것이며, 둘째는 한국 근본적으로 부패되어 있으며 망국과 다름없다는 평가에 입각하여 일본인을 많이 식민시켜 일본 영토의 확장을 꾀하는 것이 급무라고 주장한다고 소개하였다.[29] 그러면서 그는 당장 완전한 식민화는 아니더라도 궁극적으로 양국은 '합동'하는 것이 바람직하다고 하였다. 그는 한일 양국은 인종과 언어가 가깝고, 한국의 기후 조건이 좋으며 그 국민성도 중국보다는 덜 완고하여 일본의 힘으로 그 경제를 잘 지도할 수 있을 것이라는 등, 서로 유사한 점이 많다고 하였다.[30] 더구나 한국은 정치적 부패가 극심하고 일반 조선국민의 지식정도가 낮고 자연환경을 개선하려는 토목사상이 결여된 점등으로 인해 스스로 발전하기 어렵다고 하면서,[31] 일본인을 다수 한국 내에 식민하여 일본과 합동할 바탕을 만들 것을 강조하였다.[32] 이 주장들을 보면 한국의 식민화 방식이나 속도에 대해 심각한 의견 차이가 있었지만 기본적으로는 한국의 식민화를 당연한 전제로 삼고 있었다는 점에서 일치하고 있다.

한편, 한국의 보호국화 이후 한국의 지배를 위해서는 한국인의 회유가 필요하다는 주장이 활발하게 개진되었다. 즉, 한국의 완전 합병에 대한 논의가 제기되기는 했지만 한국통감부 설치 직후의 기간에는 통감부를 통한 지배 방식을 수용한 위에 지배의 효율성

---

29) 伊藤淸藏, 앞의 책, 2~4면.
30) 伊藤淸藏, 위의 책, 8~9면.
31) 伊藤淸藏, 위의 책, 15면.
32) 伊藤淸藏, 위의 책, 25~26면.

에 더 집중되었다. 그 결과 등장한 논점이 어떻게 하면 한국의 식민화에 성공할 것인가의 문제였다. 특히 서양 열강의 식민지 지배 경험을 교훈으로 삼아 식민지 현지인들을 무조건 억압할 것이 아니라 회유와 설득이 필요하다는 주장이 활발하게 전개되었다.

고토 신페이는 지나친 재정적 고려를 우선하여 식민지에서의 이윤 획득을 중심에 두는 것은 현지인들의 반발을 초래하는 어리석은 정책이라고 하였다. 그는 이전 열국의 식민지 지배의 실패 원인으로 "모국이 당초에 그 조치를 잘못하여 풍부하게 자력을 투자하여 당연히 필요한 경비를 쓰지 않아서 회유개발의 기초를 확립하지 못했기 때문"이라고 하였다. 따라서 그는 식민적 정책의 첫째는 당국이 그 사람들을 얻는 데 있다고 하면서, 국가는 그것에 관한 경륜 일체를 기인(其人)에게 신뢰하는 바에 있게 하며 경륜의 필요로 하는 바는 경비의 지출을 풍부하게 할 것을 주장하였다.[33]

가토 마사노스케의 경우도 『한국경영』을 식민지로서의 한국경영을 위한 방책 수립을 위해 저술했다고 하면서 새로 획득한 식민지인 한국을 경영하기 위해서는 이전의 영·독·불 등의 식민역사를 검토하여야 하고 하였다. 그 결과 그는 식민지배에 성공한 경우는 먼저 그 지역의 과거 현재를 밝히고 적당한 계획을 정하며 풍토인정에 거스르지 않고 세력을 부식하는 것에 의한다고 보고, "한국경영의 대책을 강구하고자 하는 데는 먼저 한국에서의 과거 및 현재의 사정을 상지(詳知)하는 것이 필요"하다고 결론지었다.[34] 구체적으로 가등은 보호국화에 의해 "이제 일한의 관계는 이전과

---

33) 後藤新平, 앞의 글, 26~27면.
34) 加藤政之助, 『韓國經營』, 實業之日本社, 1906, 1~2면.

다르다"는 점을 중시하면서 그에 따른 한국에 대한 태도도 달라져야 한다고 하였다. 그는 더 이상 한인을 도외시하며 오로지 재류 일본인의 이익 획득만을 추구하고 세력부식에만 빠져서는 안 된다고 경계하였다. 마찬가지로 한인을 압박과 위협 등을 통해 지배하려는 것은 일시적 효과만 있을 뿐이라면서 "일시적 면종(面從)의 성공은 전도 영원히 한국을 보호하는 바가 아니다"라고 하였다. 따라서 중요한 것은 당분간 한국 정부와 국민을 회유하여 한쪽으로는 그들에게 위력을 보임과 동시에 다른 쪽으로 그들에 친근하게 하여 숨기는 바가 없이 그 속마음을 토로케 하며 상당한 보호를 제공하여 마음속으로 우리에게 열복(悅服)하게 해야 한다고 주장하였다.[35] 다시 말해 한국을 식민지화했다는 인식은 일본의 한국 지배가 일시적 점령이 아니라 장기적 안목에서 도모되어야 한다는 공감대가 형성되었고, 그 결과 한국회유론이 등장하게 되었다. 결론적으로 이러한 한국인 회유론은 보호국화의 성격이 사실상의 식민화라는 사실을 일본인들 스스로 인식하고 있었다는 점을 보여주고 있다.

한편 이상의 논의들이 한국 지배의 정치적 측면에 관한 것으로 정책론의 성격이 강했던 데 비해 한국에서의 경제적 가능성에 대한 논의도 활발하게 진행되었다. 일본의 한국 지배가 경제적 이권의 확장과 깊은 관련이 있다는 인식은 러일전쟁 초기부터 제기되면서 각종 이권 요구가 이어지면서 한국식민론에서 중요한 부분을 차지했다.

---

35) 加藤政之助, 『韓國經營』, 實業之日本社, 1906, 171~172면.

전쟁 초기인 1904년 8월에 발표된 「대한경영(對韓經營)」이란 글은 한국 지배를 통해 무엇보다도 경제적 실리를 확보해야 한다고 주장하였다. 즉, 러일전쟁으로 인해 "한국에서 제국의 지위는 어떤 방면에서도 확연하게 절대적으로 열국보다 탁월하게 되었다. 이 형세는 매우 기뻐해야 할 것이지만 우리는 경제상의 근저로 거슬러 올라가 그 실리 실권을 장악하길 바라는 바이다"라고 하면서, 특히 중요한 이권으로 제일은행의 태환권 발행, 경부철도의 부설공사, 농업, 광업, 어업권 등을 망라하여 논하고 있다.[36] 이처럼 러일전쟁을 계기로 일본의 상공업자나 재한일본인들 사이에서는 한국에서의 경제적 이권 확보를 위해 일본 정부에 촉구하는 움직임이 활발하게 나타났다.[37]

한국에 대한 경제적 진출론은 보호국화 시기가 되면 단순한 이권 요구에서 벗어나 적극적 식민지 이주론의 모습을 띤 점에 주목할 필요가 있다. 앞서 언급된 『한국식민관견』에서는 일본인의 직접 이주에 의한 식민이 한국 지배를 성공시키는데 중요한 조건이라고 지적하고 있다. 그는 국제정세상 제국주의적 쟁탈전이 불가피하기 때문이 일본과 한국 모두 소국으로 버티기 힘들다고 하면서 일본은 가능한 빠른 서둘러 되도록 많은 국민을 인접한 나라에 보내어 훗날 그 나라와 합동할 소지를 만드는 것이 필요하며 그 대상으로 가장 적합한 곳이 한국이라고 하였다.[38] 그러면서 한국

---

36) 「對韓經營」, 『實業之日本』 7-17, 1904.8.15; 『資料雜誌にみる近代日本の朝鮮認識』 1권, 綠蔭書房, 1999, 197~200면.
37) 권태억, 앞의 논문, 218~221면.
38) 伊藤淸藏, 앞의 책, 6~7면.

에서의 사업 중에서 "다수의 일본인을 흡수하기에 가장 알맞은 것이 농업"이라고 하여 '한국에 식민하는 데는 농업국 식민정책'이 가장 적당하다고 하였다.[39]

또한 당시 대표적인 한국통이었던 아오야나기 쓰나타로(青柳綱太郎)은 『남한지실업』을 통해 한국 식민의 장점을 자세히 설명하고 있다. 즉, 그는 한국경영은 일본의 대륙 발전의 입각점이라면서 경제적 진출 필요를 강조하였다. 그는 러일전쟁을 통해 정치권의 확장이 유감 없이 단행되었다면서 "우리 실업가는 이 기회를 잘 이용하여 한국의 부원을 개발하고 그 복리를 증진하여 일한무역의 확장에 힘쓸 것"을 강조하고, 그 중에서도 영산강 유역의 남한이 여러 측면에서 매우 유리한 조건을 가졌다는 점을 상술하고 있다.[40]

이상과 같이 한국 식민론은 일본인들의 한국진출을 적극 옹호하면서 이들의 존재가 개인적 이해의 증진에 머물지 않고 성공적인 한국의 지배에 중요한 역할을 한다고 보았다. 그러한 시각에서 이들 이주민들의 경제적 진출에 대한 적극적 지원와 배려가 필요하다는 주장들이 전개된 것이다.

---

39) 伊藤淸藏, 위의 책, 11~12면.
40) 青柳綱太郎, 『南韓之實業』, 嵩山堂, 1906, 1~2면.

3. 한국식민론의 한국상과 문명

러일전쟁 이후 일본에서는 한국을 식민지로 규정하면서 식민지로서의 한국 지배에 대해 다양한 논의가 전개되었다. 이와 같은 한국식민론이 전개되었다는 사실은 한국사회에 대한 인식도 이전과는 다른 모습을 보이게 되었음을 의미한다. 즉, 식민지로서의 지배에 부합되는 새로운 '한국상'이 등장하였던 것이다. 그렇다면 '문명' 개념은 이 시기의 '한국상' 속에서 어떤 위치와 역할을 지녔는가?

근대 서양 열강의 식민지 지배는 문명국이 야만국을 문명화하기 위한 것이라는 문명론적 논리를 바탕에 깔고 있다. 일본의 경우도 문명지도론적 시각은 한국 지배의 가장 중요한 바탕이었다. 그 점을 가장 잘 보여주는 것이 한국의 낙후성에 대한 정형화된 논의들이다. 문명개화기에는 일본의 한국상이 가장 빈번하게 등장한 것이 '빈약(貧弱)'하다는 것이다. 예컨대 후쿠자와는 1880년대 초에 "일본은 강대하고 조선은 소약(小弱)하다. 일본은 이미 문명으로 나아갔고 조선은 아직 미개하다"[41]라고 하면서 일본은 맹주이며 조선은 "반드시 우리나라를 본받아서 최근의 문명에 참여"[42]해야만 한다고 주장했다. 그런데 이 주장은 청일전쟁기에도 한국 정부가 통치 능력이 없기 때문에 "그곳을 유도제시(誘導提撕)하여 함께 문명개화의 영역에 들어가서, 세계적으로 독립의 체면을 갖추

---

41) 『福澤諭吉全集』 제8권, 岩波書店, 1958, 28면.
42) 『福澤諭吉全集』 제8권, 岩波書店, 1958, 30면.

게 하는 것은 동양의 선진국임을 자임하는 우리 나라의 의무"[43]고
하여 반복되고 있다.

이러한 주장은 러일전쟁 무렵에도 큰 차이 없이 제기되었다. 러
일전쟁 직전에 집필된 깃카와 스케테루(吉川祐輝)의 『한국농업경영
론』은 한국의 후진성을 생생하게 묘사한다. 즉, 그는 "위생관념 같
은 것은 일반 한인의 머릿속에 거의 없다"라고 하면서 경성의 뒷
골목의 '오예(汚穢)'가 놀랄 정도라고 기술했다.[44] 이러한 한국의
장래는 어떠한가? 그는 "한국에는 지식 없고 자력(資力) 없고 또한
행정의 정황은 전술과 같다. 그리고 그 유래는 일조일석에 의한
것이 아니기 때문에 여러 문명사업의 개발과 진척(進陟)을 해국인
(該國人)에 도저히 기대할 수 없다"고 하였다. 즉, "한국에서의 문명
적 사업의 개발진척은 아방인(我邦人)에게 기대하는 것은 자연의
추세라고 할 것이다. …… 앞으로 수십만, 수백만의 방인(邦人)이 그
곳에 재주(在住)하며 농상공에서 제반 문명사업을 실지(實地)에서
경영함으로써 한국인을 교도유액(敎導誘掖)하며 더불어 문명의 덕
택을 입도록 하여 비로소 동양선진국인 아방인(我邦人)의 천직을
다해야 한다고 할 것이다"[45]라고 하였다.

이저럼 메이시 초기에 싱립된 일본의 한국에 대한 문명지도론
은 20세기에 접어든 시점에서도 계속되었지만, 러일전쟁기를 거치
면서 중요한 변화가 겪게 된다. 즉, 단순히 한국의 빈약함과 일본
의 우월적 지위를 지적하고 한국에 대한 문명지도론을 주장하는

---

43) 『福澤諭吉全集』 제14권, 岩波書店, 1958, 413면.
44) 吉川祐輝, 『韓國農業經營論』, 大日本農會, 1904, 15~16면.
45) 吉川祐輝, 위의 책, 21~22면.

데 그치지 않고 그 지도의 형태를 '식민'이라는 형태로 구체화하면서 한국의 식민화가 불가피하다는 당위성을 도출하였다. 이전의 문명지도론이 본격적인 식민론으로 전환하면서 '문명' 개념 속에 내재된 침략적 논리가 전면에 드러난 것이다.

그렇다면 한국식민론은 한국의 문명에 대해 어떻게 평가하였으며 그러한 평가를 한국 지배 문제와 어떻게 연결하고 있었는가? 한국사회의 낙후성과 식민지 지배의 문제를 연결지은 전형적인 사례로 엔조지 키요시(圓城寺淸)의 『한국지실정(韓國之實情)』을 들 수 있다. 엔조지(圓城寺)의 한국 관련 서술들은 직접 경험에 의한 것도 있지만 이 책이 러일전쟁 중이던 1905년 6월 말부터 19일 간이라는 단기간에 걸친 한국 시찰 결과를 출간한 것임을 고려할 때 상당 부분은 당시 일본의 일반적 한국상에 근거했다고 할 수 있다.

엔조지의 한국상은 지배층에서 일반 인민에 이르기까지 모든 측면에서 부정적 내용으로 일관하고 있다. 먼저 한국의 지배층에 대해서 그는 왕실과 관리들을 비난하고 있다. 그는 한국 황제에 대해 붕당들을 이용해 권력을 유지해 온 한국 제일의 '책사'라고 폄하하며 한국의 재정적 문제가 황실 재정의 과다 지출 책임에 기인한다고 하는 등, 고종 황제에 대해 극히 부정적 평가를 하였다.[46] 한편 한국 관리에 대해서는 "맘 속에 군주가 없고, 눈에 인민이 없으며, 자신의 사리사욕을 위하여 붕당을 만들어 혁쟁(鬩爭)을 일삼고 정국을 돌보지 않으며 대세를 이해하지 못한다"라고 하여 전혀 국가나 국민에 대한 배려가 없는 이기적 집단으로 묘사하

---

46) 圓城寺淸, 『韓國之實情』, 樂世社, 1906, 46~53면.

였다.[47) 그는 지배층뿐 아니라 한국사회 전반에 대해서도 매우 부정적이었다. 예를 들어 한국의 주택에 대해 "누가 보더라도 인간이 살고 있는 가옥이라고는 생각되지 않을 정도이다. 집이 아니다. 오히려 혈거시대의 동굴은 옆쪽으로 경사지게 지하로 팠던데 비해 한국인민의 집은 구멍을 지상에 판 것으로 생각하면 틀림이 없다"라고 하는 등, 한국의 문물 전반이 극히 낙후되었음을 강조했다. 더구나 그는 한국인들에게는 "위생사상이 없다. 의약은 소변이나 초근목피가 얼마든지 있다고 하는 바"라고 하여 불결함뿐 아니라 아무런 의학적 지식도 없다고 단정하는 등, 한국인들의 일상생활과 성격 전반에 대해 부정적으로 서술하였다.[48)

이와 같이 한국의 문명이 낙후되어 거의 발전이 없다는 인식은 새로운 것이 아니었다. 한국식민론의 논의에서 다른 것은 한국 문명의 실태를 '식민지 지배'와 직접 연결시킨 데 있다. 앞서본 원성사의 경우 그의 서술은 당시의 다른 글들에 비해서도 극히 부정적인 평가로 일관되었는데, 그러한 평가의 결론은 '한국을 우리 뜻대로 처분'해야 한다는 것이다. 그는 "한국에 있어서의 황실과 정부, 황실과 인민, 정부와 인민의 사이에는 어떠한 따뜻한 관계도 없다"[49)라고 하면서 한국의 황제로 하여금 일본의 대리공사에게 주권을 일임케 하여 외교뿐 아니라 재정·군사·경찰 등의 내치도 일본 손에 장악할 것을 주장하였다. 그렇게 되면 일본에게 뿐아니라 "한토한민(韓土韓民)의 부액계발(扶掖啓發)을 신속히 완성하

---

47) 圓城寺淸, 위의 책, 69면.
48) 圓城寺淸, 위의 책, 69~87면.
49) 圓城寺淸, 위의 책, 88면.

는 것도 가능하다"라고 주장하였다.50) 다시 말해 한국은 지배층에서 일반인에게 이르기까지 너무나 뒤떨어져 있기 때문에 일본의 '처분'을 받는 것이 훨씬 도움이 된다는 것이다.

다른 한편으로 한국식민론은 한국이 낙후된 원인을 지배층의 부패와 무능에서 찾으면서 일본이 그 대안이라는 주장을 강하게 제기했다. 한국 지배층에 대한 비판은 당시 일본사회에서 광범위하게 제기되면서 통감부 지배의 중요한 근거가 되고 있었다. 예를 들어『한국여행보고』는 통감부의 수립이 한국을 무능한 지배층으로부터 구원하기 위한 것이라고 주장하고 있다. 즉, "한국의 정치계는 세인(世人)의 상상과 마찬가지로 실로 부패의 극에 달한 것이다. 지방관의 수렴이 심각하여 표면적 세력이 거대하면 거대한 만큼 이면적 원망도 심각한 것을 알 수 있다. 그럼에도 한인은 그것을 어떻게도 하지 못하고 누습이 오래되어 결국 일국의 활동력을 상실하게 하고 저축의 정신 결핍되고 단지 그 날에 쫓겨 내일의 계획을 하지 않는다. 가련히 여겨야 하겠지만 지금 우리 통감부가 이미 세워져서 이들 폭리(暴吏)들을 도태시키고 일천만의 세민(細民)을 구제하는 것은 아마도 멀지 않을 것이다."51) 다시 말해, 한국사회의 쇠퇴와 혼란이 지배층의 오랜 부패에 기인한 것으로 설명하면서 일본 통감부 지배의 당위성을 주장하였다. 한국의 왕실을 비롯한 지배층이 근대적 국민국가의 창출에 실패하여 일본의 지배를 초래했다는 점은 부정할 수 없는 것이지만, 일본의 주장이 의도한 바가 한국 지배층의 실패 자체를 구명하는 것이 아니라 새로운 지

---

50) 圓城寺清, 위의 책, 91~93면.
51) 堀內奉吉, 竹中政一,『韓國旅行報告』, 神戶高等商業學校, 1906, 8~9면.

배자로 일본이 등장한 것을 정당화하는 데 있었음을 알 수 있다.

오쿠마 시게노부(大隈重信)의 「한국경영의견」의 경우는 일본인의 이주에 의한 식민을 중시하는 입장에 논의를 전개했다. 그는 한국 경영에 실패하지 않기 위해서는 한국인들의 자발적 동화를 유도해야 한다는 논리를 펴면서, 그것이 가능한 이유는 일본인들이 한국의 발전을 가능케 해 줄 수 있기 때문이라고 주장했다. 즉, 그는 "어쨌든 한국은 문명의 정도가 유치하다. 독립하여 상공업을 영위하는 사람이 조금은 있을지 모르지만, 어쨌든 일본인 쪽이 지혜도 있고 경험도 있으며 부력도 있다. 그렇기 때문에 큰 사업을 일으키는데 있어서는 조선은 어쨌든 일본인의 수하가 되어 일하지 않으면 안 된다"52)고 하였다. 『한국식민관견』의 경우를 보더라도 한국의 식민화가 기존 지배층의 부패와 무능에 의한 것이라는 점에서 일본의 한국식민이 한국인들에게 유리하다고 주장하고 있다. 즉, 한국인들 사이의 정치적, 사회적 생활은 한국 자신도 알고 있듯이 부패가 극도에 달하며 그것은 근본적으로 고치지 않는다면 도저히 개량할 수 없는 상황이지만 한국인들 스스로는 도저히 변할 수 없다고 하면서, 일본인들이 한국인들과 섞여 살기 시작하면 개혁 가능할 것이라고 하였다.53)

이상과 같이 한국의 보호국화에 따라 '낙후'된 사회라는 기존의 문명론적 한국상은 식민지화의 불가피성을 뒷받침하는 방향에서 전개되었다. 그러한 기준에서 볼 때 식민지로서의 한국상은 부정적일 수밖에 없었다. 그런데 흥미로운 것은 한국식민론 속에 한국

---

52) 大隈重信, 「韓國經營意見」, 『大隈伯演說集』, 早稻田大學編輯部, 1907, 174면.
53) 伊藤淸藏, 앞의 책, 9~10면.

에 대한 부정적 평가와 더불어 긍정적 측면을 지적하는 논의가 눈에 띄는 점이다.

한국에 대한 긍정적 평가는 먼저 한국이 낙후되었다는 주장에 대한 재평가에서 찾아볼 수 있다. 앞서 보았듯이 1870년대 이래로 일본에는 한국이 가난하고 낙후되었다는 평가가 일반화되어 있었으며 대부분의 한국식민론도 이러한 시각에 입각하고 있었다. 그런데 일부이기는 하지만 한국에 대한 긍정적 평가를 찾아볼 수 있다. 예컨대 시마다 사부로는 한국의 발전 가능성에 대한 논의에서 다음과 같이 한국에 긍정적 측면을 지적했다. 즉, "그렇다면 조선인은 과연 구제할 수 없을 것인가? 조선인을 직접 자신이 암흑방면에서 관찰한 자는 조선인의 악덕을 열거하고 음험하며 파렴치하고 허위적이라고 한다. …… 그런데 광명의 방면을 관찰한 전도사나 교육가는 우리에게 말하길 전혀 그에 정반대의 소견을 갖고 있다. …… 이 두 보고와 같은 것이 어찌 한인의 전도에 희망이 양양함을 보여주는 것이라고 하지 않으면 무엇이겠는가?"[54] 마찬가지로 가토 마사노스케(加藤政之助)는 『한국경영』에서 한국이 가난하고 더럽다는 기존 시각을 지적하면서 그것이 사실이기는 하지만 한국사회 전체를 보여주는 것은 아니라고 하였다. 그는 자세히 들여다보면 한인이라고 해서 모두 빈민이라고 할 수 없으며 상당한 부를 지닌 자는 전국 각처에 산재한다고 하였다. 한국이 낙후되었다는 근거로 한국의 집들이 '작고 더럽다'는 점이 있었는데, 이에 대해 그는 "단지 경제적으로 가난해서 때문은 아니다. 국민

---

54) 島田三郎, 「朝鮮に對する日本人の職分」, 『新人』 603, 1905.3; 『資料雜誌にみる近代日本の朝鮮認識』 1권, 綠蔭書房, 1999, 313면.

일반의 기풍이 질소(質素)"하기 때문이라면서 "한인의 주택이 왜소한 것을 보고 곧바로 그들은 빈민이라고 인정하는 것은 매우 피상적이라고 할 수밖에 없다"라고 하였다.[55] 다시 말해, 한국사회를 무조건 낙후되고 발전 가능성이 없다는 기존의 시각과 일정한 거리를 둔 주장들이 등장한 것이다.

이러한 한국사회에 대한 긍정적 시각의 또 다른 예는 경제적 가능성의 재평가가 있다. 즉, 한국이 경제적으로 커다란 가능성을 지녔으며 일본인들에게도 매우 유리한 이점을 지녔다는 지적들이 크게 부각되고 있다. 이러한 주장은 특히 농업과 관련하여 많이 제기되었다. 예컨대 아오야나기 쓰나타로는 『남한지실업』에서 일본인들의 한국으로의 식민 필요성을 강주하면서 남한을 후보지로 거론하였다. 그 이유로는 첫째 본국과 접근하고 둘째 토지가 비옥하며, 셋째 기후가 본국과 동일, 넷째 바닷가에 접하여 어업에 편리한 곳이며, 다섯째 교통 편리하다고 하였다. 청류는 특히 영산강 유역에 대해 "그 주민이 부유하고 비옥한 평야가 넓어서 천연적으로 유리한 조건이 가득한 한국의 일대 부원(富源)이다. 게다가 이 천연의 부원이 아직 충분히 개발되지 않았다"라고 하면서 일본인들에게 있어서 '호개(好個)의 이주지'라고 높이 평가하였다.[56] 원성지청도 한국사회 자체에 대해서는 극히 부정적인 입장을 취한 반면에 한국으로의 농업 투자에 대해 긍정적 평가를 하고 있다. 그는 "한국의 토지가 그 인민의 가망성 없는데 반해 가망성이 많은 것은 산림, 강하 및 항만의 실정을 설명하는 것만으로도 대개 이

---

55) 加藤政之助, 『韓國經營』, 實業之日本社, 1906, 40면.
56) 靑柳綱太郎, 앞의 책, 2~3면.

해되리라 생각한다"57)고 적고 있다.

　그렇다면 이러한 긍정적 한국상의 등장은 무슨 의미를 지니는가? 먼저, 이러한 논의는 한국사회에 대한 지식과 이해가 깊어진 결과로 볼 수 있다. 한국에 대한 정보와 지식이 늘어나면서 보다 다양화된 시각이 등장할 여지가 생겼던 것이다. 또한, 한국의 긍정적 평가는 한국이 일본에게 새로운 모험과 기회의 땅이라는 이미지가 성립된 것과 깊은 관련을 지닌다. 당시 한국 관련 서적의 광고 문구였던 "유망한 것은 한국! 개척해야 할 것은 한국!! 일동남아(日東男兒)의 세력을 확전(擴展)해야 할 것은 한국이다.!!!"58)라는 표현은 한국에 호기심을 지닌 일본인들에게 서양의 탐험가들과 같은 이미지를 제공함으로써 보다 깊은 관심을 유도하고 있다.

　그렇지만 보다 중요한 이유는 식민지로서의 한국상이 결코 부정적일 수만은 없었다는 데 있다. 한국에 대한 식민지 지배를 진행하기 위해서는 일본의 입장에서 볼 때도 충분한 타당성과 현실성이 있다는 근거가 필요했다. 그렇기 때문에 한국을 긍정적으로 기술한 글들을 보면 그 최종적 목표는 일본의 식민지 지배를 주장한 것이다. 즉, 단순히 한국사회의 긍정적 측면을 지적하는데 그치지 않고 '일본'을 그러한 발전 가능성을 실현시키는 주체로 지목하고 있다. 예컨대, 시마다 사부로는 앞서의 글에서 "내가 조선을 주제해야 한다고 주장하는 것을 오해하여 조선 현정부를 돕고자 하는 것으로 보아서는 안 된다"라고 하였다. 그는 "본인은 간절히 본인의 주장이 일본인 일반의 인정을 받아서 일본정부의 실행으로 나

---

57) 圓城寺淸, 앞의 책, 143면.
58) 『內外書籍出版發兌目錄』 150호, 靑木嵩山堂, 1905.1, 96면.

타나 아일랜드인이 영국본토에 대하는 것과 같이 신속히 조선인과 일본국가를 친밀하게 하여, 그들이 나아가 일본을 신뢰하기에 이르는 날을 하루라도 빨리하는 것을 희망해 마지않는바"라고 끝을 맺고 있다.[59] 한국사회에 극히 부정적이었던 원성사(圓城寺)는 한국 농업의 발전 가능성에 대해 긍정적 평가를 내렸다. 즉, 한국에서의 농업에 대해 경작하지 않고 남아 있는 토지는 적지만 한국인들은 비료의 사용이나 치수 등을 등한시하고 있다고 하면서 "완전한 미개간의 황무지는 많이 보이지 않지만 기개간의 황무지라고 부를만한 것은 꽤 손에 넣을 수 있다. 그리고 일본인의 지식과 경험에 의해 새로이 비료를 사용하고 또한 농사상에 여러 개량을 보탠다면 곧바로 뚜렷이 수확을 증대할 수 있음이 틀림없다고 본다"[60]라고 하였다. 그렇지만 이러한 발전 가능성은 한국 자체의 내재적 역량에 의한 것이 아니라 전적으로 일본인의 역할에 의한 것이라는 점에서 '식민화'의 주장을 반복한 것임을 알 수 있다.

다시 말해, 한국식민론의 한국상은 한국사회의 문명화 정도나 발전 가능성을 일본의 지배와 직결시키는 논리에 입각하고 있었다. 한국의 문명화는 일본의 지배와 불가분의 관계에 있으며, 그 때문에 일보의 식민지 지배는 한국의 문명을 위한 것이라는 논리인 것이다. 이와 같이 러일전쟁과 한국의 보호국화에 당면한 일본에서 '문명' 개념은 사회적 진보라는 보편적 가치에 충실한 이상으로서보다는 한국의 식민지로서의 지배를 정당화하는 지배 이념으로 전개되고 있었다.

---

59) 島田三郎, 앞의 글, 313~314면.
60) 圓城寺清, 앞의 책, 146면.

4. 결론

근대 일본의 한국론은 메이지 초기 이래로 입각한 문명지도론이 지배적이었다. 이 문명지도론은 일본이 우월한 서구문명을 받아들여 문명화되었다는 자신감을 바탕으로 일본은 후진적 상태를 벗어나지 못하고 있는 한국을 이끌어 갈 지도적 위치에 있다는 주장이다. 그런데 이 문명지도론은 1904년 러일전쟁이 발발하면서 등장한 한국식민론과 깊은 관련을 지니면서 일본에 의한 한국의 식민지 지배를 적극 옹호하는 역할을 하게 된다. 한국식민론은 한국을 '식민'의 대상으로 규정하고 그 실행과 관련하여 논의한 담론으로, 러일전쟁을 계기로 일본이 한국을 보호국화하여 사실상의 지배권을 획득하면서 등장하였다. 그런데 이 한국식민론은 '문명'의 논리에 입각하여 한국 지배의 정당성을 확인해 갔다. 다시 말해, 러일전쟁 직후 일본사회에서 '문명' 개념은 한국을 독자적 발전 가능성을 결여한 식민지로 규정하는 데 있어 결정적인 역할을 하고 있었던 것이다.

청말 양계초의 대한제국기 한국 인식
망국 - 자강 개념을 중심으로

전동현

1. 머리말

나는 중일전쟁(中日戰爭) 직전의 조선과 중일전쟁(中日戰爭) 직후의 조선
을 비교해 볼 때 더욱이 중일전쟁(中日戰爭) 직후의 조선과 러일전쟁 직후의
조선과 비교해볼 때 눈물을 금하지 못하겠다. 이제 조선이 없어졌다. 지금부
터 세상에 조선의 역사가 다시 있을 수 없고 일본(日本) 번속(藩屬) 일부분의
역사로 남아있을 뿐이다. 삼천년의 고국(古國)이 멸망하는데 그와 친속(親屬)
의 관계를 가진 이로서 어찌 이 일을 기록하지 않을 수 있겠는가? 이로써 비
애를 생각하면 그 비애를 가히 짐작할 수 있을 것이다.[1]

양계초는 비록 외국인이라도 조선의 망국에 대하여 이렇게 애통해 하였거

---

1) 中國之新民, 「朝鮮亡國史略」, 『新民叢報』 第3年 第5號(제53호), 1904, 61면.

늘 우리 동포가 이 역사를 보고 기가 막히지 않을 자 누가 있으리요 이 역사
를 지은 자는 중국인이나 이 역사를 있게 한 자는 우리 한국 동포가 아닌가.[2]

대한제국기 언론에 비춰진 양계초(梁啓超) 상(像)은 그의 식견과
문장에 대한 높은 평가와 아울러 중국과 한국[3] 상황의 유사성에
근거한 친근감, 나아가 한국에 대한 깊은 동정을 지닌 우호적 외
국인사로 압축된다.[4]

20세기로의 전환점에서 제국주의 열강들의 각축전이 날로 치열

---

2) 中叟, 「讀梁啓超所箸朝鮮亡國史略」, 『태극학보』 24, 1908.7.24. 또한 중국 상
   황과 한국 상황의 동질성에 대한 확신도 존재하였다. "양계초는 동양 유신파로
   서는 첫 손가락에 꼽히는 인물로 그 논의가 해박하고도 달변이어서, 동서고금을
   관통하며 그 분석이 정밀하고 시의적절하니 經世의 지침이 될 만 하다. 청과 한
   국은 그 근본과 폐단이 같아서 그 구제의 길 역시 같지 않을 수 없다"(홍필주
   역, 「氷集節畧」, 『대한협회회보』 제2호, 1908.5.25, 역자 서문).
3) 한일합병조약에서 한국은 국호를 조선으로 개명한다고 명시했듯이 대한제국
   기의 공식적 국호는 조선이 아닌 한국이었다. 그러나 본고에서 분석 대상으로
   하는 양계초의 논설을 보면 조선과 한국 호칭은 별다른 구분 없이 함께 사용되
   고 있었다. 양계초도 「日本併呑朝鮮記」의 記例에서, 조선이라 칭하기도 하고
   한국이라 칭하기도 하였으나 편의에 따른 것이지 별다른 뜻은 없다고 밝히고
   있다(滄江, 「日本併呑朝鮮記」, 『國風報』 第1年 第22號, 1910.9.14, 39면). 대한
   제국기에는 국내외에서 조선과 한국이라는 국호가 혼용되고 있었던 것으로 보
   고 본고에서도 대체로 양계초의 표현에 충실하게 옮기되 인용에 근거한 부분에
   서는 조선으로, 일반적 의미에서 국호를 칭할 때는 한국으로 표기하였다.
4) 필자는 본 공동연구 1차년도 연구발표논문인 「대한제국시기 중국 양계초를
   통한 근대적 민권개념의 수용-한국언론의 '신민'과 '애국' 이해」(『중국근현대
   사연구』 21, 2004.3, 121~153면)에서 당시 한국 언론을 주도하던 지식인들은 양
   계초의 다양한 입장의 글들이 동시에 유입되는 상황에서 자신들의 성향에 부합
   되는 19세기 말 발표된 애국이 강조된 글들을 선택적으로 선호하였음을 지적하
   면서 양계초 본인에 대해서도 분석적 비판적 언급 없이 동지적, 우호적 인사로
   인정하고 있었음을 설명하였다. 이 시기 양계초 논설의 기본적 성격과 그에 대
   한 평가 등은 1차년도 연구에서 다루었기 때문에 논의의 중복을 피하기 위해 본
   고에서는 본격적으로 서술하지 않았음을 밝혀둔다.

해지는 상황은 약소국들에게 '자강(自强)'과 '망국(亡國)'을 초미의 관심사로 만들었다. 중국과 한국에서 당시 지식인으로 이러한 난관의 타개책을 모색하던 이들은 대부분 사대부로서의 교육 배경을 지니고 새로운 서구문명을 습득하였거나 또는 서구문명을 학습하고자 하는 성향을 공유하고 있었다. 양계초가 이상적으로 파악한 최고 단계의 지식인 상(像) 역시 "정학(政學)의 본원(本源)을 알고 사회의 이치를 고찰하여 나라를 부강하여 만들고 인종을 진화시켜 국권을 상실하지 않을 수 있게 하는 방도를 구하는 자"였고 1901년의 시점에서 이러한 지식인이 백 수십 명 정도에 불과함을 애석해하였다.[5]

양계초는 사대부로서의 특징 즉 중국 전통적 교육 배경과 서구 지식의 결합이라는 측면에서 특히 주목되는 논객이었다. 동시대인 대한제국 시기 한국 언론과 지식인들이 양계초의 글을 선호한 주요 원인 역시 이러한 양계초 특유의 논조에서 찾을 수 있다.

시대적 상황을 반영하여 청말(淸末)에는 많은 필자들에 의해 소위 망국의 사례들이 집필되거나 번역, 소개되면서 일종의 열풍을 조성하기도 하였다. 망국사 열풍을 분석한 선행 연구에 의하면,[6] 1896년부터 1911년 사이 988종의 일본 서적이 중국어로 번역되었

---

5) 「中國積弱溯源論」, 『淸議報』, 1901, 77~84면. 중국이 쇠약해진 원인의 하나로, 4억인 중에서 識者가 5천만 명, 그 중에서도 書報를 읽을 수 있는 자가 2천만 명, 그 중에서 글을 쓸 수 있는 자가 500만 명, 그 중에서 중국의 古今에 대한 지식이 있는 자가 10만 명, 그 중에 외국어·문자에 능통하여 지구와 5대주에 대한 지식이 있는 자는 5천 명, 그리고 본문에서 언급한 국권을 상실하지 않을 방도를 구하는 자가 백 수십 명이라고 설명하였다.
6) 鄒振環, 「淸末亡國史編譯熱與梁啓超的朝鮮亡國史硏究」, 『韓國硏究論叢』 2, 1995, 325~355면.

는데, 그 중 역사에 관한 책이 238종으로 24%에 이르고 세계역사 175종은 망국사·유신변법사·혁명사와 건국사의 번역에 집중되어 있었다. 이러한 열풍의 배경에는 동아시아 특별히 중국 망국 위기가 날로 가중되고 있었다는 상황이 존재하였다. 따라서 망국 또는 쇠망의 원인에 깊은 관심을 표명하였다. 그러나 한편 역사적 접점이 적었던 국가들보다는 사대부적 인식세계에서 보다 많은 공통항을 지닌 조선의 경우가 더욱 각별한 의미를 지니고 있었음은 부언할 필요도 없을 것이다.

중화제국 질서의 붕괴로 민족위기가 날로 심화되고 있는 중국의 상황에서, 한국이 처한 현재의 위험은 중국에 있어 장래의 위험일 수 있었다. 중국지식인들의 한국에 대한 관심은 중국 전통, 중화제국 질서, 서구문명, 제국주의 열강에 의해 형성된 새로운 세계질서 등이 복잡하게 중첩되어 있었다.

이미 잘 알려진 바와 같이 양계초는 망국의 길로 접어든 조선에 대해서도 많은 글을 발표한 대표적 집필자였다. 1880년 황준헌(黃遵憲)의 『조선책략(朝鮮策略)』에서도 강조되었듯이, 개항이라는 새로운 세계질서로의 편입 과정에서 중국은 한국을 새로운 속국으로 재확인하고자 노력하였다.[7] 앞서 언급한 한국에 대한 관심의 연장선에서 일련의 전론(專論)들을 발표하였던 양계초는 한국전문가로서의 위상을 지니고 있기도 하였다.

---

7) 1880년대 조선의 외교논의에 큰 반향을 일으켰던 『朝鮮策略』의 저자 黃遵憲과 梁啓超간의 교류에 관해서는 張朋園, 「黃遵憲的政治思想及其對梁啓超的 影響」, 『中央研究院近代史研究所集刊』 1, 1969, 217~235면; 陳鵬鳴, 『梁啓超 學術思想評傳』, 北京圖書館出版社, 1999, 139~151면 등 참조

선행 연구에서 지적하고 있는 양계초의 한국 인식을 정리해보면, 한국 멸망에 대한 애통(哀痛), 한국 국왕의 무능과 부패·친일세력에 대한 비판, 그에 대비되는 애국자들에 대한 찬양, 속국을 상실한 중국의 국책에 대한 비난과 미래에 대한 우려를 표명한 중화주의(中華主義) 등으로 집약될 수 있다.[8] 기존 연구 성과들은 감성적 표현이 풍부한 시문(時文)까지 포함함으로써 정서적 측면까지 포함한 전반적 특징을 분석해내기는 하였으나 양계초 조선 관계 문헌들이 일회성이 아니라 한국의 상황 변화에 대응하면서 약 10년 동안 연속적으로 집필되었다는 특징에는 그다지 주목하지 않았다.[9]

정치적 성향의 변화가 많았던 양계초와 근대 중국의 위기 상황을 고려하였을 때 한국 관련 논설들이 발표되는 동안 양계초 정치사상과 중국 상황의 변화 역시 동시적으로 진행되었다. 양계초의 정치의식 속에서는 자강(自强)과 망국(亡國)을 둘러싸고 중국과 조선의 상황이 끊임없이 교차되고 있었을 것이며 더구나 소위 망국

---

8) 양계초에 대한 방대한 연구들은 상당 부분 변법, 신민사상, 문학사상 등에 집중되어 있으며 양계초의 한국 인식과 직접 관련하여 주목할 수 있는 선행연구로는 牛林杰, 「양계초의 時文에 나타난 한국관」, 『중한인문과학연구』 4, 2000, 95~111면; 양귀숙, 「양계초의 시문에 나타난 조선문제 인식」, 『2003년도 중국인문학회 춘계학술발표회 발표논문집』, 2003, 27~53면; 김병민 해설, 「양계초와 그의 〈朝鮮哀詞〉 5율 24수」, 『민족문학사연구』 16, 2000, 347~369면; 유명종, 「양계초의 〈조선망국사략〉에 대한 評述」, 『동양철학』 1, 1990, 31~48면; 鄒振環, 「淸末亡國史編譯熱與梁啓超的朝鮮亡國史硏究」, 『韓國硏究論叢』 2, 1995, 325~355면 등이 있다.

9) 鄒振環의 논문에서만 啓蒙史學 내지 亡國史學의 발전이라는 관점에서 한국 인식의 발전 양상을 설명하고 있다. 그러나 범위를 조선 관련 논설들에만 한정함으로써 해당 시기 양계초의 전반적 인식 변화와의 관련성 여부는 다루지 않고 있다.

사학(亡國史學)이 기본적으로 중국인들을 자강으로 이끌어내기 위한 계몽적 의도에서 출발한 신사학(新史學)의 실험이었음을 감안하였을 때 양계초의 한국 인식은 조선을 거울삼아 비추어 본 중국10)이기도 하였다. 따라서 조선 관련 글들을 분석하기 위해서는 그 전후에 집필된 중국 관련 논설들을 통해 기본적 판단 준거와 중국 상황 인식을 대조할 필요를 갖고 있다. 따라서 본 연구는 양계초가 자강과 망국을 염두에 두고 중국과 한국을 분석한 글들을 대조하는 방식을 통해서 중국을 보다 가까운 시야에 배치함으로써 한국 인식에 대한 보다 객관적 조망을 시도해보고자 한다.

양계초 저술목록11)을 참고하면 양계초가 조선에 관해서 집필한 글의 목록은 다음과 같다. 대체로 러일전쟁(1904)을 거쳐 을사조약(1905)으로 보호국이 되어 가는 과정과 완전히 일본의 식민지로 전락하는 1910년 직후의 시점에 조선 문제를 논한 글들이 집중되어 있음을 발견할 수 있다. 본 연구에서는 대체로 이 두 시기를 중심으로 양계초가 조선의 자강 노력과 망국을 바라보는 시각을 검토한다. 검토 작업은 다음 두 가지 의문에 초점을 맞추고자 한다.

첫째, 과연 양계초가 한국에 대해 갖고 있는 인식을 어떻게 이해할 것인가의 문제이다. 앞서도 언급한 바 있듯이 양계초의 논설에서 드러나는 한국 망국에 대한 동정의 이면에는 중화의식이 내재해 있었을 터인데 그렇다면 그러한 인식의 복잡성이 구체적 사

---

10) 양계초는 「朝鮮亡國史略」, 『新民叢報』 第3年 第5號, 1904, 70면의 附言에서, 일본이 조선에서 행한 거동을 보고 그것을 상세히 기록하여 우리(중국)의 귀감으로 삼고자 하였음을 밝히고 있다.

11) 李國俊 編, 『梁啓超著述系年』, 上海 : 復旦大學出版社, 1986 참조

례로서 조선의 문제를 인식하고 판단하는데 어떻게 작용했을까 하는 점이다.

둘째, 보호국화 단계와 합병 단계를 보면 망국의 원인 분석과 경과 과정에 대한 서술이 다시 한번씩 반복되고 있었다. 거의 동일한 성격의 글을 시차를 두고 다시 저술하면서 양계초가 서술하고자 했던 주장은 무엇이었을까. 즉 시간의 흐름에 따른 보완 작업에 불과했는지, 한국과 중국의 상황 변화가 양계초의 한국 인식에 어떤 영향을 미쳤는지를 찾아보고자 한다. 이러한 검토 작업은 당시 중국과 한국 지식인들의 상호 인식을 가늠해볼 수 있는 기회를 제공할 것으로 본다.

2. 망국(亡國)의 경과 및 원인 인식

1) 망국 인식의 전제(前提)−망국사학(亡國史學)의 이해

양계초의 한국 관련 논설에 의하면 망국의 주된 원인은 시종일관 일본의 침략보다는 한국에 내재해 있었다. 「조선의 망국」에서부터 양계초는 중국·러시아·일본인이 조선을 망하게 한 것이 아니라 조선이 스스로 망하였다고 못 박고 있는 것이다. 그러나 양계초가 서술한 한국의 망국 과정은 한국 내부의 사정보다는 주변을 둘러싼 강대국들의 외교 과정에 초점을 맞추고 있었고 결론적으로 일본의 치밀한 준비와 전략에 대한 확인으로 마무리되었다. 그럼에도 양계초는 망국의 원인을 집중적으로 논하는 글들에서 초지일관 한국에게 망국의 책임을 돌리고 있었다. 강대국의 치밀한 침략정책에도 불구하고 결국 한국이 스스로 망한 것이라고 분석한 데에는 한국의 특수성과 함께 약소국의 운명을 바라보는 양계초의 기본적 시각이 반영되어 있는 것이 아닌가 한다.

동시대 한국을 바라보는 양계초의 입장은 기본적으로 비관론에서 출발하고 있었다. 1899년 「한국(韓國)의 근상(近狀)」에서, 소위 재야의 뜻 있는 지사라 해도 역시 진실로 정치에 간여하고 싶은 생각이 없기 때문에 위태로운 나라를 위해 순국할 이가 없다고 지적하였다. 그래서 한국의 중흥은 기대하기 어려우며 사직의 존망은 이제 극히 위태로운 처지에 놓여 있다는 것이다.[12] 그리고 그 가장 큰 원인으로는 정치(政治)의 불량(不良)을 가장 먼저 언급하였다. 1500년 이전에는 조선이 일본보다 우월하지 않은 점이 하나도 없을 정도였는데 조선이 이렇게 몰락한 까닭은 정치가 불량했기 때문이라는 것이다. 이러한 지적은 중국과 같은 경우라고 설명함으로써 양국 상황의 동질성을 강조하였다.

즉 당시 중국에서 가장 결여하고 있는 것은 오로지 한 가지 정치 능력뿐인데, 정치가 악하기 때문에 풍속, 문학, 기예, 국민의 백 가지 현상이 모두 크게 타락하였다는 것이다. 조선이 정치 때문에 망국의 길로 접어들었듯이 중국도 학술사상은 물론 직물·도기·조각·회화 등 여러 가지 공예품이 모두 발전하였고 대국의 기상

---

12) 「韓國近狀」, 『淸議報』 第6冊, 1899.1.11.

을 보여주다가 겨우 200년 동안 이렇게 몰락하였다는 것이다.[13]

망국의 원인으로 가장 먼저 언급된 정치 능력의 결여는 어떻게 설명될 수 있을까? 이 시기 한국 관련 논설에서 찾아볼 수 있는 가장 직접적인 표현은 "조선이 스스로 망하였다"는 것이다.[14] 조선을 망하게 한 것은 중국인, 그 뒤를 이은 러시아인, 결국은 일본인인 것처럼 보이지만 그러나 중국·러시아·일본인이 조선을 망하게 할 수 있는 것은 아니며 조선은 스스로 망하였다는 것이다. 정치의 불량(「所謂大隈主義」)이든 국민을 보호하지 못하고 억압하는 조정의 경찰부대(「日本之朝鮮」)이든 망국의 근원을 내재적 원인에서 찾는 접근 방식은 양계초가 망국을 보는 기본 입장이었다.

양계초 망국사학(亡國史學)의 기본 구조를 보여주는 망국사 연구의 대표적 저술은 1901년 발표한 「멸국신법론(滅國新法論)」으로서 사회진화론에 입각하여 멸국(滅國)은 진화(進化)의 사례라고 규정하였다.[15] 이집트·폴란드·인도·필리핀 등 세계 각지의 다양한 국가들의 사례를 검토하면서 강대국인 제국주의 열강이 멸망시킨 것이 아니고 약소국이 스스로 망하였다는 논리를 매번 강조한 것은 망국사하의 출발점인 계몽사학(啓蒙史學) 직접적으로는 양계초가 주장한 신사학(新史學)의 기본 방향에서 비롯한 것으로 본다.

양계초는 기존의 사학을 향하여 역사를 다 읽어도 국민들의 애

---

13) 「所謂大隈主義」, 『新民叢報』 第3年 9號(제57호), 1904.11.21(『飮氷室文集』, 上, 이문사, 1977, 550면). 이 글에서 중국과 한국의 경우를 동일시한 부분은 일본 憲政黨首 大隈重信의 주장을 인용한 것이다.

14) 飮氷, 「過去一年間世界大事記―第六 朝鮮之亡國」, 『新民叢報』 第4年 第6號(제74호), 1906.2.8, 69면.

15) 「滅國新法論」, 『淸議報』 85·86·89, 1901.

국심과 단결력을 촉발시켜 세계 강국으로 이끌어내는 기능을 수행하지 못한다고 비판하였다. 그래서 중국의 사학이 외양적으로는 발달하였어도 서구 각국의 경우처럼 실제 국가 발전에 도움을 주지 못하고 있다는 것이다.[16] 신사학의 실행으로서 계몽사학이 갖는 가장 큰 목적은 세계 경쟁에서 강자가 되는 것이었고 결국 이를 위하여 망국사가 강조되고 국민의 분발을 촉구하기 위해 내재적 원인을 강조하게 되었다. 즉 일련의 망국사 분석을 통해 양계초는 약육강식, 적자생존의 세계에서 "멸국신법(滅國新法)"의 희생물이 되는 상황을 면하려면 다시 말해서 제2의 조선 · 월남 · 이집트가 되는 일을 막으려면 반드시 세계 경쟁에서 강자가 되어야 한다는 것, 정치개혁으로 국부민강(國富民强)을 위한 공업화의 길을 진행해야 한다고 결론지었다.

중국 멸망의 원인 역시 국민 4억 인이 적극적으로 국가를 흥성시킬 방법을 강구하지 않고 소극적으로 멸망만을 면하려 하는 것이 제1원인이고, 어느 국가도 자국의 이익을 희생하면서까지 타국의 이익을 보호해주는 경우가 없는데 중국은 강대국들의 중국 과분(瓜分) 또는 보전 논의(미국의 문호개방정책)에 희비가 교차할 뿐 아무 적극적 노력을 하지 않는데서 제2원인을 찾았다.

그러나 중국의 장래에 관해서는 낙관적 전망도 함께 제시하였는데, 토지 · 광맥 · 물산의 풍부함을 들어 중국이 망하지 않고 반

---

16) 「新史學-中國之舊史」(1902.2.8), 『梁啓超文集』, 北京燕山出版社, 1997, 230면; 중국과 한국의 계몽사학에서의 전통사학 비판과 계몽 의미 강조에 대한 이해는 이윤화, 「양계초와 신채호사학의 비교시론」, 『역사교육논집』 17, 992, 101~147면 참조.

드시 강해질 수밖에 없다는 전통적 자신감을 피력하였다.[17] 또 한 편으로는 중국인종은 자치 능력이 배양되어 있고, 모험독립의 성격을 지녔고, 학문사상의 발달이 용이하고, 인구가 많고 물자가 풍부하여 진화에 유리한 조건을 장악하고 있으므로 다음 세기에 중국인이 세계에서 가장 유력한 인종이 될 수 있을 것이라는 자신감도 존재하였다.[18] 중국 근래 수백 년 동안 문명이 퇴화해왔고 개항 이후에는 무력도 부족해졌지만 문명과 무력이 모두 부족한 이집트 · 인도 · 월남 · 조선 등과는 달리 여전히 세계에서 가장 팽창력을 지닌 인종으로 보는 관점[19] 역시 중국이 한국과 다른 점을 설명하는 근거가 되었다.

사회진화론적 국제 경쟁에서는 국민의 힘과 국민 경쟁을 자강의 출발점으로 인식하였기 때문에[20] 국민성이 국가의 운명과 직결되어 있다는 점을 강조하고 국민성을 망국의 주요 원인으로 비판하는 내재적 원인론으로 귀결될 수밖에 없었던 것이다. 중국 민족의 기본 성격으로 방관(傍觀)의 유형을 설명하고 방관의 대가는 망국의 참담함과 종족 멸망의 참담함뿐이라고 호소한다든지[21] 적약(積弱) 즉 중국 약화 원인의 역사적 분석이라는 관점에서,[22] 국민이

---

17) 「論中國之將强」, 『飮氷室文集(合集)』 卷12, 1899, 11~17면.
18) 哀時客, 「論中國人種之將來」, 『淸議報』 19, 1899.
19) 「論中國國民之品格」, 『新民叢報』 27, 1903.
20) 「論近世國民競爭之大勢及中國前途」, 『淸議報』 30, 1899; 哀時客, 「國民十大元氣論(一名 文明之精神)」, 『淸議報』 33, 1899.
21) 「呵傍觀者文」, 『淸議報』 36, 1900. 양계초는 방관의 유형을 혼돈파, 爲我派, 탄식파, 냉소파, 포기파, 待時派 여섯 유형으로 나누고 一家와 국가의 흥망성쇠는 방관자의 有無大小로 분별되는 것이니 방관자가 없으면 나라가 적어도 반드시 흥할 것이고 방관자가 많으면 나라가 커도 반드시 망할 것이라고 경고하였다.
22) 청일전쟁 이후 중국의 패배를 일과성 현상으로 보지 않고 쇠약의 역사적, 구

국가와 국민, 조정에 대한 바른 인식을 갖고 노예성, 우매함, 극단적 이기주의, 거짓 선호, 나약함, 부동(不動)이라는 잘못된 속성을 고치도록 촉구하였다.[23]

과도시대 중국의 중흥을 위해서는 군인의 기백과 정치가의 혼을 지닌 강력한 지도자의 존재를 언급하기도 하였다. 그는 과도시대의 중국을 처음 해안선을 떠나 망망대해로 나선 배에 비유하여 중간쯤 떠돌며 어느 해안에도 닿지 못하는 상태로 표현하였다.[24] 아직 새로운 방법으로 낡은 방법을 대신하지 못하는 상태에서 강력한 지도자의 필요를 언급한 부분은 소위 개명전제(開明專制)로 가는 복선일 수도 있겠으나 그러나 당시 양계초 논설에서 보다 강조된 측면은 계몽 의도를 충실히 반영한 국민성 개조에 대한 촉구였다.

2) 망국(亡國)의 경과－보호국(保護國)에서 합병(合倂)으로

일본이 한국을 보호국화하는 과정은 청일전쟁 이후 청이 퇴각한 한국에서 러시아와 각축전을 벌이다가 러일전쟁 승리 이후 을사조약으로 한국을 독점적으로 장악하게 되는 일련의 외교 과정

조적인 원인을 탐색하는 분위기가 고조되었다. "積弱"이라는 용어의 유행도 그 일환으로 나타났다. 이러한 모색 과정은 정치체제에 대해 비판적인 사람들을 증가시켰고 청일전쟁 이전에는 무명이었던 條約港 知識人(양무운동기 서양지식을 갖춘 새로운 지식인) 鄭觀應의 저작이 전쟁 후에 베스트셀러로 부상한 것도 이러한 분위기를 반영한 것이었다(佐藤愼一, 『近代中國の知識人と文明』, 東京大學出版會, 1996, 315~316면).

23) 「中國積弱溯源論」, 『淸議報』 77~84, 1901.
24) 「過渡時代論」, 『淸議報』 83, 1901.

으로 요약된다. 해당 시기에 당시 한국의 상황을 비교적 상세히
체계적으로 정리한 논설은 역시 당시 한국에도 유입되어 많은 반
향을 일으켰던 「조선망국사략」25)이었다.

조선망국사의 시기 구분은 제1기 중국과 일본의 조선,26) 제2기
일본과 러시아의 조선,27) 제3기 일본의 조선으로 나누어지며 제3
기는 을사조약을 전후하여 다시 예비시대28)와 실행시대29)로 나누

---

25) 中國之新民, 「朝鮮亡國史略」, 『新民叢報』第3年 第5·6號(제53·54호),
1904.9.24.
26) 제1기 중국과 일본의 조선에서는, 이제 중국은 조선을 보호하는 자격을 상실
하고 남에게 의탁하게 되었으니 광서 11년 중국과 일본의 천진조약에서 비롯하
였다고 서술하였다. 갑오전쟁은 조선에 대한 청과 일본의 입장 대립의 문제였다
고 보았다. 즉 청은 조선을 藩屬으로 유지하려 하였고 일본은 自主라는 명분으
로 청으로부터 조선을 분리시키려 하였던 것이다. 전쟁이 시작된 후 한국 주재
일본공사와 조선 외부 대신은 소위 일한조약을 체결하여 조선독립의 유지와 일
본과 조선의 이익을 위하며 조선 내 있는 청국 군대를 국경 밖으로 축출한다고
규정하여 중국과 조선의 관계를 단절하였다. 馬關條約에서 "중국은 조선의 완
전무결한 독립자주국임을 확인한다. 모든 전례는 그 독립자주의 사실을 손상시
킨 것이니 전부 폐지한다"고 하였고 조선왕은 종묘에서 행한 서약에서 "청국에
의지하는 사상을 단절하고 확실하게 자주독립의 기초를 세운다"고 선포하였다.
중국과 일본의 평화조약이 결정된 후 중국은 徐壽朋을 조선공사로 주재하게 하
면서 평등한 지위를 인정하였으며 한국왕은 황제로 즉위하였다.
27) 제2기 일본과 러시아의 조선에서는, 중국과 일본의 강화 이후 漢城은 일본과
러시아 외교 경쟁의 초점이 되었다고 설명하였다. 한국 조정에는 친러파와 친일
파가 생겨났는데 친일파는 대원군을 옹립했고 친청 세력은 민비파를 제거하였
다. 친러파는 한국황제와 세자를 러시아 공관에 유폐하였다. 1896년 주한 일본
공사와 러시아공사 사이에 日俄協商條約이 성립되었다. 이 조약으로 인하여 일
본과 러시아 양국이 조선에서 갖게 된 지위는 마치 천진조약시대 중국과 일본
양국이 조선에서 갖는 지위와 흡사하게 되었다고 보았다. 러시아인이 한국 정부
에 더욱 접근하였고 군대교관과 정치고문을 채용하는 방안을 통하여 한국 전체
의 주도권이 거의 러시아로 넘어갔다. 이에 일본과 러시아 간의 관계가 거의 결
렬되어 1898년 일본 외무부와 러시아 대사는 2차 협상을 진행하였는데 이 조약
이후 조선에서 러시아 세력은 제약을 받게 되고 일본 세력이 확장됨으로써 제3
기로 넘어가게 되었다.

어진다. 제1기와 제2기의 경계선은 청일전쟁이며, 제2기와 제3기의 경계선은 러일전쟁이 된다. 그리고 이러한 외교적 경과 과정에서 부각되는 점은 한국 합병을 향한 일본의 치밀한 외교정책이었다.

이러한 망국 과정에 대한 시기 구분 인식은 한일합병 이후 발표된 「일본병탄조선기(日本倂呑朝鮮記)」에서 보다 발전적 형태로 이어졌다. 또한 이 논설의 말미에는 일본의 진보당 인사가 한국의 장래에 관한 일본의 여론을 종합한 견해를 제시하였다. 그 내용은 한국 황제의 조선독립유지론, 일한대제국론(오스트리아-헝가리 사례), 고문정치론, 보호국론, 한국영구중립론, 총독정치론, 정치 포기 산업획득론, 한국황제양위론, 망명객이용론 등 9개 논의였으며 그 중 현재는 보호국론을 취하고 있다고 전하였다.

제3기 일본의 조선 실행시대에 관해서 보다 구체적 서술은 「일본의 조선」에서 확인할 수 있다.[30] 일신회(日新會) 회원의 시위와

---

28) 예비시대에서는 일본이 조선침략을 도모한 지 이미 수십 년이 되었다고 서술하고 그 정책에 대하여 첫째, 조선을 중국으로부터 분리하고자 하였으니 그 책략의 원천은 천진조약에 있었고 그 결과가 중일전쟁이었다고 보았다. 둘째는 조선을 일본과 합병하는 것이었는데, 그 책략의 원천은 日英동맹이며 그 결과는 일본과 러시아의 전쟁이었다고 설명하였다. 이렇게 살펴볼 때 일본인의 외교적 책략이 원대하고 민첩한 데 대하여 탄복하게 된다는 논평을 덧붙이고 있다.

29) 실행시대에서는 일러전쟁 이후 몇 개월 동안 일본이 조선에 대하여 군사 이외에는 특별한 거동이 없었기에 한국인이 안심하였으나 일본 長森藤吉의 황무지개간안이 발표되면서 전국적 동요가 일어났다고 설명하였다. 배일운동이 전개되고 이에 질서회복을 명분으로 정치적 전제가 시작되었다. 회당의 수령을 체포하고, 집회의 자유를 금지하고, 출판의 자유가 속박되었다. 일본주한공사가 한국 내정개혁안을 한국 황제에게 제출함으로써 재정권·군사권·외교권 모두 일본이 장악하게 되어 일본인의 조선으로 전락하였다. 양계초는 특히 재정과 화폐제도를 아우르는 내정개혁안에 대하여 국가행정기관에서 가장 중요한 것이 재정권·군사권·외교권 이 세 가지인데 이를 모두 잃으면 국가가 더 이상 국가가 아니라고 논평하였다.

진압 과정에서 일본 보병 1인이 부상당하는 상황이 발생하였고 이 일을 빌미로 일본공사는 한국 정부와 엄중한 담판을 전개하여 결국 한국의 경찰권을 일본이 완전히 장악하게 되었다는 것이다. 양계초는 단지 한 명의 보병이 경미한 부상을 입었을 뿐인데도 이렇게 경천동지할 거동을 아무렇지도 않게 행하는 것을 보면 강권의 진상을 확실히 알 수 있다고 비난하였다. 또한 경찰권 하나만 놓고 판단해도 이미 한국의 망국은 충분히 진행된 것으로 본다고 단언하였다.

「조선망국사략」에 이어 러일전쟁 이후의 상황을 비교적 상세히 서술한 「조선의 망국」[31]에서는 일본과 러시아 간의 쟁탈전과 러일전쟁 후 일본의 본격적 조선 진출 과정을 설명하였다. 일본 주한공사와 한국 외무 대신 사이에 체결된 일한의정서(日韓議定書)는 일본 외교에서도 획기적인 사안으로서 이 의정서만으로도 한국은 이미 일본의 보호국임을 승인한 일종의 보호조약이었다고 보았다.[32] 그 뒤를 이었던 이등박문(伊藤博文)의 한국 파견은 비공식적이었으나 치밀한 외교전략의 일환이었다는 점을 강조하였다.[33]

---

30) 飮氷, 「日本之朝鮮」, 『新民叢報』 第3年 第12號(제60호), 1905.1.6.
31) 飮氷, 「過去一年間世界大事記—第六 朝鮮之亡國」, 『新民叢報』 第4年 第6號(제74호), 1906.2.8.
32) 주요 내용으로는, 첫째 한국의 시정개혁은 일본의 충고가 없이는 허용될 수 없다, 둘째 일본이 한국에서 군사상 정치상 필요한 조치를 취할 수 있도록 편의를 제공하는 것은 한국 정부의 의무이다, 셋째 한국은 자치권의 일부를 포기하고 중요 국무에 관한 간섭권을 일본 정부에 양도한다는 조항 등을 들 수 있다.
33) 伊藤博文은 국가기관이 아니라 자연인의 자격으로 천황의 사명을 받고 부임한 것으로 처신하였다는 것이다. 즉 일본과 한국 두 나라의 교섭이 아니라 일본 황실과 한국 황실 간의 교제를 위하여 파견되었다는 점을 강조하고 한국 황제를 처음 알현하는 자리에서도 내정이나 외교에 관련된 언사는 단 한 마디도 비

양계초의 망국사학(亡國史學)의 특징의 하나는 시기 구분을 통하여 망국에 대한 인식을 체계화하는 것이고 「일본병탄조선기」에 가서는 조선의 망국 과정을 상세히 묘사, 서술하는 단계에서 한 걸음 더 나아가 4개의 시기로 구분하여 망국사 연구의 심화된 인식 체계를 제시하였다.[34] 서술 대상 시기로 볼 때 「일본병탄조선기」의 전기(前記)는 「조선망국사략」에, 본기(本記)는 「조선의 망국」에 대응되는 것으로 파악할 수 있다.

한국의 입장에서 구분하면, 제1시기는 중국에 종속된 시기, 제2시기는 독립을 주장한 시기, 제3시기는 일본에 종속된 시기, 그리고 제4시기는 일본에 합병된 시기가 된다. 그리고 그 과정을 다시 일본의 입장에서 구분하면, 제1기 일본과 중국의 조선쟁탈시대, 제2기 일본과 러시아의 조선쟁탈시대, 제3기 일본이 조선을 보호국화한 시대, 제4기 일본이 조선을 병탄한 시대로 설명될 수 있다. 이러한 체계화는 1904년 「조선망국사략」에서 처음 중국·일본·러시아의 관계에서 시기를 구분한 시도를 진일보시킨 것이기도 하였다. 가장 눈에 띄는 변화는 조선의 보호국화와 한일합병 과정이 예비 단계와 실행 단계라는 명목으로 '일본의 조선'이라는 하나의 시기에 통합되었던 「조선망국사략」 그리고 역시 러일전쟁 이후의 과정을 시기 구분 없이 서술했던 「조선의 망국」과 달리 독립적인 두 개의 시기로 자리매김하였다는 것이다. 이는 곧 한일합병이 명실상부하게 완료된 시점에서는 조선의 상황 변화를 보다 선명하게 부각시킬 필요가 있었던 데에서 기인하는 것으로 본다.

치지 않는 용의주도함을 보였다고 지적하였다.
34) 滄江, 「日本倂呑朝鮮記」, 『國風報』 第1年 第22號, 1910.9.14; 23號, 1910.9.24.

이러한 시기 구분은 망국의 조건으로서 외부적 요인에 대한 양계초 나름의 분석을 담고 있는 것이다. 망국의 전개 과정을 서술한 양계초의 글들이 서두에서 밝히고 있듯이 조선의 망국을 조망하는 시야는 강대국의 역할에 초점이 맞추어져 있었던 것이다. 이는 일본 망명 중인 양계초가 현실적으로 봉착해 있던 자료 습득의 한계일 수도 있으나 양계초가 보는 약소국과 강대국의 관계 특히 조선의 망국 과정에서 일본과 강대국의 역할에 주목하고 있었다는 반증이기도 하였다.

「일본병탄조선기」 본문의 서술은 크게 전기(前記)와 본기(本記)로 나뉘고, 다시 전기는 ① 중일쟁한기(中日爭韓記)35) · ② 일아쟁한기(日俄爭韓記),36) 본기는 ③ 일본역한기(日本役韓記)37) · ④ 일본병한기(日本併韓記)38)로 나뉘어진다.

---

35) 제1단계 中日爭韓記의 주요 이슈로는 조선과 中日 양국 관계, 日韓 交通 初期, 소위 征韓論, 강화도조약, 임오변란, 갑신정변, 천진조약, 갑오전쟁, 일본의 조선 내정 간섭 시작, 마관조약 등을 제시하였다. 漢代 郡縣을 예로 들어 조선은 중국에 속한 영역이었고 고려 때 일본과의 관계가 단절되었다가 明治천황 즉위 이후 조선과 외교 교섭 노력으로 재개되었다. 이것이 이후 조선을 일본의 세력 범위하에 두려는 일본의 40년 정책이 시작되었다는 것이다.

36) 제2단계 日俄爭韓記의 주요 이슈로는 갑신정변 이후 본격화한 러시아의 회유책과 영국의 저지 노력, 민비 시해, 아관파천으로 대표되는 러시아 세력의 전성시대, 일러전쟁, 조선과 러시아 간의 외교 단절 등을 제시하고 이로써 제2기 일본의 대조선정책이 완료되었다고 보았다.

37) 제3단계 日本役韓記의 주요 이슈로는 황실전권대사로 파견된 伊藤博文으로 대변되는 일본의 회유책, 일본이 추천하는 軍部 · 財政 · 外事 · 農工商部 · 警務顧問 등에 의해 수행된 고문정치, 합병의 주역 一進會 설립, 統監府 건립, 헤이그 밀사사건과 한국 황제의 양위, 伊藤博文 피살 등을 제시하였다.

38) 제4단계 日本併韓記의 주요 이슈로는 한국인이 일등 국민이 되기 위해서 일본과의 합방을 청원한 一進會 선언, 합병을 둘러싼 일본 여론, 통감 경질, 일한 합병조약, 합병 전후의 여러 정황들을 제시하였다. 특히 마지막 부분에서 합병에 대해 달관한 듯한 한국 황제와 신하들의 태도에 외국인들은 경악을 금치 못

「일본병탄조선기」는 「조선망국사략」을 두 가지 측면에서 발전, 심화시키는 양상을 보였다. 우선 두 배 가까운 분량으로 확충되면서 기왕에 다루어졌던 사안들이라도 보다 상세한 설명들이 제시되고 있다는 점이다. 그러나 그보다 더 주목할 사실은 「조선망국사략」에서 「일본병탄조선기」에 이르기까지 조선의 상황을 보는 관심의 폭이 변화한다는 점이다. 외교문건에 근거한 외교적 경과 과정에만 국한된 느낌을 주었던 「조선망국사략」의 뒤를 이은 「조선의 망국」에서는 전편에서 소략하게 다루었던 러일전쟁 이후 시기를 보다 상세하게 다루면서 조선 국내의 변화에 관한 서술이 포함되었다.

「조선망국사략」에서는 제3기 일본의 조선 중 실행시대에 해당하는 주요 이슈로 황무지개간정책인 장삼안(長森案), 그에 대한 한국인의 전국적 배일운동의 전개, 이를 빌미로 시작된 일본인의 전제정치, 조선의 재정·군사·외교에 관한 권리를 박탈하는 주한공사 임권조(林權助)의 내정개혁안 제출 등을 다루었다. 「조선의 망국」에서는 러일전쟁 후 일본 주한공사와 한국 외무 대신 사이에 체결된 일한의정서(日韓議定書)에 대해 상세한 서술이 보완되었고 일본 황실의 개인적 특사로 한국에 파견된 이등박문(伊藤博文)의 활동을 강조하는 한편 내정개혁안의 내용 설명도 보완되었다. 그리고 "고문정치(顧問政治)"의 전개와 일본 육군대장이 주한 군총사령관으로 파견되면서 시작된 군정(軍政)의 시행에 관한 서술이 새로 추가되었다.

이러한 변화는 「일본병탄조선기」에 이르러 전 시기에 걸쳐 주

했다는 소개와 아울러 일본의 조선에 대한 계획은 수십 년 간 일관해서 일사분란하게 전개되었다는 설명을 반복하였다.

요 정치적 사건 등 조선 국내 정황에 대한 설명을 보완함으로써 제한적이나마 관심의 폭을 넓히고 있음을 보여주고 있다. 굳이 제한적이라는 지적을 하는 이유는 서술방향이 단순한 사실 소개에 불과하고 조선의 주체적 대응보다는 주로 강대국의 영향력 행사를 부각시키는 경향을 강하게 나타내고 있는 측면을 간과할 수 없기 때문이다.

예를 들어 제3단계 일본역한기(日本役韓記)에서는 이등박문(伊藤博文)의 파견에 대해 일본의 "회유책"이었다는 해석을 덧붙이고 있고, 고문정치(顧問政治)의 전개에 관해서도 상세한 세부 내용을 덧붙이면서 이 개념은 자신이 만들어내었다고 밝히고 있다. 그리고 통감부(統監府) 건립, 헤이그 밀사사건과 한국 황제의 양위 등 조선 국내의 변화 과정에 대한 서술이 새로 추가되었고 이등박문 피살 사건도 새로 언급하면서 이등박문과 안중근에 대한 소개와 논평을 곁들이고 있다. 제4단계 일본병한기(日本併韓記)에서는 조선 망국의 주역으로 지목하였던 일진회(一進會) 건립선언의 내용을 보완하고, 일한합병조약(日韓合倂條約)과 합병(合倂)을 전후한 국내외 사정들이 새로 추가되었음을 확인할 수 있다.

3) 망국의 요소-망국의 원인 분석

한일합병이 기정사실화된 상황에서 양계초는 조선 망국의 원인을 본격적으로 분석하였고 일본이 한국을 망하게 한 것이 아니라 한국이, 한국 황제가, 한국 국민이 한국을 망하게 하였다는 그의 논지는 보호국화 과정과 한일합병 과정을 거치면서 「오호 한국!
오호 한국황제! 오호 한국국민!」,[39] 「조선 멸망의 원인」,[40] 「조선
귀족의 장래」[41] 등의 논설을 통해 발표되었다. 양계초가 망국의
원인으로 지목한 대상들에 대한 평가를 황제, 양반(귀족, 관리), 국민
성, 자강개혁 시도로 정리하여 살펴보기로 한다.

(1) 황제에 대한 비판

권력 체계의 정점에 위치한 황제에 대한 비판은 약간의 기지(機
智)가 있고 전제를 좋아하지만 정견(定見)이 없었다는 황제 개인 자
질에 대한 평가[42]에서부터 국왕과 조정을 포함하는 궁정(宮廷)이
조선 멸망의 최대 원인이라는 전제정치의 구조적 문제[43]까지 비
교적 다양한 스펙트럼을 보여주고 있었다. 즉 입헌군주제의 군주
는 정치적 책임이 없어 악행을 행할 수 없지만 전제국가(專制國家)
는 국가의 운명이 전적으로 왕과 조정에 연계되어 있고 한국의 경
우 고종의 실정이 한국 정치의 혼란을 가중시켜 망국에 이르게 되
었다고 보았다. '대원군의 섭정, 무리한 경복궁 중건, 천주교 박해
로 인한 국제 갈등, 민비의 정치 참여' 등도 국정을 혼란시킨 주요
요인이었고 그 결과 황실은 정권다툼의 소용돌이에 들어가 조정
대신들이 모두 당쟁에 휘말리게 되었다고 보았다. 그리고 이러한
황실의 모습은 "중국의 모든 망국(亡國) 군주들의 악덕(惡德)을 모두

---

39) 憲民(梁啓超), 「嗚呼韓國嗚呼韓皇嗚呼韓民」, 『政論』 第1號, 1907.10.7.
40) 滄江, 「朝鮮滅亡之原因」, 『國風報』 第1年 第22號, 1910.9.14.
41) 滄江, 「將來百論―朝鮮貴族之將來」, 『國風報』 第2年 第6號, 1911.3.1.
42) 憲民(梁啓超), 「嗚呼韓國嗚呼韓皇嗚呼韓民」, 『政論』 第1號, 1907.10.7, 73면.
43) 滄江, 「朝鮮滅亡之原因」, 『國風報』 第1年 第22號, 1910.9.14, 6면.

갖춘 것"이라고 비판하였다.

전제정치체제에서 무능한 지배자로서의 황제는 망국에 대한 1차적 책임을 져야 할 대상이라는 점에는 이견이 없을 것이다. 그러나 양계초의 한국 황제 비판은 개인의 자질 부분에 집중된 경향이 있고[44] 청일전쟁 이후 청의 속국을 벗어나 황제 칭호를 함부로 도용하였다는 표현을 사용한 데서도[45] 중화제국 질서로부터의 이탈을 염두에 둔 평가일 가능성도 배제하기 어렵다. 바로 이러한 점이 양계초로부터 사대부적 보수주의, 중화주의를 지적하게 하는 근거가 되고 있기도 하다.[46]

또한 서술 과정에서 중국과 한국을 비교하는 부분을 삽입하여 중국 독자들의 이해를 돕고자 하였으나 그 비교 방식은 동시대 양국의 상황 비교가 아니라는 점에 주목할 필요가 있다. 고종의 실정(失政)이 역대 중국 망국 군주들의 악덕을 모두 갖추고 있다고 한 서술에서도 확인할 수 있는 바와 같이 중국의 과거 역사에서 이미 망국의 대표적 사례로 공인된 경우를 대비시키는 경우가 많아 양국의 실질적 현실 지침이 되기보다는 상투적 교훈 내지 일방적 평가 질하로 흐를 가능성도 안고 있었기 때문이다.

이러한 황제 비판은 그러나 전제정치 전체에 대한 부징적 인식

---

44) 한국 황제는 두려움이 많아 스스로 일을 도모하지 못하고 의심이 많고 결단성이 부족하여 참언듣기를 좋아하고 사리판단에 어둡다. 궁녀나 총애하고 악인을 가까이 하며 잔꾀를 자주 부리며 계획은 치졸하다. 타인에게 의지하고 자립하지 못하며 허식을 좋아하고 내실을 채우는데 힘쓰지 않는다(滄江, 「朝鮮滅亡之原因」, 『國風報』第1年 第22號, 1910.9.14, 9면).
45) 滄江, 「日本倂呑朝鮮記」, 『國風報』第1年 第22號, 1910.9.14, 50면.
46) 김병민, 앞의 글; 양귀숙, 앞의 논문 등 참조.

을 의미하는 것은 아니었다. 1906년 발표한 「개명전제론」에서 양계초는 중국의 당시 상황에서는 공화국 입헌제나 입헌군주제를 모두 시행할 준비가 되어 있지 않으며 개명전제(開明專制)가 가장 이상적 체제임을 주장하였다. 즉 생존이 지상과제인 상황에서 약소국은 강력한 중앙정부의 필요가 가장 우선시될 수밖에 없었고 그러한 의미에서 군주나 강력한 정치가에 의한 개명전제(開明專制)는 선택 가능한 범위 내에서는 최선이었던 것으로 본다.[47]

이러한 개명전제론의 제기에는 20세기 초에 등장하는 전제 개념의 다양화 움직임이 중요한 배경을 이루고 있는 것으로 보인다. 전제라는 용어는 20세기에 들어와 다른 용어들과 결합되면서 새로운 정치 개념들을 증식시켰던 것이다.[48] 전제에 대해서는 긍정적 평가와 부정적 평가가 교차하였는데 예를 들어 개명전제에 대해서는 긍정적인 입장에서, 중국이 필요로 하는 혁신적 정책을 긴급하게 실행해야 하고 강력한 정치지도가 불가피하다고 확신하는

---

47) 「開明專制論」, 『新民叢報』 73~75・77, 1906.1.25~3.25. 양계초는 개명전제론의 서두에 이 구상은 『民報』의 주요 필진이기도 하였던 혁명파 陳天華의 유서 「중국을 구하려면 반드시 개명전제를 채택해야 한다」의 영향을 받았으며 최근 몇 년 동안 마음속에 담아온 의견이기도 하다고 설명하였다. 당시 중국 지식인들에게는 혁명파, 입헌파를 막론하고 강대국 건설의 효율성을 위한 開明專制에 대해서는 긍정적 입장을 가지고 있었던 듯 하다. 개명전제의 이해를 돕기 위항 양계초가 제시한 사례로는 프러시아의 비스마르크 프리드리히 1세 2세, 프랑스의 나폴레옹 1세, 오스트리아의 마리아 여제, 러시아의 피터 대제, 영국의 크롬웰 등 강력한 근대국가를 만든 지도자들이 있다.

48) 『民報』에 나타난 다양한 전제 개념들을 보면, 君主專制, 君權專制, 帝王專制, 暴君專制, 民主專制, 民權專制, 開明專制, 議院專制, 議會專制, 滿洲專制, 異族專制, 貴族專制, 地主專制, 紳士專制, 寺院專制, 進化的 專制, 階級專制 등이 있다. 전제를 포함하는 복합 개념은 두 개의 논쟁적 의미를 함축하고 있다(佐藤愼一, 『近代中國の知識人と文明』, 東京大學出版會, 1996, 310면).

경우에는 개명전제의 필요성을 제기하였다.

(2) 양반·관리·귀족에 대한 비판

한국의 일반 국민들에게 양반은 호랑이로 표현되듯 두려움의 대상이었다. 그러나 관리는 최상의 영광과 행복을 누리고 조정에 봉사할 때는 오로지 사적인 붕당(朋黨)을 만들어 서로 이끌어주고 배척하는 데에만 골몰하고 있는 것으로 묘사되었다. 지배층은 오로지 개인만 알 뿐 국가가 있음을 알지 못한다고 보았던 것이다.[49]

양계초에 의하면 바로 이러한 지배층이 망국의 사회를 조성하였다는 것이다. 조선의 귀족 즉 소위 양반(兩班)들은 정치적·사회적·경제적 세력을 독점하였다. 양반이 아니면 관직에 나갈 수 없고 학업에도 종사할 수 없고 사유재산을 확고히 소유할 수도 없었다. 바꾸어 말하면 나라 안에서 자유의지와 독립인격을 가진 자는 오로지 양반뿐이었는데, 양반은 만악(万惡)의 집약체로서 오로지 관직을 유일한 직업으로 삼을 뿐이었다. 그래서 다른 나라는 관직을 개설하여 국가를 다스리지만 조선의 관직 개설은 직업 없는 사람들을 양성하는 것과 마찬가지였다. 인민은 마치 짐승처럼 생명과 재산에 대해 법률적으로 아무런 보장도 받지 못하고 국고로 늘어가야 할 세금도 관리들이 포탈하였다. 그러므로 관리는 조선에서 가장 이익이 많이 남는 영업이고, 관리는 조선에서 가장 다수의 붕당(朋黨)을 이루어 쉽게 음모를 획책할 수 있었다. 그 결과 당쟁이 전개되었고 소위 당파란 공동의 목적을 가진 것이 아니라 당을 빙

---

49) 憲民(梁啓超), 「嗚呼韓國嗚呼韓皇嗚呼韓民」, 『政論』 第1號, 1907.10.7, 73면.

자하여 사적인 이득을 도모할 뿐이었다. 그러므로 한국에서 정권 쟁탈이 극렬하게 전개되는 양상은 각 입헌국가 국회의 정치단체들과는 거리가 먼 것으로 파악해야 한다고 평가하였다.[50]

양계초에 의하면, 조선의 양반은 전 사회의 생활 자료를 독점한 지 이미 수백 년이 지났고 조선 귀족은 스스로 사지오관(四肢五官)을 쓰지 못한 지 오래되었다. 타인의 수족과 이목을 빌려야만 겨우 보고 듣고 언동할 수 있을 뿐이다. 이들은 이치상 마땅히 자연 도태되었어야 했는데 이제 다시 인위적으로 도태되어 하찮게 되었다. 이들에게 연민의 정을 느낄 수 없는 것은 나라를 팔아 이익을 얻고도 아직 뉘우치지 못한 까닭이라고 설명할 수 있다고 보았다. 그리고 나아가 응당 자연도태의 업보를 받을 자가 어찌 조선 귀족이겠는가라고 반문하고 중국의 가장 고귀한 자로서 직업 없이 놀고 먹는 계급도 이렇게 볼 수 있을 것이라고 비교하였다.[51]

「일본조선병탄기」는 망국의 원인 분석보다는 객관적 전개 과정 서술에 중점을 둔 논설이었으나 역시 부분적 언급을 통해 망국의 원인이 한국과 한국인에게 있음을 설명하고 있다. 예를 들면, "이번 합병에서 교환이라는 것은 단지 명분일 뿐이다. 실제로는 미묘하게 합병을 한 것인데 어찌 조선이 망하지 않았다고 할 수 있겠는가? 비록 오늘 망하지 않았다고 해도 오늘의 일을 듣는 이라면 흐느껴 울지 않을 수 없을 것이다." 이러한 참담한 상황임에도 한국 군신(君臣)들의 태도는 전혀 사태의 심각성을 깨닫지 못한 듯 하다는 것이다. 소개에 따르면, 합병조약은 25일에 공포하기로 결정

---

50) 滄江, 「朝鮮滅亡之原因」, 『國風報』 第1年 第22號, 1910.9.14, 9~10면.
51) 滄江, 「將來百論－朝鮮貴族之將來」, 『國風報』 第2年 第6號, 1911.3.1, 35면.

하였으나 한국 정부는 갑자기 그 달 28일은 한국 황제 즉위 만 4주
년이 되므로 기념축하연 후에 발표할 것을 요청하였다. 일본은 그
것을 허락했고 이날 대연회를 연 군신들은 평시처럼 평화로웠고
일본 통감 역시 외국 사신의 예를 갖추어 거기에서 예의를 갖추어
춤을 추었다. 세계 각국에서 온 무릇 혈기 있는 이들은 한국 군신
(君臣)들의 달관한 듯한 태도에 놀라지 않는 이가 없었다고 하였다.

　이러한 한국 지배층의 태도뿐 아니라 친일파 일진회(一進會) 역시
망국의 주역이라고 지적하였다. "한국을 멸한 자 일본이다. 일본을
도와 한국을 멸한 자 한국의 일진회(一進會)이다. …… 일본은 결국
한국을 멸할 수 있었으나 일진회가 있어서 일본은 더욱 손쉽게 한
국을 멸망시켰다. 그러므로 일진회의 성립은 한국을 망하게 한 일
대 사건이라 아니 할 수 없다. …… 일본은 합방의 공을 이등박문(伊
藤博文) 이상으로 송병준(宋秉畯), 이용구(李容九)에게 포상해야 할 것
이다."[52]

　망국에 대한 진지한 인식 없이 미래를 낙관하며 자신들의 부귀,
안락만 추구하는 양반층은 황제와 더불어 망국의 주역으로 비판
의 대상이 되고 있다. 나라가 망해도 크게 개의치 않고 삶을 계속
영위하는 생존 방식은 양계초의 중국 민족성 분석에서 강조하고
있는 노예 근성과 일맥상통한다고 본다. 즉 주인의식이 없으면 주
인의 바뀌어도 바뀐 주인에게 의탁하여 삶을 유지하고자 한다는
것인데 소위 한국사회의 주인 역할을 행사하였던 조선의 양반층
이 일본 지배에 대한 경각심 없이 새로운 체제에서도 안락한 삶을

---

52) 滄江, 「日本併吞朝鮮記(續)」, 『國風報』 第1年 第23號, 1910.9.24, 40면.

구하려 한다는 점에서 더욱 비판의 대상이 되었다고 본다. 관련 논설에서 비록 상세한 언급은 나오지 않지만 중국의 향신층(鄕紳層)으로 추정되는 귀족층(貴族層)과의 유사성에 대한 지적은 당시 한국과 중국사회에서 일반 국민과 귀족 및 지배층 관계의 공통점을 유추해볼 수 있는 단서를 제공하고 있다.

(3) 국민성에 대한 분석

양계초의 중국 상황 분석에서는 구국을 위한 방안으로 국민성 분석과 개조에 많은 심혈을 기울였다. 의외로 조선의 망국과 관련해서는 황제와 양반층 관리에 대한 원인 분석에 강조점을 두고 한국의 국민성과의 관련성에 대한 언급은 비교적 소략하다.

보호국 단계에서는 「오호 한국 오호 한황 오호 한민」[53]에서, 일반적으로 국사에 관심이 없고 정치운동이라는 것이 위에서 은혜를 베풀어주기만을 희망하고 권세와 이익을 쫓을 뿐이라고 하였다. 같은 맥락에서 외국인의 세력을 보고 숭배하고 국가의 자주 독립에 대한 인식이 부족한 한국인은 한국 황제와 더불어 중국의 스승이라고 공자의 교훈에 비유하였다.[54]

한일합병 단계의 분석은 「일본병탄조선기」와 「조선 멸망의 원인」에서 찾아볼 수 있다. 「일본병탄조선기」에서는 청일전쟁 직후의 상황을 소개하면서 한인(韓人)은 자립하지 못하고 남에게 의지

---

53) 憲民(梁啓超), 「嗚呼韓國嗚呼韓皇嗚呼韓民」, 『政論』第1號, 1907.10.7.
54) 「嗚呼韓國嗚呼韓皇嗚呼韓民」의 말미에는 세 사람이 길을 가면 반드시 그 안에 스승이 있게 마련이라는 공자의 교훈을 인용하면서 한국 황제와 한국민 역시 중국의 스승이라 할 수 있다고 서술하고 있다.

하는 천성을 가지고 있고, 한인 중에서 소위 유신파는 경쟁적으로
일본군을 받아들였다고 서술하였다.[55] 대외의존적 속성을 비판하
는 데에서 시작한 논의는 다음 「조선 멸망의 원인」에서 더 근본적
인 속성을 논하는 내용으로 확대된다.

그러나 전 세계에서 개인주의가 가장 발달한 나라는 조선이 으
뜸이라고 규정하였다. 조선인은 이야기하기를 좋아하고 두 세 사
람만 만나면 종일 끊임없이 이야기하는데, 조선인의 성격을 좀 아
는 어떤 이는 그들이 말하는 것 중에 진심에서 나온 것은 하나도
없다고 한다는 것이다. 또한 조선인은 화를 잘 내고 일을 만들기
를 좋아하고 장래에 대한 관념이 매우 박약하다고 보았다. 관리들
도 마찬가지여서 오늘 관리가 되어 권세가 있으면 내일은 나라가
망한다 해도 아무런 대책이 없다고 하였다. 그러므로 일본이 통감
을 설치한 이후에 다른 사람들이 모두 조선의 운명이 경각에 달려
있음을 아는데 정작 조선인들은 아는지 모르는지 판단하기 어렵
다는 것이다. 이번 합병조약 발표를 둘러싸고 주변국 사람들은 그
들을 위해 눈물을 참지 못하는데 조선인들은 흥겨워하며 고위관
리들은 날마다 새로운 시대의 영광스러운 지위를 얻고자 분주하
고 기뻐하기만 하였다고 보았다.[56]

또한 황실 갈등의 중심으로 지목한 대원군에 대한 논평은 그가
조선 민족성의 대표라는 언급에서 부정적 한국 인식의 일면을 확
인시켜 주고 있기도 하였다. 묘사에 의하면, 대원군 이하응은 조선
왕 생부로 왕이 어린 까닭에 왕을 대신해 섭정을 하였다. 그 사람

---

55) 滄江, 「日本倂呑朝鮮記」, 『國風報』 第1年 第22號, 1910.9.14, 49면.
56) 滄江, 「朝鮮滅亡之原因」, 『國風報』 第1年 第22號, 1910.9.14, 11~12면.

됨은 술책에 능하고 대체(大體)를 알지 못하고 일 만들기를 좋아하고 일정한 계획이 없다고 하였다. 그리고 나아가 성품이 잔혹하고 교만하며, 마음이 유약하고 시기가 많은 것은 실로 조선민족성질의 대표이고 망국의 난을 초래한 장본인이라는 비판으로 연결하였다.[57]

이러한 성향은 앞서 언급한 양계초의 중국 국민성 분석과도 공유되는 측면이 없지 않다. 즉 노예성, 우매함, 극단적 이기주의, 나약함, 그리고 당장 망국의 상황이 닥쳐와도 부동(不動)한다는 것은 한국 국민성을 묘사한 개인주의, 미래 관념의 박약과 일맥상통하는 것으로 보이기 때문이다. 그러나 지배층 분석과는 달리 국민성 비교에서는 중국의 경우와 직접 대비시키는 서술을 찾기가 힘들다.

그리고 결론적으로 조선사회는 음험하고 수치심이 없는 자가 항상 우세하며 정결하고 스스로를 아끼는 자는 언제나 열세에 놓여 있다고 단정하였다. 그리고 이러한 성격이 형성된 것은 반드시 천성에서 비롯한 것이 아니라 사회현상의 압박으로 그렇게 된 것이라고 함으로써 태생적인 기질이라기보다는 후천적 사회화의 결과물인 것으로 파악하였다.

이미 망국이 확정된 시점이었다는 점이 작용했겠지만 지배층과 국민성 등에서 전반적으로 한국을 부정적으로 평가하는 상황에서 한 가지 예외는 이등박문(伊藤博文)을 저격한 안중근에 대한 찬사였다. 「조선 멸망의 원인」에서 한국의 민족성을 부정적으로 언급하면서도, 무릇 조선 사람 일천만 중에 안중근 같은 이가 한 둘 이상

---

57) 滄江, 「日本併呑朝鮮記」, 『國風報』 第1年 第22號, 1910.9.14, 41면.

만 있었더라도 일률적으로 무시할 수 없었을 것이라고 한 대목은 안중근 개인에 대한 높은 평가를 확인시켜주는 사례라 할 수 있을 것이다.

한국민에 대한 부정적 판단은 망국의 책임을 궁극적으로 국민에게 돌리는 양계초의 국민관과 궤를 같이 하고 있는 것으로 보인다. 1911년에 발표된 「중국 전도의 희망과 국민책임」[58]이라는 논설에서 양계초는 국민성의 성숙과 국민성의 소멸 여부가 국가의 운명과 직결되어 있다고 보고 망국에 대한 책임을 국민에게 있다고 규정하고 있기 때문이다. 보호국 단계에서는 한국 국민이 정치개혁에 소극적이고 자주독립의 의지가 미약한 것에 대한 문제제기로서의 성격을 띤다면 합병 단계에서는 한국국민 본성의 문제까지 확대되면서 국민성 문제의 심각성을 환기시키는 한편 망국과의 연관성도 강화하는 결과로 이어졌던 것이다.

(4) 자강개혁 평가

양계초는 19세기 말에서 20세기 초의 한국의 상황을 정치·사회·외교적으로 비교적 상세히 파악하고 있었으므로 한국 조정의 개혁 노력에 대해서도 논평을 빠뜨리지 않았다.

우선 군사개혁에 대해서는, 조선은 40년 전 이미 군사훈련의 중요성을 알고 병제를 개혁하고 외국에서 교관을 초빙하여 교습하였다고 설명하였다. 그러나 곧 그 군향(軍餉)에서 모래가 섞여 나와 물의를 빚었고 그 훈련 역시 오래지 않아 붕괴되었다고 하였다.

---

58) 「中國前途之希望與國民責任」, 『國風報』 第2年 5, 7, 10期, 1911.

다음으로 정치개혁에 대해서는 갑오 이후 한국 황제는 군신들을 이끌고 홍범(洪範) 14조를 반포하였는데 그 조목은 중국 헌법강령을 보고 9년을 준비한 것으로 더 규모가 커지고 사고가 정돈되었다고 비교적 긍정적 평가를 내렸다. 그러나 문제는 반포한 후 임금과 신하는 기억하지 않고 실행도 하지 않았다는 점에 있었다고 지적하였다.

관제개혁의 경우 1부(府) 8아문(衙門)이란 명칭은 모두 일본을 모방한 것으로 일본 정부의 모든 기관은 하나도 빼놓지 않았다고 하였다. 그러나 당시 한국에 있었던 이의 전언을 인용하여 지적하기를, 한성에 커다랗게 부서들은 만들어졌으나 문패도 하나 없고 대신회의라고 탁자에 둘러앉았으나 분위기가 해이해져 쓸데없는 말들만 하고 정무에 근거한 말은 단 한 마디도 없었다고 하였다.

정부 주도의 소위 개혁들이 외국의 사례를 외양상으로만 도입하였을 뿐 실질적인 개혁으로 연결되지 못하여 유명무실하였다고 단정지었던 것이다. 따라서 한국의 자강 시도는 실효를 거둘 수 없는 한계를 안고 출범한 것이고 그래서 곧 성과 없이 좌절되었다는 것이다.

이러한 경향은 다른 분야에서도 큰 차이가 없어서 외국 고문을 초빙한 재정 분야 역시 획기적 변화를 만드는데 실패하였다고 본다. 일본이 러일전쟁 후 하전종태랑(賀田種太郞)을 조선 재정고문으로 파견하였는데, 그의 보고서에 따르면 한국재정난의 극심함은 이전에 본 적이 없을 정도여서 문란(紊亂)이라는 표현으로 부족할 정도라고 하였다. 아예 재정의 형태가 없다고 하니 가히 상상할 수 있다고 보고 그러니 조선이 수십 년 간 나라를 좀먹는 관리들이 어떤 돌파구를 만들어냈겠는가라고 탄식하였다. 양계초의 묘사에 의하면, 온갖 종류의 악세(惡稅)를 만들어, 법정 조세에 의거하지 않고 국민에게 징수하고 원하면 약탈할 뿐이었다. 직접약탈은 이미 더 이상 약탈할 수 없는 상황에 이르렀고 수년 전 이미 간접약탈의 길이 마련되었다. 조악한 사제 화폐(惡幣)가 주조되어 일본의 화폐법을 한국에 적용시킨 화폐개혁을 반포하였으나 주위폐(主位幣)는 아직 1매도 제조하지 않고 오로지 소위 오전(五錢) 동폐(銅幣)만 헤아릴 수 없이 제조하였다. 또한 경찰기관이 갖추어지지 않아 외국에서 화폐를 사적으로 주조하여 수입하는 자를 단속하지 못하여 이러한 악폐(惡幣)가 시장에 넘쳐났다고 한다.[59]

이렇듯 관(官)이 주도하는 개혁 노력이 모두 실효 없이 좌절되었다면 민간의 자발적 개혁 세력이 될 수 있었을 유학생집단은 어떠했을까. 양계초는 이들 유학생집단에 대해서도 역시 부정적 묘사로 일관하였다. 그에 따르면, 근 십여 년 이래 외국에 유학하여 학업을 마치고 돌아오는 자는 참으로 적지 않다. 그러나 모두 배운 것을 빌어 관리가 되기 위한 도구로 여겨서 관직을 구하고자 한다. 관직을 구하는 데 있어 권세가에 의지하여 출세를 하고 어떤 방법으로라도 서로 배척하는데 예전의 배운 바를 버리지 않으면 이런 방식을 배워낼 수 없는 것이다. 조선의 신지식인이라고 하는 자는 그 정신이 모두 이러한 곳에 빠져서 다른 곳을 돌아보지 못한다. 그러므로 해외유학생이 천 명에 이르는데도 오늘날 완전한 학교 하나 없고 책 한권 제대로 쓸 수 있는 이가 없으며 약간의

---

59) 滄江,「朝鮮滅亡之原因」,『國風報』第1年 第22號, 1910.9.14, 12~14면.

번역본 중에도 읽을 만한 것이 없다는 것이다.[60]

이렇듯 지배층과 국민성, 자강개혁 시도 모두 좌절된 상황임을 명시한 후 양계초는 조선을 망하게 한 것은 조선일 뿐 일본이 아니라고 다시 한번 강조하였다. 조선이 스스로 망국의 길에 접어들지 않았다면 일본이 조선을 망하게 할 만한 실력을 가지지는 못했다는 것이다. 그 사례로서 스위스나 네덜란드, 벨기에 등은 조선보다 좁고 인구도 적지만 유럽의 강대국들이 망하게 하지 못하였다고 설명하였다.

이상에서 살펴본 바와 같이 한일합병 이후 양계초의 한국 인식은 지배층과 국민성을 물론이고 자강노력에 이르기까지 모두 부정적 평가로 일관되었다. 다양한 측면이 있지만 특히 황제와 귀족층의 무능에 주목한 이유는 어떻게 설명할 수 있을까. 1906년 이후 보수화한 양계초의 정치성향이 지배층의 역할을 강조한 데서 비롯한 측면도 있고 대한제국으로 소위 중국으로부터 독립을 표방한 조선, 즉 중국의 속국에서 이탈하여 제국과 황제의 칭호를 사용한 조선에 대한 중화주의적 냉소일 수도 있다.

또 한편으로는 중국과 한국의 상황이 해당 시점에 이르면 공통점보다는 차이점이 더 발생하게 되는 것이 아닌가 하는 추정도 가능하다고 본다. 1907년 「세계 대세와 중국 전도」[61]에 의하면 세계는 경쟁의 객체[劣國]과 경쟁의 주체[優國]로 나뉘어지며, 이미 운명이 결정된 한국과 달리 중국은 다음 세 가지 가능성이 아직 유효한 상황이었던 것이다. 하나는 미국의 문호개방정책(먼로주의)이

---

60) 滄江, 「朝鮮滅亡之原因」, 『國風報』 第1年 第22號, 1910.9.14, 10~11면.
61) 「世界大勢及中國前途」, 『政論』 1, 1907.10.

320 근대계몽기 지식의 발견과 사유 지평의 확대

고, 또 하나는 각자의 세력 범위를 가지고 대치하는 상황 그리고 마지막으로 과분으로 인한 충돌이 불가피하여 협상의 결과 공동으로 이권을 취하는 형태가 그것이다. 이 시기에 이르면 중국 멸망의 방안으로 심각한 우려의 대상이었던 과분(瓜分) 문제는 이미 중국에 진출한 열강들간의 대충돌이 불가피하므로 열강들 스스로 기피할 것이라는 낙관적 전망이 대두하고 있었던 것으로 보이기 때문이다.

이러한 낙관적 전망이 가능해진 결과, 국민의 뜻과 의지가 국가의 운명을 결정한다는 국민적 책임[62]을 설명하기 위하여 망국(亡國)의 사례를 계몽의 방법으로 활용하지만 망국의 길에 접어든 국가들과의 차별성을 강조하고 새로운 중국 건설에 대한 희망을 제기하고자 했던 것은 아닐까 한다.

3. 맺음말

이상에서 살펴본 바와 같이 양계초가 본 대한제국기 한국의 이미지는 다분히 비관적이었다. 한국 역시 19세기에서 20세기로의 전환기에 자강을 위한 여러 노력을 전개했다는 사실을 언급하고

---

62)「中國前途之希望與國民責任」,『國風報』第2年 5, 7, 10期, 1911;「新中國建設問題」, 1911(『飮氷室文集』, 臺北 : 中華書局, 1983, 365~379면);「中國立國大方針」, 1912(飮氷室文集』28, 臺北 : 中華書局, 1983, 365~379면).

있으나 그 실효성에 대해서는 부정적 평가로 일관하였다.

한국 망국에 대한 평가는 일본의 침략정책이라는 외재적 요소보다는 한국 지배층의 무능과 부패, 국민성의 문제 등 내재적 원인론에 중점이 두어졌다.[63] 이러한 평가는 기본적으로 망국사학의 출발점이 약육강식, 적자생존의 사회진화론이기 때문에 강자의 약자 침탈을 비난하기보다는 약자의 분발을 촉구하는 논리적 구조에 바탕을 두고 있기 때문인 것으로 해석할 수 있다.

한국에 대한 평가기준이 되는 중국의 자강과 망국에 대한 인식은 국가의 존망을 위협하던 과분론(瓜分論)과 함께 중국이 쇠약해진 원인과 중국국민성의 문제점을 비판하는 데에서 출발하였다. 그 비판은 새로운 세기에 강력한 국민국가로 거듭 나기 위해서는 국민성과 국민의 책임이 관건이라는 계몽적 논의로 전개되었다. 그리고 다른 나라의 망국사는 현실 참여적 계몽사학의 대상으로서 깊은 관심의 대상이 되었다.

19세기에서 20세기 초에는 서구 열강의 쟁탈전 속에서 각 민족의 흥망사가 많이 출현하였다. 청말 망국사 편역 작업에 대한 열풍은 일본에 유학중이던 중국유학생들이 선교사들의 번역 작업을 대체하면서 세계역사 번역 작업에서 채택한 첫 번째 선택이었다.

---

63) 한국의 망국을 일본보다는 한국 자체에 원인이 있었다고 보는 입장은 양계초에 국한되는 것은 아니고 일부 중국지도층에서도 공유되고 있었던 듯 하다. 중국 申報에 게재된 1910년 9월 18일자 섭정왕 관련 기사를 보면, 섭정왕은 일본이 한국을 합병한 사실을 언급하며 이것은 한국인들이 잘못했기 때문이라고 지적했다고 한다. 이어 상하가 일심으로 단결해야 한다고 강조했다고 덧붙이고 있다(대한민국임시정부 옛청사 관리처 편, 석원화·심민화·패민강 편, 김승일 역, 『중국언론, 申報에 그려진 한국근현대사』, 역사공간, 2004, 54면).

그 중 번역이 가장 많이 되고 가장 많은 영향을 미친 것은 조선 망국사였다. 그 대표적 필자는 양계초였고, 그는 조선 망국 과정에 대한 분석과 망국 원인에 대한 연구를 통하여 조선망국사 연구의 분기법과 비교연구법을 확립하였다. 조선과 월남 등 망국사 연구의 사례연구는 1901년 멸국신법론에서 형성된 것으로, 약육강식의 사회진화론을 근거로 한 망국사학 체계를 제시하였다. 망국사학은 양계초 신사학의 주요 부분으로서 순수 학술 범주를 넘어 20세기 초 중국 위기시대 특유의 일종의 애국계몽사학이었다.

이러한 사학의 기반은 문헌적 전통이 아니라 현상과 장래를 지향하는 것이고, 그 출발점은 외국의 역사와 문화가 아닌 중국 자신의 정치변혁이었던 것이다. 양계초 망국사학의 대표작이 전입된 이후 당시 한국의 주목받는 정치사상으로서 민족독립의 이론적 무기역할을 수행했다는 지적도 있다. 양계초가 조선의 부패한 정치제도에 대한 공격, 조선의 낙후한 국민성에 대한 분석은 사실상 완전히 근대중국에 적용될 수 있는 것이었다는 것이다. 청말 망국사 편역 작업과 양계초 조선망국사 연구는 중국인들의 자강의식을 격려하고 민족의 자존감을 환기시키는 역할을 수행하였다.[64]

필자는 다른 연구에서 민권 개념을 중심으로 당시 한국 언론에서 양계초를 어떻게 이해하고 있었는가를 살펴본 바 있다.[65] 개화지 학술지들에 발표된 양계초 관련 정치논설 목록을 통해서 양계초가 아직 서구사상을 본격적으로 수용하기 이전의 글들을 주로

---

64) 鄒振環, 앞의 논문, 353면.
65) 전동현, 「대한제국시기 중국 양계초를 통한 근대적 민권개념의 수용 - 한국언론의 '신민'과 '애국' 이해」, 『중국근현대사연구』 21, 2004.3, 121~153면 참조.

대중들에게 소개하고 있는 양상을 확인할 수 있었다. 당시에 유입된 양계초 관련 원문 문건들을 고려해 볼 때 양계초의 다양한 성향을 보여주는 문건들이 거의 동 시기에 한국에 유입되었고 그 가운데 자신들의 성향에 부합되는 부분을 선택적으로 수용하고 있었던 것이다.

즉 한국의 언론지식인들 즉 언론과 교육을 통한 애국계몽운동을 이끈 개신유학자들이 자신들의 성향에 부합되는 문건들을 선별하여 소개함으로써 민권 개념에서도 애국(愛國)이 강조되는 결과를 보여주었다. 물론 양계초의 개념 구조에서도 생존 경쟁이 강조되고 공덕(公德)이 사덕(私德)에 우선함으로써 상대적으로 국가나 사회가 개인보다 우선시되고는 있었다. 그러나 한국 언론에 비친 양계초의 정치논설이나 한국 지식인의 관련 논설에서는 양계초 논설에서 보여주었던 국가와 개인 사이의 긴장 관계 내지 집단 정치나 자치 등을 통한 대안 모색 등이 거의 다루어지지 않고 있었다. 나아가 신민(新民)이라는 개념을 대신하여 국가유기체설과 사회진화론의 공고한 결합 위에 개인의 복종을 강조하는 신민(臣民)이 언급되는 상황도 확인할 수 있었다.

이러한 선택적 수용 양상에 대해서는 1910년 주권을 상실하게 되는 한국의 정황이 중국에 비해 더 급박하게 진행되고 있었다는 점이 가장 주효했다고 볼 수 있을 것이다. 따라서 망국사학은 한국에서 애국적 독립운동의 이론이 되고 중국에서도 자강의식을 환기시키는 역할을 동시에 수행했다고 할 수 있다.

조선 망국의 원인을 전제적 황제와 정치 능력이 결여된 민에서 찾는 내재론적 발상은 당시의 양계초가 중국의 자강(自强) 즉 약육강식의 국제 관계에서 국민국가로서의 위치를 굳히는데 관심을 집중하고 있었음을 지적했던 선행 연구를 참고하면 더욱 분명하게 설명될 수 있을 것이다. 즉 양계초의 당시 동아시아 인식은 중국 중심의 일국적 사고에 머물렀고 아시아 지식인들과의 지적 네트워크의 형성에 촉매가 되었을지언정 여러 민족 해방운동의 진정한 연대를 적극 고려할 겨를은 없었던 것으로 파악할 수 있다는 것이다.[66]

이제 본고의 서술 내용을 참고하여 서론에서 언급하였던 두 가지 의문을 다시 한번 생각해보고자 한다.

첫째, 본고에서는 양계초가 한국의 망국을 보는 눈을 동질의식보다는 중화의식의 관점에서 다시 살펴보았다. 서론의 서두에서 인용한 부분은 소위 개화기 학술지로 불리우는 당시 한국 논설에서 가장 대표적으로 인용되었던 양계초 글의 일부분과 그에 대한 감상이다. 필자가 파악하기에 기존의 연구 성과들은 양계초의 전문적 식견과 조선에 대한 동정적 태도를 확인하는 선에서 별로 벗어나 있지 않았다. 누구나 상식적으로 중화의식의 존재를 짐작은 하고 있지만 한국 관계 논설만 보아서는 구체적으로 "중국인"으로서의 자의식이 한국을 어떻게 바라보게 만드는가라는 점을 찾기 어렵기 때문이다. 그래서 필자는 동일한 시기의 중국 현실을 논평하는 글들을 함께 찾아 대비시키려고 노력하였다. 그러한 과정에서 중국과 한국에 적용하는 잣대 또는 강조점을 대비시켜 봄으로

---

66) 백영서, 「양계초의 근대성 인식과 동아시아」, 『아시아문화』 14, 1999, 141면. 필자는 더 진보하면 민족주의의 단계에 진입할 수도 있으리라는 바람이 그 밑에 깔렸을 것임은 쉽게 느낄 수 있다고도 설명한다.

써 비로소 조선을 바라보는 중화의식을 설명할 수 있는 근거들을 제시할 수 있었던 것이다.

둘째, 연구 대상을 논설에 한정하되 보호국화 단계와 합병 단계를 구분해서 시기적 변화 여부를 살펴보았다. 망국의 원인 분석과 경과 과정에 대한 서술이 다시 반복되고 있었기 때문에 양계초가 비슷한 성격을 글을 한번 썼음에도 다시 서술한 이유를 찾고자 하였기 때문이다. 필자는 그 과정에서 보호국 단계의 양계초의 논설에서는 간혹 등장하는 동질의식이 합병 과정에서는 양국의 경우를 확연히 구분하려는 방향으로 변화하고 있음을 지적하고 그것은 한국의 상황 변화뿐 아니라 양계초가 보는 중국의 상황 역시 변화하였기 때문이라고 서술하였다.

본고는 조선망국사의 대표적 필자인 양계초의 논설들에 분석 범위를 한정하였기 때문에 다른 정치적 입장을 지닌 중국지식인들의 견해는 검토하지 못하였다. 보다 많은 지식인들의 입장을 함께 고려할 수 있었다면 한국을 보는 다양한 시선들을 통해 한국과 중국의 상호 인식을 보다 객관화하는데 도움을 받았을 것이다. 그러나 본 연구가 대상으로 하는 대한제국기 특히 20세기 초 몇 년 간은 한국의 상황이 강대국들에 의해 타율적으로 결정되고 자체적인 자강노력은 실효를 보이지 못하는 시기이기 때문에 망국 과정을 제외한 한국 자체의 상황에 대한 관심을 찾아보기는 어렵다는 점을 감안하여 본고는 일단 양계초의 논설에 한정하였다.

한독 관계 초기 독일인의 한국 인식에 나타난 근대의 시선

고유경

1. 머리말

지금까지 내가 본 도시들 중에서도 서울은 가장 별종이다. ⋯⋯ 온 시내가 남녀를 막론하고 흰 옷을 입은 사람들로만 가득하고, 거리에는 더러운 쓰레기 와 오물이 잔뜩 쌓여 있는 이런 도시가 세상 어디에 또 있을까? 종교도, 사원 도, 가로등도, 수도시설도, 교통시설도, 포장도로도 없는 도시! 이런 상황을 프 랑크푸르트나 쾰른, 할레 등에서 상상이나 할 수 있단 말인가? 그런데도 우리 는 세계 방방곡곡에 유럽 문명이 안 들어간 곳이 없다고 생각하고 있다니!1)

극동의 나라 조선에 서구 열강의 이목을 집중시킨 청일전쟁 발

---

1) Hesse-Wartegg, *Korea. Eine Sommerreise nach dem Lande der Morgenruhe 1894*, Dresden & Leipzig, 1895, p.54.

발 전야인 1894년 초여름, 독일인 한 사람이 일본 나가사키에서 배를 타고 부산과 인천을 거쳐 서울에 들어 왔다. 1880년대부터 남유럽·북아프리카·북미 각국을 돌아보고 견문록을 여럿 출간함으로써 여행가로서 제법 명성을 얻고 있었던 헤세-바르텍(Ernst von Hesse-Wartegg)이었다. 19세기 후반 그 상대적 발전 속도가 다른 모든 서구 선진국들을 앞질렀던 독일에서 태어난 그는 자국의 경계를 넘어 방대한 지역의 다양한 문화를 관찰할 수 있는 기회를 가진 선택받은 소수에 속하는 사람이었다. 하지만 그에게 여행은 타문화에 대한 이해와 공감의 능력을 키우기보다는 오히려 선입견을 확인하고 극대화시키는 과정이었던 것 같다. 그에게 "짚으로 만든 버섯"(Strohpilze) 같은 작은 집들이 옹기종기 늘어선 서울은 한 나라의 수도임에도 불구하고 "초가지붕의 사막"(Strohdachwüste)[2]이라는 불모의 이미지로 각인되었을 뿐이었다. 그것은 제국주의시대에 정형화된 문명 대 야만의 공식에 길들여진 근대의 시선이었다.

이처럼 동양과 서양이라는 판이한 두 문명세계가 접촉하면서 생겨난 불협화음의 바탕에는 '근대성'이라는 핵심어가 자리하고 있다. 한국과 독일의 경우 두 나라가 외교 관계를 수립한 1883년부터 일본에 의한 외교권 박탈로 공식적 관계가 단절된 1905년을 전후한 시기는 양국 모두의 '근대화'에서 중요한 의미를 갖는다. 오랜 분열을 극복하고 마침내 서구 최강국 중 하나로 거듭난 1870~71년 이후의 독일에서는 다른 어떤 시대에서보다도 '야만의 동양'에 대한 상대적 우월감이 두드러지게 표출되었다. 한국으로서

---

2) Hesse-Wartegg, Ibid., p.52f.

도 당시는 '개화기'' 또는 '근대계몽기'라 불리는, 일본 / 중국을 매개로 한 서양문명과의 충돌로 거대한 변화의 소용돌이에 휩싸였던 시기였다. 특히 독일은 한국의 근대 형성에 직접적인 영향을 끼친 일본의 근대화 과정에서 주된 모방 대상이 되었던 국가의 하나였기 때문에, 이 시기 양국의 상호 인식을 살펴보는 것은 한국적 근대성이 형성된 경로와 그 성격을 파악하는 데에도 중요한 의미를 갖는다. 그러나 한국과 독일의 관계에 대한 기존 연구는 주로 관계의 외적 측면, 즉 1883년 한독수호통상조약 체결을 전후한 외교 관계와 세창양행(世昌洋行, E. Meyer & Co.)으로부터 비롯된 독일 자본의 침투 과정에 집중되어 왔다.3) 그밖에 한국 최초의 독일어 교육기관인 덕어학교(德語學校)와 대한제국 군악대장 에케르트(Franz Eckert)의 활동을 비롯한 문화교류사가 연구되었으며,4) 독일 학문이 한국에 수용되는 과정이 학문분과별로 검토되었다.5) 그러나 정작

---

3) 최종고, 『한독교섭사』, 홍성사, 1984; 한국사연구협의회 편, 『한독수교 100년사』, 1984; 李培鎔, 『韓國近代鑛業侵奪史硏究』, 일조각, 1993; 홍순호, 「대한제국시대의 한・독관계」, 『대한제국사 연구』(이화여대 한국문화연구원 편), 백산자료원, 1999, 51~86면; 이영관, 『조선과 독일』, 국학자료원, 2002; Komitee 100 Jahre Deutsch–Koreanische Beziehungen ed., *Bilanz einer Freundschaft. Hundert Jahre deutsch–koreanische Beziehungen, Bonn,* 1994. 세창양행은 조선에 근대적 기술과 차관을 제공한 최초의 서양 회사로서, 신문을 통한 상품광고를 처음 도입했다는 사실로도 잘 알려져 있다.

4) 김효전, 「구한말의 관립 덕어학교」, *Fachzeitschrift für Deutschlandkunde,* Vol.16, 2000, 81~109면; 남궁요열, 「이 땅에 음악의 씨앗을 뿌려준 은인 프란츠 에케르트」, 『월간음악』 73, 1972; 정규화, 「한・독문화교류 120년사」, 『독어교육』 21집, 2001, 571~606면.

5) '독일은 우리에게 무엇인가? 한국의 독일연구 현황과 앞으로의 연구과제'라는 주제로 기획된 『독일연구』 제4호(2002.12)에는 각각 독문학・역사학・정치학・사회학・철학 분야에서 한국의 독일 학문 수용 과정과 문제점을 다룬 김용민・안병직・이규영・전성우・이진우의 논문이 수록되었다. 특히 독문학・법학・의

이러한 교류의 일선에 있었던 독일인들에게 한국이라는 생경한 극동의 한 나라가 어떤 형상으로 비추어졌는지, 즉 한독교류의 내면의 모습에 대해서는 아직까지 연구가 부족한 상황이다.6)

독일의 한국 인식에 대한 본격적인 연구가 드물다는 사실은 근본적으로 독일인들의 손으로 씌어진 한국에 대한 기록이 다른 서양 선진국에 비해 상대적으로 적고 뒤늦게 나타났다는 점에 기인한다. 한국을 동아시아의 한 지역으로서가 아니라 단독으로 다룬 최초의 저서는 남연군묘 도굴사건으로 악명 높은 오페르트(Ernst Jacob Oppert)의 『금단의 나라 조선』으로, 1880년에야 출간되었다. 그 밖에 1910년 이전 독일에서 나온 한국 관련 단행본은 헤세-바르텍의 여행기를 비롯하여 최초의 서양인 외교고문 묄렌도르프(Paul Georg von Moellendorf), 신문기자 겐테(Siegfried Genthe), 고종의 시의 분쉬(Richard Wunsch)의 저서 정도에 국한되어 있다.7) 이런 사료의 빈약함

학의 수용에 대해서는 각각 차봉희 편,『한국의 독일문학 수용 100년』1, 2권, 한신대 출판부, 2001; 김효전,『서양헌법이론의 초기 수용』, 철학과현실사, 1996, 239~324면; 한독의학회 편,『한독의학교류 100년사』, 한독의학회, 1994를 참조
6) 서양과 한국의 상호 인식에 관한 최근 연구로는 정연태, 「19세기 후반 20세기 초 서양인의 한국관」,『역사와 현실』34, 1999; 단국대 동양학연구소,『개화기 한국과 세계의 상호 이해』, 국학자료원, 2003; 단국대 동양학연구소,『개화기 한국과 세계의 상호 교류』, 국학자료원, 2004; 연세대 국학연구원,『서구문화의 수용과 근대개혁』, 태학사, 2004 등이 있다. 특히 영국의 경우 박지향,『일그러진 근대-100년 전 영국이 평가한 한국과 일본의 근대성』(푸른역사, 2003), 프랑스의 경우 불레스텍스, 이향·김정연 역,『착한 미개인 동양의 현자』(청년사, 1999) 참조
7) Ernst Jacob Oppert, Ein verschlossenes Land. Reise nach Corea, Leipzig, 1880; 신복룡 외 역,『금단의 나라 조선』, 집문당, 2000; 묄렌도르프, 신복룡 외역,『묄렌도르프 自傳(外)』, 집문당, 1999; Siegfried Genthe, Korea. Reiseschilderungen, Berlin, 1905; 최석희 역,『겐테의 한국기행』, 대구효성가톨릭대 출판부, 1999; Richard Wunsch, Arzt in Ostasien, Büsingen, 1976; Richard Wunsch, 김종대 역,『고종의 독일인 의사 분쉬』,

은 무엇을 의미하는가? 관찰의 대상 측에서 본다면 그것은 동아시아 3국 중에서도 중국이나 일본에 비해 더 은폐되고 신비화된 "은자의 나라"8)이자 "금단의 나라"인 한국의 문이 마지못해, 느리게 열렸기 때문이다. 일본에서 문명개화운동이 본격적으로 전개되고 중국에서도 자강운동이 시작되었던 시대 상황 속에서 조선의 쇄국정책은 점차 포기될 수밖에 없었고, 다른 서양 열강과의 교류와 마찬가지로 1880년대부터는 독일과의 소통이 점차 늘어나게 되었다. 그러나 관찰의 주체 측에서 보자면 그것은 "지체된 국가"9) 독일이 역시 문명화의 기치를 들고 '야만국'의 문을 두드리는 데에도 한 발 늦었기 때문이라 할 수 있다. 이는 독일이 1890년 이후에야 본격적으로 공격적 팽창정책을 추진한 후발 제국주의 국가로서, 동아시아에 대한 관심도 상대적으로 뒤늦게 나타났다는 사실과 불가분의 관계가 있다.10) 이런 맥락에서, 제국주의시대 독일의 한국 인식에 대한 분석은 결국 당시 서구 세계에서 독일이 차지했던 상대적 위치와 능력에 대한 검증이기도 하다.

이 글의 목적은 한독 관계 초기에 해당하는 1910년 이전 독일의 한국 인식을 동양의 근대성에 대한 서양의 평가라는 큰 맥락에서

학고재, 2002. 기타 이 시기에 나온 한국 여행기로 Rudolf Zabel, *Meine Hochzeitreise durch Korea*, Altenburg, 1906; Emma Kroebel, *Wie ich an den koreanischen Kaiserhof kam*, Berlin, 1909이 있다.

8) W. E. 그리피스, 신복룡 역, 『은자의 나라 한국』, 집문당, 1999.

9) Helmut Plessner, *Die verspätete Nation. Über die politische Verführbarkeit bürgerlichen Geistes*, Stuttgart, 1959.

10) 이는 기본적으로 통일 독일에 대한 경쟁국들의 의구심을 불식시키기 위해 팽창정책을 적극적으로 추진하지 않았던 비스마르크의 현실적 외교정책 때문이었다. 그러나 독일은 극동의 정치적 상황을 예의 주시하고 있었으며 쇄국시절의 한국 역시 그 대상에서 벗어나지 않았다.

살펴보고 그 함의를 분석하는 데 있다. 이를 위해서는 한국에 대한 독일인들의 인식이 형성된 경로를 밝히고 그 과정에서의 문제점을 파악하는 작업이 선행되어야 할 것이다. 다음 단계로 타자로서의 한국이 표출하는 전근대성에 비추어 독일이 스스로를 문명국으로 정의하는 방식을 다각도로 살펴보려 한다. 마지막으로 이러한 인식 체계 속에서 한국과 독일이 각각 차지하는 상대적 위상을 파악함으로써 독일인들에게 내면화되었던 제국의 질서가 어떤 것이었는지를 논의해 보고자 한다.

2. 근대의 시선에 포착된 한국

근대 세계사에서 가장 중요한 현상의 하나는 유럽과 타 문명권의 관계가 근본적으로 변모했다는 사실이다. 종래 유럽의 관념세계에서 동양은 경우에 따라 이상향 또는 야만의 땅으로 표상되면서 호기심과 거부감의 이중 감정을 동시에 일으키는 낯선 존재였다. 그러나 유럽에서는 '발견'의 원년으로, 타 문명권에서는 '정복'의 시점으로 자리매김되는 1492년 이래, 그간 한정된 범주에서만 접촉해 오던 서양과 동양은 한층 긴밀한 관계를 맺게 되었으며 그 관계는 압도적으로 전자의 우위에 입각한 것이었다. 이 시기에 비유럽 세계는 정치적, 경제적으로 유럽에 종속되었을 뿐만 아니라 보편주의의 이름으로 확립된 유럽의 가치와 규범의 지배를 받게

되었다.[11]

한국이 유럽에 처음 알려진 것은 마르코 폴로의 『동방견문록』을 통해서였다. 이 책에서 카울리 또는 카올리라는 지명으로 소개된 한국에 대해 서구인들이 좀더 뚜렷한 이미지를 갖게 된 것은 1668년 『하멜표류기』 초판이 로테르담에서 간행되면서부터였다. 이 책은 여러 언어로 번역되었고, 극동 해안 탐사에 나선 탐험가들은 이를 통해 한국에 대한 정보를 얻었다. 이로써 과거에 비해 서양은 한국에 대해 좀더 구체적인 인상을 갖게 되었다. 그럼에도 불구하고 한국의 위치, 지형, 역사, 인종, 풍속에 대해서는 극히 부분적이거나 왜곡된 정보가 동양에 관심을 가진 소수 지식인 사회 내부에서만 유통되었을 뿐이었다.

독일의 경우 거의 추상적인 이미지로 존재하던 '먼 한국'이 가깝게 다가온 것은 19세기부터로, 그 계기는 역시 선교 및 경제적 관심이었다. 프로이센의 개신교 선교사 귀츨라프(Carl F. Gützlaff)가 영국 상선 암허스트호로 1832년 여름 조선에 입국하여 한 달간 체류한 것이 그 시작이었다. 한국의 지정학적 중요성과 경제적 가치에 대한 귀츨라프의 관심은 선교라는 미명으로 비서구세계로의 팽창을 성냥화한 진형적인 서구 제국주의의 그것이었다. "(제주도에) 공장을 건설한다면 우리는 일본, 한국, 만주, 중국과 가장 편리하게 교역할 수 있을 것이다."[12] 1868년 오페르트의 남연군묘 도

11) 유재건, 「근대 서구의 타자인식과 서구중심주의」, 『역사와 경계』 46집, 2003, 32면.
12) Carl F. Gützlaff, Journal of Three Voyages along the Coast of China, London, 1834, p.288; Reinhard Zöllner, "Die preussische Japan-Rezeption bis Mitte des 19. Jahrhunderts" Gerhard Krebs(ed.), Japan und Preußen, München, 2002, p.68에서 재인용. 귀츨라프는

굴 실패는 한국의 경제적 가치에 대한 독일의 관심이 가장 공격적인 형태로 표현된 예로서,[13] 이러한 관심은 한독수교 이후 본격적으로 표출되었다. 이렇게 한국은 독일인들에게 관념의 대상에서 점차 하나의 실체로 변모했다.[14]

문제는 한국에 대한 독일인들의 지식이 대부분 다른 서양 여행가들의 기록이나 중국과 일본을 거쳐 전해진 빈약한 정보들을 통해 형성되었다는 점이다. 그 대표적인 예는 네덜란드 정부의 지원으로 1823년 일본에 와서 이듬해 유럽인 최초로 사립의학교를 설립했던 지볼트(Philipp Franz von Siebold)의 경우이다. 1830년 유럽으로 돌아간 그는 전 9권으로 된 『일본(Nippon)』(1832~1851)을 출간했는데, 그 중 제7부 「조선」에서 한국인의 인종적 특징 · 언어 · 문학 · 제도 등을 소개하고 있다. 그러나 실제로 지볼트는 한국을 방문한 적이 없으며, 다만 1828년 3월 나가사키 근해에 표류한 36명의 전라도 어민과 선원, 상인들을 만난 데 불과했다. 그런데도 그는 "나는 그들 나름의 교양인 무리와 사귄 덕분에 한국의 문화, 학문, 예

1823년 베를린 야니케 선교학교를 졸업한 후 네덜란드에서 수련을 거쳐 1832년 중국에 입국했다. 그는 1832년 7월 17일 충청도 해안의 고대도(古代島)에 상륙하여 무역과 선교 허가를 요청했으나 거절당했다.

13) 오페르트는 1851년 홍콩 무역을 시작으로 동아시아와 접촉했다. 상해 거주 중 한국의 경제적 가치에 관심을 갖게 된 그는 1866년 2월과 6월 두 차례에 걸쳐 아산만 일대와 강화도를 탐사했으며, 남연군묘 도굴을 시도한 것은 1868년 4월의 3차 방한 때였다.

14) 그러나 이런 지식은 여전히 동아시아에 관심을 가진 소수 집단에 한정된 것으로, 일반인들에게 한국은 여전히 미지의 세계였다. 심지어 한독수교 직전인 1880년 무렵에도 대부분의 독일인들은 한국의 존재를 몰랐으며, 설령 명칭을 들어본 일이 있다 해도 히말라야 산맥 주변의 나라 혹은 인도양이나 태평양의 군도로 알고 있을 정도였다. 오페르트, 신복룡 외역, 앞의 책, 13면.

술에 대해 연구하고 이 미지의 나라에 대해 확실한 정보를 얻을
수 있었다"고 자신만만하게 말한다.15) 오페르트 역시 『하멜표류
기』를 위시하여 영국 해군장교 홀(Basil Hall)의 여행기, 프랑스 예수
회 선교사 뒤 알드(Du Halde)가 중국문헌에 의존하여 집필한 서적,
지볼트의 저서 등을 통한 우회적인 경로로 한국에 대한 지식을 습
득했다고 밝힌다.16)

　1880년대부터 한층 가까워진 한국과 독일의 관계는 1882년 묄
렌도르프 고빙에 뒤이은 1883년 11월 26일 한독수호통상조약 체결
로 대표될 수 있다. 묄렌도르프의 경우는 다년간의 중국 외교관
생활 도중 주청공사 브란트(Max von Brandt)17)와의 불화가 누적된 상
황에서 이홍장의 추천을 받고 일종의 개인적 탈출구로 한국을 선

15) Siebold, *Nippon Archiv zur Beschreibung von Japan,* Würzburg / Leipzig, 1897, p.311(강
　조는 필자). 지볼트는 메이지유신을 주도한 일본 난학자들에게 상당한 영향을
　끼쳤다.
16) 오페르트, 신복룡 외역, 앞의 책, 59~96면. 하멜과 뒤 알드, 홀의 책은 집문당
　에서 『한말 외국인기록』시리즈로 번역 출간되었다. 하멜 · 뒤 알드 · 홀, 신복룡
　외역, 『하멜표류기 / 조선전 / 조선서해탐사기』, 집문당, 1999. 그밖에 오페르트가
　주로 참조한 한국 / 동아시아 관련서는 William R. Broughton, *A Voyage of Discovery
　to the North Pacific Ocean*; H. J. Klaproth, *Aperçu général des trois Royaumes, tranduit de
　l'Original Japonais —Chinois,* Paris, 1832이다. 이상의 책들을 비롯하여 16세기부터
　1945년까지 서양에서 간행된 한국 관련 서적에 대한 정보는 박대헌, 『서양인이
　본 조선 - 조선관계 서양서지』, 호산방, 1996 참조
17) 브란트는 당시 독일의 극동정책을 진두지휘한 인물로, 1862년 일본주재 초대
　독일영사로 임명된 이래 대리공사(1867), 총영사(1868)직을 거쳤다. 그는 1870년
　조선과의 통상조약 체결 가능성을 타진하기 위해 부산을 방문한 바 있으며 1872
　년 조선 담당 전권 대신으로 임명되었고 1875년부터 1893년까지 주청공사로 활
　약했다. 브란트의 동아시아 경험은 *Ostasiatische Fragen. China, Japan, Korea,* Berlin,
　1897 및 회고록 *Dreiunddreissig Jahre in Ost —Asien. Erinnerungen eines deutschen Diplomaten,*
　Leipzig, 1901로 출간되었다.

택한 것이라고 볼 수 있기 때문에, 그의 고빙 자체가 독일 정부의 직접적인 이해 관계를 반영한 것이라고 보기는 어렵다. 그러나 여하간 이러한 접근은 동아시아에 대한 독일의 관심이 증대된 상황에서 가능했다. 빌헬름 2세가 공격적 제국주의 노선을 표방한 1890년 이전에도 그러한 분위기는 이미 독일 사회 전반에서 무르익고 있었다. 독일제국의 대표적 대중단체인 독일식민협회(Deutsche Kolonialgesellschaft)가 1885년에 선언했듯이 "독일 민족은 해외의 이해 관계가 우리의 정치적 위치와 특히 무역에서 무엇보다도 중요하다는 것을 깨달았다."[18] 같은 해 독일의 유서 깊은 코타(Cotta) 출판사에서 발행하는 지리학·민속학 잡지 『외국(Das Ausland)』은 "영국이 홍콩을, 프랑스가 베트남을, 러시아가 블라디보스톡을 영유한 이 시점에 서양의 선진국이라면…… 극동의 땅에 의자 하나를 놓아야 한다. 한국은 독일의 관점에서 볼 때 적합한 듯하다"라고 언급했다.[19]

이런 관점에서 한국을 찾은 대표적인 독일인은 곳체(Carl Gottsche)와 크노헨하우어(Bruno Knochenhauer)이다. 당시 도쿄제국대학 지리학과 교수였던 곳체는 묄렌도르프의 위촉을 받아 1884년 4월부터 8개월 간 두 차례에 걸쳐 한국을 답사했다. 이는 일차적으로 일본의 조선광산개발을 위한 사전조사의 성격을 띤 것이었다. 그는 이 기간 동안 8도 전역에 걸쳐 총 80개 시, 읍을 답사하고 주요 도시

---

18) "Die Lage in Ostasien", *Deutsche Kolonialzeitung. Organ der Deutschen Kolonialgesellschaft*, Vol.8, No.33, 1885.8.17.
19) "Korea. Geschichte, Land und Leute", *Das Ausland. Wochenschrift für Länder —und Völkerkunde*, Vol.58, No.3, 1885.1.19, p.7.

의 위치 및 해발 고도, 대표적인 강과 산, 기후, 주요 광물자원의 매장량, 동·식물군, 인구 등을 조사했다.[20] 독일로 돌아간 곳체는 이듬해 10월 3일 베를린 지질학협회에서 행한 강연을 통해 한국 광산의 경제적 가치가 그다지 높지 않다는 결론을 내렸다. 반면 세창양행의 위촉으로 1898년 3월 한국에 도착한 크노헨하우어는 근 1년 간 체류하면서 3차에 걸쳐 한국의 광물 매장 상황을 조사한 결과 곳체와는 다른 평가를 내렸다. 즉 한국은 다른 관찰자들이 보고한 것처럼 척박하지 않으며, 따라서 독일이 경제적으로 충분히 관심을 가질 가치가 있는 나라라는 것이다. 그는 1901년 2월 25일 독일식민협회 베를린-샤를로텐부르크 지부에서 이런 내용의 강연을 행하면서 정치적 언급을 덧붙였다. 즉 열강의 이권각축전이 벌어지고 있는 한국에서 일본보다는 러시아가 한국을 삼키는 것이 독일의 이해 관계에 유리하리라는 것, 따라서 독일 정부가 한국 문제에 좀더 관심을 갖고 외교적인 노력을 기울여야 한다는 것이었다.[21]

크노헨하우어의 이런 발언은 1890년대 이후 독일이 전개한 동아시아정책의 맥락에서 이해할 수 있다. 독일은 '세계정책(Weltpolitik)'의 첫 과제로 교주만에 해군기지를 건설하고자 했으며, 이는 청일

---

20) 곳체는 1878년 뮌헨 대학에서 박사학위를 취득하고 1880년 키일 대학 지리학과 강사로 재직하다가 1881년 방일했다. 그의 첫 한국 답사는 경기도, 강원도, 경상도, 전라도, 충청도에서, 두 번째 답사는 황해도, 평안도, 함경도에서 행해졌다. Carl Gottsche, *Land und Leute in Korea*, Berlin, 1886, p.2 및 신복룡, 『이방인이 본 조선 다시 읽기』, 풀빛, 2002, 84ff면.

21) Bruno Knochenhauer, *Korea. Vortrag, gehalten in der Abteilung Berlin—Charlottenburg der Deutschen Kolonial—Gesellschaft*, Berlin, 1901, p.122.

전쟁에서 중국이 패전한 결과로 어렵지 않게 실현될 수 있었다. 그러나 중국에 대한 독일의 정책적 집중은 반대급부로 대 조선활동을 약화시키는 결과를 낳았다.[22] 독일이 한국에서 차지한 이권은 강원도 당현금광 개발권뿐이었으며, 그 또한 독일 영사관의 공격적 정책에 의해서야 겨우 가능했다. 동아시아 3국 중 한국에 대한 독일의 상대적 무관심은 독일식민협회 기관지 『독일식민신문(Deutsche Kolonialzeitung)』이 간행된 1884년 이후 1910년까지 한국의 면공업과 당현금광에 관한 단편적인 보고나 청일전쟁·러일전쟁의 배경에 대한 관심을 제외하면 한국에 관련된 기사를 찾기 어렵다는 점에서도 입증된다.[23] 그나마 1905년 4월이 되면 독일은 수익성이 낮다는 이유로 당현금광 채굴을 포기했으며, 일본의 조선 외교권 박탈로 같은 해 12월 한국에서 외교대표부를 철수시킴으로써 독일과 한국의 공식적 교류 통로는 단절되었다. "동아시아가 우리 대외관계에서 초미의 관심사로 부상한 오늘날에도 한국에 대해서는 별로 들은 바가 없다"는 크노헨하우어의 언급은 독일의 동아시아정책에서 한국이 갖는 상대적 위상을 잘 드러낸 발언이라 할 것이다.[24]

---

22) 청일전쟁 이후 독일의 동아시아정책과 특히 한국정책의 변화에 대해서는 이영관, 『조선과 독일』, 국학자료원, 2002, 157면 참조

23) "Deutsche Unternehmung in Korea", *Deutsche Kolonialzeitung*, Vol.17, No.20(1900. 5.17), p.223; "Goldminen in Korea", *Deutsche Kolonialzeitung*, Vol.17, no.31. 1900.8.2, p.360; Jacobi, "Ostasien und die Südsee. Ein neuer Schauplatz der Weltgeschichte", *Deutsche Kolonialzeitung*, Vol.19, no.50(1902. 12.11), p.514ff; Valois, "Die Gelbe Gefahr", *Deutsche Kolonialzeitung*, Vol.22, No.17, 1905.4.29, p.161ff; "Baumwollkultur in Korea", *Deutsche Kolonialzeitung*, Vol.22, No.29, 1905.7.22, p.308. 한편 1902년부터 요코하마에서 독일어와 일본어로 발행된 주간지 『日獨郵報(Deutsche Japan −Post)』는 「한국」이라는 고정란에서 『대한매일신보』·『제국신문』, 『Seoul Press』 등의 기사를 토대로 한국 경제 및 선교에 대한 기사를 정기적으로 실었다.

이런 제한적인 관심 속에서 한국에 대한 정보는 자연히 왜곡되기 쉬웠다. 이런 예는 특히 한국 역사에 대한 서술에서 자주 발견된다. 이를테면 오페르트는 독일의 동양학자 클라프로트(H. J. Klaproth)가 번역한『일본황대일람(日本皇代一覽)』을 비롯하여,『일본서기(日本書紀)』, 오가우치 히데모토(大河內秀元)가 쓴『조선물어(朝鮮物語)』를 주로 참조함으로써 한국사에 대한 일본의 부정적인 시각과 임나일본부설 같은 왜곡된 학설을 여과 없이 소개하고 있다. 곳체의 보고 내용을 비판하며 한국에 대해 객관적인 정보를 전달해야 한다고 역설한 크노헨하우어 역시 임나일본부설은 물론 조선이 임진왜란 이후 매년 일본에 조공을 바쳤다는 일본 측의 주장을 무비판적으로 수용한다.[25] 대체로 한국의 과거사는 일본과 중국에 대한 종속의 역사로 서술되는 경향이 있으며, 심지어 기록 당시의 한국 정세를 소개하면서 민씨 일족을 조선의 왕가로 설명하는 경우까지도 나타난다.[26]『쾰른신문(Kölnische Zeitung)』통신원 겐테 역시 경인선 철도부설을 문명의 시혜로 선전하는 일본의 제국주의적 시각을 여과 없이 흡수하고 있으며, 청일전쟁에 참전한 일본의 동기를 미화했다.[27]

---

24) Bruno Knochenhauer, op. cit., p.74.
25) Bruno Knochenhauer, Ibid., p.76.
26) Reinhold Gareis, Korea, Berlin, 1896, p.2ff. 그는 이 정보의 정확한 출처를 생략하고 다만 영어와 일본어 자료에 의거했다고 밝힌다.
27) 상대적으로 그는 중국의 참전 동기를 폄하한다. "중국인들은 다른 사람들의 미래를 걱정하지 않으며 단지 자신의 직접적인 욕심만 챙길 뿐이다." Siegfried Genthe, op. cit., p.78f. 겐테는 1870년 베를린에서 태어나 1896년 지리학 박사학위를 받았고 이어서 쾰른신문사에 취직했다. 그의 직접적인 방한목적은 당현금광 시찰이었으며, 그가 쓴 한국기행문은 1901년 10월 31일부터 1902년 11월 30일까지『쾰른신문』에 연재되었다. 1903년 유럽으로 돌아간 그는 이듬해 또 다른

과거사가 아닌, 관찰자가 직접 목격한 한국의 풍속이나 정세를 소개하는 경우에도 상황은 별반 다르지 않다. 다시 헤세-바르텍의 여행기로 돌아가 보자. 그는 본래 부산에서 두만강까지 한국을 종단하려는 계획을 갖고 있었으나 청일전쟁의 발발로 인해 포기했다. 그럼에도 불구하고 한국의 여러 도시들을 방문했다고 여행기 곳곳에서 강조하지만, 실제 그의 서술 내용이나 문체를 보면 직접적인 개인적 체험을 기술했다기보다는 간접 정보에 의존한 흔적이 역력하다. 다만 서울과 인천 사이의 몇몇 구체적 지명과 그곳에서의 경험이 언급된 것으로 보아, 그의 실제 이동반경은 서울 인근을 크게 벗어나지 않은 듯하다. 그 역시 한국에 대한 사전 지식을 그리피스와 달레의 저서에 의거했다고 밝히면서, 이 두 책에 담긴 정보의 간접성과 오류를 애써 강조한다.[28] 그러나 사실상 자신이 참조했다고 누누이 자랑하는 『관보』를 제외하면, 그가 직접적으로 얻은 정보의 출처는 당시 주한 독일부영사로 재직하고 있었던 라인스도르프(Reinsdorf) 정도에 불과하다. 따라서 한국의 풍속에 대한 헤세-바르텍의 상세한 기술은 대체로 자신이 비판한 위의 책들에 의거했을 가능성이 크다. 또한 책이 아닌 대인 접촉으로 한국에 관한 정보를 얻었다 해도, 그것이 반드시 객관성을 보장하는 것은 아니었다. 단적인 예로 헤세-바르텍은 부산항에 상륙하여 동래로 갈 때 통역으로 중국인을 대동했는데, 이 중국인은 한국어를 몰랐기 때문에 한국 관원들과 간단한 필담을 통해 대화를 나누었으며,

---

여행 도중 실종되었으며, 1905년 친구인 베게너(Georg Wegener)가 이 기행문을 묶어 베를린에서 출간했다.

28) Hesse-Wartegg, op. cit., p.iv.

헤세-바르텍과는 다시 서투른 영어로 의사소통을 했다. 이처럼 양쪽 언어에 숙달되지 못한 정보원을 통해 전달된 정보의 오류 가능성에 대해서는 굳이 부연할 필요가 없을 것이다.[29]

메이지시대에 천황의 시의이자 도쿄제국대학 의대 교수로 재직했던 독일인 의사 밸츠(Erwin Bälz)와 일본인 모친 사이에 태어난 아들은 1930년 부친이 남긴 일본 체류 당시의 일기 및 중국과 한국 등지의 여행기록을 묶어 출간했다. 그는 편집자 서문에서 부친의 "세세한 부분까지도 거의 정확한 관찰의 묘사"를 극찬하고 있다.[30] 그러나 밸츠와 그 동향인들의 시선은 과연 얼마나 정확하고 객관적인 것이었을까?

3. 문명과 야만의 표상

동아시아 3국 중 비교적 일찍부터 서방에 알려진 중국과 일본에 비해, 쇄국의 문고리를 마지막까지 놓지 않고 있었던 한국은

---

29) 크노헨하우어는 이런 왜곡의 위험성에 대해 누구보다도 잘 인식하고 있었다. 그는 "어느 정도 계몽된", 그리고 여행자의 관심사를 잘 이해하고 있는 통역자라 해도 아시아와 유럽의 가치관 사이에 놓인 간극을 극복하기는 어렵다고 말한다. Bruno Knochenhauer, op. cit., p.86.

30) Toku Bälz ed., *Erwin Bälz. Das Leben eines deutschen Arztes im erwachenden Japan. Tagebücher · Briefe · Berichte,* Stuttgart, 1930, p.8. 밸츠는 분쉬를 고종의 시의로 추천한 인물이기도 하다. 1898년 7월 22일 내한한 그는 고종을 알현하고 독일인 의사를 초빙하도록 권유했다.

서구인들에게는 오랫동안 '미지의 땅(terra incognita)'이었다. 따라서 독일인들의 한국 인상기에는 중세 이래 서양의 동양 담론에 종종 등장했던 낭만적인 수사가 동원되는 경우도 있었다. 20세기 벽두에 방한한 겐테의 한국에 대한 첫인상은 신비적이고 몽환적인 분위기를 한껏 풍기고 있다. "움직이지 않는 매끄러운 은회색 해수면에 솟은 수많은 알록달록한 섬의 광경은 특별한 마술이다. 아무런 소리도 들리지 않으며 모든 것이 조용하고 고요하다. 마치 마술에 걸린 땅에 숨어들어 온 것 같다."31)

이런 수사법은 제국주의적 팽창의 공격성을 일면 은폐하치만, 사실 그 내면의 의미는 복합적이다. 타자에 대한 서양의 태도는 단순히 멸시와 부정, 배제로만 나타나지는 않았다. 중요한 것은 타자를 자신들이 상정해 놓은 질서 안에 일단 편입시키되 하위에 위치시킴으로써 동양에 대한 서양의 지배를 정당화하는 근거로 삼아야 한다는 점이었다. 그런 면에서 타자에 대한 차별화와 동질화는 동시에 나타난다.32) 그러나 이 경우 동질화 역시 궁극적으로는 '차별'의 도구로 기능했다는 점을 간과할 수 없다.

독일의 한국 담론에 간혹 등장하는 긍정적인 수사는 이런 동질화의 관점에서 이해할 수 있다. 아프리카 같은 '야만'의 땅에 비해 상대적으로 한국은 "오랜 문화국가"로 정의되었다.33) 1883년 가을 한독수호통상조약 체결을 위해 방한한 주일 독일총영사 차페(Eduard Zappe)와 동행했던 일본 정부의 독일인 재정고문 마예트(P. Mayet)는

---

31) Siegfried Genthe, op. cit., p.61.
32) 유재건, 앞의 글, 41면.
33) Bruno Knochenhauer, op. cit., p.74f.

한국 여행기록을 남긴 사람들 중 비교적 긍정적인 면모를 부각시킨 경우이다. 그는 태종·세종 연간의 문화 발전에 주목하고 특히 책을 통한 지식과 윤리의 보급에 높은 점수를 주었다. 마예트는 심지어 19세기 사회진화론자들이 애용했던 비교의 방법을 역으로 적용하여, 15세기 초 한국의 발전상을 동 시기 유럽에서 나타난 교회의 대분열이나 콘스탄츠 공의회에서 종교개혁가 후스를 사형시켰던 종교적 혼란상과 대조시키기까지 한다.[34] 그런가 하면 한국의 자연이나 한국인들의 친절한 성향도 대체로 긍정적으로 묘사되었다. 세창양행 대표 볼터(Carl Wolter)는 단 한 번도 한국인들로부터 불친절한 대접을 받거나 적대적인 태도를 본 적이 없다고 말한다.[35] 이런 발언들은 어쩌면 한국을 서양을 정점으로 하는 문명세계에 편입시키기 위한 사전 정지 작업처럼 보이기도 한다.

사실 이런 긍정적인 묘사가 어느 부분에 적용되었는가를 살펴보면 '동질화'의 한계는 명백히 드러난다. 한국 문화에 대한 우호적인 발언은 거의 전적으로 근대 이전 시기에 국한되었던 것이다. 대신에 한국의 현재를 유럽의 과거와 등치시킴으로써, 독일인 관찰자들은 전형적인 사회진화론에 입각하여 문명 담론을 펼칠 수 있었다. 그들의 여행기 곳곳에서는 '중세'라는 단어기 불쑥 튀어나오곤 한다. "한국의 사회질서는 많은 측면에서 우리 유럽 중세와 일치한다."[36] 마예트는 왕의 행차를 수행하는 군졸들이 소지한 "놀라

---

34) P. Mayet, "Ein Besuch in Korea im October 1883", *Mitteilungen der deutschen Gesellschaft für Natur – und Völkerkunde Ostasiens in Tokio*, Vol.4, No.31, 1884, p.19.

35) Carl Wolter, "Korea, einst und jetzt", *Mitteilungen der Geographischen Gesellschaft in Hamburg*, Vol.XVII, 1901, p.74. 볼터는 일제강점기에도 함부르크와 인천을 왕래하며 무역에 종사했으며 해방 직후까지 인천에 거주했다.

운 중세의 무기"에 시선을 집중한다.[37] 주지하다시피 19세기 서구 인들의 인식세계에서 중세는 야만의 동의어였다. 오페르트는 남연 군묘를 도굴하려다 실패하고 배로 돌아가는 도중 선원들에게 "기 껏해야 반(半) 야만인에 불과한" 한국인들을 우습게 봐서는 안 된 다고 경고한다.[38]

한국의 야만성을 증언할 수 있는 가장 효과적인 방법의 하나는 공개처형제도에 대한 비판이었다. 마예트가 포착한 한국의 첫인상 은 "사람의 목을 자르는 것이 너무나 손쉬운 나라"라는 것이었 다.[39] 그는 자신의 짐을 운반하던 인부들이 도주했을 때 이 '사소 한' 범죄에 대해서 제물포 현감이 범인들을 '처형'하겠다는 답을 보낸 데 놀라움을 금치 못했다. 이어서 그는 서울에서 목격한 참 수형 현장에서 큰 충격을 받았다. 그는 서양도 "우리 시대에 들어 와서야 사형제 폐지를 구상하고 있다"고 고백하고는 있지만, 이런 잔혹한 형벌은 유럽에서는 대체로 중세에 나타난 현상이었다고 부연함으로써[40] 은연중에 진화론적 사유를 표출한다. 1894년 6월

---

36) "Korea. Geschichte, Land und Leute", *Das Ausland. Wochenschrift für Länder —und Vö lkerkunde*, Vol.58, No.3, 1885.1.19, p.72f.

37) P. Mayet, op. cit., p.148.

38) 오페르트, 신복룡 외역, 앞의 책, 252면.

39) P. Mayet, op. cit., p.22ff.

40) 사형제는 노예제와 더불어 19세기 서양 부르주아 사회에서 가장 치열한 쟁점 이었다. 계몽주의시대부터 유럽 각국에서는 인도주의적 관점에 입각한 사형제 폐지론자들과 범죄 억제 수단으로서의 사형제 존속을 주장한 사람들 사이의 논 쟁이 치열하게 전개되었으나 합의에 이르지 못했다. 예컨대 1863년의 독일법학 자대회는 사형제의 존속을 찬성했으나 1910년 대회에서는 이 입장이 철회되었 다. Peter Gay, *Schnitzler's Century. The Making of Middle —Class Culture 1815~1914*, New York & London, 2002, p.117ff.

부산 상륙을 앞둔 헤세-바르텍은 선상에서 황량한 해안을 바라보며 이 "최악의 야만의 땅"에 경악했다. 그의 놀라움은 곧바로 "수천 명이 끔찍하게 참수된" 수십 년 전의 잔인한 천주교 박해에 대한 기억으로 이어지면서, "외부세계와 문명으로부터 완전히 차단된" 한국에 대한 이미지를 부정적으로 채색한다. 그것은 곧바로 "우리 중세시대의 비참한 상황"에 비견되었다.[41]

"은자의 나라"에 대한 모호한 호기심에도 불구하고 서구인들의 거부 반응과 공격욕을 자극한 것은 무엇보다도 한국의 배타성이었다. '미지의 땅'은 문명의 기치 아래 굴복해야 마땅했다. 1882년에 이루어진 한미수교 결과 "드디어 그렇게도 오랫동안 오만과 무지를 고집하던 민족이 외국과 접촉했다"[42]고 기뻐한 겐테의 보고는 사실상 서구 제국주의의 승전보나 다름없다. 이 시대에 문명 전파를 앞세운 서양의 동양 진출은 하나의 당위였으니, '문화민족 (Kulturnation)'을 자임하는 독일인들에게는 더구나 그러했다. "식물이 자라는 데 공기와 빛이 필요한 것처럼 근대 문화민족의 문명과 생활방식은 모든 민족에게 필요하다"는 서구 중심적인 논리는 한국 사회를 재단하는 잣대로 활용되었으며, 같은 맥락에서 청일전쟁은 한국에 "문명을 가져다준 은총"으로 환영받았다.[43]

이러한 관점에서 특별히 주목되는 텍스트가 1898년 9월 15일 설립된 덕어학교 교사 볼얀(Johannes Bolljahn)의 「한국의 교육제도」이다.

---

41) Hesse-Wartegg, op. cit., p.4. 이보다 4년 뒤에 방한한 크노헨하우어는 헤세-바르텍이 묘사한 끔찍한 처형 방식이 이미 한국에서 사라졌다고 보고한다. Bruno Knochenhauer, op. cit., p.105.
42) Siegfried Genthe, op. cit., p.57f.
43) Reinhold Gareis, op. cit., p.5, p.8.

라이프치히에서 발행되는 한 교육학 잡지에 실린 이 글은 한국의 과거제에 대한 묘사로부터 시작된다. 볼얀의 시선은 전국 방방곡곡으로부터 과장에 모여든 유생들로부터 과거 풍경, 그리고 급제자들이 거리에서 군중의 환호를 받으며 집으로 돌아가 조상의 사당에 고하는 장면에까지 두루 미친다. 그러나 과거를 둘러싼 제반 절차들은 그에게 하나의 소란 또는 기껏해야 축제의 형상으로 비칠 뿐이다. 말하자면 과거제의 기능이나 효용은 간과되고 그 모든 것이 하나의 전근대적인 볼거리로 전락하고 있는 것이다. 볼얀은 서당과 서구식 교육기관을 '비교'하는 전형적인 진화론적 방법을 채택하면서, 빈민과 여성을 소외시킨 전근대적인 한국 교육제도는 "아무런 쓸모가 없다"고 오만하게 단언한다.44) 따라서 청일전쟁 이후에 본격화된 외세의 개입은 그에게는 근대 교육의 시발점으로 예찬될 수밖에 없었다. 볼얀은 1898년 일본의 한 교육단체가 설립한 '경성학교'를 "교육에 굶주린 한국인들을 위한 순수한 동정심"의 산물로까지 극찬하고 있다.45) 이는 제국주의적 팽창을 정당화하는 수단으로서의 교육의 역할을 보여주는 전형적 근대 담론이라 하겠다.

한국의 '야만성'을 공격하는 또 다른 방식은 그 고유제도와 풍속이 갖는 '불합리성'을 속속들이 파헤치는 것이었다. 이성을 신봉하는 계몽주의의 후손들에게 이성의 부재는 악덕의 동의어였고 근대화에서 낙후될 수밖에 없는 이유였다. 한국사회의 구석구석은

---

44) Johannes Bolljahn, "Das koreanische Schulwesen", *Deutsche Zeitschrift für ausländisches Unterrichtswesen*, Vol.5, No.3, 1900, p.195.

45) Johannes Bolljahn, Ibid., p.206.

이런 '합리주의적' 기준에 따라 해부되었다. 예컨대 헤세-바르텍은 독일의 10마르크 값어치에 불과한 엄청난 양의 엽전꾸러미 그림을 제시함으로써, 극심한 인플레로 인해 화폐가 제 기능을 담당하지 못하는 한국 경제의 불합리성을 시각적 이미지로 표현한다. 그는 등이 휘어지도록 동전을 운반해야 하는 한국인들에 대한 표면상의 동정에서 오만한 태도를 굳이 감추려고도 하지 않는다. 크노헨하우어 역시 한국 답사에 필요한 경비를 운반하는 데만 최소한 노새 두 마리가 필요했다고 말한다.46)

방문객들에게 무엇보다도 불합리하고 야만적으로 여겨진 것은 한국의 의복이었다. 왕의 행차를 수행하는 군졸들을 "마치 어릿광대처럼 옷을 입은 녀석들"47)로 묘사한 마예트의 발언은 이후의 관찰자들에게서 일파만파로 확대 변주된다. "볼품없는 양말[버선]", "단추와 단춧구멍이라는 것을 모르기 때문에 고름으로 매어야만 하는 저고리", "얼굴 근육의 자연스런 움직임을 방해하는 이마띠[망건]", "실용성이라고는 전혀 없는 모자[갓]"에 대한 편견어린 묘사가 그것이다.48) 특히 "햇빛도, 비도, 추위도 막지 못하는 비실용적인" 갓에 대한 조롱어린 지적은 당대의 관찰자들에게서 이구동성으로 나타났으며, 그것은 자연스럽게 "우리 숙녀들의 근대적인 모자"와 비교되었다.49) 볼얀 역시 덕어학교의 수업장면을 묘사하면서 자신의 눈에는 "우스꽝스럽게만 보이는" 갓을 벗지 않으려는

46) Hesse-Wartegg, op. cit., p.12; Bruno Knochenhauer, op. cit., p.85.
47) P. Mayet, op. cit., p.148.
48) Siegfried Genthe, op. cit., p.67f.
49) Adolf Fischer, "Erfahrungen auf dem Gebiete der Kunst und sonstige Beobachtungen in Ostasien", Zeitschrift für Ethnologie, 1909, p.9.

학생들과의 실랑이를 언급한다.[50] 그것은 질서와 규율로 압축되는 근대 서양과 전통적인 동양적 자부심이 충돌하는 지점이었다.

'이성의 빛'을 받지 못한 한국에 대한 우월감은 특히 종교성에 대한 평가에서 여실히 드러난다. 오페르트는 "모든 종교적인 의식과 관행을 완전히 무시했다는 점에서 그들은 야만인이라고 할 수밖에 없다"고 한국인들의 종교성을 폄하한다. 그는 이를 한국 불교의 타락 때문으로 돌리며, 초기 기독교 개종자들의 경우처럼 한국인은 본디 순수한 종교적 심성을 가질 수 있었던 존재라고 말한다. 그러나 그것은 그들의 품행이 "어린아이처럼 소박해서" 그런 것이며, 그들을 종교적으로 만들기 위해서는 "몇 가지 동기만 있으면 충분하다"고 본다.[51] 마예트도 미신의 신봉을 한국인의 불합리성을 입증하는 결정적인 증거로 파악했다. 말하자면 한국인들은 경복궁 중건 이후 거듭된 화재, 1866년의 기아, 1883년 가뭄의 책임을 각각 대원군의 폭정이나 천주교 박해, 일본 공사관에 걸린 일장기 때문이라고 믿는다는 것이다.[52] 남산에 올라 서울 거리를 내려다본 헤세-바르텍은 세계 어디에나 있는 전통사원 하나 보이지 않는다며 오만한 일성을 발한다. "한국인에게는 우리와 같은 의미에서 종교란 없다. 조상숭배가 전부이다." 그는 종묘를 증거로 들어 자신의 발언을 정당화하며, 곧이어 남산에서 유일하게 식별가능한 종교적 건물인 명동성당의 위용을 자랑스럽게 보고한다.[53]

---

50) Johannes Bolljahn, op. cit., p.201.
51) 오페르트, 신복룡 외역, 앞의 책, 101~105면.
52) P. Mayet, op. cit., p.27, p.146.
53) Hesse-Wartegg, op. cit., pp.52~54.

종교 영역에서도 근대 서양은 이 '야만의 나라'를 압도한 셈이다.

그러나 무엇보다도 한국 방문자들을 경악시킨 것은 위생 관념의 불합리성, 아니 부재였다. 질병의 세균 이론이 등장하여 큰 호응을 얻은 19세기 후반 이래 불결함은 모든 계몽주의자들의 적으로서 국가의 집중적 관리 대상이었다.[54] 1883년 10월 말 마포나루에 도착한 마예트의 시선은 먼저 "흰 옷을 입은 수백 명의 조선인들 사이로 돌아다니는 시커멓고 못생긴 돼지새끼들"에 머물렀다. 볼터의 말을 빌면 "한 번도 극동에 와 보지 않은 유럽인은 1884년에 이곳을 지배한 불결함을 상상도 할 수 없을 것"이었다.[55] 관찰자들은 이구동성으로 한국의 불결한 주거환경을 지적한다. "작고 누추한 방들로 이루어진 비좁은 집에서 나오는 인분이나 오물, 부엌에서 생기는 온갖 쓰레기들은 가을과 겨울 내내 거리에 쌓였다가 봄과 여름에 즉시 밭으로 운반된다. 그 악취는 정말 끔찍하다."[56] 한국의 위생 상태에 대한 그들의 불만은 종종 조롱과 멸시를 한껏 표출한다. "이런 더러운 도시가 역병에 시달리지 않는 것은 겨울의 혹한, 여름의 홍수가 오염물질을 그나마 쓸어주기 때문이고, 그래도 남은 더러운 것들은 개들이 싹 먹어치운다. 그래서 한국인은 감사의 표시로 개들을 먹는다."[57] 1901년부터 4년 간 고종의 시의로 한국에 체류한 분쉬의 관심도 당연히 위생 문제에 집중되었다. "서울의 길거리 청소는 견공들에게 맡겨놓은 상태다. 곳곳에 널린 대

---

54) 고미숙, 「『독립신문』에 나타난 '위생' 담론의 배치」, 『근대계몽기 지식 개념의 수용과 그 변용』(이화여대 한국문화연구원 편), 소명출판, 2004, 307면.
55) Carl Wolter, op. cit., p.66.
56) P. Mayet, op. cit., p.25.
57) Hesse-Wartegg, op. cit., p.55.

변을 개들이 먹어치우니, 길의 청결 여부는 견공의 식욕에 달려 있다고 할 것이다."58)

독일인 관찰자들이 한국에서 느낀 생경함과 당혹감, 불만의 기저에는 동양과 서양의 서로 다른 시간의식이 깔려 있다. 시간에 대한 새로운 접근태도는 근대성을 규정하는 대표적인 요소 중 하나이다.59) 산업혁명으로 인한 공장제의 확대는 새롭고 철저한 노동규율을 필요로 했고, 노동의 리듬을 규제하기 위해 도입된 것이 바로 철저한 시간관리였다. 작업장에 도입된 출퇴근 등록기, 작업 및 휴식시간을 알리는 종, 그리고 특히 정확한 시간표에 따라 운행되는 철도는 근대적 시간성을 대변하는 존재이다. 아울러 19세기 서구 부르주아는 근면의 덕목을 '노동의 계명'으로 강조했다.60) 『자조론』·『의무론』으로 대표되는 스마일스(Samuel Smiles)의 일련의 글들은 이 계명을 전파하는 근대성의 경전이나 매한가지였다. 이런 가치관의 세례를 받은 서양의 관찰자들이 한국인들의 '게으름'을 야만성의 증거로 채택한 것은 당연했다. 묄렌도르프 이래의 독일 방문객들이 한결같이 주목한 "아시아인의 느릿느릿한 성향"61)은 불결함 못지않은 단죄의 대상이었다. 분쉬는 남동생에게 보낸 엽서에서 "한국 사람들은 지독히 게으르고 굼떠 황제를 알현하는 데 일주일이나 걸렸다"고 불평한다."62)

한국 풍속과 제도의 어떤 부분에도 결코 일말의 호감조차 드러

58) Richard Wunsch, 김종대 역, 앞의 책, 33면.
59) 이진경, 『근대적 시·공간의 탄생』, 푸른숲, 2002 참조.
60) Peter Gay, op. cit., pp.191~219.
61) 묄렌도르프, 신복룡 외역, 앞의 책, 80면.
62) Richard Wunsch, 김종대 역, 앞의 책, 33면.

내는 법이 없었던 헤세-바르텍이 서양의 시간 관념에 대한 한국인들의 '무지'에 불평을 늘어놓았으리라는 것은 능히 짐작할 수 있다. "한국인들은 주 단위로 시간을 분할하는 방식을 모르기 때문에, 그들에게는 일요일이란 존재하지 않는다."[63] 인천에 도착한 그는 최종 목적지인 서울로 가기 위해 "약 7시간이 걸린다"는 수로를 선택했다. 그의 원래 계획은 그 날 해지기 전, 즉 서울 성문이 닫히기 전에 도착할 수 있도록 정오에 출발하는 배를 타는 것이었다. 정확한 운행시간표에 따른 철도 여행에 익숙한 서양인다운 빠듯한 계획이었다. 그러나 그가 탄 배는 "한국식 시간관념" 때문에 오후 1시가 넘어서야 출발한데다 설상가상으로 강화도 근처에서 모래톱에 걸려 꼼짝달싹하지 못하게 되었다. 헤세-바르텍의 초조감과 불만은 극에 달했다. "조류와 바람으로부터 해방된 우리 유럽 문명의 성과인 증기선에 탄 우리가 더 가지 못하게 되다니! 한국인들이 얼마나 웃을 것인가! …… 이런 상황에서 철도가 도입된다 해도 어떻게 운행되겠는가?"[64] 본의 아니게 배에서 하루 이상을 보내야 했던 그의 불만은 한여름의 비좁고 무더운 선실을 "디오게네스의 통", "오븐", "튀김구멍", "증기 호두껍질" 등으로 야유하는 데서 절정에 날한다.[65] 그에게 한국의 시간 관념은 단순히 '차이'가 아닌 '차별'의 대상이었다. 헤세-바르텍이 이듬해까지 한국에 머물렀다면 아마도 양력의 도입을 '문명의 은총'으로 환영해마지 않았으리라.

---

63) Hesse-Wartegg, op. cit., p.118(강조는 필자).
64) Hesse-Wartegg, Ibid., p.45, p.183.
65) Hesse-Wartegg, Ibid., pp.37~41.

같은 맥락에서, 근대의 시간 규범을 철저하게 따르는, 갑오경장 이후 서울에 설립된 관립학교들의 교육 방식은 볼얀이 보기에 썩 만족스러운 것이었다. 이 학교들은 '종소리'로 나뉘어지는 하루 7시간의 정규수업과 짧은 휴식시간을 교대로 배치했으며, 주말·월말·연말마다 '정기적'으로 실시되는 시험으로 학생들을 평가하는 근대의 소우주였다. 게다가 이 학교들은 근대의 규율과 질서를 수립하기 위한 온갖 소도구들, 즉 신체 단련을 위한 운동장·책상·칠판·교탁·학생들의 기강을 잡기 위해 사용되는 나무망치 등을 완비하고 있었다.[66] 그러나 볼얀은 "가까스로" 문명의 그림자를 뒤따라가는 한국의 학교들을 칭찬하면서도, 마지막에는 잊지 않고 일침을 가한다. "이곳[한국]에서는 모든 것이 느리고 유유히 흘러간다. 우리[독일]는 한 시간 동안에 이곳에서 일곱 시간 한 것보다 더 많은 것을 가르칠 수 있다."[67] 말하자면 시간적 효율성이 결여된 한국의 근대성은 고작해야 불완전한 문명, 곧 '야만'의 다소 순화된 형태일 뿐이었다.

나아가 근대적 시간관에 단련되지 않은 '게으른 한국인'의 인상은 국가 전체로 확대되었다. '정체된 한국'의 이미지는 산업혁명의 열매인 증기선과 철도만큼이나 속도감으로 상징되는 근대 서양의 역동적인 이미지와 극단적인 대조를 이룬다. 겐테는 서해상의 배에서 바라본 한국의 섬들을 묘사하는 부분에서 이런 동서양의 차

---

66) 빌헬름제국시대의 독일은 교육에 지대한 관심을 기울였다. 후속세대의 육체적, 정신적 단련이 제국주의 팽창정책에 직접적으로 공헌할 수 있는 인적 자원의 양성과 직결되었기 때문이었다. 고유경, 「문화비판으로서의 반더포겔 운동, 1896~1913」, 『독일연구』 6, 2003.12, 8면 참조.

67) Johannes Bolljahn, op. cit., p.196.

이를 은유적으로 처리한다. "공기 한 점 흔들리지 않았으며 주변의 모든 것이 평화롭고 고요했다. 유일하게 살아있는 것, 이 그림 속에서 움직이는 것은 우리들의 기선이었다."[68] 독일인들의 눈에 비친 한국은 1905년 가을 한국을 방문한 인류학자 피셔(Adolf Fischer)의 표현처럼 "잠자는 고요한 아침의 나라"였다.[69]

4. 문명 피라미드 속의 한국과 독일

제국주의시대의 서양이 세계의 상대적 질서를 재편하는 과정에서 한국은 그들의 시선에 포착되고 분해되었다. 기본적으로 한국은 '인류학'의 연구 대상으로 취급당했는데, 이는 진화론의 관점에서 서양이 자신보다 열등하다고 여기는 인종과 문명을 스스로 구축한 세계질서 안에 편입시키는 방법이었다. 이를테면 분쉬는 한국에 파견되기 전에 자발적으로 베를린 민속박물관과 자연사박물관에 찾아가서, "이 미지의 나라에 가면 자연과학과 관련된 여러 자료들을 모아 박물관에 보내겠다"고 약속한다.[70] 한국에 대한 사

---

68) Siegfried Genthe, op. cit., p.60. 거의 유사하면서도 더 노골적인 표현이 요코하마 입항 당시에 대한 이사벨라 버드 비숍의 회상에도 등장한다. "공기와 물은 전혀 움직임이 없었다. …… 우리가 탄 배가 뿜고 있는 물거품의 요란함이 잠자고 있는 아시아를 시끄럽게 침략하는 것 같았다", Isabella Bird, *Unbeaten Tracks in Japan*, Vol.1, p.14; 박지향, 앞의 책, 96면에서 재인용.
69) Adolf Fischer, op. cit., p.8(강조는 필자).
70) Richard Wunsch, 김종대 역, 앞의 책, 17면.

전지식이나 관심이 거의 없었던 상태에서 다만 직업적 동기로 한
국에 오게 된 그에게는 자국의 '문명' 기준에 합당한 무엇인가가
한국에 존재할지도 모른다는 생각은 전혀 떠오르지 않은 듯하다.
피셔는 아예 인류학의 관점이 아닌 예술의 관점에서는 한국에서
주목될 만한 것이 없다고 단언한다.[71]

서양의 동양 담론에서 일반적으로 한국은 동아시아라는 상위
범주 안에 뭉뚱그려졌고, 보다 이른 시기일수록 중국이나 일본과
별 차이 없이 평가된 경우가 많았다. 게다가 한국에 대한 관심은
극동의 다른 두 나라의 커다란 그림자에 빈번히 가려졌다.[72] 개항
직후 한국을 찾은 독일인들에게 한국 문화의 독자성을 짚어낼 수
있는 능력을 기대하는 것은 어쩌면 무리인지도 모른다. 한국은 우
선 중국과 별 차이가 없는 지역으로 인식되었다. 독일인 관찰자들
의 눈에 "중국의 전능한 영향"[73]은 의복·언어·주거·풍속 등 한
국인들의 일상생활 도처에서 나타났다. 그러나 여기에서 독일은
문명 피라미드의 아래쪽에 배치한 동아시아를 다시 분할하여 더
욱 구체적인 위계질서를 수립한다. "한국은 작은 중국처럼 보인다.
그러나 현재의 중국이 아니라, 17세기 명나라 시대의 중국을 말한

---

71) Adolf Fischer, op. cit., p.10. 피셔는 베를린 인류학박물관에 소장하기 위한 자료
   수집차 1892년부터 수차례 일본, 중국, 한국을 찾았다.
72) 이를테면 1739년 라이프치히에서 발간된 『모든 학문과 예술에 관한 백과사전
   (*Großes vollständiges Universal—Lexicon aller Wissenschaften und Künste, mit Hoher Potentaten
   allergnädigsten Privilegis*)』에 실린 동아시아 관련 내용 중 중국은 41개 항목, 일본은
   11개 항목에 걸쳐 다루어진 반면 한국 관련 내용은 단 한 항목뿐이다. Reinhard
   Zöllner, op. cit., p.56f. 동아시아에 대한 이런 관심의 우선순위는 사실상 현재까
   지도 이어진다.
73) Carl Gottsche, op. cit., p.16.

다."[74] 이렇게 한국은 일단 공간적으로 서양의 대척점에 놓인 중국의 축소형으로 파악되고, 나아가 시간적으로도 '근대'의 본령인 19세기에서 두어 걸음 더 멀어졌다.

그러나 당시 독일의 관찰자들은 일본을 비교잣대로 동원하여 한국의 상대적 위치를 하향 조정하는 경우가 좀더 잦았다. "한국 문화의 많은 것이 혁명(메이지유신) 이전 일본의 그것을 연상시킨다"[75]는 발언이 그것이다. 개화당과 수구당이 정쟁을 거듭했던 고종 연간의 혼란한 정치상은 막부시대 일본의 상황에 비견되기도 했다.[76] 묄렌도르프는 예외적으로 "조선 민족은 총명하고 일본인들보다 재능이 우수하다"고 평가했지만, 이는 곧바로 다음과 같은 단언으로 이어진다. "일본인의 두뇌로는 유럽 학문의 연구라는 힘든 작업을 감당할 수 없다."[77] 이처럼 한국에 대한 그의 상대적 호감의 저변에는 근본적으로 동양인의 지적 열등성에 대한 편견이 더 짙게 깔려 있음을 간과해서는 안 될 것이다.

한국을 일본과 비교하는 것은 근대화의 '우등생' 일본에 대한 독일의 압도적인 관심에서 자연스럽게 우러난 결과였다.[78] 메이지 시대의 일본에서 활동했던 독일인들은 '동아시아 자연과학 및 민속학회(Deutsche Gesellschaft für Natur-und Völkerkunde Ostasien)'를 결성하고

---

74) Hesse-Wartegg, op. cit., p.iii.
75) "Korea. Geschichte, Land und Leute", Das Ausland. Wochenschrift für Länder-und Völkerkunde, Vol.58, No.3, 1885.1.19, p.88.
76) P. Mayet, op. cit., p.152.
77) 묄렌도르프, 신복룡 외역, 앞의 책, 131면.
78) 한국에 관한 독일 최초의 단행본인 오페르트의 책이 1880년에야 출간된 반면, 일본 관련 저서는 19세기 중반까지 프로이센과 작센 지역에서만 70권 이상 나왔다. Reinhard Zöllner, op. cit., p.53.

그 회지를 통해 일본의 정보를 정기적으로 본국에 전달했다.[79] 사실 독일의 정보를 수집하고 모방하려는 일본인들의 노력은 그 몇 배에 달했지만 말이다. 일본의 시도는 "동아시아의 프로이센"이라는 별칭에서도 드러나듯이 대성공을 거두었다.[80] 청일전쟁과 러일전쟁을 거치면서 일본의 공격적인 외교정책이 독일인들에게 "황인종의 위험(die gelbe Gefahr)"으로 경각심을 일으키기는 했지만, 그럼에도 불구하고 분열되고 낙후된 국가로서 가까운 과거에 국내 통일을 이루고 발전하고 있다는 양국의 공통점은 독일이 다른 동아시아 국가들의 경우와는 달리 일본에 쉽게 감정이입을 할 수 있는 요인이 되었다. "수세기 동안 소국들로 분열되어 정치적 무력상태에 놓여 있었던 우리 독일인들은 이 때문에라도 일본인들에게 존경심과 공감을 표해야 한다"는 발로이스(Valois)의 발언은 이런 맥락에 놓여 있다.[81]

이리하여 동아시아 3국 내부에서 문명과 야만의 도식은 다시금

---

79) 이 단체는 1873년 3월 22일 도쿄와 요코하마에 거주하고 있던 독일인들을 중심으로 발족되어 현재에 이르고 있다. 규모가 커지면서 중국 및 한국의 독일인들도 가입하여 전체 회원의 수는 1910년 당시 명예회원 12명, 일반회원 428명에 이르렀다. 1883년부터 1905년까지 한국에 주재했던 독일 외교관들과 세창양행 직원들, 분쉬, 볼얀, 에케르트 등 대부분의 재한 독일인들이 이 단체의 회원이었다.

80) 물론 일본에 대한 독일의 영향은 프로이센 헌법에서 차용한 군국주의나 권위주의적 국가 구조 때문에 오늘날 대체로 부정적인 평가를 받고 있다. 그러나 이러한 '프로이센 모방'의 귀결이 일본의 2차대전 참전이었다는 지배적인 견해는 도전받고 있다. 일본에게는 오히려 영국이 우선적인 모방 대상으로서, 일본의 팽창주의 역시 독일보다는 제국주의시대 영국의 모습을 이상으로 삼은 것이었다. 일부 독일 학자들은 독·일 군사동맹은 영국의 일방적인 영일동맹 포기로 인한 일본의 불가피한 선택이었다고 지적하기도 한다.

81) Valois, "Die Gelbe Gefahr", *Deutsche Kolonialzeitung*, Vol.22, No.17, 1905.4.29, p.161, p.164.

세분되었고, 이는 자연히 동아시아 3국의 서열화로 이어졌다. 위생 측면에서 그것은 가장 분명했으니, 곧 일본〉한국〉중국의 순서로 등급이 매겨졌다. 볼얀은 "한국인들이란 도무지 청결에 대해서는 신경을 쓰지 않는다. 이런 관점에서도 그들은 이웃 일본인들에게 많은 것을 배울 수 있다"고 말하며, 볼터는 처음 방문했던 1884년에 비해 눈에 띄게 깨끗해진 1901년의 서울 거리가 "유럽의 수준에는 미치지 못하지만 그 어떤 중국 도시들보다도 좋은 인상을 준다"고 증언한다.[82] 일본의 위생 수준에 대한 예찬은 특히 일본에 다년간 거주했던 한국의 단기 방문자들에게서 가장 극적으로 표현된다. 마에트는 "일본은 이미 금세기 유럽이 도달한 수준에 이르렀으니, 한국도 머지않아 이를 뒤따르게 될 것임이 확실하다"는 희망어린 기대감을 표한다.[83] 밸츠는 총 4회 한국을 방문했는데, 1903년 4월 16일부터 7월 3일까지의 네 번째 방문에서 부산이 "양편으로 이층집들이 늘어선 넓고 깨끗한 신작로가 있는 부유한 일본의 도시들을 닮아가는" 모습에 경탄해 마지않는다.[84]

동아시아 3국의 서열에서 한국이 상대적으로 높은 점수를 받은 부분은 한국인들의 신체조건 정도에 국한된다. 대체로 한국은 피라미드의 죄하위에 배치되었다. 오페르트는 한국인들이 "신체적, 정신적으로 일본인에 비해 우월하지만 예법이 결여되어 있기 때문에 문화적인 관습 면에서는 중국과 일본의 하층계급에 비해서도 품행이 떨어진다"고 악평하고 있으며, 크노헨하우어는 한국이

---

82) Johannes Bolljahn, op. cit., p.195; Carl Wolter, op. cit., p.67.

83) P. Mayet, op. cit., p.22.

84) Toku Bälz ed., op. cit., p.135.

중국과 일본 사이에서 문화적 교량 역할을 했음에도 불구하고 "한국인들의 문화적 수준이 중국이나 특히 일본보다 훨씬 낮은 단계에 있다는 것은 놀라운 일"이라고 말한다.[85] 특히 한국의 전근대적 행정 체계와 관리들의 부정부패는 대부분의 독일 관찰자들로부터 혹독한 비판의 대상이 되었다. 묄렌도르프는 "조선 사람들에게 내재되어 있는 음모의 경향"을 거론한 바 있다.[86] 밸츠는 1903년 분쉬와 함께 금강산 유람을 마친 뒤 중국으로 떠나면서 "약한 정부와 탐관오리들의 지배하에 살아가는 선량한 한국인들"에게 깊은 동정을 표하고 있다. 그가 나름대로 제시한 해결책을 보자. "그들에게 필요한 것은 건전한 정부이다. 이 민족에게는 일본이 이 나라를 접수해 버리는 것이 최선일 것이다."[87] 그러나 이런 시각이 당시 동아시아에 관심을 가지고 있던 독일인들에게서 별반 특별한 것이 아니었다는 점을 주목할 필요가 있다. 베를린 개신교 선교협회 소속 가라이스(Gareis) 목사는 한국인들이 "언제나 모범적이고 윤리적으로 행동하는 것은 아닌 유럽인이나 미국인들보다 더 타락했다"고 평가한다. 그는 대한제국 선포 이후 한국에서 일본의 영향력이 확대된 사실을 반기면서 "이제 새로운, 더 나은 시대가 오리라"는 기대감을 피력한다.[88]

여기에서 흥미로운 점은 대한제국 시기의 정치적 혼란상이 통일 이전의 독일을 연상시키면서 모종의 공감을 불러일으켰던 경

---

85) 오페르트, 신복룡 외역, 앞의 책, 113면; Bruno Knochenhauer, op. cit., p.75.
86) 묄렌도르프, 신복룡 외역, 앞의 책, 129면.
87) Toku Bälz ed., op. cit., p.141(강조는 필자).
88) Reinhold Gareis, op. cit., p.6, p.14.

우도 있었다는 것이다. 분쉬는 독일의 부모에게 보내는 편지에서 한국의 정세가 1848년 3월혁명 시기와 흡사하다고 말한다. "황제는 항상 생명에 위협을 느껴 궁을 떠나지 않습니다. 모든 행정기구가 불안정하고, 신용도 없고, 고관에 줄을 대고 아졸들이 극악무도한 방법으로 부당이익을 취하고 있습니다."[89] '실패한 시민혁명'의 쓸쓸한 기억을 뇌리에서 지우지 못하는 한 독일인에게, 동양의 한 소국의 어지러운 정치 상황은 불과 수십 년 만에 유럽의 최강국 대열로 단숨에 올라선 자국에 대한 자부심을 재확인하는 순간이었는지도 모른다.

이렇게 한국은 과거의 열등감을 씻고 강국으로 발돋움한 독일의 위상을 부각시켜주는 존재가 되었다. 겐테는 제국주의시대 독일인들의 희망사항이었던 독일 > 여타 서양 국가 > 일본 > 한국의 서열을 인천의 거리 풍경에 빗대어 표현한다. 여기에서 독일인의 집은 서양식 건축미의 정수로 평가되었고 일본은 서양의 미의식과 위생 기준에 비교적 근접한 존재로 그 위상이 설정되었다.

　우체국, 상공회의소, 영사관 같은 관공서들이 실제로 서양식 석조건물이라는 사실을 별도로 하더라도, 그들[일본인]의 깔끔한 기와집들도 이곳에 유럽식 외관을 부여하고 있다. 한국식 주택이 아닌 나머지 건물들은 교회에 속한 영국, 프랑스 선교사들과 이곳에 사는 몇 안 되는 외국인들의 거처이다. 하지만 가장 아름다운 건물은 언덕 위 높이 독일 국기를 달고 있는, 마이어 상회[세창양행]라는 이곳에서 단 하나뿐인 유럽 회사의 사장이 사는 집이다. ⋯⋯ 이보다 더 근사하고 아름다운 집은 없다.[90]

---

89) Richard Wunsch, 김종대 역, 앞의 책, 36면.
90) Siegfried Genthe, op. cit., p.71f.

그런데 독일국민으로서의 겐테의 자존심은 서울에 도착한 뒤 프랑스나 러시아 등 여타 서양 열강의 외교공관에 비해 독일영사관의 규모가 협소하다는 사실로 인해 상처를 입었다. "독일제국의 대표자는 작은 한옥에서 조용히 검소하게 숨어 지낸다. 마치 거만하게 고개를 쳐든 백합과 장미 옆에서 눈에 띄지 않게 머리를 숙인 제비꽃처럼. 독일제국정부가 한국에 상주하는 자국 외교관을 이런 수치스런 처지에 몰아넣어 위대하고 자부심 강한 우리나라의 위엄을 손상시키고 영사조차 고통스런 상황에 방치해 두는 이유는 하나님이나 아시리라……. 이러다가는 한국인들이 독일제국을 몬테네그로나 룩셈부르크 정도의 작은 나라로 여기지 않을까."[91] 독일영사관이 제국의 명성에 걸맞지 않게 초라하다는 이야기는 헤세-바르텍의 여행기에서도 찾을 수 있다. 그는 묄렌도르프가 외교고문으로서의 지위를 계속 유지했더라면 독일이 한국 정부와 무역에서 우위를 차지했으리라고 못내 아쉬워한다.[92]

겐테가 위의 글을 썼던 시기는 제국주의 열강간의 경쟁과 긴장이 날로 격화되고 있던 시점이었다. 그의 여행기가 출간된 1905년 빌헬름 2세가 독일 함대의 위용을 과시하기 위해 의도적으로 모로코 해안에 나타났다는 것은 우연의 일치일까? "백합과 장미" 같은 선발 제국주의 국가들의 틈새에서 후발 국가 독일은 자국의 위상을 수호하고 민족적 자부심을 드높여야 했다. 따라서 자신들이 문명의 피라미드에서도 한참 아래쪽에 놓은 극동의 한 소국에서 룩셈부르크 정도의 위치로 취급당한다는 것은 평범한 독일인으로서

---

91) Siegfried Genthe, Ibid., p.211.
92) Hesse-Wartegg, op. cit., p.185f.

도 도저히 용납할 수 없는 일이었다. 근대는 이렇게 지구상의 전 국가들의 위치를 종적으로 배열했으며, 그 피라미드의 최정상으로 발돋움하려고 몸부림쳤던 독일은 이제 굳건해진 자신의 입지를 한국이라는 문명화의 지각생을 통해서도 거듭 확인하고자 했다.

5. 맺음말

> 수도 서울, 즉 게이죠는 벌써 서양식으로 오염되었다. …… 수도에는 촌스러운 흔적이 남아 있지만, 근대를 대표하는 건물들도 띄엄띄엄 보인다. 우리 문명이 다른 모든 종류의 양식을 무자비하고 철저하게 압도하고 있다. 남태평양의 섬에서 아프리카에 이르기까지 세계 도처에서 인간에게 고통을 주는 파괴가 진행되고 있는 것이다.[93]

1920년대 말 독일의 대문호 토마스 만의 자녀이며 역시 작가로 활동하고 있던 에리카 만(Erika Mann)과 클라우스 만(Klaus Mann)은 2년여에 걸친 세계 여행 도중 일본을 거쳐 한국에 도착했다. 이들의 눈에 비친 식민통치하의 서울은 이미 "우리 문명"의 영향으로 상당 부분 "오염"되고 "파괴"된 상태로 나타났다. 당대 독일 지식인의 전형으로 간주될 수 있는 만 남매가 근대 서양의 물질문명에 회의적인 시선을 던지고 특히 그 침략주의적인 성격을 비판하고 있다는 점은 주목할 만한 가치가 있다. 위의 발언에서 제국주의시

---

93) Erika und Klaus Mann, *Rundherum*, Berlin, 1929, p.139.

대를 풍미했던, 서양=문명 / 동양=야만이라는 공식 아래 후자에 대한 전자의 지배를 정당화했던 이념은 그 절대성을 상실한다.

그러나 근대의 부정적 면모에 대한 이런 자각은 서양이 1차대 전이라는 유례 없는 전쟁의 참화를 겪고 나서야 비로소 본격화되었다. 이 전쟁은 진화론에 매료된 19세기 서양의 낙관주의를 총체적으로 뒤흔들었다. 더욱이 패전국으로서 전쟁의 도의적 책임을 홀로 덮어쓰고 물심양면으로 지대한 타격을 입었으며 전쟁의 원치 않은 자식인 공화국의 현실을 받아들이지 못했던 독일에서, 이런 문명비판적인 가치관은 지식인 사회 일각에서 큰 울림을 얻었다. 하지만 역으로 그것은 흔들리고 있는 근대의 질서에 대한 보호본능의 발현일 수도 있었다. 만 남매의 발언을 다시금 음미해보면 서양의 이분법적 문명 담론은 여전히 그 위용을 드러낸다. "우리"와 "다른 모든 종류"의 구별은 "남태평양에서 아프리카에 이르는 세계 도처"를 일괄적으로 뭉뚱그려 서양문명의 대척점에 놓는 제국주의시대의 전형적 논리와 크게 다르지 않다. 한국 역시 이 논리에 포섭되지 않을 수 없었으니, 그것은 '문명'의 반의어로 사용된 "촌스러운 흔적"이라는 표현으로 압축되었다.

제국주의시대의 독일은 다른 서구 열강과 마찬가지로 사회진화론에 입각하여 세계에서 한국의 상대적 위치를 설정했다. 당시 한국을 방문하고 기록을 남긴 소수의 독일 관찰자들은 19세기 서양의 진보를 약속해준 이성이라는 잣대로 한국을 재단함으로써 서양문명의 우수성과 성숙성을 증명하려 했다. 그 결과는 진보의 대열에 동참하지 못하는 정체된 한국의 이미지로 나타났다. 그러나 몇몇 예외를 제외하면 한국에 대한 그들의 평가는 피상적인 인상에 머물렀고, 경우에 따라서는 일본 제국주의의 시선과 중첩되면서 왜곡되기도 했다.

독일의 시선에 포착된 근대계몽기 한국과 한국인의 표상은 두 가지 차원을 지닌다. 일차적으로 그것은 한국의 과거를 비추며, 따라서 한국의 모습이 지난 한 세기 동안 어떻게 변해왔는지를 간접적으로 볼 수 있게 해 준다. 그러나 동시에 그것은 관찰의 주체가 내포한 선입견을 드러내주는 도구이기도 하다. 이 시기 독일의 한국 담론에서 확인할 수 있는 것은 결국 서양문명의 우월성에 대한 숨김없는 믿음이다. 그들이 "진보의 세기"에 이룩한 물질문명에 대한 자긍심은 한국에 관한 강연록·여행기·답사보고서·잡지기사 등 다양한 자료들에 속속들이 배어 있다. 이 시대의 독일 관찰자들은 베네딕트 수도회 소속 선교사로 1909년 파견되어 20년 간 한국에서 활동하며 최초로 체계적인 한국미술사를 집필한 에카르트(Andreas Eckardt)처럼, 한국에 대한 애정이라는 가면 뒤에 무의식적인 지배욕을 숨기는 단계까지도 이르지 못했다. 그들은 한국을 때로는 울타리 너머로, 때로는 색안경을 끼고 구경하면서 자신이 본 것이 절대 진리임을 믿어 의심치 않았던 사람들이었다.

필자 소개

고미숙 : 1960년 강원도 정선 출생. 고려대 독문과를 졸업하고 같은 학교 대학원 국문과에서 박사학위를 받았다. 지은 책으로『19세기 시조의 예술사적 의미』,『18세기에서 20세기 초 한국시가사의 구도』,『비평기계』,『한국의 근대성, 그 기원을 찾아서』,『열하일기, 웃음과 역설의 유쾌한 시공간』,『나비와 전사―근대와 18세기, 그리고 탈근대의 우발적 마주침』 등이 있다.

고유경 : 1969년 서울 출생. 이화여대 사학과와 같은 대학원을 졸업하고 독일 튀빙엔 대학교에서 박사학위를 받았다. 현재 부산교대 초등교육연구소 연구교수로 있다. 지은 책으로 *Zwischen Bildung und Propaganda. Laientheater und Film der Stuttgarter Arbeiterbewegung zur Zeit der Weimarer Republik*』, 옮긴 책으로『부르주아전』 등이 있다.

권보드래 : 1969년 서울에서 태어나 서울대 국문학과 및 동 대학원을 졸업했다. 현재 서울대 국문학과 강사로 있으며 '연구공간 수유+너머'에서 공부하고 있다. 지은 책으로『한국 근대소설의 기원』,『연애의 시대』 등이 있다.

길진숙 : 1965년 서울 출생. 이화여대 국문과와 같은 학교 대학원을 졸업했다. 저서로는『조선 전기 시가예술론의 형성과 전개』가 있으며, 주요 논문으로는「16세기 초반 시가사의 흐름」,「조선 전기 예약론의 추이와 국문시가론 정립 양상」 등이 있다.

김동택 : 서강대 정치외교학과에서 박사학위를 받았다. 1993~1994년에 하버드대학 옌칭연구소 객원연구원을 지냈으며 서강대, 성균관대, 인하대 강사를 거쳐 현재 성균관대 동아시아학술원 교수로 있다. 지은 책으로는『세계사적 나침반은 어디에』(공저)가 있으며, 옮긴 책으로는『제국의 시대』,『자본의 시대』 등이 있다.

박주원 : 1965년 서울 출생. 이화여대 정치외교학과를 졸업하고 같은 학교 대학원에서 박사학위를 받았다. 현재 서강대 사회과학연구소 학술연구교수로 있다. 공저로『이상국가론』과『현대민주주의론』이 있으며, 주요 논문으로는「맑

스 사상에서 '생산'과 '정치' 개념 - 아렌트와 하버마스의 맑스 비판에 대한 검토」, 「푸리에에서 맑스로? 맑스에서 푸리에로 - '팔랑쥬', 즐거운 노동사회의 가능성과 한계」 등이 있다.

박태호 : 서울대 사회학과를 졸업하고 같은 대학 대학원에서 박사학위를 받았다. 현재 서울산업대 교양학부 교수로 있다. 지은 책으로 『맑스주의와 근대성』, 『근대적 시·공간의 탄생』, 『근대적 주거공간의 탄생』, 『노마디즘』, 『자본을 넘어선 자본』 등이 있다.

전동현 : 1964년 서울 출생. 이화여대 사학과와 같은 학교 대학원을 졸업했다. 저서로 『두 중국의 기원』, 논문으로 「중국국민혁명기 삼민주의 연구 - 통치이념화 과정을 중심으로」, 「중국혁명의 상징, 그 의미와 한계 - 손문(1896~1925)」, 「자유주의 시각에서 본 훈정과 인권 - 인권논집과 독립평론에 나타난 호적의 입장을 중심으로」 등이 있다.

정선태 : 1963년 전북 남원에서 태어났으며 서울대 국문학과 및 같은 대학원을 졸업했다. 현재 국민대 국문학과 교수로 있다. 지은 책에 『개화기 신문 논설의 서사 수용 양상』, 『심연을 탐사하는 고래의 눈』, 옮긴 책에 『동양적 근대의 창출』, 『일본어의 근대』 등이 있다.

함동주 : 1963년 강원도 강릉 출생. 이화여대 사학과를 졸업하고 미국 시카고대학 사학과에서 박사학위를 받았다. 현재 이화여대 사학과 교수로 있다. 주요 논문으로 「근대 일본의 형성과 역사상 - 田口卯吉의 '日本開化小史'를 중심으로」, 「중일전쟁과 미키 키요시의 동아협동체론」 등이 있다.